글로벌
인사노무
관리

: 중국편

글로벌 인사노무 관리 : 중국편

초판 1쇄 인쇄	2023년 10월 23일
초판 1쇄 발행	2023년 10월 31일

지은이	김인수

편 집	윤소연
디자인	룸디
마케팅 총괄	임동건
마케팅 지원	안보라, 이유림, 임주성
경영지원	이지원, 임정혁
펴낸이	최익성
펴낸곳	플랜비디자인

출판등록	제2016-000001호
주 소	경기도 동탄첨단산업1로 27 동탄IX타워 A동 3210호
전 화	031-8050-0508
팩 스	02-2179-8994
이메일	planbdesigncompany@gmail.com

ISBN	979-11-6832-073-4 03320

Global HR담당자와 중국 주재원을 위한 최고의 지침서

글로벌 인사노무 관리

: 중국편

김인수 지음

plan b
DESIGN

머리말

Global HR의 중요성 증대

우리나라의 해외직접투자Foreign Direct Investment(FDI)는 1980년대 후반 이후 본격적인 증가 추세를 보이다가 2022년에는 502억 달러로 역대 최대치를 기록했다. WTO와 FTA로 인한 경제 블록화와 개방화로 기업 경영환경이 변화되었으며, 국내의 고비용 구조를 극복하고 경제적 효과를 얻기 위해 해외 진출이 가속화되고 있다. 그야말로 제조업, 통신, 금융 등 산업 전반에서 국경 없는 경제활동이 벌어지고 있는 시대이다.

기업의 글로벌 확장은 과거에 비해 대규모로 급속하게 진행되고, 이해관계에 따라 다양한 국가에서 투자가 이루어진다. 기존 국내에 한정되었던 HR관리는 언어, 문화, 정치, 경제, 법률 등의 다양성을 극복하고 진출 국가의 특징에 맞게 경영원칙을 수립해야 하는 환경의 변화를 맞이했다. 아울러 ESG 경영환경에서 노동권익보호가 강화되고 노동쟁의가 심화되고 있어 HR 관리 수준도 체계적이고 전략적으로 수립되어야 한다.

이처럼 Global HR의 중요성은 증대되고 있으나, 기업은 구체적이고 현실적인 지향점을 제시하지 못하고 있다. 이로 인해 여전히 진출 국가에서 크고 작은 HR이슈를 겪고 있으며, 근로자와 원만하게 갈등을 해결하지 못하고 격화될 경우 파업, 태업, 조업 정지 등의 집단적 노무리스크에 직면하기도 한다.

진출 국가에서 나타나는 HR이슈 (중국 노동환경을 중심으로)

　미중관계의 악화, 코로나19 팬데믹Pandemic, 전 세계 수요 부진으로 기업들은 중국에서 공장 철수를 고려하거나 임금 삭감 및 인력 감축에 나서고 있다. 홍콩에 본사를 둔 NGO 중국노동통신中国劳动通讯, China Labor Bulletin은 2023년 1~5월까지 파업 횟수가 140회를 넘었다고 보도했다. 이는 2016년 313회에 이어 중화인민공화국 설립 이래 두 번째로 많은 파업 횟수다. 중국의 파업은 2015년과 2016년 정점을 향한 후 줄어든 것처럼 보이지만, 실제로는 시진핑 정부의 사회질서 안정 유지를 위한 통제에서 나타난 결과로 볼 수 있다. 즉, 노동문제가 근본적으로 안정 국면에 진입했다고 볼 수 없다.

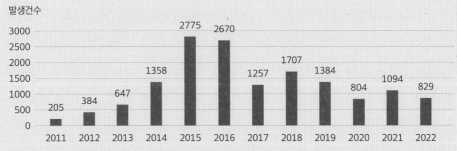

발생건수

2011	2012	2013	2014	2015	2016	2017	2018	2019	2020	2021	2022
205	384	647	1358	2775	2670	1257	1707	1384	804	1094	829

(출처. China Labor Bulletin, Strike map, 2011~2022)

과거 우리 기업의 중국 내 노사이슈 발생은 2010년 성우하이텍^(베이징)과 2011년 LG 디스플레이^(난징)파업이 대표적인 사례이다. 이들 기업처럼 파업이라는 커다란 분규를 겪지 않았더라도 정부의 각종 행정규제 강화 등 크고 작은 문제들로 '탈중국' 현상이 가속화되고 있다. 실제 산업통상자원부와 수출입은행에 따르면 2022년 1~3분기 중국 신설법인 수는 156개로 베트남 233개에 처음으로 역전됐으며, '중국진출기업 경영환경 실태조사 보고서'^(산업연구원, 2022년)에 따르면 향후 2~3년 내 중국 철수를 고려하고 있는 기업 비율은 2020년 2.7%에서 2022년 9.6%로 나타나 탈중국 현상은 더욱 가속화될 예정이다. 이에 따라 중국의 사업 철수 및 제3국 이전에 따른 다양한 HR 이슈가 나타날 수 있다.

참고할 만한 사항으로 베트남 노동사회부의 2017~2019년 자료에 따르면 한국 기업의 파업은 외국인 직접투자 부문 전체 파업의 30~40%를 차지한다. 베트남 노동자들이 유독 한국 기업에서 많이 파업하는 이유는 한국 기업이 단기투자에 주력하면서 노동조건이 열악해지기 때문이라는 지적이 나왔다. 구 사회주의 국가^(Post-Socialist Countries)에 속하는 베트남은 노동법률 체계, 경제발전 속도와 노동관계에서 나타나는 문제점도 중국과 유사한 특징을 갖고 있다. 중국과 유사한 노동환경에서 베트남 내 한국 기업의 파업 점유율을 봤을 때, 2000년대 초반 중국에서 보였던 임기응변식 노사관리에서 발전된 모습을 찾기 어렵다.

이처럼 지속적으로 해외법인에서 문제점이 발생함에도 불구하고 Global HR 운영에 있어 거시적인 전략과 대응원칙을 수립하지 못하는 원인은 어디에 있을까? 10여 년 전 Global HR 영역은 소수의 기업에서만 관심을 가졌지만, 지금은 해외법인을 운영하고 있는 대부분 기업에서 주도적으로 관리하는 전문 분야가 되었다. 그러나 여전히 현지에 대한 깊은 이해를 바탕으로 해외법인을 관리하기보다는 생산량 달성과 수익 중심의 단기 성과에만 집중하는 경향이 강하다. 해외에서 HR 업무를 수행할 때에는 해당 국가의 노동환경과 법률, 사회·문화적 특성 등을 폭넓게 이해해야 한다. 그러나 통상 주재원으로 근무하는 3~4년 정도 기간 내에 이를 숙지하여 실무에 적용하기는 무척 어려운 일이 아닐 수 없다. 단기간에 전문가를 육성해야 하는 기업들의 현실적인 어려움과 그간의 육성 노력 부족이 Global HR 전문인력 부재라는 결과로 나타나고 있다. 이러한 현실적인 어려움에도 불구하고 앞서 살펴본 환경적 원인만으로 해외 진출을 주저할 수 없다. 기존의 방식과 다른 차별화된 법인 관리를 위해 어떤 관점을 가지고 해답을 찾아야 하는지 알아보도록 하자.

중국 HR관리 방안 모색

Global 기업은 진출 국가의 HR문제를 적극적으로 해결하며 조직안정화를 구축하고 이를 통해 경제적 가치 창출에 기여하고자 노력하고 있다. 즉, HR의 궁극적 목표는 사업에 대한 기여를 통한 경제적 가치 창출이라고 할 수 있다. 그렇다면 Global HR은 기존의 Domestic HR과 어떠한 차이점이 있을까? 형식적 측면에서는 비슷하나 구성요소에 있어 구체적으로 세 가지 측면의 차이점을 고려해야 한다. 진출 국가의 a)법률·법규, b)노동시장, c)법인의 HR환경^(구성원, 조합, 사용자) 특성에 따라 국내와 다른 다양한 HR관리 및 문제 해결 방법이 적용되어야 한다. 이 세 가지 영역의 차이점을 고려하여 중국노동법 해석과 사례를 통한 Global HR^(중국 HR 중심)관리에 대한 실무적 해법을 찾고자 노력했다. 이 책은 인사관리, 노사관리, Risk 선행관리에 관련된 내용으로 구성되어 있다.

첫 번째 '인사관리'에서는 중국 HR 담당자들과 주재원들이 반드시 알아야 하는 노동관계 법률에 대한 해석과 실무 적용의 주의 사항에 대해서 자세히 다루었다. 또한 이해를 돕기 위해 중국법원의 판례를 통해 시사점을 도출하였다.

두 번째 '노사관리'에서는 기업 안정화를 위한 노동조합^(공회)의 운영 관리, 단체협약, 노동쟁의, 징계 규정, 중국의 파업, 사업장 다운사이징 및 클로징과 관련된 주요 이슈들에 대해 실제 겪은 사례를 반영하여 경험적 가치를 제공할 수 있도록 하였다. 특히, 단체협약과 관련된 내용은 법률에서 규정한 절차가 복잡하고 이행이 까다로워 깊이 있게 분석하였다.

세 번째 'Risk 선행관리'에서는 비재무적 관점의 ESG경영의 의미와 HR 관리 포인트를 도출하고, 이를 통해 Global HR Audit를 기업 스스로 수행할 수 있는 방법을 설명했다. 그리고 해외 생산법인 운영에 필요한 국가별 최적교대제를 수립하고 중장기 로드맵Roadmap을 설정할 수 있도록 정리하였다. 아울러 다기능 근로자를 육성하여 인력운영의 탄력성을 확보할 수 있는 방안을 다루었다.

이 책은 중국의 법률해석과 사례 분석을 통해 중국의 HR뿐만 아니라 Global HR 관리에 해답을 제시하고자 노력하였다. 흔히 요즘은 VUCA뷰카의 시대라고 한다. 불확실성과 모호한 환경에 따라 즉각적이고 유동적인 대응이 요구되는 상황은 현재 Global HR 환경을 표현하기에 적절하다. 우리 기업은 HR의 VUCA 시대를 극복하기 위해 국내에서 축적한 다양한 지식과 경험을 중심으로 새로운 돌파구를 찾아야 한다. 이 글을 읽는 각 기업의 Global HR담당자, 중국 주재원 및 파견 예정자께 도움이 되었으면 한다.

변동성(Volatility), 불확실성(Uncertainty), 복잡성(Complexity), 모호함(Ambiguity)의 영문 머리글자를 따 만든 용어이다. 변동적이고, 불확실하고, 복잡하고, 모호하여 예측이 어려운 사회·경제적 환경을 통틀어 일컫는 말로, 흔히 이러한 상황을 '뷰카 상황', 이러한 특징을 가진 시기를 '뷰카 시대'라 표현한다. (두산 백과)

목차

Chapter

인사관리

Chapter

2 노사관리

Chapter

3

Risk 선행관리

인사관리

제1장

규장제도(취업규칙)의 제정

Intro

규장제도規章制度의 설계는 HR관리에 있어 가장 중요한 영역 중 하나이다. 기업이 아무리 훌륭한 전략과 사업 마인드를 갖추고 있더라도, 규장제도가 합리적이고 합법적이지 않으면 기업 관리는 실패하게 된다. 규장제도는 기업 내의 법률 기능을 하므로 근로자 입장에서는 반드시 지켜야 한다. 만약 규장제도가 근로자의 인권이나 법률을 침해할 경우 업무에 집중할 수 없게 되며, 사안이 심각할 경우 근로자는 중재 및 소송 등의 방법으로 스스로의 권리를 찾으려 할 것이다. 이 때문에 현지 관리자가 진출 국가의 특성에 맞게 HR관리를 수행하고 있더라도, 본사HQ 담당자들은 현지의 법률·법규에 입각하여 규장제도를 꼼꼼하게 살펴보아야 한다.

해외법인 설립 시 기업은 세 가지 선택지가 있는데, 그것은 a) 본사 제도를 그대로 적용, b) 현지화, c) 혼합적 인사운영이다. 그런데 대다수의 한국 기업들은 해외 진출 시 새로운 인사제도를 설계하지 않았다. 이미 본사에서 오랜 기간 연구하여 운영하고 있는 인사제도를 해외법인에 적용하는 것이 효율적이라고 생각하기 때문에 국내법을 기초로 하여 설계한 근로시간, 징계관리, 복리후생 등의 제도를 그대로 적용하는데, 이는 현지에서 종종 법률 문제를 발생시킨다. 이를 방지하기 위해서 반드시 HR담당자는 현지의 법률·법규·규제에 부합하는 규장제도를 설계해야 한다. 그러나 기업들이 매년 많은 자원을 투입하여 해외전문가를 양성하고 주재원으로 파견하여 법인의 관리 역량을 향상시키고자 노력한다고 하더라도 현실적으로 법인장과 HR관리자가 현지인이 아니라면 진정한 현지화는 어려울 것이다. 따라서 꾸준히 해당 국가의 역사, 문화 및 법률을 반영한 체계적인 제도를 수립해야만 기업 운영의 안정성을 확보할 수 있다.

우리는 어떻게 HR 관리체계를 합리적으로 수립할지에 대한 고민이 필요하다. 여러 가지 가설과 이론이 있을 수 있으나, 가장 간단하고 명확한 것은 해당 국가의 법률에 부합하는 규장제도를 설계하는 것이다. HR제도의 기본이 되는 〈노동법〉, 〈노동계약법〉, 〈노동쟁의 조정중재법〉 등 법률 지식을 숙지하고 제도에 적용한다면 성공적인 HR 관리가 가능하다.

제1절　규장제도의 이해

1. 규장제도의 구조화 [1]

(1) 구체적인 포함 내용

규장제도는 그 범위가 매우 방대하여 경영관리의 각 항목을 모두 포함한다고 볼 수 있다. 1997년 11월 노동부가 발표한 〈고용단위(사용자) 규장제도의 등록제도 실행에 관한 새로운 통지〉에서 규장제도는 주로 노동계약관리, 임금관리, 사회보험과 복리 대우, 근로시간과 휴게시간, 징계와 포상 및 기타 노동관리 규정을 포함한다고 정하였다. 실무적으로 다음의 10가지 항목을 포함해야 한다.

1　陆敬波. (2015). "规章制度管理." 中信出版集团. (P23~31. 规章制度的内容要求 참조)

1) 직위와 직책

업무 내용과 직책, 각 직위의 관리자와 일반 근로자의 관계 등

2) 노동계약 관리제도

채용조건 및 절차, 시용기 관리, 노동계약기간, 노동계약 종료 및 해지 조건, 재계약 조건, 노동계약 위반 책임 등

3) 근태제도

출근 관리 기록 방식, 연장근로 신청과 심사 방법, 연장근로의 계산 방법 및 보상, 병가 신청 절차, 사가 신청, 근태 현황의 고지 주기 및 방식, 지각 및 조퇴, 무단결근의 처리 등

4) 휴식 및 휴가제도

근로시간과 휴게시간, 휴가의 종료, 휴가 신청과 복귀 보고 절차, 휴가 기간의 임금 및 복리후생 등

5) 임금제도

임금의 구성, 임금의 내용, 임금인상 기준, 임금지급 방식, 임금지급 시기 등

6) 평가제도

평가 시기 및 주기, 평가 종료, 평가 내용, 평가 방식, 평가 프로세스, 평가 주체, 평가 결과의 활용, 평가와 포상 등

7) 복리후생 제도

기업과 근로자 개인이 참여하는 사회보험의 종류, 납입 기수, 납입 비율, 복리후생의 종류, 복리후생 수혜의 조건과 범위 등

8) 포상 및 징계제도

업무수칙, 금지 행위, 징계의 구성, 징계위원회, 징계절차, 징계의 불이익 영향, 포상의 조건 및 방법, 포상의 영향 등

9) 교육훈련 제도

교육훈련의 종류, 교육 조건 및 절차, 교육비용의 부담, 교육 기간의 임금 및 복리

후생 제도, 교육과 평가, 교육기간의 근태, 의무 복무기간 약정 등

10) 상업비밀 보호

보호 범위, 적용 대상, 보호 방법, 보호 조치의 이행, 기밀자료의 정의 및 보관방법, 열람 및 복사, 기밀 누출의 책임 등

(2) 구조 설계

규장제도는 형식은 간결하고 내용은 완전무결하게 구성하여야 한다. 법률적으로 규장제도의 형식에 대해 명확한 요구사항이 있는 것은 아니다. 실무적으로 규장제도의 내용의 많고 적음에 따라서, 편編, 장章, 절节, 조条, 항项 등으로 분류하며 목록을 구체화하고 내용의 연계성을 강화할 수 있다. 조문의 구성은 가독성과 편리성을 향상시키는 원칙에 따라 배열할 필요가 있다.

1) 형식

규장제도의 형식은 매우 다양하다. 예를 들어 사원수첩员工手册, 취업규칙就业规则, 각종 관리규정, 방법, 제도는 물론이고, 심지어 공지 및 프로세스 등도 규장제도의 형식으로 볼 수 있다.

2) 서술 언어

규장제도 내의 언어적 표현도 매우 다양하다. 전체를 현지어로 사용하는 경우도 있고, 현지어와 외국어를 병렬하거나 혼합하여 사용하는 경우도 있다. 그러나 원칙적으로는 현지어를 사용해야 한다. 만약, 언어 해석에 차이가 발생하여 규정 적용에 문제가 발생할 경우, 현지어를 기준으로 판단하도록 한다.

3) 적용 대상

구속력의 측면에서는 고용단위의 업무 감독을 받는 정규직 근로자가 주 적용 대상이나, 파견 근로자 또한 적용 대상으로 할 수 있다.

(3) 규장제도의 내용상의 특징

규장제도는 고용단위가 해당 국가의 법률·법규 및 기업의 상황에 따라 제정하며, 노동조건을 명확화하고 생산질서 및 일상 관리를 유지시키는 각종 규칙과 제도를 통칭이다. 규장제도의 제정은 기업의 경영관리권으로 볼 수 있다. 규장제도를 제정하여 노동쟁의 발생을 예방하고, 관리방법을 표준화하며, 근로자의 노동조건과 근로규범을 확립할 수 있다. 규장제도는 일반적으로 다음의 특징을 갖도록 설계해야 한다.

1) 합법성

규장제도는 '기업 법률'의 효력을 갖고 있으므로, 제정 전 합법성에 대한 엄격한 검증이 필요하다. 즉, 수립 과정에서 현행 법률법규, 해당 지역의 규범화된 문건 등과 부합 여부를 확인해야 한다. 규장제도는 국가의 법률법규와 기타 정책 준수에 기초하여, 기업의 특성에 맞게 확대하고 세분화하는 과정을 거친다. 만약, 기업이 법정 의무를 면책하는 조항을 포함할 경우, 절차상 합법성을 갖는다고 하더라도 해당 조항은 무효가 된다.

2) 실효성

규장제도는 선언적 문서가 아니다. 규장제도를 통하여 근로자의 행위를 규범화하고, 위반 행위에 강제력을 발휘할 수 있어야 한다. 규장제도의 적용범위가 너무 넓거나, 너무 좁을 경우 근로자는 고용단위의 기대와 다르게 행동할 수 있다. 이를 예방하기 위해서는 규장제도의 수립 전, 기업환경, 조직문화, 근로자의 습관과 태도 등에 대한 연구가 전제되어야 한다.

3) 일치성

규장제도는 비교적 많은 내용으로 구성되어 있다. 만약 각 규정 별 내용이 상충될 경우 논리적인 모순이 발생하여 완전한 역할을 할 수 없게 된다. 이 때문에 규장제도의 검토 단계에서 규정별 사용 용어를 통일화하고 논리적으로 일치하도록 상호 보완을 진행해야 한다.

2. 규장제도의 초안 작성

규장제도의 초안은 HR 관리자, 법무팀 또는 외부 자문기관이 함께 작성한다. 그 이유는 규장제도의 초안 작성은 상당히 복잡하고 전문적 지식이 필요한 작업이어서 정책 수립에 전문성이 있고, 소속 기업의 제도와 경영상황, 관리 측면의 지식 등을 두루 갖춘 인력이 필요하기 때문이다. 또한 모든 제도를 명문화하여 근로자에게 정확하게 전달해야 하므로 전문가나 기관에 위탁하여 자문을 받는 것도 고려할 필요가 있다.

3. 규장제도 수립에 대한 법률적 의무

<노동계약법> 제4조 고용단위는 법에 따라 노동규장제도를 수립하고 정비하여 근로자가 노동권리를 향유하고 노동의무를 이행할 수 있도록 보장하여야 한다.

고용단위가 근로자의 주요 이익과 직접 관련된 보수, 근로시간, 휴식·휴가, 안전·위생, 보험·복지, 근로자 훈련, 노동기율 및 노동목표량 관리 등의 규장제도 또는 중대사항을 제정·수정 또는 결정할 때에는 근로자대표대회 또는 전체근로자의 토론을 거쳐 방안과 의견을 제시한 다음 노동조합 또는 근로자대표와 평등하게 합의하여 확정하여야 한다.

규장제도와 중대 결정사항을 시행하는 과정에서 노동조합 또는 근로자가 부당하다고 인식하는 경우 고용단위에게 이의를 제기하고 합의를 통하여 수정·개선할 권리가 있다.

고용단위는 근로자의 주요 이익과 직접 관련되는 규장제도 및 중대 결정사항을 근로자에게 공시하거나 고지하여야 한다.

규장제도의 초안을 작성한 후, 고용단위는 법률에 따라 근로자와 토론하고 평등협상을 진행해야 하며, 고지절차를 이행해야 한다. 〈노동계약법〉 제4조에서 근로자대표대회 또는 전체근로자와의 토론을 거쳐 방안과 의견을 제시한 다음 노동조합 또는 근로자대표와 평등하게 합의하여 확정해야 한다고 규정하고 있다. 노동계약법에는 간단하게 명시되어 있지만, 해당 프로세스를 반드시 이행해야만 규장제도의 법률적 효력이 발생된다.

즉, 규장제도의 제정 시 내용상 합법성을 갖춰야 함은 물론이고, 절차상 법률에서 정하는 '민주 절차'와 '고지 절차'를 이행하는 과정이 반드시 필요하다. 이는 고용단위가 우월적 지위를 이용하여 근로자에게 불합리한 제도를 일방적으로 제정하거나 수시로 변경하는 것을 방지하기 위해서 제한을 두는 것이며, 근로자의 민주적 참여와 자의적 의사를 반영하여 근로자의 권리를 보호한 것으로 볼 수 있다.

제2절 규장제도의 절차상의 요구

1. 민주절차의 이행 [2]

민주절차는 고용단위가 근로자의 이익과 관련된 규장제도를 수립하고, '근로자대표대회' 또는 '전체근로자'와 토론하는 '광범위한 토론절차'를 이행한 후, '공회' 또는 '근로자대표'와 협상하는 '평등협상절차'를 이행하는 것을 가리킨다.

(1) 광범위한 토론절차 广泛讨论程序

고용단위는 규장제도를 작성한 후에 근로자대표대회 또는 전체근로자와 토론을 진행해야 한다. 이는 제정된 규장제도의 '광범위한 토론절차' 이행의 법률 요건을 갖추기 위함이다. 일반적으로 회사의 규모가 100인 이하일 경우 전체근로자와 토론할 수 있으나, 100인을 초과하는 경우 근로자대표대회를 열어 토론하도록 한다. 토론 인원수에 대한 전국 규정은 없으나, 북경, 상해, 강소성에는 관련 규정이 존재하므로 지

---

2 陆敬波. (2015). "规章制度管理." 中信出版集团. (P.14~15. 참조)

역별 확인이 필요하다.

① 전체근로자를 대상으로 고지할 때에는 초안의 내용을 사내 홈페이지 공지, 게시판 부착, E-mail 안내 등 구성원들이 쉽게 내용을 확인할 수 있도록 해야 한다. 아울러, 규장제도를 인쇄한 후 각 부서별로 배포하여 근로자들이 열람하고 서명할 수 있도록 한다.

② 먼저, 회의 개최 시 고용단위는 근로자대표대회 또는 전체근로자에게 규장제도의 내용을 고지하고, 핵심 조항을 설명한다. 작성된 초안에 대해 근로자대표대회 또는 전체근로자와 토론과정을 거치도록 하는데, 이는 토론과 건의를 통해서 근로자가 규장제도에 대한 이해도를 향상시키는 과정이라고 볼 수 있다. 토론 참가자들과 소통한 내용을 회의록의 형식으로 기록하고 참석자 서명을 받도록 한다.

③ 전체근로자를 대상으로 의견청취를 진행한다. 근로자의 의견 개진이 없을 경우, 관리·감독자들을 통해서 형식적인 내용이라도 작성하도록 하여 이행과정을 증빙하도록 한다.

④ 규장제도 초안에 대한 열람 서명은 전체구성원을 대상으로 이행하고 HR부서로 전달하도록 한다. 이때 대리서명 및 누락이 없도록 해야 한다.

⑤ 평등협상절차를 준비하기 위해, HR부서는 토론절차 및 전체근로자 의견 청취 과정에서 취합된 제안 및 건의사항을 정리하여 문서화하고, 취업규칙 내 반영 여부를 사전에 결정하도록 한다. 이때, 위법사항이 아닌 경우 기업은 요구사항을 반영하지 않을 권리가 있으나, 반대의 경우 즉시 개정하도록 한다.

위의 프로세스 중 ②의 과정을 이행하였을 경우, ③의 과정을 생략할 수 있으므로 기업의 자율적 판단에 따르도록 한다.

(2) 평등협상절차平等協商程序

'광범위한 토론절차'의 이행 후에 '공회' 또는 '근로자대표[3]'와 협상 토론을 진행해야 하며, 이를 '평등협상절차'라고 한다. 공회가 없을 경우, 반드시 근로자대표를 선출해야 하며, 근로자대표는 민주적인 절차에 따라서 별도의 장소에서 합법적이고 공정한 방식을 통해 선출하고 명단을 공개하도록 한다. 근로자대표의 합법적 권리가 발효된 후에 협상회의를 개최하도록 한다. 이때 회의록에는 반드시 토론의 내용과 참석한 공회원 혹은 근로자대표의 서명 또는 인장이 날인되어야 한다. 인사부서는 회의록을 보존하도록 한다.

① 토론절차 종료 후, 협상 일정과 장소를 정해 대상자에게 통보한다.

② 회의 개최 후, 앞서 진행한 토론절차 과정에서 근로자가 제안한 내용을 공유하고, 기업의 결정 사항을 설명하도록 한다. 이때 공회 또는 근로자대표의 의견을 재차 청취하되, 규장제도 내 반영 여부는 기업에서 결정할 수 있다. 즉, 법률에 위배되는 사항은 개선해야 하며, 그렇지 않을 경우 경영자주권을 행사하여 부결할 수 있다.

③ 평등협상절차 이행의 회의록을 작성하고 참석자에게 확인 서명을 받는다.

2. 고지절차의 이행 [4]

> <강소성 노동계약 조례>제4조 제3항 고용단위는 법에 따라 근로자와 밀접한 이익이 있는 규장제도와 중대사항을 제정, 수정 또는 결정할 때 반드시 근로자에게 적극적이고 사실적으로 고지하거나, 게시판, 서면 문건, 전자우편, 본사 홈페이지 등을 채택하여 근로자가 알기 쉬운 방식으로

---

3 근로자대표대회와 다르며 '평등협상절차'를 이행하기 위한 목적으로 별도의 과정을 통해 선발해야 한다. 최소 3인 이상, 일반적으로 3~10명을 선발한다.

4 陆敬波. (2015). 规章制度管理. 中信出版集团. (P21~22. 告示方式 참고)

공시해야 한다.

규장제도 수립의 절차상 요건은 민주절차의 엄격한 준수 외에도 고지 절차의 이행이 필요하다. 민주절차의 이행은 규장제도의 법률적 효력을 발생시키지만, 개별 근로자에게 구속력을 발생시켰다고 볼 수 없다. 즉, 고지절차를 통해서 구속력을 발생시켜야 한다.

고지절차는 간단해 보여도 실제 이행과정에서 실수가 빈번하게 발생한다. 특히 인터넷의 발달로 많은 기업이 규장제도를 서면 고지하지 않고 기업의 홈페이지에 공지하거나 근로자의 전자우편으로 발송하는 경우가 많다. 고지절차의 입증책임은 고용단위에게 있다. 만약 노동쟁의가 발생하고 근로자가 위와 같은 방식의 고지를 받은 적이 없다고 부인할 경우, 고용단위에게 불리한 결과가 발생할 수 있다. 고지절차에는 여러 가지 이행 방법이 있으나, 가장 일반적인 방법은 다음과 같다.

① 규장제도를 근로자가 열람하도록 하고, 열람 후 본인의 친필서명을 받도록 한다. 이는 가장 효과적인 방법이라고 할 수 있다.

② 전체근로자를 소집하거나 조직별로 근로자를 소집하여 단체교육을 진행하고, 교육이수 및 준수서약을 받도록 한다. 신입사원의 경우 입사 필수교육 과정으로 채택하고 교육 후 친필서명을 받도록 한다.

③ 근로자를 조별로 편성하여 교육하거나, 일정 시간 학습하도록 한다. 해당 교육과정은 규장제도의 학습으로 한정하고, 학습 이후 시험을 보고 시험지에 친필서명 하도록 한다.

④ 게시판 혹은 식당 입구 등의 공동 구역에 규장제도의 내용 전문全文을 인쇄하여 공지하고, 공지한 현장을 사진이나 동영상으로 기록하여 보관한다.

⑤ 규장제도의 전문을 전자우편 형식으로 근로자에게 발송하거나 회사 홈페이지에 공시한다. 근로자가 전자우편을 확인한 후 회신하도록 하고, 회신 증빙을 정리하여 보관하도록 한다.

앞의 세 가지 방식(①, ②, ③)은 서면으로 명확하게 입증할 수 있으므로 근로자가 이에 대한 사실을 부인하기가 쉽지 않다. 그러나 뒤의 두 가지 방식(④, ⑤)은 근로자가 부인할 경우 고용단위가 입증에 어려움을 겪을 수 있다.

3. 규장제도 준수서약 거부 인원에 대한 처리

근로자에게 규장제도의 준수 서약을 강제할 수 있는지에 대해 생각해 볼 필요가 있다. 준수서약을 거부하는 근로자가 있다면, 소속 조직책임자와 해당 근로자를 소집하고 준수서약의 필요성에 대해 설명하고 서명하도록 한다.

다른 방법은 준수서약을 거부하는 인원에게 거부 사유를 서면으로 작성하여 제출하도록 하는 것이다. 이때 제출된 사유가 적법성과 합리성을 갖추지 못했을 경우, 기업은 EMS로 근로자에게 고지절차를 이행하고 준수하도록 요구한다. 위의 두 가지 방법을 이행할 때 반드시 사진촬영, 녹취, 영상촬영 등의 방법으로 증거를 보존하도록 한다.

4. 민주절차와 고지절차 이행 필요에 대한 판단

(1) 근로자의 밀접한 이익과 직접적인 관계가 없는 규장제도

이러한 종류의 규장제도 수립 및 변경은 〈노동계약법〉의 민주절차 이행 요구를 따르지 않아도 되므로 기업의 운영 상황에 맞게 별도의 프로세스를 이행할 수 있다. 만약 수시로 조항 변경이 필요할 경우, 기업이 단독으로 공지하는 방식을 사용하여도 문제가 되지 않는다. 예를 들면, 근로자 기본행동수칙, 복장규정, 출장비 정산규정, 주차장 운영기준 등이 이에 해당한다.

(2) 근로자의 밀접한 이익과 직접적인 관계가 있는 중요한 규장제도

법률 규정에 따라 반드시 민주절차와 고지절차를 이행해야 한다. 예를 들면, 노동 보수, 휴식과 휴가, 노동 안전 및 위생, 사회보험과 복리후생, 교육 훈련, 노동기율과 노동목표량 관리 등이 이에 해당한다.

(3) 규장제도의 일부 변경에 따른 민주절차 의무 이행

급변하는 사업환경과 노동환경에 따라 기업은 수시로 규장제도를 변경해야 하는데, 제도의 조항이 조금만 바뀌어도 매번 민주절차를 이행해야 하는지에 대해 의문을 가질 수 있다. '근로자의 이익과 관련된 규장제도'는 제도의 수립, 조항의 증가, 내용의 변경 등이 발생할 경우 법률에서 정하는 절차를 반드시 거쳐야 한다. 즉, 의무의 이행에는 예외가 없다.

제3절 특수 상황에서의 규장제도 수립 및 민주절차 이행[5]

1. 그룹Group형태 기업의 규장제도에 대한 민주절차 이행

그룹 형태의 기업은 국적을 공유하는 지사支社, 분공사分公司 및 각 법인 등에 하나의 규장제도를 적용하는 경우가 있다. 이러한 형태의 기업은 규장제도를 제정하거나 수정할 때, 반드시 지사 또는 분공사의 전체근로자를 포함하여 의견을 청취하고, 민주절차 이행 시 지사 및 분공사의 근로자대표가 참석하도록 해야 한다. 아울러, 법률 규정의 지역별 차이를 고려하여, 규정과 법률 간 충돌이 발생하는지를 확인하고, 충돌이 발생될 경우 별도의 규정을 지사 또는 법인별로 관리하도록 한다.

---

5 陆敬波. (2015). "规章制度管理." 中信出版集团. (P16~17. 참조)

2. 소수 인원에게 적용되는 규장제도에 대한 민주절차 이행

예를 들어 일부 영업인원에게만 해당하는 규장제도를 수립할 때 '전체 영업인원'을 대상으로 민주절차를 이행한 후 해당 규정을 규장제도에 반영한다면, 이는 법률적 합법성을 구비하지 못하였다고 볼 수 있다. 규장제도는 전체근로자를 대상으로 수립하고 완전한 민주절차를 이행해야 그 효력이 발휘될 수 있기 때문이다. 실무적으로 비교적 적은 인원 혹은 특수한 성격의 근로자에게 적용되는 제도의 경우, 고용단위와 근로자의 노동계약체결 시 반영하여 처리하도록 한다.

규장제도 수립에 관한 절차

규장제도의 구조화와 초안작성	민주절차의 이행		고지절차의 이행
	광범위한 토론절차	평등협상 절차	

• 경영 관리상 필요 항목 반영
 - 노동계약 관리, 임금관리,
  근태 제도 등
• 규장제도의 내용에 따른 구조 설계
 - 편(编), 장(章), 절(节), 조(条),
  항(项) 등
• 규장제도의 초안 작성
 - 합법성, 실효성, 일치성을 고려
 - 법무팀, 외부 전문가를 활용하여
  전문성 확보
	① 전체근로자 고지 및 공시
	 - 근로자가 열람할 수 있도록
	  인쇄물 배포 또는 전문 게시
	② 토론과정 이행
	 - 근로자대표대회 또는 전체근로자
	  참석
	 - 토론 및 회의록 작성, 참석자 서명
	  날인
	③ 규장제도 초안에 대한 열람 서명
	 - 전체근로자 대상
	  (누락 및 대리서명 주의)
	④ 토론내용 및 근로자 의견청취
	 사항 정리
	 - 위법 사항 삭제
	 - 규장제도 반영 항목 결정
		① 대표자 선발
		 - 공회 또는 근로자대표 : 3~10명
		 - 고용단위 대표 : 3~10명
		② 협상 일정 및 장소 통보
		③ 회의 개최
		 - 토론내용 및 근로자 의견 공유
		 - 근로자 측 의견 청취
		 - 기업의 최종 결정사항 통보
		④ 회의록 작성 및 참석자 서명
			• 고지
			 - 게시판에 전문을 인쇄하여 게시
			 - 전문을 개인별 E-mail로 발송
			 - 사내 홈페이지 고지
			• 근로자 고지 및 준수 서약
			 (한 가지 선택)
			  - 개별 열람 및 준수서약 수취
			  - 단체교육 및 준수서약 수취
			  - 조별 학습 및 필기시험.
			   준수서약 수취

제2장

채용관리

Intro

　14억 중국의 생산 인구가 점차 줄어들고 있다. 2000년대 초반까지 값싸고 풍부한 노동력이 중국투자의 주된 이유라고 하는 사람들이 많았다. 그러나 최근 10년 사이 기업들은 심각한 구인난에 직면하고 있다. 코로나19 발생 전부터 HR 주재원들과 기업 대표들을 만날 때 마다 위탁 채용 수수료가 얼마인지, 하루에 몇 명이나 채용했는지가 일상적인 인사가 되어 버렸다.

　중국인 CEO들도 첨단 산업이 아닌 단순 조립이나 OEMOriginal Equipment Manufacturing으로는 더 이상 사업을 지속할 수 없을 것 같다고 한다. 중국기업들도 구인이 쉽고 인건비가 저렴한 베트남, 라오스 등으로 공장이전을 진행하고 있으며, 한국기업들 중 일부는 중국사업의 철수까지 고려하는 단계에 와 있다.

　처음 채용난이 발생했을 때, 한국의 많은 대기업은 국내와 같이 모집 공고만 하면 쉽게 채용할 수 있을 것이라고 생각했다. 그러나 수년간 중국 전체가 채용난으로 인해 생산 차질이 발생하였고 채용을 위해 많은 비용과 노력을 지불해야 했다. 14억 인구 대국인 중국의 채용난用工荒이 왜 발생하였는지 몇 가지 이유를 살펴보도록 하자.

첫째, 지속적인 생산가능인구의 감소이다. 중국 국가통계국은 2021년 5월 11일 제7차 전국 인구조사결과(10년 마다 발표)를 발표했다. 중국 전체 인구는 14억 1,177만명으로 집계되었으며, 2010년 13억 3,972만명 대비 7,206만명 (5.38%) 증가, 연 평균 0.53% 증가로 발표하였다. 그러나 2000년~2010년 연 평균 증가율 0.57% 대비 0.04% 감소하였고, 10년간 지속적인 감소 추세인 것으로 나타났다.

여기서 주목할 만한 부분은 15~59세의 생산가능인구는 무려 6.79%나 감소되었고, 60세 이상 인구는 5.44% 증가되었다. 특히 65세 이상 비율이 6%나 증가하여 머지않아 고령화 사회로의 진입이 불가피할 전망이다. 아울러 출생인구도 2020년 1200만명으로 전년대비 265만명이 감소하였고, 이는 '독생자녀独生子女(한 자녀 출산 장려) 정책에 따른 부작용이 나타난 것으로 보인다.

연도별 출생인구 추이

년도	2010	2011	2012	2013	2014	2015	2016	2017	2018	2019	2020
인원수 (만명)	1,588	1,600	1,635	1,640	1,687	1,655	1,786	1,723	1,523	1,465	1,200

중국 정부는 2016년 독생자녀 정책을 철회하고 출생인구의 증가를 유도하고 있으나, 중국의 높은 사교육비, 도시 생활물가, 근로자 소득 증가의 한계 등으로 점차 인구 감소 및 고령화 사회의 길로 접어들고 있다. 아울러 청년층의 '만혼' 현상도 심화되어, 2005년부터 2019년까지 20~24세(47%→19.7%)에 주로 결혼하던 연령이 점차 30대로 늦어지고 있는 추세이다. 실제 25~29세(34.3%→34.6%)는 큰 차이를 보이고 있지 않았으나, 30~34세(9.9%→17.7%), 35~39세(4.9%→8.1%), 40세 이상(3.9%→19.9%, 재혼 포함)은 결혼 연령이 높아져 출산율 증가에 어려움이 지속될 것으로 보인다.

둘째, 고학력자의 급격한 증가로 생산현장의 구인난이 심화되고 있다. 중국 교육부에서 발표한 2021년 대학 졸업자는 900만명으로 전년대비 35만명이 증가하였으며, 매년 최고치를 갱신하고 있다. 2021년 11월 19일 인력자원 사회보장부는 2022년 대학 졸업자를 1,076만명으로 예측하고 이들에 대한 고용 안정성을 확보하기 위해 정책적으로 노력해야 한다고 발표

연령대별 인구증감 추이

연령	2020년	2010년	증감
총 인구 수	14억 1,178만명	13억 3,972만명	5.38% 증가
0~14세	2억5,338만명(17.95%)	2억 2,246만명(16.6%)	1.35% 증가
15~59세	8억 9,438만명(63.35%)	9억3,962만명(70.14%)	6.79% 감소
60세 이상	2억 6,402만명(18.70%)	1억7,765만명(13.26%)	5.44% 증가
(참고 : 65세 이상 인구)	1억 9,064만명(13.50%)	1억 1,883만명(8.87%)	6.04% 증가
여성 100명 당 남성	105.06	105.20	0.14% 감소

하였다. 중국 정부 또한 늘어나는 대학 졸업자들의 실업문제를 해결하기 위해 국유기업의 채용인원 확대, 취업 서비스 강화 등 다방면으로 노력하고 있으나, 전반적 학력 증가에 따른 일자리 부족 현상은 가속화될 것으로 판단하고 있다. 따라서 제조업과 3D직종의 기피 현상이 심화되어 생산현장의 근로자 수급은 해마다 어려워지고 있는 상황이다.

중국의 대학 졸업생 증가 추이

년도	2001년	2012년	2013년	2014년	2015년	2016년	2017년	2018년	2019년	2020년	2021년	2022년
인원수 (만명)	114	680	699	727	749	765	795	820	834	874	909	1,076

셋째, 다양한 인터넷 플랫폼 기반 업종으로의 취업이 확대되고 있다. 2021년 1분기 인적자원 및 사회보장부 데이터에 따르면 일자리가 가장 부족한 100개 기업 중 70%가 제조업이며 부족한 인력은 1,600만명에 이른다고 한다. 70년대 이후 출생자들은 대부분 학력이 높지 않고 전문기술이 없어 제조업 기업에서 근무하는 것이 구직의 일반적인 기준이었다. 그러나 인터넷 매체의 빠른 보급과 성장으로 중고차, 부동산 중개업, 우버Uber 형태의 개인 택시, 음식 배달업, 전자상거래, 택배 등 새로운 산업들이 번성하였고, 이 산업들은 기존에 공장에서 생산직으로 근로하던 인력들을 빠르게 흡수하고 있다. 상대적으로 자유로운 근로시간의 선택, 스스로 노동강도를 조절할 수 있다는 점 등이 인력 유출의 주요 원인이다. 새로운 산업은 그들에게 학력이 낮더라도 단순 반복업무와 교대근로를 하는 공장 근로자가 되지 않을 수 있는 통로가 되었다.

넷째, 농민공의 감소현상은 생각보다 심각한 상황이다. 2020년 총 농민공 수는 2억 8,560만명으로 전년 대비 517만명(1.8%) 감소하였다. 사회발전과 함께 농민공의 감소는 불가피한 현상이 되었고, 농민공의 평균 연령도 지속적으로 상승하고 있다. 2020년 농민공의 평균연령은 41.4세로 2019년 대비 0.6세 증가하였고, 40세 이하의 비율도 49.4%로 전년 대비 1.2% 감소하였다. 핸드백, 구두, 액세서리 등의 단순 제조업뿐만 아니라 IT제품을 생산하는 기업들의 구인 연령이 점차 높아질 수밖에 없는 구조가 되었다. 중국의 최대 명절인 춘절이 되면 기업들은 인력 복귀율 향상에 많은 노력을 기울인다. 현지인의 비율이 높은 기업들은 귀향버스, 춘절보너스 분할지급 등을 제공하며, 미귀향 인원들에게는 기타 위문활동을 통해 이탈인력을 최소화한다. 특히 외지인의 비율이 높은 광동성의 경우에는 춘절 이후 미복귀 인력을 어느 정도 예측하여 사전에 충원하는 경우가 많다. 우리나라 기업들은 단기적인 대책뿐만 아니라 중장기적 전략을 수립하여 인력충원의 어려움을 극복해야 한다.

제1절 중국의 채용난과 대응 방안

1. 채용난의 발생 원인

구인난이 가중되는 상황에서 Global 기업의 채용난이 더욱 심각한 원인은 무엇일까? 실제 중국과 대만계 기업에 비해 외자기업의 구인난은 유독 심각하다. 똑같은 채용 수수료를 지급하더라도 왜 중국기업에 더 많은 인력이 공급되는지 고민하게 되었다.

첫째, Global 기업의 경우 준법경영을 강하게 요구받는다. 만약 노동인권을 준수하지 않으면 미디어에 노출되어 기업 이미지가 훼손되기 쉽다. NGO^Non-Governmental Organization의 주 감시대상은 외자기업이며, 실제 몇 년 전 '차이나 레이버 워치^China Labor Watch'는 중국 내 A전자의 부품공급업체에 잠입하여 아동근로자 채용을 폭로하였다. 법정 잔업시간 36시간을 초과하고, 심지어 100시간이 넘는 연장근로를 한다고도 보도하였다. 이에 A전자는 부품공급업체에 대한 전수조사를 실시하고 노동환경을 개선하였으며, 이후 EICCElectronic Industry Citizenship Coalition, (현 RBA)에 가입하고 정기 감사Audit를 의뢰하는 등 노동인권 준수를 위한 개선활동을 진행하였다.

여전히 중국 제조업에 종사하는 근로자의 기본급은 최저임금에 준하여 책정되고 연장근로를 통해 일정 수준의 소득을 보장받는 구조로 되어 있어, 근로시간의 통제가 강화될수록 근로자의 임금은 줄어들 수밖에 없다. 이 때문에 근로자들은 관리가 강한 외자기업보다 중국기업을 선호할 수밖에 없는 상황이 되었다.

둘째, 연령 제한 및 높은 직무 수행능력의 요구이다. 중국 근로자의 학력 수준이 점차 향상되고 있지만, 여전히 제조업 근로자들은 저학력 중심으로 구성되어 있다. 그러나 Global 산업의 고도화에 따라 제조공정에 사용되는 용어와 품질검사 기준 습득 등 직무 수행능력 요구가 점차 높아지고 있다.

실제로 입사 후 1개월 내 퇴직하는 인원들을 인터뷰 한 결과, 이직의 가장 큰 원인은 임금 불만이었고, 다음으로는 높은 업무수행 난이도였다. 제조업 종사자들은 단순 조립 등 비교적 간단한 작업, 앉아서 일할 수 있는 작업환경 등의 업무에 취업 선호도가 높다는 점을 확인할 수 있었다.

또 하나 연령 제한의 문제인데, 직무의 요구 사항이 복잡할수록 젊은 인력들의 적응력과 학습 능력이 필요하다. 이에 따라 연령 상한선을 설정하고 채용을 진행하게 되면, 구인난이 더욱 심화되는 현상이 나타난다.

셋째, 실질소득 증가를 위해 사회보험료 및 주방공적금의 준법 납입을 원하지 않는 근로자가 많다. 중국의 사회보험과 주방공적금 납입비율은 세계 최고수준으로 책정되어 있는 반면, 복지혜택은 북유럽 국가들과 같은 좋은 시스템을 갖추지 못하였다. 지역별로 차이가 있을 수 있으나, 일반적으로 기업부담 38%, 개인부담 20% 수준으로 책정되어 있어 기업과 개인부담 모두 높은 편이다. 근로자 입장에서는 납입비율은 높고 혜택이 적은 사회보험료를 지불하는 것보다, 당연히 실질 임금이 높은 기업에서 근무하기를 선호한다. 이에 위탁 채용업체는 기업과 파견계약을 체결하여, 근로자를 채용업체의 소속으로 두고 사회보험료를 납부하지 않는 방식으로 근로자의 임금을 높이는 방법을 사용하였다. 외자기업의 경우 정부의 점검과 준법경영의 영향으로 사회보험료 미납 방식을 사용하기에는 어려움이 있다. 이 때문에 인건비 부담과 채용난이 가중되는 악순환이 지속되고 있다.

넷째, 한국 기업은 임금인상에 소극적이다. 인사 담당자들은 루이스 전환점 진입에 공감할 것이다. 1979년 노벨 경제학상 수상자인 아서 루이스가 제시한 이론으로 개발도상국에서 농촌의 저렴한 인력으로 급속한 산업발전을 이루지만, 노동력의 공급이 악화되는 시점부터 근로자의 임금이 급등하고 성장이 둔화되는 것을 말한다. 특히 제조업 부분에서는 노동의 수요와 공급의 불일치가 분명하게 발생하고 있다. 중국 기업은 발 빠르게 근로자의 보상 처우 개선을 진행하고, 첨단 산업의 경우 동종 산업의 인력을 스카우트하고 유지하기 위한 투자를 아끼지 않고 있다. 그러나 여전히 많은 한국 제조기업은 생산성 향상보다는 인건비 절감을 통한 기업 경쟁력 확보를 고민하고 있는 것 같다. 사회적 변화에 빠르게 적응하고 기업 경영을 영속하기 위한 다양한 방법을 고민해 볼 필요가 있다.

2. 채용난 극복 방법

중국 근로자들의 직업관은 같은 아시아권에 있는 한국, 일본 근로자들과 많은 차이를 보인다. 중국은 수시로 직장을 옮기는 고용 유연성이 높은 나라이다. 한 기업 내에서도 연간 수천 명의 인력이 퇴직과 입사를 반복하는 상황에서 어떤 대응전략이 효율적인지 생각해 볼 필요가 있다.

중국은 소규모 채용을 하는 기업이 아닌 경우, 대부분 위탁 채용업체를 통해 인력을 모집한다. F사의 경우에는 인력확보 부문에 종사하는 인원이 100여 명에 달하지만 직접 채용 방식으로 필요 인력을 100% 충원하지는 못하는 상황이다.

위탁채용업체는 피라미드 구조로 운영된다. 최상위 채용 업체가 중단위, 소단위

업체에 N차 위탁하여 인원을 모집하고, 고객에게서 받은 수수료를 배분하는 형식으로 운영된다. 개별 고용단위에서 위탁채용업체와 같은 인력 규모와 시스템을 운영하기에는 한계가 있어, 업체 의존도가 점차 높아질 수밖에 없는 구조가 되었다. 특히 계절성 수요가 많은 제품을 생산하거나, 퇴직률이 높아 수시 충원해야 할 인원이 많은 기업에게는 위탁채용업체의 도움이 절실한 구조로 변하였다.

몇 년 전까지 인재시장人才市場(상시 채용 박람회)이라는 채용 부스booth에서 기업들이 오프라인 채용을 진행하였으나, 현재 대부분 구직자들은 SNS에서 구직활동을 하고 있어 고연령 인력 외에는 인재시장에서 구직활동을 하는 인원은 극히 드물다.

실제 2019년 발생한 코로나로 인하여 춘절 복귀 인원이 현저히 저하되고, 생산량이 증가하던 시점에 1인당 채용 수수료가 1만CNY(한화 약 180만원)까지 치솟았던 사례가 있었다. 구인난이 심화되면 될수록 위탁채용업체의 수수료 인상 요구도 높아져 적절한 대응이 필요하다.

이에, 효과가 있었던 몇 가지 방법을 소개한다.

① 사내 추천 채용의 확대

재직 중인 근로자가 지인을 추천하여 입사로 이어질 경우 위탁채용 수수료와 동등 수준의 채용 수수료를 지급하는 방식이다. 시행 당시 채용 필요 인력의 30%이상을 확보하는 효과를 거두었다. 그러나 위탁채용업체의 반발이 강하였고, 회사에 정책 철회까지 요구하였다. 회사는 위탁 채용업체에 사내추천 채용의 철회 조건으로 업체별 채용 목표 할당량 달성을 요구하였으며, 동의하지 않을 경우 사내 추천을 지속하는 방법으로 채용난을 극복하였다.

② 복수의 위탁채용업체와의 계약

대부분 기업에서 복수의 위탁채용업체와 계약하고 있을 것이다. 이때 업체 선정 및 위탁계약을 연간 1~2회로 한정하지 않고, 영업 허가증 및 자본금 등 법률 요건을 충족하는 업체와 수시 계약을 진행하여 기존 업체와의 경쟁을 활성화하였다. 주의할 사항은 채용 능력이 현저히 낮음에도 불구하고 채용 가능 인력을 부풀려 허위로 입찰

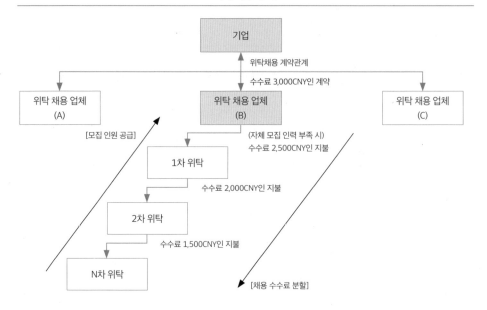

에 참여하는 경우가 많으므로, 사전에 HR 담당자를 통해서 각 업체에 대한 정보를 파악하고 계약을 진행해야 한다.

③ 퇴직자의 재취업 독려

채용 피크시즌에 전담 조직을 구성하고 이미 퇴직한 인원에게 연락하여 회사의 인센티브 정책을 알리고 재취업을 독려하여 소기의 성과를 거둔 사례가 있었다.

④ 위챗Wechat 내 사내 채용 공고 5일 이상 지속 인원에 대한 경품 지급

사내 채용 홍보물을 작성하여 구성원들에게 배포한 후, 5일 이상 게시물을 등록한 인원들을 대상으로 경품 추첨 행사를 진행하였다. 1천명 이상의 임직원이 홍보 활동에 참여하였으며 약 2만CNY 정도의 경품을 지급하여 적은 비용으로 사내 채용 광고를 진행하였다.

⑤ 예치금(위약금) 제도의 활용

계약 진행 시, 목표 채용인원을 설정하고 미달 시 예치금을 공제하는 계약을 체결

한다. 즉, 성공 보수와 같은 개념으로 목표 달성 시 추가 수수료를 받을 수 있으나, 실패할 경우 위탁채용업체에서 벌금(예치금 공제)을 부담해야 한다.

이때 월/분기/반기/연간 등의 목표 달성 기간을 제시하고, 미달 인원 1명에 대한 벌금 조항을 약정해야 한다. 일반적으로 목표 미달 시 위탁채용업체는 다양한 사유로 공제 이행을 재고해 달라고 요구하나, 반드시 이행하여 목표 달성에 대한 압력을 가해야 한다. 다만, 중국 민법에서 규정한 손실 금액을 합법적으로 책정하고 사전에 약정해야 한다.

<중화인민공화국 민법전> 제584조 당사자 일방이 계약의무를 이행하지 않거나 의무이행상태가 약정에 부합하지 않아 상대방에게 손실을 초래한 경우, 손해배상액은 위약으로 인하여 초래된 손실에 상응해야 하며, 계약 이행 후 얻을 수 있었던 이득도 손해배상액에 포함되어야 한다.

실제 위약 사례 발생 시, 법률에서는 "의무이행 상태가 약정에 부합하지 않아 상대방에게 손실을 초래한 경우"라고 정의되어 있으므로, 손실 금액을 사전에 산정하고 계약서 내에 명시해야 한다. 만약 구체적인 손실액과 배상액에 대한 합리적인 책정이 불가할 경우, 민사상 쟁의가 발생될 수 있음을 염두해야 한다.

제2절 ## 직무분석[6]

1. 직무분석의 필요성

기업의 사업 성패는 우수한 인재를 얼마나 빠르게 확보할 수 있느냐에 달려 있다.

---

6 陆敬波. (2010). 企业招聘管理法律实务. 上海社会科学院出版社. (P. 1~5. 岗位分析的法律意义) 참조

갈수록 인재확보를 위한 시장경쟁은 치열해지고, 기업에 맞는 우수한 인재를 찾기가 어려워지고 있다. 기업은 우선 어떤 인재를 원하는가를 스스로 고민해 볼 필요가 있는데, 이 과정 중 하나가 바로 직무분석이다. 직무분석은 조직에서 어떤 특정한 직무의 목적, 임무, 권리, 예속관계, 작업조건, 임직 자격 등과 관련된 정보를 수집하고 분석하는 행위이다. 이는 해당 직무별 작업에 대해서 명확한 규정을 도출하는 것이며, 수행해야 하는 업무 및 조건을 확정하는 과정이다.

직무분석을 진행하지 않고 기존 업무의 틀에 비추어 인사관리를 진행할 경우, 〈노동계약법〉, 〈취업촉진법〉, 〈노동쟁의 조정중재법〉 등 법률적 위반사항이 발생될 수 있다. 기업은 경영자주권을 보유하고 있으나, 그 권리를 누리기 위해서는 적법한 절차와 합리적 기준이 동반되어야 한다. 즉, 직무분석을 근거로 채용, 계약해지, 직무조정 등의 업무를 규범화할 필요가 있다.

특별히 기업의 규모가 작거나, 직무의 종류가 많을수록 직무분석의 필요성에 의문을 가질 수 있다. 예를 들어 한 사람이 많은 범위의 업무를 하고 있는 경우, 직무분석을 하기 어렵다고 말할 수 있다.

직무분석에는 많은 시간이 소요되며, 그 변화 주기도 빨라 많은 노력이 필요한 것이 사실이다. 그러나 기업의 규모나 직무의 특성을 고려하더라도 모든 직무에 대한 직무분석은 이루어져야 한다.

2. 직무분석의 실행

(1) 직무 수행 행위의 목적과 결과물 도출 방향 작성(5W1H)

1) Why?, 왜 해야 하는가, 해당 업무의 목적 및 작업에 대한 효과를 작성

2) What?, 무엇을 해야 하는가, 구체적인 업무 내용 및 책임져야 할 사항에 대해 작성

3) Where?, 어디에서 해야 하는가, 작업 지점과 작업 환경 등을 작성

4) When?, 언제 해야 하는가, 작업 시간과 작업 시간 내 적정 프로세스를 작성

5) Who?, 누가 할 것인가, 책임자는 누구이며 해당 직무를 담당하는 인원의 지식, 기능, 경험, 요구 숙련도 등을 작성

6) How?, 어떻게 할 것인가, 해당 작업의 프로세스, 작업 규범 등을 작성

(2) 해당 직무의 자격 요건 구성

1) 해당 직무를 수행하는데 필요한 연령, 학력, 성별, 근속기간 등을 포함

2) 해당 작업을 완성하기 위해서 필요한 기본지식 및 기능^(자격증, 경력 등)을 포함

3) 해당 작업을 완성하기 위해서 갖춰야 할 소통 능력, 팀워크, 업무 태도, 개인의 소질 및 능력 등을 포함

3. 직무분석의 활용

(1) 인력자원관리 및 제도 설계

1) 효과적인 직무분석은 인력자원관리의 중요한 근거로 사용할 수 있다. 유효한 직무분석을 통해 작업의 특성과 내용을 명확히 할 경우, 이를 바탕으로 합리적인 작업설계가 가능하다. 즉 조직구성, 인력자원 배치의 유효한 근거로 활용할 수 있다.

2) 직무분석은 채용의 객관적 근거로 사용할 수 있다. 직무분석을 통해 작업의 내용, 주요 직책, 임직 자격 등의 조건을 정의할 수 있으며, 이를 바탕으로 기업은 채용인원의 직무 적합성을 판단할 수 있다. 설정된 기준은 기업의 인력자원 담당자가 채용 시 활용할 수 있는 객관적 지표가 될 수 있다.

3) 임금 대우, 평가 및 교육훈련 제도 설계 시 합리적이고 객관적인 근거로 사용할 수 있다. 직무분석은 작업 범위, 작업 표준, 필요 능력, 개인 소질 등 많은 내용이 포함되어 있으므로, 각 직무별 작업인원의 임금 대우, 평가, 교육 훈련의 방법 등을 설계하는 데 활용된다.

(2) 직무조정 및 계약해지

1) 직무 조정을 위한 근거로 활용

기업이 지속적으로 발전하면서 구성원의 직무조정도 불가피하게 나타난다. 직무조정은 두 가지 형태로 나타나는데 첫 번째, 조직 기인의 사업 변화에 따른 일부 인원의 직무조정이 필요한 경우, 두 번째, 근로자 개인의 사유로 원래의 직무를 감당할 수 없어 직무조정을 해야 하는 경우이다. 첫 번째 경우, 쌍방이 노동계약의 합법적 변경 절차를 진행하면 된다. 두 번째 경우, 근로자가 원래의 직무를 감당할 수 없는 경우인데, 어떻게 업무불감당을 증명할 수 있을지 고민이 필요하다. 작업의 완성 여부를 입증하려면 직무분석을 통해 업무 완성의 결과를 사전에 명시해야 한다. 만약 직무분석에 대한 내용과 사전 고지가 없었다면 근로자의 업무불감당을 입증하기는 상당히 어려울 것이다.

2) 시용기試用期(Probation) 및 근로자의 노동계약의 해지

일부 HR 담당자들은 시용기 내 근로자와의 수시로 계약해지를 할 수 있다고 오해하고 있다. 〈노동계약법〉 제39조와 제40조의 1항과 2항에는 시용기 근로자와 노동계약을 해지할 때에는 반드시 명확하게 그 이유에 대해서 설명해야 한다고 규정되어 있다. 일반적으로 시용기 채용조건의 미부합, 규범 위반, 업무 불감당의 상황이 발생한 경우 계약해지를 진행한다.

과실성 계약해지는 사전에 구체적이고 명확한 징계 규정을 제정하여 계약해지를 진행하면 된다. 그러나 비과실성 계약해지를 진행할 경우, 직무교육 또는 직무조정을 하였음에도 불구하고 여전히 업무를 수행할 수 없음을 입증해야 한다. 직무분석을 통해 업무 완성의 기준을 정의해야만 계약해지의 합법성을 입증할 수 있다. 고용단위가 불법으로 계약해지를 할 경우, 경제배상금 지급 문제에 직면할 수 있으므로 철저한 직무분석을 바탕으로 업무 관리를 진행해야 한다.

직무분석 내용은 법률적 대응뿐만 아니라 채용, 보상, 퇴직관리, 업무 배치 등의 인적자원관리 분야에 중요한 자료로 활용될 수 있다. 기업이 발전하면서 직무 내용 및 필요 역량도 꾸준히 변화하고 있다. 직무분석을 제대로 진행하였을 경우 비교적 긴 시간 직무분석표를 활용할 수 있으나, 꾸준히 기업 성장 속도에 발맞춰 보완하고 개선할 필요가 있다.

채용 프로세스 및 주의사항

1. 지정권知情权(Right to Know)의 행사 [7]

> <노동계약법> 제8조 고용단위는 근로자를 모집·채용할 때 근로자에게 업무 내용, 근무조건, 근무장소, 업무상의 위험, 안전생산 상황, 보수 및 근로자가 알고 싶어하는 기타 상황을 사실대로 고지해야 한다. 고용단위는 근로자의 노동계약과 직접적으로 관련 있는 기본적인 상황을 파악할 권리가 있으며 근로자는 사실대로 설명해야 한다.
>
> <취업서비스 및 취업관리 규정> 제13조 고용단위는 근로자의 개인 자료에 대해서 비밀보호를 해야 한다. 근로자의 개인정보 공개와 근로자의 기술, 지적 성과의 사용은 근로자 본인의 동의를 거쳐야 한다.

(1) 고용단위의 지정권과 근로자의 사생활 보호권Privacy protection과의 관계

고용단위의 지정권은 근로자의 사생활 보호권과 밀접한 관계가 있으며, 완전한 대립 관계라고 말할 수 있다. 이 둘의 권리는 중첩되는 부분도 있고, 구분되는 부분도 있다.

  1) 근로자의 사생활 보호권은 분명히 고용단위의 지정권보다 그 범위가 넓다고 할 수 있다. 근로자의 개인 정보는 주로 신장, 혈액형, 취미, 결혼 상태, 가정 상황,

---

7 陆敬波. (2010). 企业招聘管理法律实务. 上海社会科学院出版社. (P.59~70. 知情权的行使) 참조

거주지, 친구 관계, 학력 사항 등이고, 일반적으로 비공개 정보에 속한다. 고용단위의 지정권의 활용은 근로자와 노동관계를 체결하는 데 직접적으로 필요한 기본 정보에 한정되어야 한다.

2) 권리 측면에서 보면, 근로자의 사생활 보호권은 일종의 소극적이고 정태적인 권리이나, 고용단위의 지정권은 적극적이고 동태적인 권리이다. 근로자의 사생활 보호권은 고용단위의 지정권 행사의 반대 급부로 작용하여, 근로자 스스로 사용자로부터 불법적인 개인정보를 습득하고 침해하는 것을 방지하는 역할을 한다. 그러나 고용단위는 지정권을 행사하여 근로자로부터 일정한 정보를 획득할 권리가 있으며, 이를 통해서 근로자의 정보를 파악하고 노동계약의 체결 여부를 결정할 수 있다.

일방적으로 근로자가 사생활 보호권을 강조하면 고용단위는 지정권의 활용에 제한이 있을 수 있고, 반대의 경우에는 근로자에 대한 사생활 침해가 발생한다. 그러므로, 고용단위와 근로자는 정보 파악과 제공에 있어서 균형점을 찾아야 하며, 지정권을 행사하면서도 사생활 침해가 되지 않도록 주의해야 한다.

(2) 고용단위의 지정권의 제한

고용단위 지정권의 행사는 근로자와 노동계약을 체결할 때 직접적으로 관련된 기본사항이라고 규정하고 있다. 그런데 '직접적으로 관련된 기본사항'의 범위에 대해서는 명확하게 언급되지 않았다. 구체적으로 해석해 보면 근로자와 노동계약을 체결하는 데 있어 직접적인 관계가 있고, 근로자가 고용단위가 제안하는 직위에 부합하는지를 판단할 수 있는 항목이라고 볼 수 있다. 기본 사항은 근로자 자신이 가지고 있는 정보를 말한다. 예를 들면 나이, 학력, 건강 상태, 취업 현황, 직업 능력과 자격증 등의 정보이다.

주의할 점은 고용단위가 숙지하는 근로자의 기본 정보는 반드시 노동계약을 체결하는 데에 있어서 직접적인 관련이 있는 것이어야 한다. 고용단위가 행사할 수 있는 지정권의 범위와 내용이 아닌 경우, 근로자는 이에 대한 정보 제공을 거부할 수 있다.

2. 법률상 주요 유의 사항

<노동법> 제12조 근로자는 취업에 있어 민족, 종족, 성별, 종교의 차이로 인한 차별을 받지 않는다.

<취업촉진법> 제3조 근로자는 법에 따라 평등한 취업과 직업선택의 권리를 향유한다. 근로자는 취업에 있어서 민족, 종족, 성별, 종교신앙 등이 다르다는 이유로 차별받지 않는다.

<노동법> 제13조 여성은 남성과 동등한 취업의 권리를 갖는다. 근로자를 채용할 때 국가에서 규정한 여성에게 알맞지 않은 직종 또는 직위 외에는 성별이 다르다는 이유로 여성의 채용을 거부하거나 여성의 채용 기준을 높여서는 안 된다.

<취업촉진법> 제27조 국가는 여성이 남성과 동등한 노동권을 누리도록 보장하여야 한다. 국가에서 규정한 여성에게 적합하지 않은 직종 또는 직위를 제외하고, 고용단위는 성별을 이유로 여성 채용을 거부하거나 여성 채용 기준을 높여서는 안 된다. 고용단위는 여성근로자를 채용할 때 노동계약서에 여성근로자의 결혼과 출산을 제한하는 내용을 명시해서는 안 된다.

<노동법> 제15조 고용단위는 만 16세 미만의 미성년자 채용을 금지하며, 채용할 때에는 국가의 관련 규정에 따라 심사절차를 거쳐야 하며, 의무 교육을 받을 권리를 보장한다.

<취업촉진법> 제30조 사업주는 감염병 보균자라는 이유로 직원 채용을 거부하여서는 안 된다. 단, 의학적으로 확인된 감염병 보균자는 완치되거나 감염이 의심될 때까지 법률, 행정 법규 및 국무원 위생행정부에서 금지하는 감염병을 퍼뜨리기 쉬운 업무에 종사해서는 안 된다.

① 민족, 국적, 성별, 종교의 차별 금지

일례로 고용단위는 기업 내 근로자 간 사적인 단합, 종교문제를 최소화하기 위하여 소수 민족을 배제한 선택적 채용을 진행하고 있는데, 이는 차별 금지 항목에 해당하므로 유의해야 한다.

② 양성 평등

채용 공고, 입사 기준 및 절차에 있어 남녀 차별 요소를 반영하지 않도록 해야 한다. 특히 임신검사, 수유기 여성의 취업 제한, 혼인 및 출산 여성에 대한 차별 등은 법적으로 금지되어 있으므로 유의해야 한다.

③ 미성년자 채용 금지

채용 시 신분증 위조, 대리 면접 등의 방법으로 미성년자를 채용하는 경우가 있다. 아동근로자의 취업 시 법률적인 문제뿐만 아니라 사회적으로 기업 이미지가 심각하게 훼손될 수 있으므로 반드시 취업 연령 제한을 준수하고 기업 내부적으로 모니터링 할 수 있는 제도적 장치가 마련되어야 한다.

④ 전염병 보유자에 대한 차별 금지

일반적으로 신체검사 진행 시, B형 간염에 대한 검사를 진행하고 있으나 이는 취업촉진법 위반으로 규정하고 있으므로 채용 공고 및 입사 프로세스에서 삭제해야 한다.

[판례][8]

제목 : 성(性)차별 소송 판례

1. 근로자 : 곽 모씨, 여성(X로 칭함)

2. 고용단위 : 항주시 OO 직업기능 훈련학교(Y로 칭함)

3. 재판일자 : 2015년 1월 26일

[안건 내용]

① 2014년 6월, Y는 58同城(취업사이트)에 채용 광고를 진행하였고, 채용인원, 성별을 명확하게 작성하지 않았다. X는 인터넷으로 Y에게 이력서를 제출하였고, 이력서 내에 성별은 '남성', 나이는 20세라고 작성하였으며, Y는 채용사이트에서 X의 이력서를 확인하였다. X는 Y의 담당

---

8 刘晓倩. (2017). 劳动关系中的管理权边界. 社会科学文献出版社. (P.6~7. 招聘中的管理权边界) 참고

자에게 연락하였으며, 이력서를 작성할 당시 부주의하여 성별을 남성으로 잘못 기재하였다고 이야기하였다. Y의 담당자는 "학교장과 자주 출장을 다녀야 하며, 학교장의 성별은 남성이고, 출장기간이 비교적 길어 남성을 채용하기를 원한다"고 설명하였다. 한편, Y는 X에게 인사 또는 사무 직무를 지원해 보라고 건의하였다.

② 뒤이어, Y가 동일 직무를 채용사이트에 다시 등록하여, X는 이력서를 제출하였지만, Y는 피드백이 없었다. X는 Y의 담당자에게 문의하였고, Y의 담당자는 여성은 고려하지 않고 남성만 채용한다고 답변하였다.

③ 이후, X는 Y에 재차 지원하였으나, Y의 담당자는 "학교장과 출장이 잦아 여성은 적합하지 않다"는 사유로 남성을 채용한다고 답변했다.

④ 2014년 8월, X는 취업차별을 이유로 법원에 기소하였고, Y에게 서면으로 사과하고 정신적 손해배상으로 50,000CNY를 지급하라고 요구하였다.

[법원 판결]

① 국가의 법률 규정에 따라, 근로자는 평등한 취업의 권리를 누려야 하며, 근로자는 취업에 있어 성별 등의 이유로 차별받아서는 안 된다. 국가는 여성이 남성과 평등한 노동 권리를 누릴 수 있도록 보장하며, 고용단위는 채용할 때 국가가 규정한 여성에게 적합하지 않은 직업 및 직무를 제외하고 성별을 이유로 여성의 채용을 거절하거나 채용 조건을 높게 해서는 안 된다.

② 본 안건 중 Y는 남성만을 채용해야 한다고 하였으나, 법률, 법규에서 정하는 여성 제한 업종에 대한 근거를 포함하지 않았다. 공지한 채용 조건에 따르면 여성도 수행할 수 있는 직무이며, 남성만 채용해야 한다는 이유는 법률에 부합하지 않는다. Y는 X가 채용 조건에 부합하는지 심의하지 않고, 직접 X에게 남성을 채용해야 하기 때문에 채용을 거절한다고 하였다. 이 행위는 X의 취업평등 권리를 침범하고, 취업 차별을 행하여 X로 하여금 정신적 피해를 입게 하였다. 그러므로 X가 Y에게 요구한 정신적 손해 배상 요구는 충분한 이유가 있다. 원심 법원은 X에게 2,000CNY를 배상하도록 판결한다.

[시사점]

중국의 노동인권에 대한 관심은 지속적으로 향상되고 있다. 취업 차별은 여전히 여러 가지 방식으로 행해지고 있다. 대표적으로 성별 제한을 통해 여성 고용을 직접적으로 회피하는 방식이다. 또한 혼인 여부 및 자녀 양육에 대한 사항을 기재하도록 하고 채용하지 않는 방식의 간접 차별도 이루어지고 있다. 취업 광고를 포함하여 채용 전반에 차별적 요소를 배제하도록 해야 하며, 직무분석을 통하여 법률이 정하는 직무 외에는 양성 평등이 이루어질 수 있도록 해야 한다. 아울러, 취업 광고 시 해당 직무에 대한 필요 사항 및 자격 요건을 명시하여 입사 지원자들 스스로 사전에 판단하고 선택할 수 있도록 해야 한다.

3. 채용(모집) 광고

<취업서비스 및 취업관리 규정> 제11조 (중략) 채용 요강에는 사용자의 기본정보, 채용 인원수, 업무내용, 채용조건, 근로보수, 복리후생, 사회보험 등의 내용과 법률·법규에 규정된 기타 내용이 반드시 포함되어야 한다.

채용 광고의 내용을 참고하여 지원자가 입사 지원을 하므로, 기업은 실제 운영 상황을 정확하게 반영해야 한다. 아울러 법적으로 강제성이 있는 부분은 반드시 채용 광고에 누락이 없도록 해야 한다. 만약 채용 광고의 내용과 실제 계약내용이 다를 경우, 노동계약의 약정을 기준으로 한다. 입사자는 노동계약 작성 전 채용 광고의 내용과 일치하지 않는 부분은 고용단위와 협의를 진행해야 한다.

(1) 사용자의 기본 정보

채용 광고에 고용단위의 기본 정보를 담아야 하는데, 상세하게 작성할 필요는 없으며 회사명, 주요 생산제품, 설립 연도, 소재지 등의 개괄적인 기본 정보를 담으면 된다. 다만, 채용 기본 정보는 <취업서비스 및 취업관리 규정>에 따라 작성해야 하는데, 위반할 경우 노동보장행정부에서 시정명령을 할 수 있고 1,000CNY 이하의 벌금을 부과할 수 있다. 만약 당사자에게 손해를 끼친 경우에는 손해배상 책임이 따른다.

(2) 채용 광고의 기본정보

채용 광고는 기본적인 채용 현황, 인원수, 업무 내용, 입사 조건 등이 핵심 내용으로 포함되어야 한다.

1) 채용 인원수 확정

기업은 채용 광고 내용을 작성할 때 구체적인 채용 인원수를 확정해야 한다. 불명확하게 채용 인원수를 작성하거나 약간의 인원수를 채용한다는 방식으로 기입해서는 안 되며, 구체적인 모집 인원수를 확정하도록 한다.

2) 근로 내용의 구체화

채용 광고 작성 시, 구체적으로 직무 내용을 작성하도록 한다. 이는 지원자가 해당 광고 내용을 보고 본인이 원하는 직무인지, 업무를 완성할 수 있는지 판단할 수 있는 중요한 정보로 활용된다. 기업 입장에서도 불필요한 이력서를 가려내야 하는 불편함을 경감시키는 효과가 있다. 만약 직무분석이 되어 있다면 핵심 업무 내용을 채용 광고에 포함하여 작성함으로써 지원자의 이해도를 제고할 수 있을 것이다.

3) 채용 조건의 명확화

채용 조건의 제시를 통해 기업이 필요로 하는 인원을 사전에 필터링Filtering 할 수 있고, 다른 한편으로는 시용기간 내에 부적합 인원과의 계약을 해지하는 근거로 사용할 수 있다. 그러나 사실 전자보다는 후자의 활용이 더욱 중요하다고 할 수 있다. 선발은 사전에 면접, 필기시험 등의 다양한 방식을 통해 통제할 수 있으나, 해고의 경우 채용조건 미부합 사항을 완전하게 준비해 놓지 않으면 부당해고 리스크에 직면할 수 있다. 채용조건의 설정은 근로자의 채용조건 미부합을 입증하는 증거로 사용할 수 있다.

(3) 근로 보수, 복리 후생 및 사회보험

근로 보수, 복리 후생 및 사회보험 등을 채용 광고 내에 포함해야 한다. 근로 보수를 사전에 고지하고 그에 맞는 인원을 선택하는 것도 경영자주권을 행사하는 방법 중 하나이다. 근로 보수 및 복리 후생은 동일 노동을 제공하는 근로자의 실질 임금 범위를 활용하여 모집 광고에 활용하도록 한다. 만약, 최저임금 지급 기준을 위반하거나 채용 광고와 현저히 불일치하는 근로보수로 노동계약을 체결할 경우 노동중재의 패소 위험이 있다. 사회보험 및 주방공적금의 납입 또한 법률 규정에 따라 지급해야 하며, 쌍방이 약정하였다 하더라도 법률 규정을 위반할 경우, 향후 보충 납입 등의 리스크가 있으므로 주의해야 한다.

(4) 채용 광고 포함 내용 요약

1) 채용 광고에 포함되어야 할 사항

근무조건, 근무 장소, 업무상의 위험, 보수, 복리후생, 사회보험 등 법률에서 규정하는 내용 외에도 직무수행에 필요한 자격증과 같은 추가 내용을 채용 광고에 포함할 수 있다.

2) 채용 광고에 포함하지 말아야 할 사항

인종, 성별, 종교, 양성 평등에 대한 차별적 내용, 민족 및 출신 국가 제한, 전염병 유무 등 법률에서 금지하는 내용을 포함하지 않도록 한다.

4. 면접

(1) 면접을 통해 입사 지원자의 소통 능력, 보상 기대 수준, 인재상 부합 여부, 업무 수행 능력, 학업 수행 수준, 잠재력, 입사 후 적응 능력 등을 판단할 수 있다. 또한 입사 지원서에 작성한 내용의 진실성, 허위 정보 기입 여부 등을 확인할 수 있다. HR 부서는 면접을 통해 채용 요건에 부합하는 인원을 선발하여 회사에 손실을 끼치지 않도록 해야 한다.

(2) 기업은 학력, 신분증, 이전 기업 경력, 자격 증명, 세부 직무 경험, 이전 회사와의 경업 제한 약정 여부 등에 대한 사실을 확인하고, 지원자가 허위 정보를 제공하여 입사할 경우, 노동계약을 취소하고 손해 배상을 청구할 수 있음을 고지

면접 준비	• 면접관 인터뷰 주의 사항 설명 (사생활 보호, 차별적 발언 금지 등) • 면접 질문 작성 • 지원자 정보 파악
Opening	• 면접관 인사말, 전반적인 회사소개 및 지원 직무 소개 • 참가자 소개
Interview	• 지원자의 역량을 확인하기 위한 구조화된 질의 진행 • (예) STAR 기법을 활용한 면접 진행 S (Situation) : 경험의 배경과 계기를 질의 ("그 당시의 상황을 구체적으로 설명해 주세요~") T (Task) : 당면 과제나 이슈를 질의 ("어떤 역할을 수행하셨나요?") A (Action) : 해결책을 선택한 이유나 기준 질의 ("난관을 어떻게 극복하였나요?", "그 방법을 선택한 이유는 무엇인가요?") R (Result) : 무엇을 배울 수 있었는지 질의 ("결과는 어땠으며 무엇을 배울 수 있었나요?")
Closing	• 지원자 추가 발의 기회 제공, 면접 시트 내 누락 항목 여부 파악 • 면접 종료 후 향후 일정 안내
평가	• 평가 시트 작성 (다른 면접관과 논의 시간을 갖지 말도록 할 것) - 평가 결과에 영향을 미치지 않도록 하며, 상세하게 작성하도록 함

하도록 한다.

5. 신체검사

1) 입사 후 건강 이상이 발생할 경우 근로자는 병가, 의료기 사용 등 법정 권리를 누릴 수 있으므로, 기업 입장에서는 생산 투입이 불가하여 경제적 손실이 발생한다. 그러므로 반드시 신체검사를 진행하여, 직무 수행 가능 여부를 판단해야 한다.

2) 대규모 채용 시, 사전 신체검사를 진행하고 부적합 인원은 면접을 통해 선택하지 않는 방법도 있으므로, 면접과 신체검사의 순서를 바꿔 진행하는 방법도 고려해 볼 필요가 있다.

3) 신체검사는 반드시 지정 병원에서 진행해야 한다. 중국 사회가 발전하면서 이전 보다는 많이 투명해졌으나, 여전히 마음만 먹으면 서류를 조작할 수 있다. 채용 실무자가 제출서류의 위조 여부를 판단하기 위해서는 많은 시간과 노력이 필요 하므로, 회사는 사전 협약된 지정병원을 통하여 구직자가 신체검사를 받도록 하 고 개인적으로 제출한 검사 결과에 대해서는 인정하지 않아야 한다.

6. 채용 통지Offer Letter [9]

(1) 채용 통지의 방법과 효력

채용 통지는 고용단위와 근로자가 노동계약을 체결하기 전 근로자에게 발송하는 채용 정보를 포함한 통지서이다. 채용 통지서 내에는 근로자의 입사일, 근무 장소, 임 금 및 복리후생, 직위, 유효 기간 등의 내용이 담겨 있다. 근로자가 채용 통지서를 받 은 후 입사에 동의할 경우 일정기간 내에 동의 의사를 표해야 하며, 일반적으로 서면 또는 전자 우편E-mail으로 회신한다.

〈노동계약법〉에서 고용단위는 근로자를 고용한 날로부터 노동계약을 맺어야 한다 고 규정되어 있다. 그러나 채용 통지는 노동계약을 체결하기 전에 쌍방의 의사를 확 인하여 회신하는 행위이다. 이는 노동계약법의 조정 대상이 아니므로, 민법民法과 계 약법合同法의 규범에 따라야 한다. 계약법에 따르면 상술한 행위는 '조약'이며, 조약은 타인과 계약하기를 희망하는 의사 표현이고, 그 의사 표현은 Offer를 받는 사람의 승 락이 표명되어 있는 약속으로 본다. 즉, 구속력을 갖는 것으로 볼 수 있다.

(2) 채용 통지서와 노동계약서의 관계

고용단위는 채용 통지서가 노동계약 체결과 동시에 효력이 상실됨을 고지해야 한

---

9 陆敬波. (2010). 企业招聘管理法律实务. 上海社会科学院出版社. (P.81~82 OFFER LETTER的法律基础) 참고

다. 그러나 일부 고용단위는 위의 내용을 적시하지 않아 노동쟁의가 발생하기도 한다. 그렇다면 채용 통지와 노동계약은 어떠한 관계일까?

1) 노동계약 체결 후 채용 통지서와 노동계약의 내용 중 불일치하는 항목이 발생할 경우, 고용단위와 근로자는 반드시 해당 내용에 대해서 협의하여 노동계약에 반영해야 한다.

2) 채용 통지서의 내용이 노동계약에 반영되지 않았을 경우 해당 내용은 여전히 구속력을 갖는 것으로 보아야 한다.

채용 통지서는 최종합격을 확정한 후 발송해야 한다. 중간에 입사를 취소할 경우 입사 예정자에게 발생한 경제적 손실을 배상해야 할 수도 있다.

[판례][10]

제목 : 채용 통지서가 노동계약으로 인정된 사례

1. 근로자 : 왕 모씨(X로 칭함)

2. 고용단위 : 북경시 OO 보험중개 유한책임 회사(Y로 칭함)

3. 재판일자 : 2014년 12월 20일

[안건 내용]

① X는 2008년 4월 1일 Y에 입사하여 GCNGlobal Customer Network부서의 고급 경리 업무를 담당하였다. 입사 전, Y는 X에게 채용 통지서를 보냈고, 채용 통지서 내에 Y의 명칭, 주소, 전화번호, X의 직위, 업무 지점, 입사 시기, 시용기, 임금수준, 휴가, 사회보험, 채용 종료 조건 등의 내용을 포함하였다.

② 2012년 X는 포상금, 업무조정 등의 문제가 있어 퇴직하였다. 퇴직 후 X는 Y가 서면 노동계약을 체결하지 않았으므로, 두 배의 임금을 지불해야 한다고 주장하며 노동중재를 신청하였다

---

10 刘晓倩. (2017). 劳动关系中的管理权边界. 社会科学文献出版社. (P. 45~46. 劳动合同签订与试用期管理的边界) 발췌

[법원 판결]

　서면 노동계약은 노동관계에 있어서 쌍방의 권리와 의무를 확정하는 것으로 근로자의 증거 입증 능력을 향상시키는 역할을 한다. Y가 보낸 채용 통지서는 비록 노동계약의 양식은 아니지만, 그 내용에 노동계약의 기본 약정 내용이 포함되어 있고, 쌍방 당사자가 서명 확인하였으므로 노동계약의 기능을 할 수 있다고 본다. 노동계약법의 입법 목적으로 봤을 때, 서면 노동계약 미체결에 대한 두 배 임금 지급의 처벌은 고용단위에 대한 서면 노동계약 체결 비율을 높이기 위함이지, 근로자의 노동 보수를 초과한 별도의 이익을 취하도록 하는데에 목적이 있지 않다. 현재 쌍방이 서명한 채용 통지서는 서면 노동계약의 작용을 하고 있어, 법원은 X가 요구한 두 배의 임금 지급에 대해 지지하지 않는다. 아울러 쌍방이 체결한 채용 통지서 내에 계약기간이 약정되어 있지 않아, 무고정 계약으로 보충 계약을 진행해야 한다는 X의 주장에 대해서도 법원은 지지하지 않는다.

[시사점]

　본 판례를 통해 채용 통지서의 법률 효력과 서면 노동계약 미체결에 대한 리스크를 확인할 수 있다. 판례는 법원이 고용단위의 채용 통지서의 노동계약 효력을 인정하여 승소하였으나, 실무적으로는 서면 노동계약 체결 부분에서 상당한 실수를 하였다. 근로자가 서면 노동계약 미체결에 대한 사유로 두 배의 임금을 요구하는 사례가 매우 많다. 기업은 반드시 근로자 입사 후 정식으로 서면 노동계약을 체결하여야 한다.

제3장

계약 관리

Intro

노동계약은 노동관계를 조정하는 기본적인 법률 형태이며, 중국에서 노동계약은 '노동합동劳动合同'이라는 용어로 사용되고 있다. 노동계약은 고용단위와 근로자 간의 권리와 의무 관계를 명시하고 처우 및 보수, 근로시간과 노동보호를 명확히 하는 계약 행위이다.

그런데 노동계약법 시행을 전후하여 노동계약의 연속성(재계약)을 인정하지 않기 위한 고용단위의 잇따른 편법 행위가 발생되었고, 이로 인해 노사관계가 긴장되기도 하였다. 예를 들어 그룹Group 형태의 기업은 모회사·계열사 또는 본사·지사·출장소 등 관계기업의 자산·지분 관리와 인사이동·채용·파견관계 등이 복잡하게 얽혀 있다. 이러한 일련의 복잡한 관계를 이용하여 고용단위는 일방적으로 노동계약의 약정을 조정하고 계약주체(고용단위)를 변경하는 등의 편법을 취하였다. 즉, 근로자의 노동계약 내용을 고용단위가 일방적으로 변경하고, 무고정 계약을 체결하지 않는 등의 법률 위반 현상이 나타났다. 이 시기에 고용단위는 근로자들의 노동 권익 보호 의식이 성숙하지 않은 상황을 악용하고, 그에 따라 발생하는 법률 리스크 또한 대수롭지 않게 생각하였다. 그러나 점차 노동 권익 보호에 대한 사회적 관심이 증가하고 있어 기업의 법률 준수는 선택이 아닌 필수 사항으로 인식되고 있다.

노동계약 체결 이후 계약 내용을 변경할 경우 반드시 상호 동의를 거쳐야 한다. 과거와 달리 노동계약 체결 이후 고용단위 일방의 계약 변경이 사실상 불가능하게 되었다. 이 때문에 고용단위는 경영자주권을 행사할 수 있도록 정교하게 계약 내용을 구성해야 한다. 기업에서 사용하는 노동계약서는 정부에서 제공하는 샘플계약서를 참고하되, 반드시 노동전문가의 자문을 받거나 전문지식을 갖춘 인력과 논의하여 기업의 특수성을 반영해야 한다.

계약 관리는 노동분쟁이 빈번하게 발생하는 업무 중의 하나이다. 본 장에서는 노동계약의 체결에서 종료에 이르기까지 발생하는 다양한 문제점과 이를 예방하기 위한 방법들을 소개하고자 한다.

제1절 노동계약의 체결

1. 노동계약의 체결 형식 및 주의사항

> <노동계약법> 제10조 노동관계를 맺을 때는 서면으로 노동계약을 체결해야 한다. 이미 노동관계를 맺었으나 서면으로 노동계약을 체결하지 않은 경우에는 근로자 고용 후 1개월 내에 서면으로 노동계약을 체결하여야 한다. 고용단위와 근로자가 고용 전에 노동계약을 체결한 경우 그 노동관계는 고용일부터 성립된다.

근로자와 입사계약 체결 시 서면으로 노동보수, 노동보호, 근무지점 등 채용조건을 고지하고 근로자의 의무를 명시해야 한다.

실무적으로 계약체결이 1년 이상 누락·지연되어 근로자에게 경제보상금을 지급하거나, 무고정 계약을 체결하는 사례도 발생한다. 특히, 대규모 입사 채용이 발생되는 시점에는 계약 체결 누락 인원이 없도록 많은 주의가 필요하다.

만약 서면 노동계약 체결을 고의로 지연하거나 회피하는 근로자가 있을 경우 반드시 1개월 이내에 서면 계약을 완료하도록 조치해야 한다. 필요시 소속 관리감독자를 동행하여 서면계약 체결을 요구하고, 거부 시 요구 과정을 녹화, 녹음하여 노동분쟁 발생 시 증거로 사용하도록 한다.

노동계약 미체결에 대한 법률적 책임 [11]

단계 항목	1단계	2단계	3단계
노동계약 미체결 기간	1개월 이내	1개월 초과~1년 미만	만 1년 이후
사용단위의 의무와 책임	① 근로자에게 서면으로 노동계약 체결 통보 ② 만약, 근로자가 노동계약 체결을 거부할 경우 - 고용단위는 반드시 서면으로 근로자에게 노동계약 종료를 통보해야 함 - 근로자에게 경제보상금을 지급하지 않아도 됨 - 법에 따라 실제 근로한 시간에 대한 노동보수를 지급함	① 법에 따라 근로자에게 매월 2배의 임금을 지급(2배 임금의 기산 일자는 고용일로부터 만 1개월이 지난 다음날 임) ② 근로자와 서면으로 보충 노동계약을 체결 ③ 만약, 근로자가 노동계약 체결을 거부할 경우 - 고용단위는 반드시 서면으로 근로자에게 노동계약 종료를 통보해야 함 - 법에 따라 경제보상금을 지불하도록 함	① 반드시 근로자와 서면 노동계약을 즉시 체결하도록 함 ② 고용일을 시작으로 만 1년이 되는 당일을 무고정 노동계약 체결로 간주함
비고		최대 11개월의 임금 추가 지급	

[판례] [12]

제목 : 관리인원의 노동계약 미체결에 따른 두 배의 임금 청구

1. 근로자 : 송 모씨(X로 칭함)

---

[11] 陆敬波. (2010). 企业招聘管理法律实务. 上海社会科学院出版社. (P.88. 표1)

[12] 刘晓倩. (2017). 劳动关系中的管理权边界. 社会科学文献出版社. (P.59~59. 劳动合同签订与试用期管理的边界) 발췌

2. 고용단위 : 북경 OO 건강 과학 유한회사(Y로 칭함)

3. 재판일자 : 2015년 12월 13일

[안건 내용]

① X는 2014년 4월 21일 Y회사에 주임으로 입사하여 인사 행정업무를 담당하였다.

② 쌍방은 서면 노동계약을 체결하지 않았다. Y는 X가 인사 행정부의 업무를 하고 있었고, 그 직무 범위 내에 노동계약 체결 업무가 포함되어 있기 때문에 노동계약의 체결이 진행되지 않은 책임은 X에게 있다고 주장하였다.

③ 2015년 3월, X는 노동중재위원회에 중재를 신청하였고, Y로 하여금 2배의 임금을 지불해 줄 것을 요구하였다.

[법원 판결]

Y는 X가 인사 행정부 인원으로서 그 직무 내용에 노동계약 체결 업무가 포함되어 있어, 쌍방이 노동계약을 체결하지 못한 결과의 책임은 X에게 있다고 주장하였다. 법원은 노동계약의 체결 업무가 X가 담당하고 있는 직무의 일부분이라고 할지라도, X가 스스로 본인의 근로 보수, 노동계약 기간, 작업 내용, 근무지점, 근무 시간, 휴게시간, 사회보험, 노동보호, 노동조건 등의 노동계약의 필수 항목을 결정할 수 없으므로, Y와 X가 평등 협상하여 확정해야 한다고 판단하였다. 즉, X는 Y에게 노동계약 체결을 제안하고, Y는 X와 노동계약 체결을 위한 협의를 통하여 노동계약 체결에 필요한 조항들을 확정해야 한다. X가 인사 행정 업무를 담당하고 있으므로 노동계약 미체결의 책임이 X에게 있다는 Y의 주장을 법원은 지지하지 않는다.

[시사점]

인사 관리 인원의 노동계약 미체결에 따른 2배 임금 지급에 관련된 사안이 종종 발생된다. 노동계약의 체결 주체는 업무담당자가 아닌 고용단위이다. 본 안건의 경우 업무담당자의 고의성 여부에 대해 의심해 볼 여지는 있으나, 최종 결정권에 대한 주체는 고용단위고, 계약 관리는 고용단위의 의사 결정권자가 반드시 모니터링해야 할 사항이다. 정기적인 점검 프로세스를 통하여, 노동계약 미체결 인원 발생을 방지해야 한다.

2. 노동계약 내의 주요 포함 내용

직무 약정	<노동법> 제19조	<노동계약법> 제17조
필수 조항	(1) 계약기간 (2) 작업내용 (3) 노동보호와 근로조건 (4) 보수 (5) 노동기율 (6) 노동계약의 종료조건 (7) 노동계약 위반의 책임	(1) 고용단위의 명칭, 주소와 법정대표 또는 주요 책임자 (2) 근로자의 성명, 주소와 주민신분증 번호나 기타 유효한 신분증 번호 (3) 노동계약기한 (4) 근로내용과 장소 (5) 근로시간과 휴식 및 휴가 (6) 보수 (7) 사회보험 (8) 노동보호, 근로조건과 직업위험 방지 (9) 그 밖에 법률, 법규에서 노동계약에 포함되어야 한다고 규정한 사항
기타	• 서면 약정 강조 • 필수 조항 외 당사자가 협의하여 기타 내용을 약정할 수 있음	• 필수조항 이외에 고용단위와 근로자가 협상하여 수습기간, 비밀유지, 복지 등의 기타 사항을 포함할 수 있음

〈노동법〉과 〈노동계약법〉에서는 노동계약 체결 시 고용단위의 명칭, 주소와 법정 대표자, 근로자의 성명, 주소와 신분증 번호, 계약기한, 근로장소와 작업내용, 노동보호와 근로조건, 보수, 노동기율, 노동계약의 종료 조건, 계약 위반의 책임 등을 반드시 서면으로 약정해야 한다고 정하고 있다.

(1) 노동계약 기간

〈노동계약법〉 제14조 무기한 노동계약은 고용단위와 근로자가 계약종료시기를 약정하지 않은 노동계약이다. 고용단위와 근로자는 상호합의 하에 무기한으로 노동계약을 체결할 수 있으며, 다음 각 호의 1에 해당하고 근로자가 노동계약의 연장이나 체결을 제안하거나 동의한 경우에는 무기한의 노동계약을 체결해야 한다. 다만, 근로자가 정기 노동계약의 체결을 제안한 경우는 그러하지 아니한다.

 (1) 근로자가 소속 고용단위에서 연속 만 10년을 근무한 경우

 (2) 고용단위가 최초로 노동계약제도를 실시하거나 국유기업의 개편으로 새롭게 노동계약을

체결할 때, 근로자가 소속 고용단위에서 연속 만 10년을 근무하고 법정퇴직연령까지 10년 이내인 경우

(3) 정기노동계약을 연속 2회 체결하고, 근로자가 본법 제39조 및 제40조 제1호·제2호 규정에 해당되지 않는 상황에서 노동계약을 체결할 경우

고용단위가 고용일로부터 만 1년 이내에 근로자와 서면으로 노동계약을 체결하지 않은 경우 고용단위와 근로자가 무고정 노동계약을 체결한 것으로 간주한다.

고용단위와 근로자는 쌍방 합의에 따라서 '근로 기간을 정하는 노동계약'을 체결할 수 있고, '근로 기간을 정하지 않는 무고정 노동계약'을 체결할 수도 있다. 일반적으로 계약기간은 기업의 영속 가능성, 구성원의 숙련도, 승진급 및 임금 정책을 고려하여 결정한다.

기간의 정함이 있는 노동계약을 체결할 경우, 보통 1차 계약을 3년~4년, 2차 계약을 4년~5년 단위로 정하고, 3차 계약을 무고정 계약으로 체결한다.

주의해야 할 점은 〈노동계약법〉 제14조(1)과 (3)의 내용인데, 근로자가 소속 고용단위에서 연속 만 10년을 근무한 경우 또는 정기 노동계약을 연속 2회 체결하고 근로자의 중도 계약해지 사유가 발생하지 않을 경우 고용단위와 근로자가 무고정 노동계약을 체결한 것으로 간주한다고 명시되어 있다.

즉, 회사는 계약해지 권한을 1차 계약이 종료되는 시점에 단 한 번 행사할 수 있다. (상해는 2차 계약 종료 후 회사가 계약해지 가능)

다만, 〈노동법〉 제14조에 따라 근로자가 기간의 정함이 있는 노동계약의 체결을 제안한 경우에는 무고정 계약을 체결하지 않아도 된다.

만약, 업무 프로세스 상의 누락 등의 사유로 고용일로부터 만 1년 이내에 서면 노동계약을 체결하지 않은 경우에도 근로자와 무고정 노동계약을 체결한 것으로 간주되므로 계약 프로세스를 체계화 해야 한다.

구분	3개월 미만	3개월 ~1년	2년	3년	4년	5년	6년	7년	8년	9년	10년	10년 초과~
수습 기간	약정 불가	1개월	2개월				6개월					
계약 관리 예시	1차 계약			2차 계약		무고정						무고정
	1차 계약				2차 계약			무고정				
	1차 계약					2차 계약			무고정			
	1차 계약					2차 계약						

(2) 시용기試用期 설정 및 채용조건 미부합

<노동계약법> 제19조 시용기간은 노동계약기한이 3개월 이상 1년 미만인 경우 1개월, 노동계약기한이 1년 이상 3년 미만인 경우 2개월, 3년 이상 고정기한 및 무기한 노동계약의 경우 6개월을 각각 초과할 수 없다.

동일 고용단위는 동일근로자와 1회에 한해 수습기간을 약정할 수 있다. 일정 업무의 완성을 기한으로 하는 노동계약 또는 3개월 미만의 노동계약인 경우 수습기간을 약정하지 못한다.

수습기간은 노동계약기한에 포함된다. 노동계약에 수습기간만 약정한 경우 수습기간은 성립하지 않고, 그 기간은 노동계약기한으로 간주된다.

1) 시용기의 약정

만약 고용단위와 근로자가 노동계약에 시용기간을 약정하였다면, 쌍방은 시용기간에 업무수행과 평가를 통하여 고용여부를 확정하도록 한다.

시용기는 고용단위와 근로자가 노동관계를 이행하며 서로에 대해 관찰할 수 있는 기간으로 볼 수 있다. 그러나 고용단위의 과도한 시용기의 설정으로 근로자의 직업

---

13 "중국 진출기업 인사노무관리 안내서." (2021). 고용노동부, 노사발전재단. (P. 259)

안정성을 침해하지 않도록 법률적으로 시용기 약정에 제한을 두었다.

노동계약의 기간과 시용기간을 연계하였고, 계약기간에 따라 약정을 달리할 수 있다. 노동계약이 3개월 이상 1년 미만인 경우 1개월, 1년 이상 3년 미만인 경우 2개월, 3년 이상 고정기한 및 무기한 노동계약의 경우 6개월을 초과할 수 없다. 3개월 미만의 노동계약기간은 시용기간을 약정할 수 없으며, 동일 근로자와 1회에 한해 시용기간을 약정할 수 있다. 시용기 임금은 최저임금 또는 동일 직위의 노동계약 약정임금의 80% 보다 낮으면 안 된다.

2) 시용기 해고의 절차 및 요건

> <노동계약법> 제39조 다음 각 호의 1에 해당하는 근로자에 대해 고용단위는 노동계약을 해지할 수 있다.
>
> (1) 시용기간 중 채용조건에 부합하지 않음이 증명된 경우(중략)

고용단위의 시용기 남용을 방지하고 근로자의 직업 안정성을 높이기 위해, 법률로 시용기 해고에 제한을 두었다. 즉, 시용기 내 해고는 고용단위가 근로자의 '채용조건 미부합'을 입증해야 한다. 간단해 보이지만 실제 고용단위는 충분한 준비를 통해 입증해야 하며, 임의로 해고할 경우에는 법률적 책임을 부담해야 한다. 시용기 내 해고는 다음의 요건에 부합해야 한다.

첫째, 고용단위가 채용조건 미부합에 대한 규정을 명확히 해야 한다. 채용조건 미부합의 내용은 사내 규정 위반, 직무수행 능력 부족 등과 밀접한 연관성이 있어야 한다.

둘째, 고용단위는 반드시 채용조건 미부합에 대한 내용을 근로자에게 일정한 형식을 통하여 고지하여야 한다. 전자우편, 문서 등 사회적으로 인정되는 고지의 형식과 동의 절차를 이행해야 한다. 증거력의 측면에서는 서면형식의 고지와 자필 서명이 가장 효과적이라고 볼 수 있다.

셋째, 고용단위는 근로자가 채용조건에 부합하지 않는다는 객관적이고 구체적인 증거를 제시할 수 있어야 한다. 정량적인 평가를 진행해야 하며, 평가 결과를 근로자에게 통보하고 서명하도록 한다. 즉, 고용단위는 반드시 평가 기준, 평가 시기, 평가 결과에 대한 증거를 제시하여 프로세스의 합법성과 결과의 공정성을 입증할 수 있어야 한다.

넷째, 시용기 해고는 시용기 내에 진행되어야 하며, 시용기 종료 후에 그 평가 결과를 사유로 해고할 수 없다. 참고로 시용기 종료 후에는 '업무불감당의 사유'로 인한 해고가 가능하나, 직무조정 또는 교육훈련 등의 과정을 거쳤음에도 여전히 업무를 수행할 수 없다고 판단될 경우에만 해고가 가능하다. 시용기 내의 평가는 공정하게 이루어져야 하며, 이 조건이 전제되었을 경우에 노동쟁의의 위험을 줄일 수 있다.

경제보상금의 지급 의무에 있어서는 시용기 채용 조건 미부합에 따른 합법적 계약 종료 시, 회사는 경제보상금의 지급 의무가 없다.

일반적으로 다음의 절차를 통하여 시용기 해고를 진행하도록 한다.

① 시용기 채용조건 미부합 및 평가항목 고지, 근로자 확인 서명

② 시용기 평가 실시, 근로자 고지 및 확인 서명

③ 시용기 종료 전 미부합 인원 최종 확정 및 공회 통지

④ 시용기 채용조건 미부합에 따른 해고 진행

구분	내용	
계약 기간에 따른 수습기간 약정	3년 이상, 무고정 계약	6개월 이하
	1년 이상, 3년 미만	2개월 이하
	3개월 이상, 1년 미만	1개월 이하
	3개월 미만, 비전일제 근로자	약정 불가
약정 방식	① 동일한 고용단위는 동일한 근로자와 1회에 한해 시용기간(수습기간)을 약정할 수 있음	
	② 업무 완성을 기한으로 하는 근로 계약이나 만 3개월 미만의 계약을 체결하는 근로자와는 약정할 수 없음	
	③ 시용기간은 노동계약 기간으로 포함해야 함	
시용기간의 임금	① 해당 기업에서 동일 근로를 하는 근로자의 임금의 80%보다 낮아서는 안 됨	
	② 노동계약에 약정한 임금의 80%보다 낮아서는 안 됨	
	③ 고용단위 소재지의 최저임금 기준보다 낮아서는 안 됨	
벌칙 <노동계약법 제83조>	고용단위가 노동법률을 위반하여 근로자와 시용기간을 약정할 경우, 노동행정부분에서는 시정을 명령할 수 있다. 본법을 위반하고 약정한 수습기간이 이미 이행된 경우 고용단위는 근로자의 수습기간 만료 이후의 월 임금을 기준으로 법정 수습기간 초과 부분에 대하여 근로자에게 배상금을 지급하여야 한다.	

(3) 근로 내용

노동계약 체결 시 근로자의 직무를 지나치게 한정할 경우 향후 직무변경 리스크가 존재하므로, 직무범위를 포괄적으로 약정하는 것이 바람직하다. 예를 들어 인사 담당자 직무 약정 시 '채용담당자'로 기입하는 경우가 있는데, 향후 근태 관리, 급여 관리 업무뿐만 아니라 경영지원 업무도 담당할 수 있도록 '관리직군', '인사관리 및 경영지원' 등으로 포괄적으로 약정하도록 한다.

반면 직무 약정을 너무 광범위하게 '직공職工[15], 공인工人' 등으로 작성할 경우, 법원

---

14 陆敬波. (2010). 企业招聘管理法律实务. 上海社会科学院出版社. (P91. 표2)

15 중국어로 '职'은 정신노동자 즉 화이트칼라로서 사실상 경영진도 포함되는 개념이며, '工'이 소위 말하는 블루칼라 즉 육체노동자(工人)를 의미, 따라서 职工은 경영진에서부터 정신 및 육체노동자를 모두 포함하는 광의의 노동자 개념 (권혁재, 이정일. (2011). "중국 노동환경 변화와 기업의 대응전략." 삼성글로벌리서치.)

은 그 효력을 인정하지 않을 수 있으므로 주의해야 한다.

고용단위는 회사의 경영상황에 따라 지속적인 직무조정이 필요하다. 만약 근로자와 직무조정에 대한 협의가 이루어지지 않고 노동분쟁으로 이어질 경우, 법원은 고용단위의 직무조정의 합리성과 합법성 구비 여부에 대해 판단한다. 이때 새로 조정한 업무가 합리적이라고 판단될 경우, 회사의 경영자주권을 인정하는 추세이며 근로자로 하여금 이에 협조하도록 하고 있다. 직무의 약정은 기업 내에서 빈번히 발생하는 조직별 직무 이동을 고려하여 어느정도 포괄적으로 분류Grouping하는 것이 좋다. 근로자의 직무조정을 진행함에 있어서 다음의 사항은 반드시 고려되어야 한다.

① 징계에 따른 징벌적 직무 조정이어서는 안 됨

② 기업 경영에 반드시 필요한 조정이어야 함

③ 직무가 변경된 근로자의 임금대우, 수당 등의 경제적 변화가 없어야 함

④ 근무 장소, 근무 내용에 현저한 변화가 없어야 함

⑤ 새로 조정한 직무가 근로자의 건강, 생활환경, 근로시간에 큰 영향을 주지 않아야 함

직무 변경은 노동계약의 약정에 따라 협의 형식이 아닌 서면 통보 방식으로 진행하도록 한다. 다만, 약정된 업무와 다른 직무로 변경이 필요할 경우에는 서면 협의서를 작성하도록 한다.

(4) 근로 장소

1) 근무지 약정의 범위

고용단위는 경영 및 생산 상황에 따라 복수의 근무지를 운영해야 할 수도 있다. 조직 구조가 복잡해지고 사업이 확장될수록 생산 지역 및 영업 지점의 범위가 넓어지게 된다. 근로장소의 탄력적 운영을 위해서 고용단위는 복수의 근로지를 약정할 필요가 있다.

그렇다면 근무지점을 "'중국 대륙 내' 또는 '북경/상해/광저우'로 묶어서 포괄적으

로 약정하면 되지 않을까?"라고 생각할 수도 있을 것이다. 근무지점의 적법성에 대한 법원의 판단은 단순히 계약서 내의 약정만을 고려하지는 않는다. 이때 근로자의 생활 반경 및 기존 출근 장소를 고려하여 약정 근무지점에서의 통근 및 근로 제공 가능 여부를 판단하게 된다.

2) 근로장소의 변경 시 유의 사항

고용단위가 근로장소를 변경하면 근로자의 업무와 일상 생활에 많은 영향을 미치게 된다. 쟁의가 발생하면 법원은 합리성을 심사하는데, 이때 절대적 판단 기준은 없으며 근로자와 고용단위의 입장을 종합적으로 고려하여 검토한다.

만약 기업 경영의 필요에 근거하고 근로자가 수용할 수 있는 수준이며, 기업이 임금인상, 수당지급, 교통편 제공 등을 통해 불편함을 상쇄시키는 조치를 취했을 경우, 근무지점 변경에 대한 합리성이 높아진다. 그러나 기업의 근무지 변경이 악의적이고 징벌적인 경우에 법원은 변경 필요성을 부인한다.

(5) 근로시간제

1) 표준 근로시간제

1일 8시간, 주40시간의 근로시간을 기준으로 하며, 이를 초과하는 경우 평일 잔업에 대해 1.5배, 주말근로 2배, 법정 공휴일 근로는 3배의 임금을 주도록 규정하고 있다. 가장 보편적인 근로시간제이며, 산업 특성상 적용할 수 없을 경우 노동행정부문의 허가를 받아 부정시不定時근로시간제나 종합계산 근로시간제를 적용할 수 있다. 근로시간은 월 174시간으로 계산하며, 법정 공휴일 11일은 유급으로 처리한다.

2) 종합계산 근로시간제

근로시간의 계산 주기를 주/월/분기/연간으로 계산하는 방식을 말한다. 항공, 어업 등 연속 작업이 불가피하고 제염, 빙과, 관광 등 계절의 영향을 받는 산업의 경우 종합계산 노동시간제의 적용을 받을 수 있다. 초과 근무 발생 시 주말/평일 구분 없이 1.5배, 법정 공휴일에 대해서는 3배의 임금을 지급하도록 규정되어 있다. 근로시간은 월 166.64시간^(167시간)이며, 근로시간 계산 시 법정 공휴일은 의무 근무일에서 제외하도록 한다.

3) 부정시 근로시간제

종합계산 근로시간제와 같이 특수 근로시간제로 볼 수 있으며, 근로시간이 고정되어 있지 않다는 특수성이 있다. 다만, 표준 근로시간제의 근무 시간을 고려하여 업무량, 휴게시간과 연차 휴가를 배정해야 한다. 적용 대상은 고급 관리직, 외근 근로자, 세일즈맨 등 표준 근로시간제를 통해서 근로시간을 관리하기 어려운 직무의 인원들이다.

위에서 살펴본 세 가지 근로시간제 유형 중 취업 대상자의 업무 특성에 맞는 근로시간제를 적용하여 계약을 진행하면 된다. '부정시 근로시간제'나 '종합계산 근로시간제'를 적용하여 계약서를 체결할 경우 노동행정부문은 샘플링 인터뷰를 진행하고 승인 여부를 결정한다.

근로시간제별 특징 비교

구분	표준 근로시간제	종합계산 근로시간제	부정시 근로시간제
근로 시간	일 8시간, 주 40시간	월 167시간 기준 (365-104-11)÷12=20.83일×8시간 * 104일 : 휴일, 11일 : 법정 휴일	미지정 (단, 표준 근로시간제 기준의 업무량을 부여해야 함)
잔업 시간	일 3시간 이내 1개월 36시간 이내	주기별 근로시간을 초과하는 시간 (단, 월 36시간 초과 근로 금지)	없음
잔업비	평일 1.5배 주말 2배 법정휴일 3배	근로시간 총량을 초과하는 부분에 대해 잔업비 1.5배 지급 (단, 법정휴일 근로는 300% 임금 지급)	지급 불필요
적용 대상	일반 직원	계절적 산업에 종사하는 인원 (연속 근로 후 휴무 가능 직종)	고급 관리직 인원, 외근 근로자, 세일즈맨 등
기타		공회 및 근로자의 동의 필요, 정부 허가제로 진행 (근로자 명부, 동의 서명 등 관련 자료 제출 필요) * 기업 : 서면 신청, 정부 : 대상 인원 인터뷰 진행 후 승인 여부 결정	

(6) 연장근로에 관한 제한사항

> <노동법> 제36조 국가는 근로자의 1일 근로시간이 8시간을 초과하지 않으며, 주당 평균 44시간을 초과하지 않는 근로시간제를 실시해야 한다.
>
> <노동법> 제41조 고용단위는 생산 경영상의 필요로 인하여 노동조합 및 근로자와 합의하여 근로시간을 연장할 수 있으나 일반적으로 1일 1시간을 초과하지 못하며, 특수한 사정으로 인하여 근로시간을 연장해야 할 경우 근로자의 건강을 보장한다는 전제하에서 1일 3시간, 매월 36시간을 초과하지 못한다.
>
> <노동법> 제42조 다음 각 호의 1에 해당하는 사유가 있을 경우, 본법 제41조가 정하는 제한을 받지 않고 근로시간을 연장할 수 있다.
>
>   (1) 자연재해, 사고 또는 기타 원인으로 인하여 근로자의 생명, 건강과 재산, 안전에 위협이 발생하여 긴급한 처리가 요구되는 경우
>
>   (2) 생산설비, 교통·운수노선, 공공시설에 고장이 발생하여 생산 및 공공이익에 영향을 주어 긴급히 수리하여야 하는 경우
>
>   (3) 법률·기타 행정 법규로 규정된 사항
>
> <노동보장감찰조례> 제25조 고용단위가 노동보장법률, 법규 또는 규정을 위반하여 근로자의 근로시간을 연장할 경우, 노동보장행정부는 경고하고 기한 내에 시정하도록 하며, 권리를 침해받은 근로자 1인당 100위안 이상 500위안 이하의 벌금을 부과할 수 있다.

1) 연장근로 제한의 목적

연장근로 제한의 목적은 근로자의 적절한 휴식을 보장하고 과중한 업무로부터 근로자의 건강을 보호하는 것이다. 법률에서 정하는 공공의 안전 및 이익에 영향을 주는 경우가 아닐 경우, 근로시간의 연장에 관한 사항은 반드시 준수해야 한다.

그러나 많은 기업들은 생산수요에 따라 법에서 규정하는 일 3시간, 월 36시간 이내의 연장근로 규정을 위반하기도 한다. 불가피한 연장근로에 관한 법률 위반 시, 근로

자에게 충분한 설명과 동의를 구하고 연장근로를 진행해야 한다.

2) 여성근로자 특별 보호

<노동법> 제61조 임신기간 중 국가가 정하는 제3급 육체노동강도의 근로와 임신부에게 적합하지 않는 작업에 여성근로자를 배치해서는 안 된다. 임신 7개월 이상의 여성근로자에 대한 시간외 근로와 야간근로를 금지한다.

<노동법> 제63조 1세 미만의 영아에게 수유하는 기간 중 국가가 정하는 3급 육체노동 강도의 근로와 수유기에 적합하지 않은 노동에 여성근로자를 배치해서는 안 되며, 이들에 대한 시간 외 근로와 야간근로를 금지한다.

여성근로자의 임신 및 출산 기간에는 연장근로 및 작업 강도를 고려하여 직무 배정을 해야 한다. 취약근로자 보호가 강화되는 추세를 고려하여 여성근로자의 임신·출산·수유기를 별도 관리할 수 있도록 기업 내 규정 및 프로세스를 정비해야 한다.

(7) 휴식 및 휴가

<특수 근로시간 관리 규정> 제27조 기업의 정상적인 생산과 운영을 진행할 때, 근로시간이 4시간을 초과하는 경우 근로자가 20분 이상의 휴식시간을 갖도록 하고 휴식시간을 근로시간에 포함해야 한다. 자동차 운전자 등 공공의 안전에 영향을 미치는 직위에 종사하는 사람은 운전 2시간마다 10분 이상의 휴식시간을 확보해야 한다.

<특수 근로시간 관리 규정> 제28조 야간근로란 기업이 근로자를 22시부터 익일 6시까지의 시간에 2시간 이상 근로하도록 배치하는 상황을 말한다. 근로자의 야간근로를 배정한 기업은 야간 근로 수당을 지급해야 하며, 그 표준 금액은 성, 자치구, 직할시 인력 자원 및 사회보장 행정 부서의 규정에 따라 집행한다.

1) 일반적으로 표준 근로시간제는 8시간씩 5일 근로 시, 2일의 휴게 시간을 보장받는다. 고용단위는 근로자가 주당 최소 1일(24시간)의 휴식을 취할 수 있도록 보장해야 한다.

2) 휴가는 국가 규정에 따라 법정휴일, 연휴가, 혼가, 산가, 상가, 병가 등의 권리를 누릴 수 있도록 해야 한다.

3) 〈노동법〉은 휴게시간의 유급처리 여부 및 야간근로 규정을 정의하고 있지 않으나, 〈특수 근로시간 관리규정〉에서 그 내용을 구체화하고 있다.

실무적으로 휴게시간을 무급으로 처리하거나 일부 유급처리 하는 경우가 있다. 그러나 노동 권익 보호가 강화되는 추세로 보았을 때, 근로자의 휴게시간 유급처리 요구에 대한 대응 방법을 고민할 필요가 있다. 노동계약 체결 시 휴게 시간의 변동성을 고려하여 구체적인 휴게 및 휴가 기간을 명시하는 것보다 회사의 규장제도와 법률에 근거한다는 내용으로 작성하는 것이 좋다.

(8) 근로 보수

계약 체결 시, 임금 지급 일자, 표준 임금, 잔업비 지급 기준, 시용기 임금 등을 약정할 수 있다. 만약 근로 보수에 대한 약정이 불명확할 경우에는 근로자는 고용단위와 재협상을 할 수 있으며, 협상이 타결되지 않을 경우 단체 협약 규정을 적용한다. 단체 협약이 없거나 단체 협약에 보수에 관한 규정이 없을 경우 동일가치노동 동일임금을 적용한다.

1) 고정 임금 약정

노동계약 체결 시, 일반적으로 기본급을 표준 임금으로 약정한다. 약정 임금 내 평가 차등 인센티브, 춘절 장려금, 분기별 포상 등 변동 임금이 구체적으로 반영되어 있을 경우, 지급이 불가한 경영상황에서도 근로자는 약정된 항목의 지급을 요구할 수 있다. 그러므로, 지급이 불투명한 변동급에 대해서는 구체적으로 약정하지 않도록 한다.

2) 잔업비 지급 기준 약정

중국은 연장근로의 할증률은 통일된 법률로 규정하고 있으나, 잔업비 계산 기수는 지역 법률로 규정하고 있다. 강소성은 근로자와 고용단위가 약정할 수 있고, 산동성은 전월 전체의 임금 총액에서 연장근로 수당을 제외한 금액을 잔업비 기수로 계산하고 있다. 분쟁 발생 시 지역별 법률 및 판례를 인용하여 판결하므로 지역별 규정을 확인할 필요가 있다.

3) 시용기의 임금 약정

시용기 내의 임금을 감액할 필요가 있을 경우, 시용기 임금을 별도로 약정할 수 있다. 이때 최저임금 또는 노동계약 약정임금의 80%보다 낮아서는 안 된다.

(9) 기타

1) 계약 당사자의 인장 날인 및 서명

근로자와 노동계약 체결 후 회사의 인장印章 및 근로자 서명을 누락하는 사례가 많다. 노동분쟁 발생 시 계약서 내에 모든 내용이 포함되어 있더라도, 법원은 쌍방이 노동계약에 동의하지 않은 것으로 간주할 수 있다. 법률 리스크 예방을 위해 반드시 날인하도록 한다.

2) 긴급 연락처 및 송달 주소지의 변경에 대한 회사 고지 의무 약정

고용단위는 근로자와의 계약해지, 징계해고, 계약 내용의 변경, 결정 문건 통보 등을 이행해야 한다. 만약 근로자의 병가, 휴직, 장기 휴가, 의료기 사용 등의 사유가 발생했을 때, 고용단위는 우편 발송 등의 방식으로 근로자에 대한 고지의 의무를 이행해야 한다. 그러나, 근로자가 송달 주소지를 누락하여 고의적으로 통지 수령을 회피할 수 있으므로, 연락처와 주소가 변경되었을 경우, 지체 없이 회사에 신고할 것을 약정해야 한다. 또한 근로자의 연락처 및 주소지 변경 통보 불이행에 따른 책임은 근로자 본인이 진다는 내용을 약정에 추가하도록 한다.

3. 규장제도와 노동계약 내용의 충돌이 발생되었을 경우

> <최고인민법원 노동쟁의사건 심리에 대한 법률적용에 관한 몇 가지 문제의 해석>(2) 제16조
> 고용단위가 제정한 내부 규장제도가 단체협약 또는 노동계약에서 약정한 내용과 불일치하여 근로자가 단체협약 또는 노동계약의 우선 적용을 요청할 경우 인민법원은 이를 지지하여야 한다.

규장제도와 노동계약이 충돌하고 근로자가 노동계약의 우선 적용을 요청한다면 노동계약의 내용이 규장제도보다 앞선다고 볼 수 있다. 이를 방지하기 위해서는 규장제도와 노동계약 상의 약정 내용이 일치하도록 정비해야 한다.

제2절 노동계약의 변경[16]

고용단위와 근로자 쌍방의 상황 변화에 따라 노동계약의 변경이 필요할 수 있다. 노동계약 변경 시 노동계약의 변경 주체, 변경 형식, 변경 내용, 변경 효력 등의 측면을 고려해야 한다. 일반적으로 노동계약의 변경 시 근로자와 고용단위 쌍방은 협상을 통하여 합의해야 하며, 단체협약을 통한 변경은 공회 또는 근로자대표와 평등협상을 통해 결정되어야 한다.

1. 노동계약의 변경 형식

<최고인민법원 노동쟁의사건 심리에 대한 법률적용에 관한 몇 가지 문제의 해석>(4)의 실행 이후, 노동계약 변경은 더 이상 서면형식을 통한 엄격한 이행이 요구되지 않

---

16 陆敬波. (2015). "规章制度管理." 中信出版集团. (P. 47~50. 劳动合同变更) 참조

는다. 구두형식 또는 서면형식으로 노동계약을 변경할 수 있으나, 고용단위는 불필요한 입증 책임의 리스크에 직면하지 않도록 반드시 증거를 보존해야 한다. 이 때문에 고용단위는 노동계약의 변경 시에는 서면형식을 채택하는 것이 리스크 관리 측면에서 매우 유리하다.

2. 노동계약 변경 효력

<노동계약법> 제40조 다음 각 호의 1에 해당하는 경우, 고용단위는 30일 전에 서면으로 근로자에게 통지하거나 또는 1개월의 급여를 추가로 지급한 후 노동계약을 해지할 수 있다.

(1) 근로자가 질병이나 근로와 무관한 부상으로 인해 규정된 치료기간 만료 후에도 본래의 업무에 종사할 수 없을뿐만 아니라 고용단위가 별도로 조정해준 업무에도 종사할 수 없는 경우

(2) 근로자가 업무수행이 불가능하고, 교육훈련 또는 업무 조정을 통해서도 여전히 업무를 수행할 수 없는 경우

(3) 노동계약 체결 당시의 객관적 사정에 중대한 변경이 발생하여 노동계약을 이행할 수 없게 되고, 고용단위와 근로자 간의 합의를 거쳤음에도 노동계약 내용의 변경에 대해 합의에 도달하지 못한 경우

고용단위가 직무조정, 근로장소 변경 등을 근로자에게 통지하였으나, 근로자가 불복하는 경우가 있다. 이는 고용단위가 일반적으로 노동계약을 변경하는 과정에서 자주 겪는 어려움 중의 하나이다. 계약의 변경은 법률에 따라 합법적으로 이행되어야 하며, 다음의 경우 합법적 계약변경으로 볼 수 있다.

첫째, 쌍방의 협상 일치를 통해 계약변경이 가능하며, 이 경우 일반적으로 근로자의 불복 문제가 발생되지 않는다.

둘째, 고용단위가 법률에 따라 계약을 변경하는 방식이다. <노동계약법> 제40조 1항과 2항을 적용할 수 있을 경우, 고용단위가 업무 내용을 일방적으로 변경할 수 있다. 그

러나 고용단위가 법에 따라 업무내용을 변경하더라도 변경 후의 직무는 기존 수행업무와 연관성이 있고, 임금수준도 큰 차이가 없도록 하여 합리성을 구비해야 한다.

셋째, 노동계약 내 약정조항에 따라 합법적으로 변경을 이행한 경우이다. 만약, 근로자가 변경 내용을 이행하지 않을 경우, 엄중한 규율위반으로 노동계약을 해지할 수 있다.

그러나 만약 중재기구 또는 법원에서 고용단위 일방의 계약변경 행위를 위법으로 판단할 경우, 고용단위는 변경에 대한 결정을 철회하고, 쌍방이 체결한 원래의 노동계약으로 근로관계를 회복해야 한다. 아울러, 고용단위의 불법적인 계약변경에 따라 발생한 무단결근, 근무지 이탈, 업무 거부 등의 행위에 대해서는 근로자에게 책임을 묻지 않는다.

제3절 노동계약의 해지

노동계약의 해지는 유형별로 나누어 처리해야 한다. 〈노동계약법〉의 규정으로 봤을 때, 노동계약의 해지는 6가지 형태로 분류할 수 있다.

① 쌍방의 합의 계약해지	〈노동계약법〉 제36조
② 근로자 일방의 계약해지	〈노동계약법〉 제37조
③ 고용단위의 과실에 따른 계약해지	〈노동계약법〉 제38조
④ 근로자의 과실에 따른 계약해지	〈노동계약법〉 제39조
⑤ 근로자의 비과실성 계약해지	〈노동계약법〉 제40조
⑥ 경제성 감원	〈노동계약법〉 제41조

일반적으로 ②, ④의 경우를 제외하고, ①, ③, ⑤, ⑥의 노동계약해지 형태에서는 근로자에 대한 경제보상금 지급이 필요하다. 만약 고용단위가 위법한 계약해지를 하였을 경우에는 경제배상금(경제보상금의 2배)을 지불해야 한다.

근로자와 노동관계를 해지할 때에는 합리적 사유, 절차의 합법성, 입증 가능의 3가지 원칙을 고려해야 법률적 위험을 낮출 수 있다.

근로자의 노동권익 보호를 강화하기 위한 〈노동계약법〉은 근로자에게 편향적인 법률이어서, 근로자와 기업의 노동계약해지에 대해서 서로 다른 판단 기준을 적용한다. 근로자는 개인의 의지에 따라서 특별한 사유가 없더라도 계약을 해지할 수 있으나, 기업은 해지방식, 해지사유, 해지절차에 있어서 엄격한 제한을 받는다.

1. 쌍방 합의의 해지

> 〈노동계약법〉 제36조 고용단위와 근로자는 상호 합의하에 노동계약을 해지할 수 있다.

(1) 쌍방 합의의 계약해지 요건

쌍방 합의 해지는 근로자와 의견 일치를 통하여 계약해지를 진행하는 과정으로 법적인 해지 사유가 발생하지 않더라도 언제든지 협의 해지가 가능하며, 계약해지 과정 중 법률적인 다툼의 리스크가 없다. 계약 당사자 간의 자유 권리에 따라 강제성이 없이 이행되어야 하며, 경제적 보상에 대한 상호 합의가 뒷받침되어야 한다.

(2) 경제적 보상

일반적인 합의 해지에 대한 경제보상금은 N$^{(근속연수×직전 12개월 평균 임금)}$+$\alpha^{(추가 보상)}$로 책정한다. 그러나 근로자와 합의 과정에서 본인의 계약해지 의사가 높고, 타회사 입사 기한이 촉박하여 빠른 처리를 원하는 경우 경제보상금을 N보다 낮게 합의하여도 법적으로 문제가 되지 않는다.

(3) 사전 통지 의무

합의 해지의 경우 사전 통지의 의무가 없으므로, +1개월의 추가 보상금을 산정할 필요가 없다.

(4) 주의 사항

합의 해지 통지서의 내용에는 '근로자는 경제보상금 지급에 대한 법률적 요건을 고지 받았으며, 고용단위의 지급 금액을 수령하고 향후 추가 보상금 지급에 대한 이의 제기를 하지 않겠다'는 문구를 삽입하도록 한다.

계약 해지 주체에 따른 경제보상금 지급 의무

계약 해지 요청 주체	경제보상금 지급 의무
고용단위의 계약 해지 요청	있음
근로자의 계약 해지 요청	없음

2. 근로자 일방의 계약해지

> <노동계약법> 제37조 근로자는 30일 전까지 서면으로 고용단위에게 통지한 후 노동계약을 해지할 수 있다. 시용기간 내의 근로자는 3일 전까지 고용단위에게 통지하고 노동계약을 해지할 수 있다.

위의 법률에 따라 근로자는 30일 전까지 서면으로 고용단위에게 계약해지를 통보하면 직업선택의 자유를 누릴 수 있다. 다만, 근로자가 법률 규정이나 노동계약의 약정(경업금지, 비밀 유지, 교육 훈련 비용 지불에 따른 의무 복무기간 등)을 위반하여 고용단위에게 손해를 입혔다면 손해 배상을 진행해야 한다.

시용기간 내의 근로자는 3일 전 고용단위에게 노동계약 해지를 통보하도록 하게 되어 있는데, 이는 고용단위가 그 사실을 인지하고 대체 인력을 준비하여 손실을 최소화하도록 하기 위함이다.

3. 고용단위의 과실에 따른 계약해지

<노동계약법> 제38조 다음 각 호의 1에 해당하는 경우 근로자는 노동계약을 해지할 수 있다.

(1) 노동계약의 약정에 따른 노동보호와 근로조건을 제공하지 않는 경우

(2) 노동보수 전액을 적시에 지급하지 않은 경우

(3) 법정 사회보험료를 납부하지 않은 경우

(4) 고용단위의 규장제도가 법률, 법규를 위반하여 근로자의 권익에 손해를 끼친 경우

(5) 본법 제26조 1항의 규정에 해당하여 노동계약이 무효가 되는 경우

(6) 그 밖에 법률 기타 행정법규에 근로자가 노동계약을 해지할 수 있도록 규정하고 있는 경우

고용단위가 폭행, 협박 또는 인신의 자유를 제한하는 불법적 수단으로 근로자에게 노동을 강요하거나 또는 고용단위가 노동규칙을 위반하여 근로자의 안전을 위태롭게 하는 위험한 작업을 지시하거나 강요하는 경우 근로자는 즉시 노동계약을 해지할 수 있으며 고용단위에게 사전에 고지할 필요가 없다.

고용단위가 계약 불이행 및 노동인권을 침해했을 때 근로자는 수시 계약해지가 가능하다. 아울러 고용단위가 근로자에게 위험한 작업을 강요하거나, 노동보호장구를 제공하지 않는 등 근로자의 생명과 안전에 심각한 영향을 줄 수 있다고 판단하였을 때, 근로자는 고용단위에게 별도의 고지 없이도 즉시 노동계약을 해지할 수 있다.

구체적으로 계약체결 시 약정한 노동보수를 제때에 지급하지 않거나, 불법공제, 대체물품 지급, 분할지급, 미지급 등의 행위를 할 경우, 근로자는 고지 없이 노동계약을 해지할 수 있다. 고용단위는 임금의 공제가 필요할 경우 합법적인 범위 내의 금액을 사전에 근로자에게 고지하고 동의를 구한 후에 임금을 공제할 수 있으나, 고용단위의 자의적 판단에 따라 임금 공제를 해서는 안 된다. 특히, 벌금 제도의 운영, 강제 기부금 모집 형식의 공제는 기업 이미지에도 악영향을 줄 수 있으므로 주의가 필요하다.

근로자는 법률이 정하는 실업보험, 공상보험, 생육보험, 의료보험, 양로보험 및 주

방공적금의 대우를 향유할 수 있다. 인건비 부담을 줄이기 위해 기업이 사회보험 및 주방공적금을 납부하지 않을 경우, 근로자는 납입을 요구하거나 계약해지를 진행할 수 있다.

또한, 고용단위가 약정을 통해 실제 발생한 연장근로시간 보다 적은 잔업비를 지급하는 등 근로자의 권리를 배척하거나, 폭력, 위협 또는 불법적인 방법으로 인신의 자유를 구속하는 근로도 허용되지 않는다. 아울러, 근로조건이 열악하고 환경오염이 심각하여 근로자의 건강에 심각한 해를 끼친 경우에는 법률에 따라 형사 책임 및 손해배상 책임을 져야 한다.

4. 근로자의 과실에 따른 계약해지

<노동계약법> 제39조 다음 각 호의 1에 해당하는 근로자에 대해 고용단위는 노동계약을 해지할 수 있다.

(1) 시용기간 중 채용조건에 부합하지 않음이 증명된 경우

(2) 고용단위의 규장제도를 심각하게 위반한 경우

(3) 직무상의 과실, 사리추구와 부정한 행위로 고용단위의 이익에 중대한 손실을 끼친 경우

(4) 근로자가 동시에 다른 고용단위와 노동관계를 맺어 소속단위의 업무 완성에 중대한 영향을 끼쳤거나 고용단위의 지적에도 불구하고 시정을 거부하는 경우

(5) 본법 제26조 제1항의 규정에 따라 노동계약이 무효가 되는 경우

(6) 법에 의거하여 형사책임을 추궁받는 경우

<노동계약법> 제39조는 근로자가 고용조건에 부합하지 않거나, 회사의 규칙을 준수하지 않아 질서를 어지럽히거나, 고용단위의 이익에 중대한 손실을 끼친 경우에 일방적 계약해지가 가능하다고 규정하고 있다. 이 경우 근로자의 동의가 불필요하며, 경제보상금 및 경제배상금 지급 의무가 없다.

(1) 시용기간 중 채용조건에 부합하지 않음이 증명된 경우

고용단위는 계약기간에 따라 3개월에서 6개월까지 근로자와 시용기간을 약정할 수 있다. 해당 기간 내에 사용기 평가를 통해 고용단위가 규정한 업무수행 능력, 지식 수준, 인재상 등에 부합하지 않을 경우 고용단위는 일방적인 계약해지를 할 수 있다. 그러나 법률적으로 고용단위의 계약해지 권리만을 인정하지 않고, 시용기간 내에 고용조건에 부합하지 못하였다는 객관적 증거를 제시해야 하는 입증의 의무도 부여하였다.

(2) 고용단위의 규장제도를 심각하게 위반한 경우

기업은 민주적인 절차를 통해 고용단위와 근로자의 권리 의무 관계를 규장제도에 명시하고 있다. 고용단위와 근로자가 반드시 지켜야 할 행동규범을 근로자가 심각하게 위반하였을 경우, 고용단위는 일방적으로 계약관계를 해지할 수 있다. 이때 징계규정 내 해고요건에 부합해야 하며, 징계위원회와 공회의 검토를 통해 근로자를 해고해야 한다.

(3) 직무상의 과실, 사리추구와 부정한 행위로 고용단위의 이익에 중대한 손실을 끼친 경우

직무상 명확하게 준수해야 할 프로세스를 이행하지 않아 자재 분실 및 도난 등으로 기업의 생산활동에 영향을 끼친 경우, 개인의 직무상 권리를 이용하여 횡령, 뇌물수수, 금전 대차 등의 행위를 하여 기업의 명예와 도덕성을 실추시킨 경우가 이에 해당한다. 해당 내용을 징계규정 내에 해고의 요건으로 명시하도록 한다.

(4) 근로자가 동시에 다른 고용단위와 노동관계를 맺어 소속단위의 임무완성에 막대한 영향을 끼쳤거나, 고용단위가 지적하여도 시정을 거부하는 경우

대표적으로 〈노동계약법〉 제69조 비전일제 근로자의 경우에 해당된다. 비전일제 고용(시간제 근로자로 일4시간, 주24시간 연장근로 금지)은 쌍방 당사자와 구두로 계약을 체결할 수 있다. 해당 근로자는 1개 이상의 고용단위와 노동계약을 체결할 수 있지만, 나중에 체결한 노동계약은 먼저 체결한 노동계약의 이행에 영향을 미쳐서는 안 된다고 규정하고 있다. 상기 조건에 위반 사항이 발생하여 고용단위가 근로자에게 시정 명령을 하였음에도 불구하고 개선의 여지가 없을 경우 일방적인 계약해지를 진행할 수 있다.

(5) <노동계약법> 제26조 제1항에 의거하여 노동계약이 무효가 되는 경우

사기, 강압의 수단을 사용하거나 타인의 위급함을 이용하여 상대방으로 하여금 진실한 의도에 반하여 노동계약을 체결 또는 수정하게 하는 경우이다. 채용 서류를 위조하거나, 입사 희망자가 제3자의 권위나 권력을 이용하여 입사하는 경우, 고용단위의 다급한 사정을 악용하는 등 상대방의 진실성에 위배하여 체결한 노동계약은 언제든지 계약해지가 가능하다.

근로자 과실에 따른 계약 해지를 위한 증빙 확보

구분	필요 증빙 내역
수습기 내 채용 조건 미부합	• 시용기 내 채용 미부합 요건에 대한 정량적 평가서 구비 • 계약서 내 유첨으로 서명 수취 • 교육 내용 및 이수 내역, 중간/최종 평가표, 근태관리 내역 확보
규장제도 위반 (일반적으로 징계 규정 적용)	• 규장제도의 민주적 절차 이행 - 모든 절차의 이행에 대한 서면화된 법적 증빙 구비 • 사건 조사 관련 입증서류, 동영상 등 확보 • 징계의 구성 내 고용단위 손실 금액에 대한 구체적 명시 - 징계 등급별 처분 내용 분류 : 1급/2급/3급/4급 징계 • 직무상의 월권행위, 직무편의에 대한 정의 • 징계로 인한 계약 해지 시, 공회의 검토 결과를 포함하여 보관
업무수행 불가	• 직무 능력이 현저히 부족하다는 판단 기준의 서면 정의 • 서면으로 개선 요구서 발송 및 통지 증명 보관 • 직무 변경을 위한 교육 훈련 명령, 교육 관련 증빙(기간, 내용, 평가 등) • 직무 변경에 대한 동의 서명 수취 • 변경 직무에 대한 평가 이력 - 동종 유사 업무 진행 이력과 비교, 시간당 생산량 등 정량적 평가 진행

(6) 법에 의거하여 형사 책임을 추궁받는 경우

인민 법원으로부터 구류, 유기징역, 무기징역, 사형, 벌금 등의 형벌을 선고받는 경우이고, 해당 기간 내에 업무수행이 불가한 상황을 말한다. 징계규정 내에 해당 법률 내용을 명시하고 정당한 프로세스를 통하여 계약해지를 진행하도록 한다.

(7) 위법해고에 대한 리스크 관리

분쟁 발생 시 고용단위는 거증책임擧證責任을 지게 된다. 고용단위가 법률 및 규장제도에 따라 근로자의 법률 위반 및 규정 위반의 사유로 계약해지를 하였으나, 근로자 측에서 부당 해고라고 주장할 경우 고용단위는 합법성 및 절차적 정당성을 입증해야 한다. 고용단위는 이에 대비하기 위해 서면화 된 관리체계를 구축하고, 모든 절차에 대한 증빙을 확보하려는 노력을 지속해야 한다.

고용단위가 법률을 위반하여 노동계약을 해지하였을 경우, 근로자의 의사에 따라 복직하여 노동계약을 계속 이행하거나 경제배상금을 지급하도록 규정하고 있다. 일반적으로 근로자의 복직은 노무관리 측면에서 상당한 리스크가 있고, 근로자 또한 근로의지가 상실된 상태이므로 노동계약의 지속이행은 바람직하지 않다. 고용단위는 근로자와의 원만한 협의를 통하여 경제배상금을 지급하고 노동계약을 종료하도록 한다.

고용단위의 위법 해고에 대한 근로자 복직 및 배상

근로자 의향	고려 사항	처리 방안
계속 근로를 희망할 경우	• 중재 기간의 미지급 임금은 일반적으로 정상 근로 수행 시 받을 수 있는 임금으로 함 - 직전 12개월의 평균 임금 또는 고정급(지역별 차이가 있음)	노동계약 지속 이행
계속 근로를 원하지 않을 경우		
근로 관계를 더 이상 계속하여 이행할 수 없는 경우	• 근로 관계를 지속 이행할 수 없다고 판단하는 근거 - 노동중재 또는 소송 과정에서 퇴직연령에 도달 - 해당 직무에 이미 다른 직원을 채용한 경우 - 대체 근로자에게 다른 직무를 제안했으나 협의가 이루어지지 않는 경우 - 분쟁 당사자가 이미 다른 회사에 취직한 경우 - 분쟁 과정 중 화해 요구 및 업무 복귀를 요구하였으나 응하지 않았을 경우 외	경제배상금 지급 (경제보상금의 2배)

5. 근로자의 비과실성 계약해지

<노동계약법> 제40조 다음 각 호의 1에 해당하는 경우, 고용단위는 30일 전에 서면으로 근로자에게 통지하거나 또는 1개월의 급여를 추가로 지급한 후 노동계약을 해지할 수 있다.

(1) 근로자가 질병이나 근무와 무관한 부상으로 인해 규정된 치료기간 만료 후에도 본래의 업무에 종사할 수 없을뿐만 아니라 고용단위가 별도로 조정해준 업무에도 종사할 수 없는 경우

(2) 근로자가 업무수행이 불가능하고, 교육훈련 또는 업무조정을 통해서도 여전히 업무를 수행할 수 없는 경우

(3) 노동계약 체결 당시의 객관적 사정에 중대한 변경이 발생하여 노동계약을 이행할 수 없게 되고, 고용단위와 근로자 간의 합의를 거쳤음에도 노동계약 내용의 변경에 대해 합의에 도달하지 못한 경우

근로자의 비과실성 계약해지에 있어 고용단위는 30일 전에 서면으로 근로자에게 통지하거나 1개월의 급여를 추가로 지급한 후 노동계약을 해지할 수 있다고 규정하고 있다. 각 항목별 내용을 자세히 살펴보면 다음과 같다.

(1) 일반적으로 업무와 무관한 질병 및 사고를 당하여 병가 및 의료기를 모두 사용하였음에도 불구하고, 복직하지 못하거나 복직 후 직무 조정을 하였음에도 업무 능력이 현저히 저하되었음이 확인된 경우이다. 이때 직무조정 및 업무평가에 대한 객관적 증거를 확보하여야 하며, 근로자와 충분한 협의를 통해 경제보상금 규모를 확정하고 30일 전 서면 통보를 통하여 계약 해지를 하도록 한다.

(2) '업무수행 불가'는 일반적으로 노동계약에 명시된 업무 또는 동일한 유형의 업무 및 직위를 완료할 수 없는 것을 의미한다. 그러나 특정 근로자에게 동종 업무를 하는 인원보다 많은 작업량을 강요하여 측정하는 방식은 부당해고의 리스크가 있다.

입증을 위해 고용단위는 교육훈련 과정을 서면으로 통보하여 근로자가 참석하도록 하고, 적정한 직무 교육이 진행되었음에도 불구하고 개선이 되지 않았음을 증명해야 한다. 작업량 완성표, 작업 일정 등에 대한 정량적인 증거를 확보할 수 있도록 노력해야 하며, 정성적인 게으름, 태만 등은 계약해지의 사유로 할 수 없다.

(3) '객관적 상황의 중대한 변화'는 계약해지 결정의 중요한 요소이다. 다음의 법률 조항은 고용단위의 고의성이 없는 중대한 경영상의 이유가 발생하여 근로자와의 계약관계를 이행할 수 없는 상황이 나타난 것으로 해석할 수 있다.

<(중화인민공화국노동법) 약간 조문에 대한 설명> 제26조 고용단위는 다음 상황 중 하나에 해당하는 경우 노동계약을 해지할 수 있으나 30일 전에 서면으로 근로자에게 통지해야 한다. (중략)
본 조에서 '객관적 상황'이란 불가항력이 발생하거나 노동계약의 전부 또는 일부를 이행할 수 없는 기타 상황, 예를 들어 기업의 이전, 합병, 기업자산의 이전 등을 말하며, 본 법 제27조에 열거된 객관적 상황을 제외한다.

그러나 실질적으로 고용단위는 경영관리 정보의 전체를 장악하고 있으므로, 노동쟁의 발생 시 객관적 상황의 변화에 대한 입증 책임을 져야 한다. 실제 객관적 상황의 중대한 변화를 자의적으로 해석하여 노동쟁의가 발생하기도 한다. 예를 들면 기업 내부의 조직개편은 법률적으로 객관적 상황에 해당하지 않는 관리행위로 볼 수 있음에도, 이를 근거로 고용단위가 일방적으로 근로자의 노동계약을 해지하여 패소하는 경우도 있다.

근로자 과실 여부에 따른 경제보상금 지급

구분	법률 근거	확인 사항	기타
과실 해제	노동계약법 제39조	근로자 통지 의무 없음	경제보상금 미지급
	노동계약법 제43조	공회에 일방 계약해지 사전통지의무 이행필요	
비과실 해제	노동계약법 제40조	근로자에게 30일전 통보 또는 1개월 급여 추가 지급	경제보상금 지급

6. 경제성 감원

<노동계약법> 다음 각 호의 1에 해당되어 근로자를 감원함에 있어 감축인원이 20명 이상이거나, 20명이 안 되지만 소속 근로자 총인원수의 10% 이상인 경우, 고용단위는 30일 전에 노동조합 또는 전체근로자에게 상황을 설명하고 노동조합과 근로자의 의견을 청취한 후 감원방안을 노동행정부문에 보고한 후 감원할 수 있다.

(1) <기업파산법> 규정에 따라 회사정리절차를 진행하는 경우

(2) 생산경영에 있어 매우 곤란한 사정이 있는 경우

(3) 기업이 생산품 전환, 기술혁신 또는 경영방식 조정으로 인하여 노동계약을 변경한 후에도 감원이 계속하여 필요한 경우

(4) 기타 노동계약 체결에 있어 기초가 된 객관적 경제상황에 중대한 변화가 생겨 노동계약을 계속 이행할 수 없는 경우

인원 감원 시에는 다음의 근로자를 우선적으로 잔류시켜야 한다.

(1) 고용단위와 비교적 장기간의 정기노동계약을 체결한 자

(2) 무기노동계약을 체결한 자

(3) 근로자의 가정에 다른 근로자가 없거나 부양할 노인이나 미성년자가 있는 자

고용단위가 본 조 제1항 규정에 의거하여 감원하고 6개월 이내에 다시 인력을 모집할 경우 감원된 인력에게 통지하여야 하며, 동등한 조건하에서는 감원된 인력을 우선 고용하여야 한다.

(1) 감원 배경 소통 준비

감축인원이 20명 이상이거나, 20명이 안 되지만 소속 근로자 총인원수의 10% 이상을 감원해야 할 경우, 기업의 입장이 충분히 전달될 수 있도록 소통자료를 준비한다. 이때 구성원, 공회, 정부의 3주체를 대상으로 소통 시나리오를 준비하도록 한다.

(2) 보상 방안 확정

실제 국내의 많은 기업들이 경제보상금 표준을 'N(근속연수×직전 12개월 평균 임금)+1개월'으로 생각한다. 그러나 인원 감축에 따른 보상 수준은 다양한 요인에 따라 결정된다. 예를 들어 외자기업에 대한 사회적 분위기, 정부의 기업관련 정책, 클러스터Cluster 내 동종업계의 지급 이력 등 다양한 사례를 참고하여 보상 수준을 결정해야 한다.

(3) 노동조합의 의견 청취

구체적인 경제성 감원의 배경 및 보상방안을 노동조합과 소통하고, 불가피한 결정이었음을 충분히 납득시키는 과정을 거쳐야 한다. 노동조합에서 회사를 신뢰하지 않을 경우, 보상방안에 반대하거나 다양한 요구사항을 제시하여 협상을 어렵게 할 수 있으므로 주의해야 한다.

(4) 근로자 소통

노동조합과 경제성 감원의 배경 및 보상방안에 대해 협의 한 후, 근로자의 의견을 청취하도록 한다. 근로자는 대상자 선정, 보상방안, 지원사항 등에 대해 다양한 의견을 제시하므로, 사전 소통을 통해 기대치 확인 및 리스크 관리 방안을 도출하도록 한다.

(5) 노동행정부문 신고

노동행정부문에 보상방안과 근로자 지원 측면의 활동에 대해 구체적으로 설명하고 노무 이슈가 발생되지 않도록 지원해 줄 것을 요청한다.

(6) 감원 진행

인력의 퇴출Outflow은 최대한 빠른 시간 내에 진행하도록 하며, 남아 있는 인원들이 받는 영향을 최소화할 수 있도록 매끄럽게 진행하는 것이 좋다. 리스크 시뮬레이션과 대응방안 등 사전 준비를 철저히 해야 한다. 아울러, 잔여 임금 및 경제보상금 등의 비용은 퇴사시점에 즉시 지급될 수 있도록 사전에 자금을 확보하도록 한다.

제4절 노동계약의 종료[17]

1. 노동계약 종료의 요건

<노동계약법> 제44조에 다음 각 호의 1에 해당하는 경우 노동계약은 종료된다.

(1) 노동계약기한이 만료된 경우

(2) 근로자가 법에 따라 기본 양로보험의 적용을 받기 시작한 경우

(3) 근로자가 사망하거나 인민법원에 의해 사망 또는 실종선고가 내려진 경우

(4) 고용단위가 법에 의해 파산을 선고받은 경우

(5) 고용단위의 영업허가증이 취소되거나 폐쇄·해산 명령을 받은 경우 또는 고용단위가 그 전에 해산을 결정한 경우

(6) 그 밖에 법률 기타 행정법규에 규정된 상황에 해당하는 경우

노동계약은 고용단위와 근로자 간 임무완수를 위해 쌍방의 권리와 의무를 약정하는 것이며, 그 기한이 도래하거나 법에서 정하는 정년퇴직, 기업의 파산, 영업 허가증의 취소 등의 사유로 노동계약을 이행하지 못하거나 자격을 상실하는 경우 노동계약은 종료된다.

〈노동계약법〉 제44조의 (2), (3)은 근로자의 자격 상실, (4), (5)는 고용단위의 자격 상실로 볼 수 있다.

---

17 陆敬波. (2015). "规章制度管理." 中信出版集团. (P.56~61 劳动合同终止 참고)

계약해지 및 종료 시에는 관련 증명서를 발급하며, 15일 이내에 근로자를 위해 인사 파일 및 사회보험 관계의 이전 수속을 진행해야 한다. 근로자는 인수 인계를 진행하고, 고용단위는 해지 또는 종료된 노동계약 서류 원본을 최소 2년 이상 보관하여 노동 감독에 대비해야 한다.

2. 노동계약 종료시기의 순연

<노동계약법> 제42조 다음의 경우 고용단위는 본법 제40조, 제41조의 규정에 의거하여 노동계약을 해지할 수 없다.

(1) 근로자가 직업병에 걸릴 위험이 있는 업무에 종사하고 퇴사 전에 건강검진을 받지 않은 경우 또는 직업병의 진단이 애매모호한 경우나 의학적인 관찰기간이 필요한 경우

(2) 소속 단위에서 직업병을 얻거나 업무로 인한 부상으로 노동능력의 일부 또는 전부를 상실한 경우

(3) 질병 또는 부상으로 인해 규정된 치료기간 내에 있는 경우

(4) 여성근로자가 임신기간, 출산기간, 수유기간 중에 있는 경우

(5) 소속 단위에서 연속근무기간이 만 15년이고 또한 법정퇴직연령까지 5년 미만인 경우

(6) 그 밖에 법률 기타 행정법규에서 규정하는 경우

<노동계약법> 제45조 노동계약이 만료되었으나 본법 제42조에 규정한 상황 중 1에 해당될 경우 관련 상황이 소멸될 때까지 노동계약의 종료시기가 순연된다. 다만, 본법 제42조 제2호의 규정에 따라 노동능력의 전부 또는 일부를 상실한 자의 노동계약 종료는 국가공무상해보험의 관련 규정에 따라 집행한다.

<노동계약법> 제42조에 따라 근로자의 노동계약이 만료되더라도 관련 상황이 소멸될 때까지 노동계약을 유지·순연해야 한다. 만약 노동계약 기간의 순연 조건에 있는 근로자에 대해 계약기간 도래를 사유로 합의 없이 노동계약을 종료할 경우, 위법

해고로 간주되어 배상책임을 져야 할 수 있으므로 주의해야 한다.

　기업에서 직업병을 얻거나 업무로 인한 부상으로 노동능력의 일부 또는 전부를 상실한 경우에는 협의를 통해서 경제보상금 외에 법에 따라 일시불로 공상의료보조금과 취업보조금을 지급하고 계약해지를 진행할 수 있다.

3. 노동계약 종료에 따른 경제보상

　〈노동계약법〉의 실행 이후, 고용단위의 파산, 영업허가 취소, 폐쇄, 철회 또는 조기해산 결정으로 노동계약이 종료된 경우, 근로자에게 경제보상금을 지급하도록 하였다. 동시에 노동계약기간 만료 후, 계약내용을 유지하거나 새로운 근로조건으로 '고용단위가 재계약을 체결하는 경우'와 '근로자가 재계약을 원하지 않는 경우'를 제외하고, 고용단위는 노동계약 종료에 대한 경제보상금을 지급하도록 규정하였다. 고용단위는 노동계약 기간의 만료 전 반드시 서면형식으로 근로자에게 재계약 의향을 확인해야 하며, 그 증거를 보존해야 한다.

4. 퇴직 절차 이행 시 주의사항

(1) 노동계약의 해지 또는 종료 증명서 발급

　퇴직증명서는 근로자가 수행했던 직무내용, 근속, 계약해지 또는 종료의 사유, 근무기간 등을 구체적으로 기입하여 발행한다. 이는 근로자의 사회보험 이전 및 실업보험 신청과 수령에 직접적인 연관이 있으므로 누락되지 않도록 해야 한다. 고용단위는 반드시 실제 발생한 상황에 따라서 퇴직증명서를 발행해야 한다. 만약, 퇴직정보 기입오류로 근로자에게 경제적 손실을 발생시킬 경우, 근로자는 고용단위에게 경제적 배상 책임을 요구할 수 있다.

(2) 업무 인수인계

고용단위는 사전에 노동계약 또는 규장제도 내에 퇴직 시 업무 인수인계를 이행하도록 약정한다. 예를 들어 퇴직 후 15일 이내에 고용단위의 재산, 업무관련 서류 등을 반환하도록 약정하고 근로자가 이를 이행하지 않아 고용단위에게 손실을 발생시켰을 경우, 〈노동계약법〉 제90조에 따라 손실을 배상하도록 요구한다.

제4장

비정규 형태의 근로자 사용

Intro

1978년 중국의 개혁개방 이후, 1980년대부터 2000년대까지 파견근로의 형태는 급격한 변화를 맞이하였다. 사회주의 체제에서 근로자는 국가가 배정하는 업무에 종신근로 하였으나, 개혁개방 이후 외자기업의 투자유입, 농민공의 도시유입, 제조업의 부상 등의 요인으로 고용 증가와 더불어 고용 탄력성이 요구되는 시대가 도래하였다. 이로 인하여 파견근로자의 사용 비중이 크게 확대되었다.

단기 활용이 가능하고 유동성이 높은 파견근로자 사용은 고용단위(사용자)의 경영효율성을 제고하였으나, 무분별한 사용으로 노동인권과 노동환경 악화, 노동보수의 차별 등 전방위적 문제점이 유발되기 시작했다. 이로 인해 2008년 노동계약법을 시작으로 파견근로자 사용과 파견업체 설립에 대한 규정을 강화하였으나, 고용단위는 여전히 파견근로자 사용에 대한 규정을 제대로 준수하지 않았고 파견업체의 난립 문제도 개선하지 못하였다.

2013년 노동계약법의 개정을 통해 파견업체 설립을 신고제에서 허가제로 전환하였으며, 자본금을 50만CNY에서 200만CNY로 상향 조정하였다. 또한 파견사용이 허용되는 영역을 보조성, 임시성, 대체성 업무로 제한하였다. 동시에 위법행위에 대한 처벌규정을 강화하여 파견근로자의 노동권익을 보호하고자 하였다. 그러나 여전히 위장도급 형태의 파견근로자 사용, 사회보험 회피, 동일가치노동 동일임금 미준수 등 위법 행위가 계속되었고 현재까지도 근본적인 문제해결에 어려움을 겪고 있는 상황이다.

근로자 사용의 관점에서 보면 노무파견은 독특한 고용방식이다. 고용단위는 직접채용을 하지 않고도 근로자를 사용할 수 있는 특수성이 있다. 근로자의 파견 목적은 고용단위의 편의성 강화를 위해 임시성, 보조성, 대체성 업무에 파견단위^(파견회사)에서 빌린 근로자를 사용하는 것이다. 파견제도는 단기적 인력보충에 매우 효율적이었으나 점차 그 본질이 훼손되어 '역방향 파견' 현상까지 나타나고 있다. 즉, 정규직의 노동계약을 해지하고 부족한 인원을 파견근로자로 보충하는 현상이 나타난 것이다. 기업은 파견근로자 사용을 통해 변동성이 높은 생산현장 인력 운영에 유연성을 제고할 수 있고, 관리책임의 편리함도 누릴 수 있으나, 반드시 법률에서 정하는 사용범위, 사용비율 등을 준수해야 할 의무가 있음을 잊지 말아야 한다.

제1절

파견근로자

1. 노무파견의 특징

파견인원은 신분상 파견회사와 노동계약을 체결하고, 고용단위의 근로조건 하에서 업무를 수행한다. 고용단위는 파견근로자의 보수를 파견단위에 지급하고 업무 지휘권을 행사하도록 되어 있다. 실질적인 고용 관계가 아닌 제3자적 관계로서의 파견단위는 고용단위에서 지급된 임금 및 사회보험료를 근로자에게 대신 지급하고 고용단위로부터 일정 금액의 수수료를 지급받는다.

2. 노무파견의 사용 범위

<노무파견 잠정규정> 제3조 고용단위는 임시성, 보조성, 대체성 업무에만 파견근로자를 사용할 수 있다.

전항에서 규정한 임시성 업무는 존속기간이 6개월을 초과하지 않는 업무이며, 보조성 업무는 주요 업무·직무를 위해 서비스를 제공하는 업무이며, 대체성 업무는 일정기간 근로자가 직장을 떠나 학업하거나, 휴가 등으로 업무를 수행할 수 없는 기간에 다른 근로자가 업무를 대신할 수 있도록 하는 것을 의미한다.

고용단위가 보조성 업무에 파견근로자를 사용하기로 결정한 경우에는 근로자대표대회 또는 전체근로자와 토론을 거쳐야 하며, 제안과 의견을 제출하고, 공회 또는 근로자대표와 평등 교섭하여 결정한 후, 결정 사항에 대해 공시해야 한다.

일반적인 상황에서 정규근로자를 파견근로자로 대체할 수 없고 임시성, 보조성, 대체성이 있는 한정적 업무 내에서 전체근로자 수의 10% 이내로 파견근로자 사용이 가능하다. 2014년 발표된 <노무파견 잠정규정> 제3조에 따르면 임시성 업무는 6개월 이내의 수행 직무를 말하고 보조성 업무는 주요 업무에 대한 서비스를 제공하는 것이며, 대체성 업무는 근로자가 업무 외의 학업, 휴가 등으로 업무를 수행할 수 없는 기간에 다른 근로자가 일정기간 대신 업무를 수행할 수 있도록 하는 것을 의미한다.

특히 고용단위가 보조성 업무에 파견근로자를 사용하기로 결정한 경우 공회 또는 근로자대표와 교섭하고 결정사항을 공개해야 한다.

　이처럼 파견근로자 사용에 대한 제한 규정을 둔 이유는 앞서 설명한 바와 같이 근로자의 고용안정성, 노동인권 및 근로환경을 보장하기 위함이다.

파견근로자 사용 범위

구분	내용	비고
임시성 업무	6개월 이내 사용	
보조성 업무	주요 업무 직위에 대한 서비스 제공	노동조합 또는 근로자대표와 협상하여 확정
대체성 업무	정규 근로자의 학업, 휴가 등을 대신하여 업무 수행	

3. 파견계약의 당사자 간 권리와 의무

　파견근로자와 일반근로자의 권리와 의무는 크게 다르지 않으나, 몇 가지 차이점이 있으므로 자세히 살펴보도록 하겠다.

① 파견근로자는 파견단위의 승인 없이 제3자와 별도의 노동계약을 체결해서는 안 되며, 노무 지휘권이 있는 고용단위의 규장제도를 준수해야 한다.

② 파견단위는 파견근로자와 2년 이상의 정기 노동계약을 체결해야 하며, 파견 업무가 없더라도 파견 단위 소재지의 최저임금 기준에 따라 보수를 지급해야 한다. 만약, 파견단위 소재지 외의 지역으로 인력을 파견할 경우, 고용단위의 소재지 기준에 따라 근로조건과 보수를 책정해야 한다.

③ 고용단위는 동일가치노동 동일임금 지급의 원칙에 따라, 동일·동등한 근로를 하는 정규직 근로자와 차별없이 잔업비, 장려금 및 복지 등을 제공하여야 한다. 타 기업에 파견근로자를 재파견 해서는 안 되며, 자체적으로 파견사업을 운영해서도 안 된다.

④ 파견근로자는 노동계약에 따라 성실하게 근로를 제공해야 하며, 고용단위의 비밀유지, 노동안전 및 위생 규정을 준수해야 한다. 아울러 경업금지의 의무를 이

행해야 한다.

⑤ 파견단위는 고용단위와 파견근로자 사용인원수, 파견기간, 급여 및 사회보험에 대한 협의를 진행해야 하고, 파견 계약에 따라 근로자의 파견비용을 받을 권리와 근로자 관리 및 파견 의무를 갖는다.

4. 파견근로자 사용 시 주의사항

(1) 파견근로자 사용 범위 준수

여전히 많은 기업들이 파견근로자 사용 비율을 준수하지 않고 있으며, 파견근로자 사용의 3가지 요건에 대해 분명한 정의를 내리고 있지 않다. 고용단위는 파견근로자 사용 전 직무분류를 통해 임시성, 보조성, 대체성 업무를 정의한 후 사용기한을 설정하고, 이에 대해 공회와 합의해야 한다. 중국 노동환경의 특수성으로 인해 정부는 아직까지 위장도급, 파견비율 초과 등에 대해 적극적으로 대응하지 않고 있다. 그러나 기업의 사회적 책임을 강조하는 Global 공급망의 경우 파견근로자 사용에 대한 전반적 절차, 계약관계, 동일가치노동 동일임금 등에 관한 사항들을 상세하게 모니터링하고 있으므로 법률 규정에 맞게 사용하도록 노력해야 한다.

(2) 파견근로자의 사회보험 납입 및 관리

<노동계약법> 제61조 파견단위가 다른 지역에 근로자를 파견할 경우, 파견근로자와의 보수와 근로조건은 고용단위 소재지의 기준에 따라 집행하여야 한다.

파견단위는 사회보험을 근로자와 사전에 합의하여 납부하지 않거나 일방적으로 미납하는 경우가 있다. 중국은 고령화, 실업자의 증가 등으로 사회보험의 고갈에 대한 우려가 높아지고 있어 최근 사회보험 납입에 대한 관리감독이 강화되고 있는 추세

이다. 고용단위는 파견단위의 사회보험 납입 여부를 모니터링하고 미납 시 보충납입하도록 강제해야 한다.

파견단위는 최저임금이 낮은 지역에 영업허가증을 발급받고 근로자의 임금과 사회보험 기수를 낮게 책정하는 편법을 사용하기도 한다. 그러나 〈노동계약법〉 제61조에서 파견근로자의 처우는 고용단위의 소재지로 규정하였으므로, 고용단위는 정확한 납입 기수에 따라 지급해야 한다. 법률 위반을 예방하기 위해 고용단위가 사전 지급한 사회보험료를 미납하여 발생하는 법률적 책임은 파견단위가 진다는 약정을 계약서 내에 추가하는 것을 권장한다.

(3) 위장도급의 금지

위장도급이란 실질적으로는 파견근로자를 사용하지만 도급계약 형식으로 위장하는 것을 말한다. 도급은 특정 업무의 완성을 전제로 계약을 체결하고 업무를 완성할 경우 도급업체에 비용을 지불한다.

도급업체는 소속 근로자에 대한 임금의 자율 결정, 업무 지휘권의 행사, 노동 안전 보호 등에 관한 모든 책임을 져야 한다. 그러나 많은 기업에서 생산 물량 급감에 대비한 유연성 확보를 위해 '위장도급' 형태로 파견 근로자를 10% 이상 사용하는 상황이 종종 발생하고 있다.

위장도급은 근로자에 대한 실질적 업무 지휘권 행사, 임금 책정까지 고용단위에서 결정하는 명백한 불법 파견이다. 만약 위장도급 상황에서 공상사고(산업재해)와 같은 문제 발생 시 소송으로 확대될 가능성이 크다.

이때, 위장도급은 '노무파견'으로 인정될 가능성이 매우 높으며, 도급업체에서 사회보험을 미납하고 배상능력 및 배상의지가 없을 경우, 〈노동계약법〉 제92조에 따라 고용단위는 도급업체와 연대배상책임을 져야 한다.

또한 사회보험을 납입하지 않았을 경우, 많은 금액의 공상배상금을 지불해야 하는 상황이 발생된다. 반드시 적법한 비율과 형식을 갖춰 파견근로자를 사용해야 하며,

도급업체의 사회보험 납입에 대한 점검을 소홀히 해서는 안 된다.

(4) 파견근로자에 대한 경제 보상금

파견근로자에 대한 노동계약의 체결 및 종료, 임금 및 사회보험의 지급 등 노동관계에 관한 처리는 파견단위에서 진행해야 한다. 특별 조항의 약정이 있지 않는 경우, 경제보상금의 지급 주체 또한 파견단위이므로 고용단위에게 지급 요구가 발생되지 않도록 파견계약 시 약정 내용을 꼼꼼하게 살펴보아야 한다.

그러나 생산량 급감 등의 원인으로 파견계약 기간을 준수하지 못할 경우, 계약종료의 원인을 고용단위가 제공하였으므로 경제보상금을 지급해야 한다.

제2절 비전일제^{Part Time} 근로자

1. 노동계약의 특수성

(1) 노동계약의 체결

비전일제 근로자는 전일제 근로자와 반대되는 근로 형태이며 '시간제 근로자小时工, 钟点工'라는 용어를 쓰기도 한다. 전일제 근로자는 〈노동계약법〉에 따라 서면형식의 노동계약을 체결해야 하나, 비전일제 고용은 쌍방 당사자가 구두합의로 노동계약을

체결할 수 있으며, 시용기를 약정할 수 없다. 고용단위의 입장에서는 관리 프로세스를 간소화할 수 있으며, 비용을 줄일 수 있다는 장점이 있다.

(2) 겸직의 허용

〈노동계약법〉에 따라 비전일제 업무에 종사하는 근로자는 하나 또는 하나 이상의 고용단위와 노동계약을 체결할 수 있다. 즉, 근로자 한 사람이 두 개 이상의 고용단위를 위해 근로할 수 있는데, 이는 비전일제 근로자에게 있어 매우 중요한 근로요소 중 하나이다.

근로자가 복수의 고용단위와 노동계약을 맺고, 복수의 기업에서 근로보수를 받음으로 인해 다양한 충돌이 발생할 수 있다. 예를 들면 근로시간 충돌의 문제, 사회보험료 납입 주체의 문제, 공상 사고에 대한 배상 문제 등이 나타난다. 이 때문에 〈노동계약법〉에서는 뒤에 체결한 노동계약은 앞서 체결한 노동계약의 이행에 영향을 주어서는 안 된다고 명확히 규정하고 있다.

(3) 계약의 종료와 경제보상금

비전일제 근로자의 가장 큰 특징 중의 하나는 고용단위와 근로자가 완전히 동등한 입장에서 계약 체결과 해지를 진행할 수 있다는 것이다. 전일제 근로자와 같이 노동계약해지에 있어서 당사자 간에 어떤 이유를 설명해야 하거나, 이직 전 계약해지를 통보할 필요도 없다. 그러므로 쌍방 당사자의 어느 일방이 수시로 고용 종료를 통지할 수 있으며, 고용을 종료할 때 고용단위는 근로자에게 경제보상금을 지불하지 않아도 된다.

2. 근로시간 및 휴게시간

(1) 근로시간

<노동계약법> 제68조 비전일제 근로는 주로 시급으로 보수를 계산하며, 일반적으로 동일 고용 단위에서 근로자의 근로시간이 평균 매일 4시간, 매주 합계 24시간을 초과하지 않는 고용형식을 말한다.

고용단위는 법에 따라 비전일제 근로자에게 평균 매일 4시간, 매주 합계 24시간을 초과하지 않는 근로시간을 배정해야 한다. 일일 근로시간 내 '일반적으로 평균一般平均'이라는 용어는 사용자에게 노동법의 범위 내에서 일일 근로시간 배정에 대한 자주권을 준 것으로 해석할 수 있다. 그러나 근로시간의 총량에 대해서는 '누적으로 초과해서는 안 된다累计不超过'라는 엄격한 사용 시간에 대한 제한이 있으므로, 24시간을 초과한 근로시간을 사용해서는 안 된다.

노동계약법에서는 비전일제 근로자의 24시간을 초과한 근로시간을 어떻게 보상할 것인가에 대해 명시하지 않고 있다. 많은 지역에서 지방법규를 제정·발효하고 있는데, 만약 근로시간 총량을 초과할 경우 비전일제 근로자를 전일제 근로자로 보는 해석이 많음으로 주의해야 한다.

<북경시 비전일제 취업관리의 약간(몇 가지) 문제에 관한 통지> 제1항 (중략) 근로자가 동일한 고용단위에서 매일 4시간을 초과하여 근로할 경우 전일제 근로자로 간주한다.

만약 비전일제 근로자를 불법으로 사용하여 비전일제 근로형태의 자격을 인정받지 못할 경우, 전일제 근로자로 간주되어 계약해지에 따른 경제보상금지급, 연휴가 발생, 사회보험 미납분 보충 납입, 잔업비 지급, 경제배상금 지급 문제가 발생될 수 있다.

(2) 비전일제 근로자에 대한 휴게시간 보장

많은 국가들은 근로자의 근로권과 휴식권을 보장하기 위해서 법률로 근로시간의 상한선을 설정하고 휴게시간과 연장근로시간에 대한 보상제도를 수립한다. 비전일제 근로자는 노동계약의 특수성으로 복수의 고용단위와 근로계약을 체결할 수 있으므로, 근로시간 상한선의 적용과 휴게와 휴가의 권한을 스스로 포기하고 노동수입을 극대화할 수도 있다.

노동법의 도입 취지는 근로자의 합법적인 권익 보장에 있다. 그러나 이처럼 스스로 합법적 권익을 포기하고 근로시간의 상한선을 초과하여 복수의 회사에 근로하는 노동계약은 유효한 것일까? 비록 전국 법률에서는 그에 대한 규정을 찾아볼 수 없으나, 일부 지방에는 이러한 문제점에 대비하기 위한 규정이 존재한다.

<북경시 비전일제 취업관리의 약간 문제에 관한 통지> 제3항 비전일제에 종사하는 인원이 다수의 고용단위에서 근로하는 시간은 표준 근로시간의 총 근로시간을 초과해서는 안 된다.

근로자의 휴식권을 보호하기 위해서는 비전일제 근로자와 계약하는 고용단위가 지정권知情权(Right to Know)을 활용하여 근로자의 노동계약 현황을 파악하고, 앞서 체결한 노동계약이 일일 근로시간의 50%를 점유하였을 경우, 해당 근로자와 계약하지 않는 것이 좋다.

3. 임금 및 사회보험

(1) 임금지급

비전일제 근로자의 임금지급 주기는 일, 주 등으로 설정할 수 있으나, 결산주기는 15일을 초과할 수 없다. 임금 지급 표준은 지역별로 발표하는 시간제 근로자의 최저임금에 근거하여 지급하되 그 기준보다 낮게 책정하여 지급할 수 없다.

(2) 사회보험

<사회보험법 시행에 관한 약간 규정> 제9조 근로자(비전일제 근로자 포함)가 두 개 또는 두 개 이상의 고용단위에 동시에 취업할 경우, 각 고용단위는 반드시 분담하여 근로자의 공상보험료를 납입해야 한다. 근로자에게 공상이 발생되었을 경우, 근로자가 상해를 입은 업무의 고용단위가 공상보험책임을 지도록 한다.

복수의 고용단위와 계약을 체결하고 지급받는 시간제 임금 내에는 사회보험료가 포함되어 있어 근로자 스스로 사회보험을 납입할 수 있으므로 고용단위는 사회보험료 납입 의무가 없다. 다만, 고용단위는 작업장 내 사고 발생에 대비하여 공상보험을 가입해야 한다. 즉, 기타보험에 대한 가입의 의무는 부여되지 않으나, 공상보험료의 납부가 의무화되어 있는 점을 주의해야 한다.

제5장

임금 지급 및 사회보험 납부

Intro

    매년 고용단위는 어떤 근거로 근로자의 임금인상을 이행해야 하는지 궁금하지 않을 수 없다. 대부분의 성省 및 직할시直辖市정부는 매년 현지의 기업임금 가이드라인을 발표하며, 기업은 이를 임금인상의 참고자료로 활용한다. 기업임금 가이드라인이 발표되면 많은 사람들은 인터넷에서 "이상적일 뿐 현실성이 없다"는 한탄 섞인 말들을 쏟아내곤 한다.

    고용단위는 최저임금 이상의 기본임금을 보장해야 하나, 기업의 자금집행 능력과 노무관리 리스크, 주변 기업들의 임금 경쟁력, 채용 경쟁력 등 대내외 환경 요소를 반영하여 임금인상 수준을 결정하면 된다. 즉, 가이드라인의 효용은 참고자료일 뿐이며 실질적인 강제성은 없다.

    근로자들은 매년 고용단위가 일정 수준의 임금인상을 해줘야 한다고 주장하고 있다. 근로자들의 주장은 사실일까? 사례를 살펴보면, 2013년 북경시에서 지난 5년간 지속적인 임금 인상 미실시에 따른 근로자의 고용단위에 대한 임금 인상 청구 소송이 있었으나, 법원은 1심과 2심에서 모두 기각하였다. 기각 사유는 임금인상은 고용단위의 경영자주권에 해당하며, 법률상 위반 사항이 없을 경우 고용단위의 결정권을 지지한다는 입장이었다.

그러나 근로자의 임금공제는 반드시 법률 규정에 따라야 한다. 대표적으로 규율 위반에 따른 벌금 부과와 같은 불법적인 급여공제를 하거나 징계조치의 결과로 임금을 삭감하는 행위는 향후 노동중재의 원인이 될 수 있으므로 주의해야 한다.

사회보험은 근로자의 일시적인 노동력 상실 등에 대비하여 생계에 영향을 주지 않도록 국가가 근로자의 소득수준을 고려하여 집행하는 제도적 사회안정 장치이다. 최근 몇 년까지 사회보험 납입 관리가 허술한 점을 이용하여 고용단위와 근로자가 사회보험을 납입하지 않거나 적게 납입하여 실질소득을 향상시켜 왔으나, 2020년부터 사회보험료를 세무당국에서 징수하는 등 관리강화가 이루어졌다. 중국의 독특한 제도인 주방공적금 또한 근로자가 누릴 수 있는 권한이므로 고용단위는 반드시 법정 납입 비율에 따라 납부해야 한다. 사회보험 및 주방공적금의 과소 납입 또는 미납은 근로자와 합의하였더라도 향후 근로자가 권익 침해를 주장할 경우 보충납입 및 배상금 지급의 리스크가 있다.

임금 지급과 사회보험은 근로자의 실질적인 생계와 생활안정 측면에서 매우 중요한 사항이므로 반드시 법률로 정해진 사항을 준수하고 기업과 근로자가 자율적으로 판단하는 상황이 발생되지 않도록 관리해야 할 필요가 있다.

제1절 임금 지급 및 공제

1. 임금 지급의 원칙

<임금지급 잠행규정> 제6조 고용단위는 임금을 근로자 본인에게 지급하여야 한다. 근로자 본인이 사정이 있어 급여를 받지 못하는 경우에는 그 친족 또는 위탁 받은 자가 이를 대신 받을 수 있다.

고용단위는 은행에 위탁하여 임금을 대신 지급할 수 있다.

고용단위는 근로자의 임금 지급액, 기간, 수령자의 성명 및 서명을 서면으로 작성하여 2년 이상 보존하여야 한다. 고용단위가 임금을 지급할 때에는 반드시 근로자에게 급여명세서 1부를 발급해야 한다.

　<임금지급 잠행규정> 제7조 임금은 고용단위가 근로자와 약정한 날짜에 지급하여야 한다. 지급일이 휴일인 경우에 가장 가까운 근무일에 지급해야 한다. 임금은 최소 매월 1회 지급하며, 주별, 일별, 시간제 근로를 실시하는 근로자에게는 주별, 일별, 시간별로 임금을 지급하도록 한다.

　<임금지급 잠행규정> 제8조 임시근로 또는 어느 하나의 구체적인 업무를 수행한 근로자에 대하여, 고용단위는 해당 협약 또는 계약에 따라 그 임무를 완료한 후 즉시 임금을 지급하여야 한다.

　<임금지급 잠행규정> 제16조 근로자 본인의 사유로 고용단위에게 경제적 손실을 입혔을 때에는 고용단위는 노동계약의 약정에 따라 경제적 손실을 배상할 것을 요구할 수 있다. 경제적 손실의 배상은 근로자 본인의 임금에서 공제할 수 있다. 다만 매월 공제분은 근로자 당월 임금의 20%를 초과할 수 없다. 공제 후 잔여임금이 현지 월 최저임금보다 적으면 최저임금으로 지급한다.

(1) 최저임금의 준수

　최저임금은 근로자가 법정 근로시간 또는 법률에 따라 체결된 노동계약에 명시된 근로시간 내에 정상적인 노동을 제공하였을 때, 고용단위가 지불해야 하는 최소한의 노동 보수를 말한다. 중국은 지역별로 최저임금을 발표하여 근로자의 최저 생계 유지를 위한 노동 보수 지급을 법률적으로 보장하고 있다. 다만, 개인의 사유로 법정 근로시간 혹은 약정 근로시간 내에 정상근로를 제공하지 못하였을 경우, 고용단위는 최저임금의 제한을 받지 않고 임금을 공제할 수 있다. 즉, 최저임금보다 낮은 급여를 지급하더라도 법률 위반이 아니다. 예를 들면, 개인의 무급 휴가事假(사가) 사용에 따른 최저임금 이하의 임금 지급이 이에 해당한다.

　최저임금은 월 최저임금과 시간당 최저임금 두 가지로 발표한다. 월 최저 임금은 풀타임Full Time 근로자(전일제)를 대상으로 하고 시간당 최저임금은 파트타임Part Time 근로자(비전일제, 평균 매일 4시간, 주당 24시간 이내)를 대상으로 한다. 파트타임 근로자의 임금을 풀타임 근로자의 임금으로 지불해서는 안 된다.

　고용단위가 최저임금 규정을 위반할 경우, 근로자의 임금을 보충 지급해야 하며,

이행하지 않을 경우 50%~100%의 추가 배상을 명령할 수 있다.

최저임금은 강제성 규정이므로, 고용단위는 반드시 준수해야 한다. 고용단위와 근로자 쌍방이 약정을 통해서 최저임금의 적용을 배제하더라도 법률적으로 무효이다.

〈최저임금규정〉에 따라 근로자가 정상 노동을 제공하였다면 고용단위는 다음의 항목을 제외하고 반드시 당지의 최저임금 기준보다 낮지 않도록 임금을 지급해야 한다.

① 연장근로 수당

② 오후 및 야간근로 수당, 고온 및 저온 수당, 갱내 작업, 유독물질 취급 수당 등 특수 근로환경에 따라 지급하는 각종 수당

③ 법률, 법규와 국가가 규정한 근로자 복리 후생 등

고용단위가 개수불 임금이나 성과급제 임금 등의 임금지급 형식을 사용하더라도 과학적이고 합리적인 방식의 임금 계산법을 기초로 근로자에게 최저임금보다 낮지 않은 임금을 지급해야 한다. 상술한 제외항목의 적용은 지역별 차이가 있으며, 위 내용과 동일하게 적용하는 지역은 랴오닝성과·심천시이다. 북경, 상해의 최저임금에는 개인이 부담하는 사회보험료 및 주방공적금이 포함되지 않으며, 특히 상해의 경우 ②의 수당 외에 고정적으로 지급하는 식사수당, 교통수당, 주택보조수당 등도 최저임금 기준에 산입하지 않도록 규정하고 있다. 최저임금 규정은 각 지역별 차이가 많기 때문에 정확하게 확인한 후 적용해야 한다.

비전일제 근로자의 '최저 시간 임금' 내 사회보험료의 포함 여부는 지역별 규정으로 운영되고 있으므로 반드시 확인해야 한다. 예를 들면 상해는 비전일제 근로자의 최저시간 임금에 개인과 기업이 납입해야 하는 사회보험료를 포함하지 않고 있고, 북경은 해당 비용을 포함한다고 규정하고 있다.

(2) 동일가치노동 동일임금

임금의 지급은 노동의 양과 질에 근거해야 하며, 동일한 노동에 대해서는 동일한 임금을 지불해야 한다. 즉, 동일가치·동종유사 업무에 종사하는 근로자의 임금을 연

령, 신분, 성별에 따라 차별해서는 안 된다. 다만, 근로자의 업무 성과, 개인의 능력을 고려한 임금의 차등 지급은 가능하다.

(3) 법정 화폐 지급

근로자의 임금은 반드시 법정 화폐로 지급되어야 한다. 고용단위에서 생산하는 물품으로 대체하거나 유가 증권으로 지불해서는 안 된다.

(4) 근로자 본인에게 직접 지급

근로의 대가는 근로 제공의 당사자에게 직접 지급되어야 하며, 제3자에게 고용단위가 근로자를 대신하여 채무를 변제하거나 보증에 대한 공제를 해서는 안 된다. 만약 근로자가 직접 수령할 수 없을 경우, 그 친족이나 위탁인이 대리 수령할 수 있다.

(5) 급여 명세서

급여 명세서는 근로자의 성명, 근로시간, 지불금액, 수령서명을 기록하여 반드시 2년 이상 보관해야 한다. 〈임금지급 잠행규정〉에서 명확히 고용단위가 임금지급 기록을 2년 이상 보관하도록 하였는데, 이는 노동쟁의가 발생하면 고용단위가 임금지급 내역을 제출하고 입증 책임을 져야 하기 때문이다. 또한 고용단위는 근로자 개인에게 급여 명세서를 발행해야 한다.

(6) 지급 시점 및 횟수

〈임금지급 잠행규정〉에 따라 고용단위는 근로자의 임금을 노동계약에 약정한 날짜에 지급해야 하며, 지급일이 휴일인 경우에는 가장 가까운 근무일에 지급해야 한다. 급여는 최소 1개월에 1회 이상 지급해야 하며, 주별, 일별, 시간제 근로를 하는 근로자에게는 약정 근로형태를 기준으로 급여를 지급할 수 있다. 1회성 임시 근로자이거나 임무 완성형 근로를 제공하는 당사자에게는 계약에 따라 임무 완성 후 즉시 임금을 지불하도록 한다.

2. 임금 공제 및 임금 체불

임금 공제는 고용단위가 근로자가 받아야 할 몫에서 일정한 금액을 빼는 행위이며, 임금 체불은 고용단위가 근로자의 임금을 지정된 시기에 지급하지 못하고 미루는 것을 가리킨다. 법률적으로 해당 행위를 금지하고 있으며, 고용단위가 합법적으로 임금을 공제할 수 있는 상황을 아래와 같이 규정하고 있다.

(1) 고용단위가 대신 납부하거나, 임금을 공제할 수 있는 항목
① 개인 소득세
② 근로자 개인이 부담해야 하는 사회보험
③ 법원의 판결, 중재에 따라 공제하는 양육비, 부양비
④ 법률 및 법규에서 규정하는 기타 비용
상술한 항목 외에 고용단위는 근로자의 임금을 공제할 수 없다.

(2) 벌금 공제 금지
2008년 1월 국무원령으로 〈기업 근로자 상벌조례〉가 폐지됨에 따라, 고용단위가 근로자에게 벌금을 집행할 법률적 근거가 사라졌다. 이로 인해, 설령 노동계약 및 규장제도 내에 근로자의 임금 공제 및 벌금을 약정하였다고 하더라도 벌금제도를 운영할 수 없다.

다만, 현행 노동법규는 근로자가 법률, 규장제도 또는 노동계약을 위반하여 고용단위에게 손실을 초래한 경우, 근로자에게 위약책임과 상응하는 위약금을 부담하도록 요구할 수 있다. 예를 들면 노동계약에 약정한 전문교육 훈련비용, 경업금지에 따른 경제적 보상비용이 이에 해당하며, 고용단위에게 기타 경제적 손실을 끼쳤을 경우에

도 근로자에게 손실 배상의 책임을 요구할 수 있다.

(3) 합법적 임금 공제의 제한

근로자의 사유로 고용단위에게 경제적 손실을 입힌 경우 고용단위는 노동계약에 따라 경제적 손실에 대한 배상을 근로자에게 요구할 수 있다. 경제적 손실에 대한 보상은 근로자의 임금에서 공제할 수 있다. 다만, 월 공제액은 근로자 월 급여의 20%를 초과할 수 없으며, 공제 후 급여의 나머지 부분이 최저임금보다 낮아서는 안 된다.

기업의 손실에 대한 정량적 가치 판단을 통하여 공제액을 산정해야 하며, 근로자 급여의 20%를 초과하여 공제할 경우, 법원은 근로자에게 차액분 반환을 명령할 수 있으므로, 법률 요건에 따라 월별 공제 금액을 산정하여 집행해야 한다.

소액배상인 경우 손실 금액 산정의 복잡성, 근로자의 정서 등을 고려하여 추징하지 않는 경우가 있으나, 경각심을 주기 위해서라도 공제 절차를 진행하는 것이 옳다.

(4) 임금 체불에 속하지 않는 상황

① 고용단위가 불가항력적인 자연재해, 전쟁 등의 사유로 인해 제 때 임금을 지불할 수 없는 상황에 처한 경우

② 고용단위가 경영상의 어려움 및 자금조달에 문제가 발생한 경우 공회와 합의한 후에 임시적으로 근로자의 임금지급을 연장할 수 있다. 연장 기간의 제한은 각 성, 자치구, 직할시의 노동보장행정부 규정에 따라 확정한다. 예를 들면, 북경시와 강소성 지역은 최장 30일을 초과할 수 없고, 호북성 지역은 최장 3개월을 초과할 수 없다.

(5) 위반 시 처벌

<노동법> 제91조 고용단위가 근로자의 합법적 권익을 침해하는 다음 각 호의 1에 해당하는 상

황이 발생할 경우 노동행정부문은 근로자에게 임금과 경제적 보상을 지급하도록 명하며, 아울러 배상금을 지급하도록 명할 수 있다.

(1) 근로자의 임금을 공제하거나 정당한 이유 없이 지급을 연체하는 경우

(2) 근로자의 시간 외 근로수당의 지급을 거절하는 경우

(3) 근로자의 임금을 현지 최저임금수준 이하로 지급하는 경우

(4) 노동계약을 해지한 후 본법의 규정에 따라 근로자에게 경제적 보상을 하지 않은 경우

고용단위가 근로자의 임금을 원천 징수하거나 부당하게 체납하는 행위에 대한 국가 행정 처벌 규정은 매우 분명하지만, 이러한 행위는 여전히 빈번하게 발생하고 있다.

[판례][18]

제목 : 벌금 규정 운영에 따른 근로자 측의 계약해지 및 경제배상금 지급 요구 판례

1. 근로자 : 정 모씨(X로 칭함)

2. 고용단위 : 북경 OO 과학기술 주식회사(Y로 칭함)

3. 재판일자 : 2015년 6월 9일

[안건 내용]

① 2003년 10월 8일 X는 Y에 입사하였으며, 쌍방은 연속 7번의 기간의 정함이 있는 노동계약을 체결하였다. X는 매일 8시간, 매주 5일 근로하는 표준 근로시간제 근로자이며, 근태 확인 방식은 지문 인식이다. X는 2014년 8월 8일까지 근로하였고, 2013년 12월 23일부터 2014년 5월 12일까지는 X의 출산 휴가 기간이다. 출산 휴가 후 X는 복직하였으나 Y는 X의 원 소속 부서를 폐지하였다. X는 이 기간 동안에 휴대폰과 태블릿PC로 개인시간을 보냈고 업무는 하지 않았다.

② Y는 2014년 7월 X의 임금에서 600CNY를 공제하였다. 공제 사유는 휴대폰과 태블릿PC로

18 刘晓倩. (2017). 劳动关系中的管理权边界. 社会科学文献出版社. (P.207~208, 工资和绩效管理的边界) 발췌

업무와 무관한 인터넷 사이트를 검색하며 개인 업무를 보았고, 부서장과 면담을 진행한 후에도 여전히 회사에서 배정한 작업 수행을 거부하였기 때문이다. Y는 X의 상술한 행위가 노동기율을 위반한 것으로 판단하고, 회사의 규장제도에 따라서 X에게 벌금 600CNY(경고 처분 100CNY, 엄중 규율 위반 500CNY)를 부과하고, 징벌 결과를 회사에 공시하였다. 벌금 처분 후에 Y는 X에게 <행정관리제도>와 X본인이 서명한 규장제도의 준수서약서를 근거로 제시하였다. 해당 규정에는 경고 처분의 경우 "일반 직원은 100CNY, 경리급 이상은 200CNY", 엄중 규율 위반 처분의 경우 "일반 직원은 500CNY, 경리급 이상은 1,000CNY"의 벌금을 부과하도록 명시되어 있으며, 징계 처분 결과를 공지하도록 되어 있다. 또한 근로자의 실수로 회사에 경제적 손실이 발생될 경우에는 그에 상응하는 배상을 하도록 되어 있다.

③ 2014년 8월 8일 X는 Y가 2014년 7월 임금 600CNY를 공제했다는 이유로 노동계약해지를 진행하였다. 이후, X는 노동 중재를 신청하였고, Y에게 공제한 임금과 노동계약해지의 경제보상금을 지급할 것을 요구하였다.

[법원 판결]

① 만약 Y가 X의 원 소속 부서를 폐지해야 하는 객관적인 상황이 발생하였을 경우, X는 출산휴가 종료 후 복직하여 적극적으로 회사와 직무 조정에 대한 협의를 진행해야 한다. 본 안건에서 X는 직무 조정 협의를 하지 못한 채 업무 장소에서 여러 차례 업무와 관련 없는 인터넷 사이트를 방문하는 등 적절하지 못한 행위를 하여 징계로 이어졌다.

② 다음으로 벌금 행위는 본래 법에 따라 진행하는 징계 행위의 한 종류이다. 고용단위는 근로자에 대한 경영 자주권을 갖고 있으나, 이는 합법적이고 합리적인 범위 내에서 행사되어야 한다. 현행 법률 법규에서 고용단위의 근로자에 대한 벌금 처분 권한은 없다.

③ Y가 X에게 공제한 벌금 600CNY는 법률적 근거가 없으므로, X에게 임금 차액 600CNY를 반환해야 한다. X는 위법한 벌금 공제를 사유로 Y와 노동계약을 종료하였으므로, Y는 X에게 노동계약해지에 따른 경제 보상금을 지급하도록 한다.

[시사점]

지금도 많은 한국 기업들이 징계규정 내에 벌금 규정을 적용하여 운영하고 있다. 기업 측면에서는 근로자가 사내 규정을 준수하도록 하는 가장 효율적인 방법 중의 하나가 벌금일 것이다. 그러나 앞서 살펴본 바와 같이 벌금은 <기업 근로자 상벌조례>가 폐지되면서 법률적 근거가 사라지게 되었다. 벌금 부과의 결과는 공제 금액 반환에 그치지 않는다. 근로자 일방이 벌금 공제를 사유로 노동계약을 해지할 수 있고, 노동 중재를 통한 경제보상금 지급 리스크까지 있으므로 벌금 부과 제도는 어떠한 상황에서도 이행해서는 안 된다.

3. 임금 공제 방식

정확한 급여 계산을 위해서는 '당월 정상 근로 일수'와 '법정 휴일 수'를 고려하여 월별 필수 근로 일수와 공제 금액을 산출해야 한다. 다음의 계산 공식을 통해 알기 쉽도록 정리한다.

구분		당월 정상 출근 일수	실제 출근 일수	결근 일수	법정 휴일	당월 임금	평균 근로 일수	결과	
오류 방식	월	A	B	C	D	E	F	급여	공식
Case 1	10월	20	19	1	3			1,900	=E÷F×B
Case 2	10월	20	19	1	3	2,175	21.75	2,075	=E-E÷F×C
Case 3	10월	20	1	19	3			100	=E÷F×B
Case 4	10월	20	1	19	3			275	=E-E÷F×C
계산방식 1	월	A	B	C	D	E	F	급여	공식
Case 5	10월	20	19	1	3			2,080.4	=E÷F×(B+D)×{F÷(A+D)}
Case 6	10월	20	19	1	3	2,175	21.75	2,080.4	=E-E÷F×C×{F÷(A+D)}
Case 7	10월	20	1	19	3			94.6	=E÷F×B×{F÷(A+D)}
Case 8	10월	20	1	19	3			94.6	=E-E÷F×(C+D)×{F÷(A+D)}
계산방식 2	월	A	B	C	D	E	F	급여	공식
Case 9	10월	20	19	1	3			2,080.4	=E÷(A+D)×(B+D)
Case 10	10월	20	19	1	3	2,175	21.75	2,080.4	=E-E÷(A+D)×C
Case 11	10월	20	1	19	3			94.6	=E÷(A+D)×B
Case 12	10월	20	1	19	3			94.6	=E-E÷(A+D)×(C+D)

기본급 2,175원인 근로자의 1일 결근 인원의 임금 공제금액을 평균 근로일수 21.75만 사용하여 계산할 경우 다음과 같은 오류가 나타난다.

[Case 1]로 계산하면, 2,175÷21.75×19(출근일수) = 1,900원이 지급되어야 하나,

[Case 2]로 계산하면, 2,175－2,175÷21.75×19=2,075원이 지급되는 결과가 나타난다.

단 1일만 출근한 인원의 급여 지급도 [Case 3] 및 [Case 4]와 같이 오류가 발생되는 것을 확인할 수 있다. 이를 보정하기 위해서는 당월 정상 출근 일수와 법정 휴일 수를 사용하여 계산해야 한다.

연간 11일의 법정 휴일은 유급 휴일이므로 출근하지 않더라도 100%의 임금이 지급되어야 한다. 법정 휴일이 없는 달은 당월 정상 출근 일수만을 사용하여도 급여 계산에 문제가 발생되지 않으나, 법정 휴일이 있는 달은 오류가 발생된다.

'계산방식 2'의 방법을 사용하면, 오류 없는 결과 값을 도출할 수 있다.

[Case 9]로 계산하면, 2,175÷(20＋3)×(19＋3)=2,080.4원을 지급하면 되고,

[Case 10]으로 검산해도, 2,175－2,175÷(20＋3)×1(결근일수)=2,080.4원의 동일한 값을 구할 수 있다.

단 1일만 출근한 인원의 급여 지급도 [Case 11] 및 [Case 12]를 이용하여 계산하고 검산하는 방식을 사용하면 된다.

'계산방식 1'은 평균 근로 일수 21.75일의 개념을 사용하여 만든 공식이고, 공식에서 분자와 분모를 상계하면 '계산방식 2'와 동일한 산식을 얻을 수 있다.

정리하면 '당월 임금÷(당월 정상 출근 일수+법정 휴일 수)×(실제 출근 일수+법정 휴일 수)'로 계산하면 된다. 만약 '당월 정상 출근 일수' 내에 하루도 출근하지 않더라도, 3일 간의 법정 휴일에 대한 정상 임금 100%(283.7원)이 오류 없이 지급될 수 있다.

급여 공제에 필요한 정상 출근 일수와 법정 휴일 수는 매달 변동되므로, 정확한 방법에 따라 지급해야 근로자도 불만이 없고, 기업도 손해를 보는 일이 없을 것이다.

사회보험 및 주방공적금

1. 사회보험

사회보험은 근로자의 무능력 상태, 일시적인 노동력 상실 등에 대비하여 생계에 영향을 주지 않도록 강제성을 갖는 보험금의 집행과 재분배를 통하여 사회의 물질적, 정신적인 안정을 확립하는 제도로 볼 수 있다. 사회보험의 주요 항목은 양로보험养老保险, 의료보험医疗保险, 실업보험失业保险, 공상보험工伤保险 및 생육보험生育保险이며, 반드시 법적 납입 의무를 이행하고 자격 요건을 충족하는 경우에만 그 혜택을 누릴 수 있다.

2019년 3월부터는 생육보험이 의료보험과 통합되었고, 2020년 11월 1일부터 근로자의 각종 사회보험료는 세무당국에서 일괄적으로 징수한다. 세무국으로 업무 이전은 사회보험료 납입의 투명성과 강제성을 제고하고자 하는 중국 정부의 의지를 볼 수 있는 내용이다. 세무국은 기업 근로자의 급여를 직접 확인할 수 있어 정확한 대조가 가능하며, 세무시스템을 통한 체납금 확인 및 보충 납부 요구가 가능하게 되어 있다. 사회보험료의 납입 비율은 지역별로 차이가 있으므로 소속 기업이 있는 지역의 납입 비율 확인이 필요하다.

(1) 5대 보험

① 양로보험(韓, 국민연금)의 정식 명칭은 '사회기본 양로보험'이며, 근로자가 법률·법규에 근거하여 노동의 의무가 끝나는 한계 연령에 도달하거나, 노동능력을 상실하여 근로를 종료했을 때 기본생활을 유지하게 해주는 일종의 사회보장 제도이다. 양로보험은 5대 사회보험 중에 가장 중요한 보험이다. 양로 보험의 목적은 노인 인구의 기본생활을 보장하고, 안정적으로 의존할 수 있는 기본적 수입을 제공하는 것이다.

② 의료보험(韓, 건강보험)은 근로자의 질병의 위험으로 발생되는 경제손실을 보

상하는 사회보험제도이다. 고용단위와 개인의 보험금 납입을 통하여 의료보험 기금이 조성되며, 의료보험기관은 피보험자가 의료비용을 부담하면 후에 일정한 경제적 보상을 제공한다. 의료보험제도의 확립과 시행은 기업과 사회구성원이 경제력을 형성하고 정부의 재정지원이 더해져, 질병을 앓는 사회구성원이 필요한 물적 지원을 받아 의료비용의 부담을 경감할 수 있도록 한다. 이는 질병으로 인하여 경제적 빈곤상태가 되는 것을 방지한다.

③ 실업보험(韓, 고용보험)은 고용단위와 근로자 개인의 비용 납부, 국가의 재정 보조 등의 방법으로 자금을 모아 실업보험의 기금을 마련한다. 실업으로 잠시 생활 자금의 조달이 중단된 근로자에게 물질적 도움을 제공하여 기초 생활을 보장하고, 전문교육 및 직업소개 등의 방법을 통하여 재취업 기회를 마련해 준다.

④ 공상보험(韓, 산재보험)은 근로자가 근무 중 또는 규정된 특수 상황에서 상해를 입거나 직업병에 걸려 일시적 또는 영구적인 노동능력을 상실하거나 사망하였을 때, 근로자 또는 그 유족이 국가와 사회로부터 물질적 도움을 받을 수 있는 사회보험제도이다.

공상보험은 "직업 상해보험"이라는 명칭으로도 불린다. 공상보험은 사용자가 지불하는 보험료로 기금을 운영하며, 사고를 당한 근로자에게 실질적인 치료 및 필요한 경제적 보상을 제공하는데 사용하는 사회보험제도이다. 이 보상에는 치료 및 재활 비용뿐만 아니라 기초생활 보장 비용도 포함한다.

⑤ 생육보험은 여성근로자의 임신과 출산으로 인해 근로 활동이 일시적으로 중단되었을 때, 국가로부터 의료서비스, 육아 수당과 출산 휴가 등 근로자에게 필요한 경제적 보상과 의료 보건을 제공받는 사회보험제도이다. 생육보험은 생육 수당과 생육 의료 대우를 주요 대상으로 한다.

(2) 보험의 납부 주체와 비율

사회보험 납입 기수는 근로자의 전년도 1월에서 12월까지의 모든 임금 소득을 합하여 월평균 급여를 산정한다. 또한 사회보험의 납입 기수는 고용단위와 근로자가 납입하는 보험료와 사회보험 대우를 산정하는 중요한 근거이고, 상한선과 하한선이 있다. 사회보험 납입 기수는 사회평균 임금의 60%~300%를 범위로 하고 매년 일정 시점 ^(지역마다 다름)에 조정하여 발표한다.

2. 주방공적금

주방공적금은 국가기관, 사회단체, 사업단위, 기업단위 등의 재직 근로자가 납입하는 장기 주택 예금이다. 지역에 따라서 강제력의 차이가 있으나, 분명히 법률적인 강제성을 갖는 제도이다. 근로자 개인의 납부 금액은 고용단위가 대신하여 임금에서 공제 및 납부한다. 주방공적금의 본질적 성격은 임금의 속성으로 근로자에게 100% 귀속된다. 주방공적금은 일반적으로 5%~12%수준에서 근로자와 고용단위가 정할 수 있으며, 연간 1회 변경 가능하고 모든 근로자들에게 일괄 적용해야 한다. 예를 들어 신입사원은 5% 기존사원은 12%로 납입하거나, 회사 10% 근로자 5%로 납입할 수 없다. 최근 주택 구매에 대한 근로자들의 높은 관심도에 비추어 보았을 때, 납입 비율의 상향 조정 요구, 미납분에 대한 보충 납부 요구가 지속될 것으로 예측된다.

(1) 주방공적금 납입 비율

<주방공적금 관리조례> 제18조 근로자와 기업의 주방공적금 납입 비율은 전년도 월평균 임금의 5%를 하회하지 않아야 한다. (중략)

2016년 5월 1일을 기점으로, 주방공적금의 납입 비율을 단계적으로 낮추는 방안을 이행하였고, 납입 비율은 12%보다 높지 않도록 하였다. 법률 기준에 따라 납입 비율은 전년도 월 평균 임금의 5%를 하회하지 않아야 한다.

1) 납입 기수

전년도 임금 총액÷12개월

2) 주방공적금 납입 기수의 상한선과 하한선

① 상한선 : 기업 소재 도시의 전년도 근로자 평균임금 × 3배 × 납입기수(12%)

② 하한선 : 기업 소재 도시의 최저임금

3) 신입사원의 납입

① 연봉제 근로자 : 결정 연봉 ÷ 12개월 × 납입 기수

② 월급제 근로자 : 입사 후 2개월째부터 납부하며, 납부 당월의 임금총액(2개월 째 임금) × 납입 기수

4) 경력 입사자의 납입

입사 당월부터 납부하며, 납부 당월의 임금총액(1개월 째 임금) × 납입 기수

(2) 납입 시 유의 사항

1) 연 1회 조정

일반적으로 7월 1일부로 조정하고 있으며, 조정 기수의 적용은 다음 해 6월 30일 까지이다.

2) 기업과 근로자의 납입 비율 동일 유지

① 기업과 근로자 : 예) 기업 12%, 근로자 5% 불가→동일 비율 납부만 가능

② 근로자와 근로자 : 예) 신입사원 10%, 기존사원 12% 불가→동일 비율 납부만 가능

(3) 납부 비율 및 강제성

<주방공적금 관리조례> 제15조 고용단위가 근로자를 고용한 경우에는 고용일로부터 30일 내에 주방공적금 관리센터에 납부등기를 하고, 주방공적금 관리센터의 심사서류를 가지고 위탁은행에 가서 근로자의 주방공적금 계좌개설 또는 이전수속을 하여야 한다.

고용단위와 근로자가 노동관계를 종료할 경우 고용단위는 노동관계 종료일부터 30일 이내에 주방공적금 관리센터에 변경등록을 하고, 주방공적금 관리센터의 심사·확인문서를 소지하고 수탁은행에 가서 근로자를 위한 주방공적금 계좌를 이전하거나 봉인 수속을 진행해야 한다.

<주방공적금 관리조례> 제20조 고용단위는 반드시 주방공적금을 제때에 전액 납부해야 하며 연체 또는 과소 납부해서는 안 된다. 주방공적금의 납부에 어려움이 있을 경우, 기업은 근로자대표대회 또는 공회와 토론 및 승인을 거쳐 주방공적금 관리센터의 심의 및 승인을 받은 후 지급 비율을 낮추거나 납부를 유예할 수 있으며, 회사의 경제적 상황이 호전된 후에 납부 비율을 상향조정하고 보충 납입하도록 한다.

<주방공적금 관리조례> 제37조 이 조례의 규정을 위반하여 주방공적금 납입 등기를 하지 않거나 근로자를 위한 계좌개설 수속을 하지 아니한 경우, 주방공적금 관리센터는 기한 내 처리를 명하고 이를 위반할 경우 1만CNY이상 5만CNY이하의 과징금에 처한다.

<주방공적금 관리조례> 제38조 이 조례의 규정을 위반하여 기업이 기한 내에 주방공적금을 납부하지 않거나 과소 납부한 경우, 주방공적금 관리센터는 기한 내에 납부하도록 명하며, 기한 내에 이행하지 않은 경우 인민법원에 강제집행을 신청할 수 있다.

〈노동법〉에는 사회보험 납부에 대한 강제성을 명시하였으나, 주방공적금에 대해서는 언급되지 않았다. 그러나 1999년 4월 3일 공포한 〈주방공적금 관리조례〉에 따르면 명확히 그 강제성과 처벌 조항이 명시되어 있다. 농민공의 경우 근로자의 호구戶口(호적)에 따라 주방공적금의 납입을 기업이 결정하는 경우도 있으나, 대부분 기업은 근로자에게 주방공적금 혜택을 누릴 수 있도록 하고 있다. 근로자의 실질 소득 증대 희망에 따라 상호 협의하여 납부하지 않는 방식은 향후 노동중재의 원인이 될 수 있으며, 미납분에 대한 보충 납입 및 벌금 부과 리스크에 직면할 수 있으므로 주의해야 한다.

(4) 주방공적금의 수령과 사용

1) 주방공적금 수령 조건

① 주택 구매, 건설, 개축, 자택을 확장하는 경우

② 은퇴, 퇴직한 경우

③ 완전히 노동능력을 상실하고, 기업과 노동계약을 해지한 경우

④ 출국하여 정착한 경우

⑤ 주택 구매 원리금을 상환하는 경우

⑥ 임차비가 가정 수입의 규정 비율을 초과하는 경우

만약 위의 ②,③,④의 규정에 따라 주방공적금을 수령할 경우에는, 동시에 근로자의 주방공적금 계좌를 해지해야 한다. 근로자가 사망하거나 사망 선고를 받은 경우, 근로자의 상속자, 유증인遺贈人이 주방공적금 계좌의 잔액을 수령할 수 있다. 만약 상속자나 유증인 모두 없을 경우, 근로자의 주방공적금 잔액은 주방공적금 센터로 귀속된다.

2) 주방공적금의 사용

주방공적금을 납입한 근로자가 주택을 구매, 건설, 개축, 또는 확장하는 경우 주방공적금 관리센터에 주방공적금 대출을 신청할 수 있다. 주방공적금 관리센터는 신청을 받은 날로부터 15일 내에 대출 가능 여부를 확정하여 신청인에게 통보해야 한다. 승인이 되면 위탁받은 은행에서 대출 수속을 진행한다.

제6장

임금구조의 설계와 임금조정의 유형

Intro

중국 임금제도의 가장 큰 구조적 특징은 고정급과 변동급의 비율을 동등 수준으로 구성하는 점이다. 한국 기업의 경우 고정급이 차지하는 비중이 높은 반면, 중국 기업은 변동급의 비율이 비교적 높다. 이로 인하여 선진국 대비 높은 근로시간을 유지하고 있으며, 많은 근로자들이 주휴일 및 법정휴일 근로를 통해 일정 수준의 연장근로 수당을 받고 싶어 한다.

그러나 우수인력의 구인난이 가중되고 관리 시스템이 발달하면서 기업은 점진적으로 고정급을 확대하여 근로자의 생활안정을 강화하기도 한다. 최근 중국 내 많은 기업들이 구인난으로 인해 연구인력의 고정급을 강화하여 인력을 유인하는 형태를 보이고 있다. 이처럼 임금구조는 채용환경, 인력구조, 업종 등 다양한 요인에 따라서 변화하기 때문에 기업의 인력운영 전략과 주변환경 등의 변수를 종합적으로 검토하여 적절하게 설계할 필요가 있다.

근로자의 임금 수준은 기업과 근로자 쌍방이 노동계약 체결을 통해 확정한다. 그러나 기업의 경영상황, 대/내외적 환경, 근로자 개인의 업무능력 및 신체상태 등 다양한 요인들의 변화로 쌍방이 앞서 체결한 노동계약을 이행하는데 어려움이 발생할 수 있고, 그로 인해 노동계약에서 약정한 임금을 지급할 수 없는 상황도 나타난다. 예를 들면, 근로자의 업무량 변화에 따른 임금 변동, 경영환경의 악화로 인한 인건비 절감, 근로자의 업무능력 향상, 신체 및 심리 상태의 변화 등을 고려한 임금조정이 필요한 상황이다. 임금조정의 형태는 크게 다음의 세 가지로 분류할 수 있다.

첫째, 고용단위 일방의 임금조정

둘째, 쌍방 협의를 통한 임금조정

셋째, 공회 또는 근로자대표와의 단체협약을 통한 임금조정

이처럼 다양한 방법으로 임금조정을 진행할 수 있으나, 노동계약에 약정한 임금 이하로 하향 조정할 경우에는 반드시 법률 요건에 따라 이행하거나 쌍방 협의를 통해 서면으로 조정하도록 해야 한다. 아울러 단체협약을 통해 전체근로자의 임금 조정을 이행하더라도 근로자가 원래의 노동계약의 이행을 원할 경우 고용단위는 강제로 단체협약의 조정을 이행할 수 없으므로 주의해야 한다.

제1절 임금구조와 임금조정의 이해

1. 임금의 구성 내용 및 임금 미포함 항목

(1) 임금구성에 대한 법률 규정

기업별로 다양한 명칭 및 형식으로 임금구성 항목을 설정하고 있으나, 1990년 국가통계국에서 발표한 〈임금총액의 구성에 관한 규정〉 제4조에 따라 다음의 6가지 항목으로 구분할 수 있다.

1) 시간에 따른 임금计时工资

시간당 임금과 근로시간을 기준으로 하여 개인에게 지급되는 노동 보수를 의미한다. 구체적으로 근로시간당 임금 기준에 따라 수행된 작업에 대해 지급된 임금, 구조

화된 임금 제도结构工资制(직무, 근속, 노동 성과 등을 고려하여 총 임금의 비중을 복합적으로 구성함, 구성 항목간 상호 보완적 특징을 갖음) 하에서 근로자에게 지급되는 기본 급여 및 직책 임금, 운동 선수의 체육 수당 등이다.

2) 성과에 따른 임금计件工资

이미 완성한 업무에 대해 개별 단가로 지급된 노동 보수를 말한다. 생산부서에서 설계한 방식에 따라 초과 개수불 임금, 무한 개수불 임금, 한정 개수불 임금 등의 다양한 방법으로 임금을 지급하거나, 매출액 또는 이익금에 따라 개인에게 지급되는 임금을 의미한다.

3) 장려금奖金

근로자에게 지급되는 초과 노동보수, 수입 증대 및 절약에 따른 노동보수를 가리킨다. 생산 포상, 절약 포상, 노동 경연 대회상, 기관 또는 사업 단위의 인센티브, 기타 포상을 포함한다. 포상은 유동성, 비보편성, 비정규성의 특징을 갖는다. 포상 기준의 설정 및 지급은 고용단위의 경영자주권 범위에 포함되며, 포상제도를 통하여 명확한 기준으로 운영할 수도 있다.

4) 수당과 보조금津贴和补贴

수당은 근로자의 특수한 상황 혹은 추가 노동에 대한 보상과 기타 특수한 사유로 인하여 근로자에게 지급하는 수당(보건수당, 기술수당, 근속수당, 고온수당, 야간 수당, 유독물질 관리 수당 등)을 가리키며, 보조금은 근로자 임금수준이 물가 변동에 영향을 받지 않도록 다양하게 지급하는 보조성 금액이다.

5) 잔업비加班加点工资

근로자가 법정 표준 근로시간 이외에 근로하였을 때, 고용단위가 법률과 노동계약에 따라 지급하는 연장근로에 대한 추가 급여를 가리킨다

6) 특수 상황에서 지급하는 임금特殊情况下支付的工资

국가법률, 법규 및 정책에서 규정한 질병, 공상, 출산 휴가, 계획생육 휴가, 혼인 휴가, 사망 휴가, 사가, 탐친가, 정기 휴가, 학업 휴가, 국가 및 사회 의무 이행 등의 사유

로 시간 임금 표준 또는 시간 임금 표준의 비율로 지급하는 임금이다.

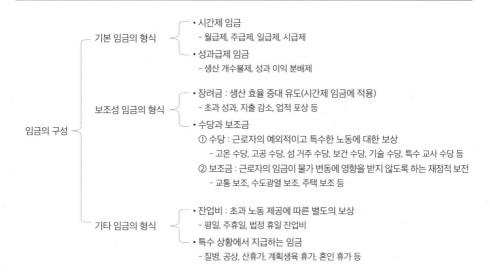

임금의 구성과 구체 내용

임금의 구성
- 기본 임금의 형식
  - 시간제 임금
    - 월급제, 주급제, 일급제, 시급제
  - 성과급제 임금
    - 생산 개수불제, 성과 이익 분배제
- 보조성 임금의 형식
  - 장려금 : 생산 효율 증대 유도(시간제 임금에 적용)
    - 초과 성과, 지출 감소, 업적 포상 등
  - 수당과 보조금
    ① 수당 : 근로자의 예외적이고 특수한 노동에 대한 보상
      - 고온 수당, 고공 수당, 섬 거주 수당, 보건 수당, 기술 수당, 특수 교사 수당 등
    ② 보조금 : 근로자의 임금이 물가 변동에 영향을 받지 않도록 하는 재정적 보전
      - 교통 보조, 수도광열 보조, 주택 보조 등
- 기타 임금의 형식
  - 잔업비 : 초과 노동 제공에 따른 별도의 보상
    - 평일, 주휴일, 법정 휴일 잔업비
  - 특수 상황에서 지급하는 임금
    - 질병, 공상, 산휴가, 계획생육 휴가, 혼인 휴가 등

(2) 임금에 포함하지 않는 항목

① 국무원 규정에 따라 수여되는 창조상, 자연과학상, 과학기술진보상, 합리화 제안 및 기술개선상, 선수 및 코치에게 지급되는 상금

② 노동보험 및 근로자의 복리후생과 관련된 비용

③ 퇴직 또는 퇴직자 처우에 관한 모든 지출

④ 노동보호에 관한 모든 지출

⑤ 원고료, 강의비 및 기타 전문 업무에 대한 보수

⑥ 출장 식사보조, 결식 보조, 전근 여비 및 전임비

⑦ 기업에서 작업할 때 사용한 근로자의 도구, 가축 등에 대한 보상 비용

⑧ 임대사업자의 임차인에 대한 리스크 보상 수입

⑨ 기업의 주식 및 채권을 매입한 근로자에 대한 배당금 및 이자

⑩ 근로자가 노동계약을 해지할 때 기업이 지급하는 의료보조 및 생활보조금 등

⑪ 임시 근로자의 고용으로 인력 파견 회사에 지급하는 수속비 또는 관리 수수료

⑫ 가정 근로자에게 지급되는 가공비 및 가공 주문 방법에 따라 계약자에게 지급되는 발주 비용

⑬ 노동에 참여하는 학생에게 지급되는 보조금

⑭ 계획생육 독생자녀 보조금

2. 임금구조의 설계

(1) 기본급

기본급은 근로자의 실생활과 가장 밀접한 급여로 소비자 물가지수Consumer Price Index (CPI), 최저임금, 지역별 구매력, 산업 특성 등을 고려하여 전체 구성원을 대상으로 조정하는 것이 일반적이다. 다만 명확한 역할급의 체계를 이행하는 기업의 경우 직군별로 기본급 초임을 차등하여 설계하는 경우도 있다.

(2) 직무급·역할급

직무수당은 직무가치에 따라서 정의된다. 직무가치란 근로자가 수행하는 직무가 기업의 가치 창출에 얼마나 기여하는지를 측정하고 이에 따른 금전적 보상 수준을 책정한 값이라고 볼 수 있다. 직무급·역할급을 이행할 때에는 사전에 직무기술서를 작성하여 직무 가치를 평가하고 보상 수준을 확정한다. 기업들이 기본급은 최저임금 수준으로 책정하고, 역할급(특히 직책수당)을 상대적으로 높게 책정하여 노무지휘권을 확보하는 사례도 있으므로 참고할 필요가 있다.

(3) 변동급

변동급의 대표적인 항목은 연장근로 수당이며, 이 외에도 인센티브, 연종장年终奖 (연말 보너스), 생활보조금 등 각종 수당이 있다. 변동급을 운영할 때에는 지급목적, 지

	기본급	• 동종업계 시장 임금, 최저임금, 소비자 물가지수(CPI) 반영 • 기본급 설계 - 급여 표준 Table - Pay Band - 호봉제 등
고정급	직책수당	• 직책자에게 지급 - 직책 면직 시, 지급을 중단할 수 있도록 제도 설계
	직무수당	• 수행 직무의 난이도에 따라서 차등 지급 • 선호도가 낮거나 이직율이 높은 직무에 높게 설정
	고정성 특별 상여 (춘절, 크리스마스 보너스 등)	• 계약서 내 비고정성으로 설정할 경우, 변동급으로 전환 가능 • 시점, 금액, 지급 대상자가 동일할 경우 고정성 급여로 인정될 가능성이 높음
변동급 · 성과급	경영 성과급 (Profit Sharing)	• 전사 실적에 따른 일률적/차등적 보상 지급 • 전사 성과와 지급 기준을 제공하여 예측 가능성 부여
	업적 성과급 (Performance Incentive)	• 사업부/팀/개인 단위의 성과를 기준으로 지급 • 가시적인 목표를 제시하고, 성과주의를 지향
수당	시간 외 수당 (연장/야간/특근수당)	• 법정 연장근로 수당 지급 기준에 따라 지급

급주기 등을 명확하게 하여 고정급으로 인식하지 못하도록 해야 한다. 변동급을 정기적으로 지급하고 별도의 지급규정을 적용하지 않을 경우, 노동중재 시 고정성 급여로 인정되어 보충지급 명령을 받을 수 있으므로 주의가 필요하다.

3. 임금조정 전 사전 준비

임금조정은 일반적으로 연 1회 실시하는 것이 보편적이며, 역할급이 자리잡은 국가의 경우, 유명 컨설팅 기업에서 판매하는 산업별, 직무별, 직급별 임금자료를 참고하여 임금 구조를 설계한다. 임금 자료를 구입할 때 자사의 HR 정보를 얼마나 구체적으로 공유하고 비용을 얼마나 많이 지불하느냐에 따라 정보의 수준이 구체화된다. 구입한 임금자료를 참고하되 기업의 상황, 업종, 지역별 특성을 고려하여 기업 스스로 임금수준을 결정해야 한다.

(1) 임금수준 결정

기업은 제품 수명 주기Product Life Cycle (PLC), 수익구조, 자금력, 근로자의 기능적 요구 수준 등을 종합 고려하여, 업계의 임금수준을 주도Leading할 것인지, 캐치 업Catchup 할 것인지 결정해야 한다.

(2) 리텐션Retention 대상인원 선정

산업이 성숙기에 접어들고 인건비 지출이 많아질 경우, 핵심인력 유지 전략을 고려할 필요가 있다. 일종의 선택과 집중의 임금제도의 설계라고 볼 수 있다. 과거 벤치마킹 했던 중국 기업 C社는 기능인력 중에서 30%의 핵심인력을 선발하여 다기능공으로 양성한 후, 나머지 70%의 기능인력 수시 퇴직에 대응하고 있었다. 리텐션 대상인 30%의 핵심인력에 대해서는 다양한 역할급과 차등적 성과급을 지급하여 장기근속을 유도하였다.

(3) 지역 임금구조 파악

근로자의 퇴직과 채용은 대부분 같은 지역 내에서 이루어지고 있으므로, 보상 수준을 결정할 때 지역 내 타기업의 임금 수준을 파악하고 의사결정에 반영해야 한다.

(4) 직무/직책 별 임금구조 파악

경쟁사 또는 동종업계와 근속, 직급, 직책, 직무 등을 비교하여 적정한 임금 조정

수준을 결정하도록 한다. 예를 들면 클러스터Cluster 내 기업 간 임금자료 공유회를 통하여 정보를 파악하거나 경쟁사의 급여명세서를 확보하여 임금조정의 의사결정에 활용할 수 있다.

제2절 **고용단위 일방의 임금조정**

고용단위와 근로자는 직업 신분상 종속 관계에 속하여, 고용단위가 근로자에 대한 임금지급 권리를 실질적으로 장악하고 있다고 볼 수 있다. 즉, 고용단위가 임금분배의 자주권을 행사하여 근로자의 임금인상을 결정할 수 있다. 이 밖에도 고용단위는 법에 따라 근로자의 직무를 변경할 수 있고, 그에 따라 임금 조정을 할 수 있는 권리도 갖는다.

1. 기업의 분배자주권 [19]

> <노동법> 제47조 고용단위는 소속 기업의 생산경영상의 특성과 경제효율에 근거하여 법에 따라, 자율적으로 임금분배방식과 임금수준을 정한다.
>
> <노동부의 중화인민공화국 노동법에 대한 약간 조문의 설명> 제47조 고용단위는 회사의 생산경영 특성과 경제효율에 근거하여, 법에 따라 스스로 회사의 임금분배 방식과 임금수준을 정한다.
>
> 이 조의 경제적 효율에는 노동생산성과 고용상황의 두 가지 중요한 요소가 포함되어 있다.
>
> 본 조의 법에 따른다 함은 법률과 법규에 근거하는 것을 말한다. 현재 주로 전 국민 소유 공업기업의 경영 체제 전환 조례 등을 가리킨다.

---

19 陆敬波. (2015). 薪酬福利与绩效管理. 中信出版集团. (P. 66~67 用人单位分配自主权) 참조

이 조에서 임금배분 방식이란 직장 내 임금제도를 말하며, 임금구성, 임금기준, 임금형태, 임금 인상 메커니즘 등을 포함한다. 임금수준이란 해당 사업장의 일정기간 내 근로자의 평균임금을 말한다.

(1) 생산경영상의 특성과 경제효율

고용단위는 법률을 통해 부여된 임금분배 자주권을 갖고 있다. 즉, 고용단위는 독립적인 경제조직으로서 경영관리의 자주권을 갖는다. 임금분배 자주권은 경영관리 자주권에 속하는 요소 중의 하나이다. 고용단위의 임금분배 자주권 행사의 근거는 '생산경영상의 특성'과 '경제효율'이다.

① '생산경영상의 특성'은 고용단위가 활동하고 있는 업종과 생산경영 방식 등의 통칭이라 할 수 있고, 이들은 기업의 임금수준과 분배방식에 영향을 미치게 된다. 아울러, 기업의 상황을 반영하여 제정된 내부 분배제도는 임금 지급의 근거로 활용된다.

② '경제효율'은 노동생산성과 고용상황의 두 가지 요소를 가지고 있으며, 경제효율의 향상과 하락은 임금의 인상과 삭감의 의사결정에 매우 큰 영향을 주게 된다.

(2) 임금분배 방식과 임금수준

고용단위는 생산경영상의 특성과 경제효율에 근거하여 임금의 분배방식과 임금수준을 결정한 후, 근로자 개인의 직무, 직위, 작업능력, 업무경험 등을 고려하여 구체적으로 임금표준을 결정한다. 근로계약을 체결하는 과정에서 고용단위는 합리적으로 임금분배 자주권을 행사한다. 만약 법률 규정에 부합하거나 쌍방의 약정이 있을 경우, 고용단위는 일방적으로 임금조정을 진행하기도 한다.

① '임금분배 방식'이란 기업의 내부 임금분배 제도를 가리키며, 임금의 구성, 기준, 형식, 인상/삭감 메커니즘 등을 포함한다.

② '임금수준'은 해당 사업장의 일정기간 내 근로자의 평균임금을 말한다.

2. 고용단위의 일방적 임금조정 형태 [20]

(1) 성과연동제 시행에 따른 임금조정

고용단위는 근로자와 노동계약을 체결할 때 고정임금제 또는 성과연동제로 임금 지급을 약정한다. 고정임금제는 기본급, 직무수당, 직책수당, 기능수당 등으로 구성되어 있으며, 성과연동제는 업적 달성에 따른 포상금, 성과급 등으로 구성되어 있다.

이 중 성과연동제는 쌍방이 협상을 통해 약정하나, 일반적으로 고용단위가 협상을 주도하기 때문에 구체적이지 않고 선언적인 경우가 많다. 또한 성과평가의 결정권, 성과연동임금의 구체적 조정액수와 산정기간, 지급방법 등에 대해서도 고용단위가 대부분의 권리를 보유하고 있다. 점차 기업은 임금조정의 권한을 확대해가는 추세이다. 그러나 과도한 목표설정과 그에 따른 임금조정은 근로자의 근로의욕을 저하시킬 수 있으므로 주의해야 한다.

(2) 의료기 종료 및 업무불감당 사유의 임금 조정

<노동계약법> 제40조 다음의 각 호의 1에 해당하는 경우, 고용단위는 30일 전에 서면으로 근로자에게 통지하거나 또는 1개월의 급여를 추가로 지급하고 노동계약을 해지할 수 있다.

(1) 근로자가 질병이나 업무와 무관한 부상으로 인하여 규정된 의료기간의 만료 후에도 원래의 업무에 종사할 수 없을뿐만 아니라 고용단위가 별도로 조정해준 업무에도 종사할 수 없는 경우

---

20 陆敬波. (2015). 薪酬福利与绩效管理. 中信出版集团. (P. 67~75. 医疗期满/不胜任工作工资调整, 其他情形下工资调整) 참고

> (2) 근로자가 업무수행이 불가하고, 교육훈련 또는 업무조정을 통해서도 여전히 업무를 수행할
> 수 없는 경우
>
> (3) 노동계약 체결 당시의 객관적 사정에 중대한 변경이 발생하여 노동계약을 이행할 수 없게
> 되고, 고용단위와 근로자 간의 합의를 거쳤음에도 노동계약 내용의 변경에 대해 합의에 도
> 달하지 못한 경우

위의 법률 규정 (1)과 (2)의 사항일 경우, 고용단위는 근로자와 노동관계를 해지할 수 있다. 근로계약 해지 전 근로자의 업무조정을 진행할 때 임금조정도 함께 진행한다. 이때 업무조정에 따른 임금조정이 합법성을 갖추고 있는지 스스로 확인해 볼 필요가 있다.

고용단위는 분배자주권을 보장받고 있다. 동일가치노동 동일임금의 원칙하에 새롭게 배정한 직무의 다른 근로자들과 임금 차이가 발생하지 않을 경우, 임금조정의 합리성을 갖춘 것으로 볼 수 있다. 주의할 사항은 고용단위는 업무불감당에 대한 명확한 근거를 제시할 수 있어야 하며, 새롭게 배정된 직무가 근로자의 업무 능력과 신체 상황에 배척되어서도 안 된다.

고용단위는 법률에 따라 업무조정권을 보장받고 있으나, 근로자의 임금을 조정함에 있어서는 합법성과 합리성을 갖추어야 한다. 이를 위해 고용단위는 규장제도와 노동계약 내에 직무변경에 따른 임금조정을 약정해 놓을 필요가 있다.

만약 규장제도와 노동계약에 약정이 없을 경우, 직무조정 후 반드시 근로자와 서면으로 변경된 임금표준을 약정해야 한다. 합리적인 과정을 거쳤음에도 근로자가 동의하지 않을 경우 고용단위가 직무조정과 임금조정의 내용을 근로자에게 통보하고 증빙을 확보하도록 한다.

(3) 승진급 및 정기 임금조정
1) 승진급에 따른 임금인상
고용단위는 기업의 발전과 관리상 필요에 근거하여 인적자원 운영전략을 수립한

다. 고용단위는 근로자의 승진급 기준을 결정할 수 있는 권한이 있다. 승진급에 따른 임금인상은 고용단위가 근로자에게 행사하는 고용자주권으로 해석되며, 승진급에 따른 임금인상과 관련된 별도의 법률이나 규정 또한 존재하지 않는다. 근로자의 승진급 후 임금을 동일가치노동 동일임금의 원칙에 따라 지급한다면 법률 위반에 해당되지 않는다.

2) 연도별 정기 임금인상

고용단위는 경제상황 및 동종업계 임금수준 등 대내외 경영환경, 근로자 성과, 현재 임금수준 등을 고려하여 근로자의 임금 조정을 결정할 권한을 갖는다. 만약 경영상황이 좋을 경우 임금을 인상하지만, 그렇지 않을 경우 임금인상을 최소화하거나 동결한다. 즉, 고용단위가 제도로 규정하거나 사전에 근로자와 정기 임금인상의 조건과 수준을 구체적으로 약정한 것이 아니라면 고용단위가 분배자주권을 갖는다.

설령 고용단위가 과거에 매년 일정 수준 이상 임금을 인상을 했더라도, 과거의 사례가 미래의 임금인상의 근거가 되지는 못한다. 또한 각 지역에서 매년 발표하는 임금인상 가이드라인은 법률적 강제력이 없으므로, 이를 근거로 근로자가 임금인상을 요구할 수 없다. 임금인상을 진행할 때 다음의 두 가지 사항을 참고하도록 한다.

① 최저임금 및 임금인상 가이드라인

중국은 지역별 생활물가의 차이가 있어 통일된 최저임금 및 임금인상 가이드라인을 발표하지 않고 지역별로 발표한다. 기업은 소재지의 임금인상 가이드라인을 임금인상 근거로 활용하도록 한다.

② 성과연동을 통한 임금인상 수준 결정

근로자의 업적에 따라 임금인상 수준을 차등하는 것은 근로자의 수용성과 고용단위의 자원분배의 효율성을 제고할 수 있는 방법이다. 일반적으로 연공서열제나 지역별 임금인상 가이드라인, 최저임금만을 활용하여 일률적으로 임금인상을 할 경우, 단기적으로 노무관리의 안정성을 확보할 수 있으나, 중장기적으로 우수인재의 동기부여와 저성과 인력의 업무능력 향상 효과는 기대할 수 없게 된다. 이와 같은 이유로 성과연동제 임금인상을 고려해 볼 필요가 있다.

고용단위는 임금조정을 진행할 때 어떠한 상황에서 분배자주권, 업무조정권, 고용자주권을 행사할 수 있는지, 어떠한 전제조건이 선행되어야 하는지를 반드시 분석해야 한다. 이 밖에도 고용단위는 노동계약 체결 시 경영자주권의 확대를 위해 직무조정, 임금조정 등을 약정하고, 제도적으로는 업적평가, 임금제도, 직무분석 등의 방법으로 합리성과 합법성을 갖추어야 한다.

제3절 쌍방 협의를 통한 임금조정[21]

<노동계약법> 제35조 고용단위와 근로자는 상호합의 하에 노동계약의 내용을 변경할 수 있고, 노동계약의 변경은 서면형식으로 하여야 한다.

변경 후의 노동계약 원본은 고용단위와 근로자가 각 1부씩 소유한다.

<최고인민법원 노동쟁의사건 심리에 대한 법률적용에 관한 몇 가지 문제의 해석>(4) 제11조 노동계약변경을 서면형식으로 이행하지 않았으나, 이미 구두로 변경한 노동계약을 1개월을 초과하여 이행하였고 변경한 노동계약의 내용이 법률, 행정법규, 국가정책 및 미풍양속에 위배되지 않을 경우, 당사자가 서면형식으로 노동계약을 체결하지 않았다는 이유로 노동계약 변경의 무효를 주장하는 것에 대해서 인민법원은 이를 지지하지 않는다.

1. 구두 노동계약의 체결과 주의 사항

만약 쌍방이 구두로 약정한 노동계약을 1개월을 초과하여 이행하고 관련 법률을

---

21 陆敬波. (2015). 薪酬福利与绩效管理. 中信出版集团. (P. 75~90 协商调整) 참고

위반하지 않았다면, 서면형식의 노동계약을 체결하지 않았다는 이유로 계약의 무효를 주장할 수 없다. 다만, 반드시 쌍방이 합의해야 하고 강제력이 있는 법률 규정의 준수가 전제되어야 한다.

위의 법률 규정으로 봤을 때 노동계약은 서면書面형식과 구두口頭형식으로 체결할 수 있다. 다만, 구두로 협의할 때에는 쌍방이 노동계약 변경에 대해 합의했다는 증거를 남겨 놓아야 한다. 만약 구두협의 증거 없이 일방적으로 근로자의 임금을 조정하여 노동쟁의가 발생할 경우, 법원은 고용단위에게 배상 명령을 내릴 수 있으므로 주의해야 한다.

2. 협의조정 방법

임금조정 협의 시 고용단위는 근로자에게 임금변경통지서를 발송하여 일정기간 내 서면형식으로 의견을 제출하도록 요구한다. 만약 근로자가 의견을 제출하지 않으면 동의한 것으로 간주한다. 그러나 근로자는 여러 가지 사유로 기한 내에 의견서를 제출하지 못할 수도 있고, 이로 인해 고용단위가 일방적으로 이행한 임금조정에 대해서 근로자는 중재, 소송 등의 방법으로 권리보호를 신청하기도 한다. HR 측면에서 법률 리스크를 최소화하는 것은 매우 중요한 사항이므로, 임금 조정을 협의할 때 다음 방법을 참고하여 진행하도록 한다.

(1) 대면 소통 방식

고용단위는 임금조정의 배경 및 조정된 임금 수준, 지급방식 등을 근로자와 대면으로 소통하도록 한다. 임금조정의 법률적 근거와 쌍방의 객관적 상황을 설명하고 근로자의 동의를 구한다. 만약 근로자가 동의할 경우, 직접 변경된 협의내용에 서명하도록 하여, 증빙을 확보하도록 한다.

(2) 서면 소통 방식

> <노동계약법> 제40조 다음 각 호의 1에 해당하는 경우, 고용단위는 30일 전에 서면으로 근로자에게 통지하거나 또는 1개월의 급여를 추가로 지급한 후 노동계약을 해지할 수 있다. (중략)
>
> (3) 노동계약 체결 당시의 객관적 사정에 중대한 변경이 발생하여 노동계약을 이행할 수 없게 되고, 고용단위와 근로자 간의 합의를 거쳤음에도 노동계약 내용의 변경에 대해 합의에 도달하지 못한 경우

쌍방이 임금조정에 대해 합의하였다면, 노동계약 변경협의서를 체결하고 근로자에게 협의서 1부를 제공한다. 고용단위는 직무조정 및 임금조정을 법률에 따라 합리적으로 행사할 수 있으나, 노동계약의 필수 약정항목인 임금조정을 진행할 때에는 반드시 근로자와 합의해야 한다. 이때 합의된 임금변경 내용을 근로자에게 서면으로 통보하고 증빙으로 보관한다.

제4절 단체협약을 통한 임금조정

고용단위가 근로자와 충분히 소통하지 않고 일방적으로 임금조정을 진행할 경우, 일부 근로자의 반대의견이 형성될 수 있고, 심각할 경우 생산정지의 상황이 발생할 수도 있으므로 주의해야 한다.

고용단위는 전체근로자에게 적용되는 임금제도, 임금구조 등 중요한 사항들을 변경할 때 반드시 법정 프로세스를 이행해야 한다.

근로자가 가장 관심을 갖는 것은 임금인상과 임금하락에 대한 부분이다. 전체근로자에 대한 처우 조건의 개선 또는 하향 조정을 하기 위해서는 단체협약의 절차를 이행하고 노동행정부분의 심사를 거쳐야 한다.

① 임금 및 처우 조건의 개선

전체근로자의 최저임금 인상, 병가 임금의 조정, 수당 상향조정 등은 고용단위의 경영환경과 쌍방의 권리·의무 관계를 고려하여 결정하도록 한다.

② 임금 및 처우 조건의 하락

시장 경제 상황의 악화, 기업의 경영환경 악화 등의 요인으로 고용단위가 전체근로자의 임금을 하향 조정해야 할 경우, 객관적 지표를 제시하고 개선 노력을 선행해야 한다.

1. 단체 임금 하향조정의 전제 조건

고용단위는 법률적으로 임금을 하향조정 할 수 있는 권리도 갖고 있다. 해당 권리는 고용단위가 행사할 수 있는 분배자주권이다. 그러나 임금의 하향조정은 고용단위의 경영상황 악화와 경제효율 하락이 발생될 때만 가능하다.

임금 하향조정은 객관적인 근거를 바탕으로 협의해야 하며, 이는 향후 발생될 수 있는 노동중재 및 소송의 입증자료로 사용될 수 있어야 한다. 기업의 자의적 판단에 따라 임금을 하향 조정할 경우, 임금의 보충 지급, 근로자 일방의 계약해지 및 경제배상금 지급요구 등의 법률 리스크가 발생할 수 있다.

2. 단체 임금 하향조정 프로세스

<노동계약법> 제4조 고용단위는 법에 따라 노동규장제도를 수립하고 정비하여 근로자가 노동권리를 향유하고 노동의무를 이행할 수 있도록 보장하여야 한다.

고용단위가 근로자의 주요 이익과 직접 관련된 노동보수, 근로시간, 휴식·휴가, 안전·위생, 보험·복지, 근로자 훈련, 노동 규율 및 노동목표량 관리 등의 규장제도 또는 중대사항을 제정·수정 또는 결정할 때에는 근로자대표대회 또는 전체근로자의 토론을 거쳐 방안과 의견을 제시한 다음 공회

또는 근로자대표와 평등하게 합의하여 확정해야 한다.

규장제도와 중대 결정사항을 시행하는 과정에서 공회 또는 근로자가 부당하다고 인식하는 경우, 고용단위에게 이의를 제기하고 합의를 통해 수정·개선할 권리가 있다.

고용단위는 근로자의 주요 이익과 직접 관련되는 규장제도 및 중대 결정사항을 근로자에게 공시하거나 고지해야 한다.

(1) 토론과 협상 주체 및 공지방법

임금조정은 근로자의 이익과 밀접한 관계가 있는 중대사항이므로, 고용단위는 전체근로자의 임금을 하향 조정할 때 반드시 법률에 따라 민주절차와 고지절차를 이행해야 한다.

민주절차는 '평등협상 절차'와 '전체토론 절차'를 포함한다. 그 일방은 고용단위가 되며, 다른 일방은 협상절차, 토론절차의 단계에 따라 진행주체가 변경된다. (아래의 표 참조)

단체협약의 법정 절차별 이행 주체

법정 절차	1순위	2순위
평등협상 절차	공회 (工会)	근로자대표 (职工代表)
전체토론 절차	근로자대표대회 (职工代表大会)	전체근로자 (全体职工)

[이행 전 주의사항]

첫째, 평등협상 절차 대상인 '근로자대표'는 기존에 선발된 '근로자대표대회'의 인원이 아니다. 평등협상을 위한 '근로자대표'는 반드시 선거를 통해 별도 선출된 인원으로 구성해야 한다.

둘째, 공회를 통해서 '전체토론 절차'를 이행해서는 안 되며, 근로자대표대회를 통해서 '평등협상 절차'를 이행해서도 안 된다. 협상대상 선정에 문제가 생길 경우 해당

절차는 무효가 되므로 반드시 법정 기준을 준수해야 한다.

셋째, 평등협상 절차와 전체토론 절차를 이행하는 모든 과정은 서면형식의 기록을 남겨 보관해야 한다.

넷째, 원칙적으로 규장제도를 제정함에 있어서는 근로자대표대회와 '토론' 절차만 거치면 되나, 임금제도와 관련된 중대사항의 변경과 같은 특수한 사항은 근로자대표대회의 '동의'가 필요하다.

[민주절차의 이행]

① 고용단위는 근로자대표대회 또는 전체근로자를 대상으로 임금 하향조정에 대한 의견을 제시해야 하며, 여기에는 경영환경 악화의 구체적인 내용, 임금조정의 이유와 방법 등이 포함되어 있어야 한다. 조정 방안을 제정하는 과정에서 다음의 세 가지 사항을 주의해야 한다.

첫째, 근로자로부터 공감을 얻을 수 있도록 사전에 노력해야 하며, 경영층의 솔선수범이 선행되어야 한다.

둘째, 구체적인 자료를 바탕으로 경영악화에 대한 설명을 진행하여 임금조정의 타당성을 입증해야 한다.

셋째, 임금 하향조정 후의 임금표준은 최저임금 기준보다 반드시 높아야 한다.

② 고용단위가 공회 또는 근로자대표와 평등협상의 절차를 거쳐 구체적인 삭감방안을 확정하도록 한다.

③ 근로자대표대회 또는 전체근로자와 구체적인 삭감방안(삭감 금액 또는 비율, 삭감 대상 및 범위, 이행 시기 등의 사안)에 대해서 토론하고, 수석대표의 서명 이후 노동행정부문의 심사를 받아 발효하도록 한다.

[고지절차의 이행]

임금삭감의 이행은 법률에 따라 고지절차를 이행해야 한다. 고용단위는 다음의 방식으로 고지하도록 한다.

① 인쇄물 배포 : 구체 방안을 인쇄하여, 개별 근로자에게 1부씩 배포함

② 인터넷 공지 : 회사 홈페이지를 통하여 공지함

③ 전자우편 발송 : 해당 근로자를 대상으로 E-mail을 발송하고, 열람 후 회신하도록 함

④ 게시판 공지 : 회사 내부에 설치된 게시판을 이용하여, 제도변경 인쇄물을 부착함

위의 네 가지 방법 중 주의가 필요한 사항은 ②, ③이다. 고용단위의 입증에 불리할 수 있으므로, 서면으로 근로자에게 통보하고 서명을 받는 것이 좋다. 게시판에 부착한 인쇄용지의 원본을 따로 보관하고, 공지현황은 사진으로 남겨 놓도록 한다.

(2) 구체적인 협상 프로세스

<노동법> 제33조 기업근로자 일방은 노동보수, 근로시간, 휴식휴가, 노동안전위생, 사회보험 및 복지 등의 사항에 대해 기업과 단체협약을 체결할 수 있다. 단체협약의 초안은 근로자대표대회 또는 전체근로자에게 맡겨서 토의하고 채택되도록 해야 한다.

단체협약은 공회가 근로자를 대표하여 기업과 체결하고, 공회가 없는 기업은 근로자가 선출한 대표가 기업과 체결해야 한다.

<노동계약법> 제51조 기업근로자 일방은 고용단위와 평등한 협상을 통해, 노동보수, 근로시간, 휴식·휴가, 안전·위생, 사회보험 및 복지 등의 사항에 대하여 단체협약을 체결하며, 단체협약의 초안은 근로자대표대회 또는 전체근로자에게 맡겨서 토의하고 채택되도록 해야 한다.

단체협약은 공회가 기업근로자 측을 대표하여 고용단위와 체결하고, 아직 공회가 설립되지 않은 고용단위는 상급공회의 지도하에 근로자가 추천한 대표가 고용단위와 체결한다.

<노동계약법> 제52조 기업근로자 일방은 고용단위와 노동안전위생, 여성근로자의 권익보호, 임금조정체계 등의 전문항목별 단체협약을 체결할 수 있다.

<단체협약규정> 제19조 이 규정에서 단체협상대표(이하 협상대표)라 함은 법정절차에 의하여 선출하며 당사자의 이익을 대표하여 단체협상을 할 수 있는 권한을 가진 자를 말한다.

단체협상에서 쌍방의 협상대표자 수는 동일해야 하며, 각각 적어도 3명으로 구성하고, 각각 수

석대표를 1명씩 정해야 한다.

<단체협약규정> 제40조 다음 각 호의 하나에 해당하는 경우에는 단체협약 또는 전문단체협약을 변경하거나 해지할 수 있다.

(1) 고용단위가 합병, 해산, 파산 등의 사유로 단체협약 또는 전문단체협약을 이행할 수 없는 경우

(2) 불가항력 등의 이유로 단체협약 또는 전문단체협약을 이행할 수 없거나 일부 이행할 수 없게 된 경우

(3) 단체협약 또는 전문단체협약 약정에 변경 또는 해제 조건이 발생한 경우

(4) 법률, 법규, 규약이 규정한 기타의 경우

<단체협약규정> 제41조 단체협약 또는 전문단체계약의 변경 또는 해제는 본 규정의 단체협상 절차를 적용한다.

상술한 규정에서 고용단위는 공회 또는 근로자대표와 단체협약 또는 전문 단체협약을 체결할 수 있다고 규정되어 있다. 법률 규정 또는 약정에 변화가 있을 경우, 단체협약을 변경하거나 해지할 수 있으며, 이때 단체협약 절차에 따라 진행해야 한다.

[단체협약 체결 프로세스]

이미 단체협약을 체결하였으나, 고용단위의 경영악화, 경제효율 저하가 발생되었을 때, 단체협약의 내용을 변경할 수 있다. 아래는 임금 하향 조정을 예로 들어 단체협약의 프로세스를 알기 쉽도록 정리한 것이다.

① 근로자와 고용단위의 협상대표와 수석대표를 선발하고 사전에 공지한다. 각 일방의 협상대표 인원수는 대등해야 하며, 각 일방은 최소 3명 이상의 대표 인원 수를 구성하고, 수석대표 1명을 선정한다.

② 고용단위는 임금삭감에 대한 단체협약을 서면형식으로 공회에 요구하고, 공회는 요구를 받은 후 20일 내에 서면형식으로 답변해야 한다.

③ 쌍방의 협상대표는 협상 전 의제작성을 완료하고 시간과 장소를 확정하며, 단체협상과 관련된 내용의 법률 및 규장제도를 숙지한다. 쌍방은 의제에 대한 근로

자 의견을 청취하고, 관련된 자료를 수집한다.

④ 프로세스에 따라 단체협상을 진행한다. 회의 시작 시 회의의 목적, 의제의 구체적 내용, 요구사항 등을 자세히 설명하도록 한다. 회의 과정에서 쌍방의 토론 내용을 회의록으로 작성하고 서명 날인하여 보관한다.

⑤ 쌍방의 협상일치를 통하여, 임금삭감에 대한 단체협약 초안을 작성하도록 한다.

⑥ 단체협약의 초안 작성 후, 근로자대표대회 또는 전체근로자에게 맡겨 토론하도록 한다. 근로자대표 또는 근로자의 3분의2가 출석하고, 전체근로자대표 또는 전체근로자 수의 절반 이상의 동의가 있을 경우 단체협약의 초안을 통과시킨다.

⑦ 심의하여 통과된 단체협약은 쌍방의 수석대표가 서명하도록 하고, 서명한 날로부터 10일 이내에 고용단위는 소재지의 노동보장행정부에 제출하도록 한다. 만약 제출한 날로부터 15일 이내에 노동보장행정부에서 이견을 제시하지 않으면, 단체협약은 즉시 효력이 발생된다.

(3) 단체협약을 통한 임금 하향조정 시 주의사항

단체협약을 통한 임금 하향조정 과정에서 근로자대표가 임금삭감에 동의하지 않을 수 있다. 고용단위는 지속적으로 근로자대표와 협상하는 것 외에도 각급 공회조직을 동원하고 근로자와 소통을 통해 임금삭감에 대한 공감대를 형성하고 동의를 구할 수 있도록 노력해야 한다.

만약 고용단위가 이를 강행하거나 부당하게 처리할 경우, 근로자의 무력행사, 파업, 태업 등 심각한 노무 리스크가 발생될 수 있으므로, 다음의 사항을 사전에 준비하도록 한다.

① 단체 임금삭감은 법률 규정과 프로세스에 따라 진행하도록 함

② 고용단위는 경영악화로 인한 임금삭감 시행 전, 근로시간 단축, 연휴가 선사용, 순환 휴무 적용 등의 다양한 경영 코스트Cost 절감 및 기타 개선 노력을 선행해야 함

③ 단체 임금삭감 후의 임금표준은 당지 최저임금보다 낮아서는 안 됨

(4) 단체협약을 통한 임금삭감 후 개별근로자와의 계약변경 및 해지

<노동계약법> 제40조 다음 각 호의 1에 해당하는 경우, 고용단위는 30일 전에 서면으로 근로자에게 통지하거나 또는 1개월의 급여를 추가로 지급한 후 노동계약을 해지할 수 있다. (중략)

(3) 노동계약 체결 당시의 객관적 사정에 중대한 변경이 발생하여 노동계약을 이행할 수 없게 되고, 고용단위와 근로자 간의 합의를 거쳤음에도 노동계약 내용의 변경에 대한 합의에 도달하지 못한 경우

설령 고용단위가 단체협약을 법률규정에 따라 정확하게 이행하였다 하더라도, 개별근로자와 별도의 계약변경을 체결해야 한다. 이는 실무적으로 매우 중요한 문제이다.

단체협약과 노동계약이 상충할 경우, 법원은 근로자의 선택을 따르기 때문에 별도의 대응전략이 필요하다. 대표적인 대응방법은 '객관적 상황의 중대변화가 발생하여 원래의 노동계약을 이행할 수 없음'을 근거로, 근로자와 노동계약 내 임금조항의 변경 협의를 진행한다.

변경 프로세스는 고용단위가 근로자에게 노동계약변경 통지서를 보내는 방식으로 진행하도록 한다. 이때 근로자는 두 가지 선택을 하게 된다.

① 변경통지를 수락하고, 변경된 노동계약의 내용으로 근로의무를 이행한다.

② 변경통지를 거부하고, 원래의 노동계약의 유지를 요구한다.

만약 ②에 해당하는 경우 '객관적 상황의 중대 변화가 발생하였음'을 입증하여, 30일 전에 서면으로 근로자에게 통지하거나 1개월의 급여를 추가로 지급하고 노동계약을 해지하도록 한다. 이때, 고용단위는 노동계약을 해지하기 전 반드시 법률 리스크를 관리할 필요가 있다.

정리하자면, 단체협약을 통한 임금삭감이 법률적으로 완전하게 의결되었다 하더라도, 근로자가 동의하지 않을 경우 단체협약의 내용을 적용할 수 없다. 근로자에게 단체협약의 적용을 요구하고 설득하였으나, 변경을 원하지 않을 경우에는 <노동계약

법〉 제40조의 (3)을 적용하여 노동계약을 해지하는 방법을 취할 수 있다. 일부 근로자가 단체협약의 적용에 동의하지 않더라도, 전체근로자에 대한 효력은 여전히 유효하다.

제7장

특수 상황에서의 임금 지급

Intro

병가와 의료기의 임금 지급, 3기(임신기, 출산기, 수유기) 여성근로자의 임금 지급, 사회활동 참여 및 생산정지 상황에서의 임금 지급, 연말보너스 지급 등은 정상적인 근로를 제공하지 않더라도 법률과 기업의 복리후생 규정을 통해 근로자에게 지급하는 특수한 상황의 임금으로 볼 수 있다. 그러나 일부 근로자들은 제도를 악용하여 사리를 충족하기도 하며, 기업의 기준이 명확하지 않을 경우 노동분쟁으로 이어지기도 한다. 다음은 중국에서 흔히 발생하는 병가 제도의 악용과 한국적 사고로 춘절보너스를 지급해서 발생하는 노무이슈에 관한 사항을 살펴보도록 하겠다.

중국 출장 중 청도에서 연태로 돌아오는 버스에서 어느 중국인의 통화 내용을 들었다. 밝은 목소리로 내일 아침 병가를 신청할 예정이니 집근처 식당에서 점심식사를 하자는 내용이었다. 그 사람은 내일 몸이 아플지 어떻게 알았을까? 분명히 허위로 병가를 신청하려 했을 것이다.

중국은 예전에 비해 서류 위조가 대폭 줄어 들었다. 그러나 여전히 꽌시关系만 있으면 얼마

든지 가짜 서류를 발급 받을 수 있고, 약간의 금전적 보상으로 쉽게 위조 서류를 만들 수 있는 곳이다. 이러한 상황에서 기업은 근로자의 법적 권리를 보장하는 동시에 근로자들이 기준을 준수할 수 있도록 반드시 제도와 절차를 구비해야 한다.

기업 입장에서 1년 중 가장 많은 비용을 지불하면서도 가장 높은 노무 리스크에 처하는 시기는 춘절이다. 일반적으로 연종장年终奖은 춘절을 전후하여 지급한다. 춘절보조금春节补助金, 춘절장금春节奖金등 다양한 명칭으로 전체근로자를 대상으로 지급하는 일회성 포상이다. 연종장은 1년간 근로자들의 노력에 대한 인정이며, 돌아오는 새해에도 지속적으로 회사를 위해 노력해 줄 것을 당부하는 일종의 격려포상이다.

고용단위는 연말 결산을 통해 재무성과를 측정하고 근로자의 업적을 종합하여 연종장의 차등지급을 고민하기도 한다. 그러나 근로자들은 연종장이 회사의 성과에 따라 지급되는 경영성과급이 아닌, 가장 큰 명절을 보내기 위해 당연히 지급되어야 할 귀향준비금으로 보는 경향이 강하다. 만약 고용단위와 근로자가 연종장의 지급 목적과 의미를 서로 다르게 이해할 경우 노무관리 측면에서 심각한 리스크로 작용될 수 있다.

이처럼 급여를 제외한 비정기, 비정형의 임금 지급은 법률과 회사의 규정에 따라 운영하고 정확하게 소통하여 오해와 해석의 오류가 없도록 해야 한다. 허위 병가처럼 일부 근로자의 일탈을 기업이 관리하지 못할 경우, 성실히 일하는 근로자의 근로의욕 저하와 근로 공정성이 이슈가 되어 생산현장의 사기 저하로 이어질 수 있다. 아울러 규정 외의 금전 지급은 지급 대상과 산정 근거를 명확히 하여 사소한 오해도 발생되지 않도록 주의해야 한다. 변동성 보상이 정기적으로 지급될 경우 근로자들은 고정급으로 인식하여, 회사의 상황이 악화되어 지급하지 못할 경우에도 무리하게 지급을 요구하거나 태업, 파업 등의 노무이슈로 확산시킬 가능성이 높으므로 주의해야 한다.

병가 Sick leave(病假) 임금[22]

> <기업근로자의 질병 또는 비업무상 상해 의료기간 규정>(이하 '의료기 규정'으로 칭함) 제2조 의료
> 기는 근로자가 병을 앓거나 업무와 관련 없는 부상을 입어 업무를 정지하고 치료를 해야 하는 경
> 우 노동계약을 해지할 수 없는 기한을 가리킨다.
>
> <의료기 규정> 제3조 기업의 근로자가 병을 앓거나 업무와 관련 없는 부상을 입어 업무를 정지
> 하고 치료를 해야 하는 경우 본인의 실제 근무연수와 본 직장에서 근무한 연수에 따라 3개월에서
> 24개월의 의료기간을 부여한다.
>
> (1) 실제 근무연수가 10년 미만이며, 본 사업장에서 근무한 연수가 5년 미만인 경우 3개월, 5년
>   이상인 경우 6개월
>
> (2) 실제 근무연수가 10년 이상이며, 본 사업장에서 근무한 연수가 5년 미만인 경우 6개월, 5년
>   이상 10년 미만인 경우 9개월, 10년 이상 15년 미만인 경우 12개월, 15년 이상 20년 미만
>   인 경우는 18개월, 20년 이상인 경우는 24개월
>
> <의료기 규정> 제4조 의료기간이 3개월인 경우 6개월 이내에서 누계 병가시간으로 계산하고,
> 6개월인 경우 12개월 이내에서 누계 병가시간으로 계산하며, 9개월인 경우 15개월 이내에서 누
> 계 병가시간으로 계산하며, 18개월인 경우 24개월 이내에서 누계 병가시간으로 계산하고, 24개
> 월인 경우 30개월 이내에서 누계 병가시간으로 계산한다.

1. 병가와 의료기의 구분

병가는 근로자가 병을 앓거나 업무와 관련 없는 부상을 입어 업무를 정지하고 치료
해야 할 때 사용하는 휴가이다. 주로 단기적인 질병치료를 목적으로 하며, 고용단위

---

22 陆敬波. (2015). 薪酬福利与绩效管理. 中信出版集团. (P.39~45. 病假工资) 참조

의 승인을 전제로 한다.

의료기는 주로 중장기적인 질병 치료를 위해 사용하는 기간이며 법률로 보호받을 수 있다. 해당 기간에 고용단위는 근로자를 해고하거나 노동계약을 해지할 수 없다. 법률이 노동관계를 보호하는 특수한 기간이며, 강제성을 갖고 근로자를 보호하는 편향성을 갖는 기간이다.

의료기에는 〈노동계약법〉 제40조와 제41조를 적용하여 노동계약을 해지하면 안 된다. 즉, '비과실성 계약해지'와 '경제성 감원'의 대상이 되어서는 안 된다. 또한 계약기간 만료에 따른 노동계약해지도 불가능하다.

2. 의료기의 계산

〈의료기 규정〉 제3조와 제4조에 따라 의료기의 기간은 근로자의 합산 근속연수와 재직회사의 근속연수를 고려하여 결정한다. 의료기는 연속 혹은 누적계산기간 내 분할하여 사용할 수 있다.

근속별 의료기 사용 가능 기간

합산 근속연수	본회사 근속연수	의료기	누계 기간
10년 미만	5년 미만	3개월	6개월 내 누적 사용
	5년 이상	6개월	12개월 내 누적 사용
10년 이상	5년 미만	6개월	12개월 내 누적 사용
	5년 이상 10년 미만	9개월	15개월 내 누적 사용
	10년 이상 15년 미만	12개월	18개월 내 누적 사용
	15년 이상 20년 미만	18개월	24개월 내 누적 사용
	20년 이상	24개월	30개월 내 누적 사용

주의할 점은 의료기는 자연일로 계산해야 한다는 것이다. 공휴일 및 법정휴일도 동일하게 계산 일자에 산입하도록 한다. 예를 들어 근로자의 합산 근속연수가 9년이

고, A회사의 근속연수가 3년일 경우, 의료기는 3개월이다. 2008년 3월 1일부터 병가를 사용할 경우, 연속 사용 시 6월 1일에 의료기가 만료되고, 분할 사용 시 9월 1일에 누적 3개월의 기간을 사용하면 의료기가 만료된다. 또한 의료기 부여는 지역별로 차이가 있으므로, 해당 지역의 규정을 확인해 볼 필요가 있다.

(1) 의료기의 계산 기점

<(기업근로자의 질병 또는 비업무상 상해 의료기간 규정)의 집행에 대한 노동부의 통지>

1. 의료기간의 계산문제

(1) 의료기간의 계산은 병가 시작일부터 누계로 계산한다. 예를 들면, 3개월의 의료기간을 누릴 수 있는 근로자가 1995. 3.5일부터 제1차 병가를 받은 경우, 당해 근로자의 의료기간은 3.5일부터 9.5일 사이로 확정하고 이 기간의 누계 병가가 3개월이면 의료기간이 만료된 것으로 간주한다. 기타도 이와 같은 방법으로 유추한다.

(2) 병가 기간내에는 공휴일·휴일 및 법정휴가도 포함한다.

2. 특수 질병의 의료기간 문제

현재의 실제상황에 비추어 특수질병(암, 정신질환, 중풍 등)에 걸린 근로자가 24개월 내에 치료할 수 없을 경우, 기업과 노동주관부문의 승인을 거쳐 의료기간을 적절하게 연장할 수 있다.

각 성·자치구·직할시는 <의료기 규정>을 실시할 때, 실제상황에 의하여 구체적인 세칙을 제정하고 노동부에 등록하여야 한다.

의료기 계산은 근로자가 의료기를 사용한 첫날부터 계산을 시작하며, 연속 사용과 분할 사용 모두 동일하게 적용한다. 만약 의료기 계산 주기 내에 근로자의 의료기가 만료될 경우 고용단위는 법에 따라 노동계약을 해지할 수 있다. 그러나 의료기 3개월의 근로자가 2개월 29일의 의료기를 사용하였다면 의료기가 만료되지 않아, 고용단위는 노동계약을 해지할 수 없다.

(2) 근로자의 의료기 재사용 가능 여부

결론적으로 다수의 지역에서 의료기의 재사용을 승인하고 있다. 예를 들어 종합 근속연수가 10년 미만이고 재직 회사 근속연수가 5년 미만인 경우 3개월의 의료기를 6개월 내에 누적사용 할 수 있다. 그러나 2개월 29일의 의료기를 사용하고 6개월 누적 기간을 넘길 경우, 새롭게 의료기를 사용할 수 있는 권리가 발생된다. 의료기의 사용이 만료되지 않을 경우, 고용단위는 근로자에게 지속적으로 의료기를 보장해 줘야 하는 모순이 생긴다.

1) 상해시는 독특한 의료기 규정이 적용되므로 주의할 필요가 있다. '의료기=N(근속연수)+2개월'로 계산하면 된다. 예를 들면 재직 회사의 첫 1년의 의료기는 3개월이며, 이후 매해 만 1년이 될 경우 추가로 1개월이 부여되고, 최대 24개월까지 사용할 수 있다. 상해시의 경우 누적 병가 사용 기간이 적용되지 않으므로, 병가 기간의 종료 후에도 여전히 원래의 직무를 수행할 수 없을 경우 노동계약 해지가 가능하다.

상해시 의료기 사용 기준

합산 근속연수	본 회사 근속연수	의료기	누계 기간
무관	근속 < 1년	3개월	없음 (의료기 기간에 따름)
	1년≤근속 < 2년	4개월	
	2년≤근속 < 3년	5개월	
	3년≤근속 < 4년	6개월	
	5년<근속	7개월	
	N년	N+2개월	
	최대	24개월	

2) 고용단위는 의료기가 만료된 근로자가 재차 의료기 사용을 신청하였을 때, 승인 의무에 대해 고민할 필요가 있다. 전국 규정을 찾기 어려워 상해시 인민정부의 〈본 도시의 근로자가 근로계약을 이행하는 동안 질병에 걸렸거나 업무상 부상이 아닌 의료 기간의 기준에 관한 규정〉(沪府发〔2015〕40号)을 차용하여 해석하면, 근로자가 한 직장의

노동관계 존속기간에는 한 차례만 의료기 보호를 받을 수 있으며, 중복으로 그 혜택을 누릴 수 없음을 명시하였다. 즉, 한 직장에서 한 번의 의료기만 사용이 가능하다. 단, 지역별 차이가 있으므로 확인이 필요하다.

3) 위의 규정 제2절 특수 질병의 의료기 연장에 관한 규정에 따라, 암, 정신질환, 반신불수 등의 질병에 걸려, 24개월의 의료기 내에 치료가 불가능할 경우 기업과 노동행정부문의 승인을 받아 의료기를 연장할 수 있도록 하고 있다. 그러나 고용단위의 승인이 전제되어야 하므로, 고용단위는 인력의 생산기여 측면을 고려하여 경제보상금과 의료보조금 지급 후 계약을 해지하는 방법도 검토해볼 필요가 있다.

3. 병가 기간의 임금

<노동보험조례 실시세칙> 제16조 근로자가 질병 또는 업무와 관련 없는 부상을 입어 업무를 중단하고 6개월 이내의 연속적인 의료기간이 필요한 자에 대해서는 <노동보험조례> 제13조 '을' 항의 규정에 따라 기업의 행정부서 또는 사측은 다음 기준에 따라 질병휴가급여를 지급하여야 한다. 본 기업의 근속 연수가 2년 미만인 경우 본인임금의 60%, 2년 이상 4년 미만인 경우 70%, 4년 이상 6년 미만 80%, 6년이상 8년 미만 90%, 8년 이상인 경우 100%를 지급한다.

<노동보험조례 실시세칙> 제17조 근로자가 질병 또는 업무와 관련 없는 부상을 입어 업무를 중단하고 6개월을 초과하여 연속적인 의료기간이 필요한 자에 대해서는 <노동보험조례> 제13조 을항의 규정에 따라, 질병휴가급여의 지급을 정지하고 근로보험기금으로 질병 또는 비업무 부상구제비를 월별로 지급한다. 그 기준은 다음과 같다. 본 기업의 근속 연수가 1년 미만인 경우 본인임금의 40%, 1년 이상 3년 미만 50%, 3년 이상 60%를 지급한다. 이 구제비는 일을 할 수 있거나 장애가 확정되거나 사망할 때까지 지급한다.

<(중화인민공화국 노동법) 관철집행의 약간문제에 관한 의견>

三. 임금 / (一) 최저임금

59. 근로자의 질병 또는 비업무상 부상으로 인한 의료기간에 기업은 관련 규정에 따라 병가임

금 또는 질병구제비를 지급한다. 병가임금 또는 질병구제비는 당지 최저임금표준보다 낮게 지급할 수 있으나, 최저임금의 80% 보다 낮아서는 안 된다.

(1) 의료기간의 급여는 근로자의 근속 연수와 병가 사용기간에 따라서 다르게 지급 가능

노동부 병가 임금 표준		
병가 기간	근속연수	본인 임금 비율
6개월 이내	근속 < 2년	60%
	2년≤근속 < 4년	70%
	4년≤근속 < 6년	80%
	6년≤근속 < 8년	90%
	8년≤근속	100%
6개월 초과	근속 < 1년	40%
	1년≤근속 < 3년	50%
	3년≤근속	60%

(2) 지방정부의 병가 임금은 각 지방의 규정과 중앙 정부의 기준을 결합하여 사용

① 북경시

<북경시 임금지급 규정> 제21조 근로자의 질병 또는 업무와 관련되지 않은 부상으로 인한 병가 기간 내에 고용단위는 반드시 노동계약 혹은 단체협약의 약정에 따라 병가 임금을 지급해야 한다. 고용단위가 지급하는 병가 임금은 본 市 최저임금기준의 80%보다 낮으면 안 된다.

(유사 : 절강성, 강소성, 광동성도 최저임금기준의 80%보다 낮으면 안 된다)

② 상해시

<상해 기업 근로자의 질병 휴가 관리 강화와 근로자의 질병 휴가 기간의 생활 보장에 관한 통지>(1995년)

4. 근로자의 질병 또는 비업무 부상으로 인한 연속 휴가가 6개월 이내일 경우, 기업은 아래의 기준에 따라 질병휴가급여 지급 한다. 근속연수가 2년 미만인 경우 본인임금의 60%, 2년 이상 4년 미만인 경우 70%, 4년 이상 6년 미만인 경우 80%, 6년 이상 8년 미만인 경우 90%, 8년 이상인 경우 100%를 지급한다.

근로자의 질병 또는 비업무 부상으로 인한 연속 휴가가 6개월을 초과하는 경우, 기업은 질병구제비를 지급한다. 근속연수가 1년 미만인 경우 본인임금의 40%, 1년 이상 3년 미만인 경우 50%, 3년 이상인 경우 60%를 지급한다.

본인임금은 근로자의 정상근로 시 실질임금의 70%로 산정한다.

<상해시 노동사회보장국의 본 市 기업근로자의 질병휴가 급여 또는 질병구제비의 최소기준에 관한 통지>(2000년)

1. 기업이 근로자에게 질병휴가기간 중의 병가임금 또는 질병구제비를 지급할 때에는 당해연도 본 市 기업근로자 최저임금기준의 80%보다 낮아서는 안 된다.

2. 기업근로자의 병가임금 또는 질병구제비의 최소기준에는 근로자 개인이 납부해야 하는 양로·의료·실업보험비와 주방공적금을 포함하지 않는다.

구분	상해시 병가 임금 표준			비고
	병가 기간	근속연수	본인 임금 비율	
질병휴가 임금 (疾病休假工资)	6개월 이내	근속 < 2년	60%	본인임금은 정상근로 실질임금의 70%로 계산
		2년≤근속 < 4년	70%	
		4년≤근속 < 6년	80%	
		6년≤근속 < 8년	90%	
		8년≤근속	100%	
질병구제비 (疾病救济费)	6개월 초과	근속 < 1년	40%	
		1년≤근속 < 3년	50%	
		3년≤근속	60%	

1995년 발효된 해당 규정은 전국 규정의 지급 기준과 가장 유사하다. 계산 시 기준이 되는 본인급여는 정상 근로 상황에서 실제 수령하는 급여의 70%로 명확하게 정의하였고, 해당 처우가 전년도 상해시 월 평균임금보다 높을 경우, 평균임금으로 지급하도록 상한선을 설정하였다.

2000년 발효된 규정에서는, 병가 임금 및 질병구제비는 최저임금기준의 80%보다 낮지 않도록 되어있다. 아울러 최저임금표준에는 근로자 개인이 납부하는 양로보험, 의료보험, 실업보험 및 주방공적금을 포함하지 않아야 한다.

③ 산동성

병가임금은 본인임금의 70%, 질병구제비는 본인임금의 60%로 지급한다. 단, 최저임금의 80%보다 낮아서는 안 된다. 본인 임금은 원칙적으로 직전 12개월의 전체 임금에서 잔업비를 제외하여 월 평균으로 계산해야 하나, 기업의 상황을 고려하여 병가 사용을 최소화하는 방향으로 지급 수준을 결정할 필요가 있다.

실무적으로 지급 기수는 주변 기업의 상황을 고려하되, 일반적으로 고정급^{(기본급} +고정수당) 기준으로 설정하고 향후 과소 지급에 따른 보충지급 명령이 있을 경우에만 개별 대응을 하도록 한다.

4. 병가 관리 방안

① 협력병원을 사전에 지정하고, 지정 병원에서 발행하는 병가 서류만 인정하는 방식을 사용한다. 단수의 병원만 지정할 경우 진료비의 차이로 근로자의 불만이 있을 수 있으니, 복수의 병원을 지정하여 편의성과 선택의 폭을 넓히도록 한다. 회사와 계약된 입사 신체검사 병원으로 지정하는 것이 가장 편리하고 안전하다.
② 병가 신청이 잦은 인원의 제출서류를 샘플 조사하고, 분기 또는 반기 주기로 전수조사를 진행하도록 한다.
③ 정식 영수증을 발급받도록 하여 진위여부 확인, 약품 및 처치 내용, 진단서의 발

급 번호, 담당의사가 바뀌는지 등을 살펴 본다.

④ 규장제도 및 징계규정 내에 허위 병가에 대한 내용을 포함하여 준수 서약을 받도록 하고, 15일 또는 30일 등 일정 기간 이상의 병가를 신청하는 경우 재심하여 확정하는 프로세스를 갖추도록 한다.

'3기' 여성근로자의 임금[23]

3기 여성근로자는 임신기, 출산기, 포유기(수유기)의 여성근로자를 가리킨다. 여성근로자의 생리적 상황을 고려하여, 법률로 3기의 여성근로자에 대한 특별 보호 규정을 제정하였다. 2012년 국무원에서는〈여성근로자 노동보호특별규정〉을 발표하여, 3기 여성근로자에 대한 보호를 법률로 공식화하였다. 그러나 지역별로 규정간 차이가 있으므로, 기업 소재지의 규정을 살펴보아야 한다.

1. '3기' 여성근로자 휴가 및 임금

(1) 3기의 구성

① 임신기 : 산전검사 기간, 산전 휴가(지방규정에 따름), 태아보호휴가保胎假를 포함함.

② 출산기 : 출산 휴가는 통상 98일이며(출산 전 15일, 출산 후 83일 사용), 난산의 경우 15일 추가, 다태아 출산의 경우에는 매 1명의 영아마다 15일의 휴가 일수가 증가함. (지역별로 다름)

③ 포유기 : 출산 후 만 1년간 수유를 위한 시간을 부여하도록 한다. 근로시간 내 매일 1시간을 부여하고, 다태아의 경우 태아 1인당 1시간의 수유시간을 추가 부여

---

23 陆敬波. (2015). 薪酬福利与绩效管理. 中信出版集团. (P. 54~62 '三期'女职工工资) 참조

한다.

출산 휴가의 경우, 국가 규정인 98일 외에도·휴가 일수를 추가하여 운영하고 있으므로 지역별 확인이 필요하다.

(2) 임신기간 내 휴가 및 임금 대우

<여성근로자 노동보호 특별규정> 제5조 고용단위는 여성근로자의 임신, 출산, 수유로 인한 임금의 삭감, 퇴사, 노동계약 또는 채용계약을 해지해서는 안 된다.

<여성근로자 노동보호 특별규정> 제6조 여성근로자가 임신 중에 원래의 직무 수행에 적합하지 않을 경우, 고용단위는 의료기관의 증명에 근거하여 노동량을 경감하거나 그 밖에 적응할 수 있는 근로에 배치하여야 한다.

임신 7개월 이상인 여성근로자에 대해 고용단위는 근로시간을 연장하거나 야간근무에 배정해서는 안 되며, 근로시간에 일정한 휴식시간을 안배해야 한다.

임신한 여성근로자가 근로시간 내에 출산 전 검사를 진행하는 경우, 소요되는 시간은 노동시간으로 계산한다.

구체적인 휴가 및 휴가기간의 대우는 지역별로 상이하므로 기업 소재지의 기준을 파악하여 운영해야 한다.

1) 산전검사产检 휴가

산전검사 휴가는 임신근로자와 태아의 출산 전 건강을 위해 검진시간을 법적으로 보장하는 제도이다. 그러나 산전검사를 위해 고용단위가 배정해야 하는 검사 회수, 유급 휴가 일수 등에 대한 구체적인 규정이 존재하지 않으므로, 의료기관의 임신 주기별 정기검사 회수를 참고하여 사내규정으로 제정하도록 한다. 실무적으로 발생할 수 있는 몇가지 문제점을 살펴보도록 하겠다.

① 산전검사 실시 횟수에 대한 문제이다. 중국 산부인과 의사협회中华医学会围产分

会의 가이드에 따르면, 임신합병증이 없는 사람은 임신 10주차에 첫 산전검사를 받도록 하고, 전체 임신기간 내에 7번의 정규 산전검사 실시하며, 주기는 16, 18~20, 28, 34, 36, 38, 41주차로 한다. 만약 초산일 경우에는 25, 31, 40주차의 검사를 추가하여, 총 10회의 산전검사를 받도록 한다. 저위험 산모의 산전검사는 전체 임신기간 내에 7~8회가 비교적 합리적이며, 고위험 산모의 경우에는 검사 회수를 추가하도록 한다. 개인별 신체상황에 따라 통일적으로 운영하기 어려우므로 각 지역의 규정과 의사협회의 가이드를 참고하여 표준 산전검사 회수를 정한 후, 특수 상황에 대해서는 별도의 규정을 두는 것이 좋다. 예를 들면 〈상해시 위생국의 임신 초기 등록, 산전 검진 및 병원 분만에 관한 사항〉의 규정에는 임산부가 '상해 모성 건강 수첩'을 작성한 후 임신 16주차부터 산전검사를 실시할 수 있으며, 일반적으로 임신기간 내에 9회를 진행하도록 정하고 있다.

고용단위는 각 지역의 산전검사 규정을 정확히 확인하도록 한다. 아울러, 근로자에게 병원 예약 내용을 사전 보고하도록 하고, 사후 제출한 진료기록과 영수증 등에 근거하여 최종승인 하도록 한다.

② 휴가일수를 반일로 할 것인지 전일로 할 것인지에 대해 결정해야 한다. 이 또한 전국 규정이 없기 때문에, 고용단위가 규장제도를 통해서 자율적으로 정할 수 있다.

예를 들면 〈강소성 남경시 정부의 여성근로자 노동보호 법규 시행에 대한 문제의 통지〉에서는 임신한 여성근로자의 산전검사는 10회, 매회 반일로 정하고 반드시 상응하는 근로시간을 공제(유급처리)해 준다. 특수한 상황이 있다면 의료기관의 증빙에 근거하여 횟수를 늘릴 수 있도록 하고 있다.

그러나 여성근로자의 산전검사 휴가를 통일적으로 적용할 수 없다. 만약, 여러 항목의 검사가 필요하여 1일의 검사시간이 필요할 경우 특수 상황을 고려해 줄 필요가 있다.

③ 산전검사는 '검사시간'과 '이동시간'의 두 조건이 고려되어야 하므로 관리상 어

려움이 가중된다. 실제 검사시간뿐만 아니라, 이동시간까지 근로시간으로 산입하여 정상근로시간으로 간주해야 한다. 이 때문에 이동시간의 인정여부에 대한 문제도 발생하게 된다.

일부 기업들은 산전검사 시간을 2시간으로 제한하는 경우도 있으나, 이는 합리성을 구비하지 못한 것으로 볼 수 있다. 고용단위는 반드시 여성근로자에게 사전에 검진예약을 하도록 하고, 검사시간을 반일로 약정하되, 만약 특수상황이 발생할 경우 휴가로 인정하는 방법을 사용해야 한다.

④ 산전검사도 휴가신청 프로세스를 통하여 관리할 필요가 있으며, 검사증명서 또는 병원비 영수증 등을 첨부하여 증빙으로 제출하도록 한다. 만약, 증빙을 제출하지 않을 경우 '사가事假(개인 무급휴가)'로 처리하고 임금을 공제하도록 한다.

2) 산전 휴가

<상해시 여성근로자 노동보호 방법> 제12조 여성근로자가 임신 7개월 이상(28주로 기산)일 경우, 매일 근무 시간 내 1시간의 휴게 시간을 부여해야 하며, 야간근로에 배정할 수 없다. 만약 업무 여건상 가능하다면, 본인의 신청과 고용단위의 승인을 통하여 출산 전 두 달 반의 휴가를 사용할 수 있다.

<강소성 여성근로자 노동보호 방법> 제9조 (중략) 임신 7개월 이상(7개월 포함)의 여성근로자에게 야간근로를 배정해서는 안 된다. 근로시간 내에 한 시간의 휴식 시간을 부여하여 그에 상응하는 노동할당량을 공제하도록 한다. 출근에 어려움이 있는 자는 본인의 신청과 고용단위의 승인을 통하여, 산전 휴가 60일을 사용할 수 있다. 휴가기간의 임금은 80%보다 낮아서는 안 된다.

여성근로자는 임신 이후 시간이 지남에 따라 신체적인 부담이 가중되고, 생리적, 병리적 문제가 발생하여 정상적으로 근로할 수 없는 상황이 발생된다. 이때 여성근로자는 병가 규정을 참조하여 휴식시간을 가질 수 있고, 동시에 지역의 산전 휴가 규정에 따라 특별보호 권리를 누릴 수도 있다.

산전 휴가에 대한 통일 규정이 없으므로, 지역별 규정을 확인할 필요가 있다. 일반적으로 산전 휴가는 출산 휴가의 총 기간에서 출산 전 15일을 사용하는 휴가이다.

고용단위는 당지의 산전 휴가에 대한 구체적인 규정을 확인하고 그에 상응하는 휴가관리를 이행해야 한다. 참고로 상해지역의 산전 휴가는 다음의 몇 가지 사항을 주의해야 한다.

① 여성근로자의 산전 휴가 신청의 전제조건은 임신 만 7개월 이상이다. 즉, 임신 만 28주 이상을 대상으로 한다.

② 여성근로자가 산전 휴가를 신청하면, 고용단위는 승인 여부를 결정한다. 만약 고용단위가 승인할 경우 여성근로자는 최장 2.5개월의 산전 휴가를 사용할 수 있다.

③ 여성근로자가 2급 이상의 의료보건기구 검진을 통해 습관성 유산, 심각한 임신중독증, 임신합병증 등으로 출산에 영향을 줄 수 있다는 것을 증명하고, 근로자 본인이 휴가를 신청할 경우 고용단위는 반드시 산전 휴가를 승인해야 한다.

④ ⟨⟨상해시 여성근로자 노동보호 방법⟩과 관련된 문제의 해석⟩에서 장기병가를 사용하고 있는 여성근로자는 산전 휴가를 사용할 수 없다고 규정하고 있다. 이를 근거로 고용단위는 장기병가를 사용하고 있는 여성근로자가 산전 휴가를 신청하고자 할 때에는 그 신청을 거부할 수 있다.

⑤ 고용단위가 여성근로자의 산전 휴가 임금을 지급할 때 임금표준의 80%보다 낮아서는 안 되며, 임금조정 시 산전 휴가 기간을 정상 출근으로 간주해야 한다.

⑥ 임신 7개월 이상 여성근로자의 휴게시간 보장은 두 가지 사항을 고려하여 결정해야 한다. 임신 7개월 이상 여부에 대한 판단과 어떻게 일정한 휴게시간을 확정할 것인지이다. 이에 대해서는 ⟨상해시 여성근로자 노동보호 방법⟩에 따라 28주를 기준으로 임신 7개월 이상 여부를 판단하고, 매일 1시간의 휴게시간을 부여하도록 한다.

⟨여성근로자 노동보호 특별규정⟩ 제6조 임신 7개월 이상의 여성근로자에게 고용단위는 연장근

로 또는 야간근로를 배정해서는 안 되며, 반드시 근로시간내에 일정한 휴게시간을 부여해야 한다.

1시간의 휴게시간 부여는 출근시간을 1시간 늦추거나, 퇴근시간을 1시간 빠르게 하는 방식으로 사용하거나, 출퇴근을 각 30분씩 조정하여 근로의 연속성을 보장하는 방법을 사용해도 된다.

3) 태아보호휴가保胎假

태아보호휴가는 명확한 법률 규정이 없으며, 통상 여성근로자가 임신기간 내에 태아를 보호하기 위한 휴식 기간으로 이해할 수 있다. 〈여성근로자 태아보호휴가와 병가 6개월 초과 후 출산 시의 처우 문제에 관한 상해 市 노동국에 대한 회신〉은 계획생육규정에 부합하는 여성근로자가 의사의 진단을 근거로 태아보호휴가가 필요하다는 증빙을 제출할 경우, 그 휴가기간 동안 병가를 기준으로 임금을 받고 휴식을 취할 수 있다고 규정하고 있다.

해당 규정은 국유기업의 여성근로자만을 대상으로 하고 있으나, 실제 일반 기업도 위의 규정을 참조하여 여성근로자를 보호하고 있다. 태아보호휴가는 법률로 명문화된 규정이 없으나, 인도주의적 측면에서 많은 기업들이 인정해 주고 있는 상황이다.

태아보호휴가는 의료기와 달리 휴가기간에 대한 근거가 없으므로, 병가임금 수령을 위한 허위 진단 발급도 종종 발생하고 있다. 고용단위는 병가신청 프로세스와 동일하게 지정병원을 통해 발급한 진단서만 인정하는 등의 방법으로 관리를 강화할 필요가 있다.

2. 출산 휴가 및 임금 대우

(1) 출산 휴가

〈여성근로자 노동보호 특별규정〉이 발표되기 전, 근로자가 '계획생육计划生育(가족계획)'에 부합하지 않을 경우, 출산 휴가를 사용할 수 없었다. 그러나 〈여성근로자 노동보호 특별규정〉이 실행됨에 따라, 2012년 4월 28일부터 여성근로자는 계획생육 규정의 부합 여부와 관계없이 '전국 통일'의 출산 휴가를 사용할 수 있게 되었다. 그러나 지역별로 부여하는 장려 휴가는 계획생육에 부합하는 인원에 대해서만 사용할 수 있다.

(2) 휴가 기간의 임금 대우

고용단위 입장에서는 여성근로자의 출산 휴가 사용과 휴가 기간 내의 임금 지급이 중요한 문제가 된다. 이를 결정하는 가장 중요한 요소는 여성근로자의 '계획 생육' 부합 여부이다.

1) 계획생육

[취지]

계획생육의 주요 내용과 목적은 결혼과 출산을 늦추고 산아정책으로 인구를 계획적으로 통제하기 위함에 있었다. 또한 계획생육을 통해 인구문제와 사회발전에 적극적으로 관여할 목적으로 중국은 이를 정부차원에서 주도하였다. 〈중화인민공화국 인구 및 계획생육법〉을 제정하여 계획생육의 포상, 불이익에 관련한 규정을 마련하였기 때문에 계획생육의 이행에 있어서 일반 기업들 또한 상당한 주의를 기울여 다양한 방법으로 관리해야 할 필요가 있었다.

[조건]

여성근로자는 출산 전 당지 '위생 및 계획생육 행정관리 부서'의 신청·승인을 받아야만 출생자료(준생증명准生证明, 한국의 출생신고서)를 받을 수 있으며, 고용단위는 여성근로자가 제공한 출생신고서를 근거로 '계획 내 생육'의 부합 여부를 판단한다.

[생육 대우의 수령]

<기업근로자 출산보험 시행방법> 제7조 여성근로자가 출산 또는 유산을 한 후, 본인 또는 소재 기업이 현지의 계획생육 부서에서 발급한 계획생육증명서, 영아의 출생, 사망 또는 유산증명서를

가지고 현지 사회보험 취급기관에 수속을 밟아 출산수당 및 출산의료비를 청구한다.

'생육수당'은 계획생육에 부합해야 수령할 수 있다. 전국 규정보다 지방규정에서 계획생육에 대한 내용을 구체화하였다.

북경 지역은 '생육 수당은 근로자가 재직하고 있는 기업의 월 평균 임금을 30일로 나누고 출산 휴가 일수를 곱하여 지급한다.'고 규정하고 있다.

상해 지역은 '생육 수당은 여성근로자가 재직하고 있는 기업의 전년도 근로자 월 평균 임금을 30일로 나누고 사용해야 하는 출산 휴가 일수를 곱하여 지급한다.'고 규정하고 있다. 여성근로자가 출산 혹은 유산하였을 때 재직 기업의 전년도 근로자 월 평균 임금이 당지 근로자 평균임금의 300%보다 높을 경우, 300%를 기준으로 지급한다. 만약 당지 평균 임금의 60%보다 낮을 경우, 60%를 기준으로 지급한다.

광동성은 2021년 10월 1일 개정 발효된 <광동성 근로자 생육보험 규정>에 근거하여, 근로자가 출산하거나 가족 계획 수술을 한 경우 고용단위는 근로자의 전년도 월 평균 임금을 30일로 나누고 규정된 휴가 일수를 곱하여 수당을 지급하도록 한다. (중략) 당해 연도에 새롭게 보험에 가입한 고용단위의 경우, 생육 수당은 해당 사업단위의 금년도 사회보험 납입 근로자의 월평균 임금을 계산 기수로 한다.

(*사업단위 : '사업단위(事业单位)'라 함은 사회의 공공이익을 위해 국가가 조직하고, 국가의 재정으로 교육, 과학기술, 문화, 위생 등 사회적 서비스를 제공하는 조직을 말한다.)

각 지역의 사회보험 기구는 생육수당 신청과 수령 주체를 통일화하여 운영하고 있지 않다. 주로 아래의 세 가지 방식으로 분류해 운영하고 있다.

① 북경지역은 생육수당을 고용단위가 신청하여 수령하고 근로자에게 지급
② 상해지역은 여성근로자 본인 또는 위탁받은 사람이 직접 수령
③ 광동지역은 고용단위가 여성근로자에게 사회보험기구 대신 지급한 후에 사회

보험기구가 고용단위에게 지급

[고용단위의 생육수당 차액 보충 의무]

고용단위는 임신, 출산, 수유를 사유로 임금 삭감, 노동계약 또는 채용계약을 해지해서는 안 된다고 규정하고 있다. 생육수당과 근로자 임금 사이에 차액이 발생할 경우, 고용단위에게 임금 보충지급의 책임이 부과된다고 볼 수 있다. 어떻게 보충해야 하는지에 대해서는 각 지역별 규정이 상이하다.

북경지역은 고용단위가 보충지급의 책임을 지도록 규정하고 있다. 생육수당은 출산휴가의 임금으로 하고, 생육수당이 본인의 출산 휴가 임금표준보다 높더라도 고용단위는 초과된 부분을 공제할 수 없다. 그러나 생육수당이 본인의 출산 휴가 임금표준보다 낮을 경우 고용단위가 차액을 보충해야 한다.

상해지역은 고용단위에게 이중 보충지급의 책임을 지도록 규정하고 있다. 여성근로자가 출산 또는 유산했을 때 근로자의 전년도 평균임금이 본 市의 전년도 근로자 평균임금의 300% 이상일 경우, 초과부분을 고용단위가 보충지급 해야 한다. 즉, 사회보험기구에는 상한선 300%까지 생육수당을 지급하고, 차액부분에 대해서는 기업에서 책임지도록 명확하게 규정하고 있다.

광동지역은 고용단위가 보충 책임을 지도록 규정하고 있다. 생육수당이 근로자의 임금표준보다 높을 경우, 고용단위는 보험기구에서 받은 생육수당의 차액도 근로자에게 지급해야 한다. 보험기구에서 지불한 생육 수당이 근로자의 임금표준보다 낮을 경우에는 고용단위에서 차액을 보충하여 지급한다. 광동성에서 규정한 '임금표준'은 근로자가 법에 따라 누릴 수 있는 출산 휴가 또는 계획생육 수술 휴가 기간 전 12개월의 월 평균임금이다. 근로자가 만 12개월 미만으로 근로하였을 경우에는 입사한 기간부터 평균임금을 산정하도록 한다.

생육수당은 개인의 납입 기수에 따라서 남녀 구분 없이 사회보험기구에 납입한다. 근로자는 납입 의무가 없으며, 고용단위 일방만 납입하는 특징이 있다. 주의할 점은 생육 수당은 본인의 월 평균임금이 아닌, '사업장 근로자의 평균임금'을 기준으로 지급 한다는 점이다. 이 때문에 생육수당을 본인 임금보다 많이 받는 근로자도 있고, 적게 받는 근로자도 발생하게 된다. 상술한 지역 외 대부분의 지역들은 차액의 보충지급에 대해 명확하게 규정하고 있지 않으므로, 지역별 판례나 규정을 정확하게 확인하여 적용할 필요가 있다.

2) 계획생육 위반

여성근로자가 계획생육의 적용을 받지 못하는 출산이나 자연 유산을 한 경우에도 고용단위는 그에 상응하는 휴가 기간을 부여해야 한다. 즉, 국가의 입법 취지에 맞지 않으므로 생육수당을 수령하지 못하고 단지 휴가만 사용할 수 있다. 그러나 실무적으로 계획생육을 위반한 여성근로자가 병가 신청을 하고 고용단위가 병가 임금을 지급하는 경우도 있다.

[계획생육 위반 여성근로자의 권리]

① (유지) 여성 3기(임신, 출산, 수유) 기간 내 계약 종료 불가

② (유지) 매일 1시간의 수유 시간은 인정하도록 함

③ (일부 유지) 법정 출산 휴가의 사용 가능하나, 지역별로 추가 부여하는 장려 휴가 1~2개월은 사용 불가

④ (불가) 생육보험 기금에서 지급하는 수당 및 출산 관련 의료비용 수령 불가

⑤ (불가) 출산 휴가 기간 내 회사 급여 수령 불가

3. 포유(수유)기간의 휴게시간 및 임금 대우

출산 휴가는 여성근로자가 출산 후 신체를 회복하는 기간이며, 포유기간은 출산 휴가 종료 후에도 수유를 중단할 수 없는 상태의 자녀를 보호하기 위한 기간으로 볼 수 있다. 포유 휴가는 여성근로자가 누리는 특수휴가의 성격을 갖는다.

이는 출산 여성과 자녀 보호에 목적을 두고 있으며, 특히 자녀의 건강을 보호하고 사망률을 낮추는 역할을 하고 있다. 국제적으로 모성보호가 강조되고 있으며, 여성근

로자와 아동 보호에 많은 지원이 이루어지고 있다. 법률적으로 포유기를 만 1세 미만의 영아에게 수유하는 기간으로 규정하고 있으나, 포유기의 대우는 산전 휴가와 같이 통일된 규정으로 운영하고 있지 않다.

(1) 포유 기간

고용단위는 수유 중인 여직원에게 매일 근로시간 내에서 1시간의 수유 시간을 주도록 하고, 다태아를 출산한 여직원의 경우 1명마다 1시간의 수유 시간을 추가해 주어야 한다. 수유시간은 정상 근로시간으로 인정되어야 하므로 급여 공제가 불가하다.

(2) 포유 휴가

<상해시 여성근로자 노동보호 방법> 제16조 여성근로자가 출산 후 어려움이 있고 근로상 허가가 된다면, 본인이 신청하고 고용단위의 승인을 통하여 포유 휴가를 6.5개월 사용할 수 있다. 제18조 산전 휴가 및 포유 휴가에 받는 임금은 본인 임금의 80%로 계산하여 지급한다. 기업의 임금 인상 시, 산전 휴가, 출산 휴가, 포유 휴가는 출근으로 인정한다.

<(상해시 여성근로자 노동보호 방법)과 관련된 문제의 해석> 제7조 여성근로자의 6.5개월 포유 휴가 완료 후, 육아에 어려움이 있어 휴가를 신청하여 수유해야 할 경우, 각 기업은 생산 및 여성근로자의 실제 상황에 근거하여 포유 휴가를 연장할 수 있다. 그러나 1년을 초과해서는 안 되며, 임금은 본인임금의 70%로 지급한다.(생활에 어려움이 있는 경우, 상향 조정할 수 있으나, 본인 임금의 80%를 초과해서는 안 된다.)

<강소성 여성근로자 노동보호 방법> 제12조 출근에 어려움이 있는 근로자에 대해서는 본인이 신청하고 회사의 승인을 통하여, 6개월의 포유 휴가를 사용할 수 있으며, 임금은 80%보다 낮아서는 안 된다.

<광동성 여성근로자 노동보호 실시 방법> 제8조 여성근로자의 휴가기간이 종료된 후, 실질적인 어려움이 있을 경우 본인이 신청하고 회사의 승인을 통하여, 영아가 만 1세가 될 때까지 포유

휴가를 사용할 수 있다. 포유 휴가기간에 고용단위는 본인 표준임금의 75%보다 낮게 지급해서는 안 된다.

포유 휴가에 대한 통일된 규정이 없기 때문에 구체적인 사항은 지역별 규정을 참고하도록 한다. 수유시간은 여성근로자와 충분히 소통하여 출근 또는 퇴근 시간을 조정하거나 근로시간 내에 배정할 수도 있다. 자세한 사항은 기업의 상황에 따라 결정하도록 한다.

제3절 사회활동 참여 및 생산정지 상황에서의 임금지급

1. 사회 활동의 참가

<임금지급 잠행규정> 제10조 근로자가 법정근로시간 내에 법에 따라 사회활동에 참여하는 동안 고용단위는 정상적인 노동을 제공한 것으로 간주하여 임금을 지급하여야 한다. 사회활동은 법에 따라 선거권이나 피선거권을 행사하는 경우, 대표자로 선출되어 향(乡), 진(镇), 구(区)이상의 정부, 당파, 공회, 청년단, 여성 연합 등에서 조직하여 개최하는 회의에 참석하는 경우, 인민재판소 증인으로 참석하는 경우, 모범근로자·선진근로자 대회에 참석하는 경우, <공회법>에서 규정한 비전일제 기층공회 위원회 위원이 작업활동을 위해 생산 또는 근로시간을 점유하는 경우, 기타 법에 따라 참여하는 사회활동을 포함한다.

중국은 사회주의 국가적 특성상, 국가가 주도하는 각종 행사 및 지역 활동 참여를 매우 중요하게 생각하는 경향이 있다. 따라서 해당 사항이 발생할 경우, 법률에 따라 사회 활동에 참여하는 시간을 근로시간으로 인정해야 한다.

2. 생산정지 상황에서의 임금지급 [24]

<임금지급 잠행규정> 제12조 근로자의 원인이 아닌 고용단위의 조업정지, 생산정지가 하나의 임금지급 주기 내에 있을 경우, 고용단위는 노동계약에서 정한 기준에 따라 근로자 임금을 지급하여야 한다. 하나의 임금지급 주기를 초과하고, 근로자가 정상노동을 제공하였을 경우, 근로자에게 당지 최저임금표준보다 낮지 않은 임금을 지급해야 한다. 만약 근로자가 정상근로를 제공하지 않았을 경우에는 국가규정에 따라서 처리해야 한다.

생산정지의 기준을 법률로 상세하게 정의하지 않아 관리의 불확실성과 리스크가 증대되고 있다. 코로나19와 정부의 전력공급 중단과 같은 사유로 인해 기업이 정상적인 생산 활동을 할 수 없을 경우, 임금 지급을 어떻게 해야 하는지 사전에 숙지하여 오지급으로 인한 노무이슈가 발생하지 않도록 유의해야 한다.

(1) 임금지급 주기

규정 내 '하나의 임금지급 주기一个工资支付周期'를 어떻게 해석할 것인지 법률적으로 명확하지 않고, 한국어로의 해석도 굉장히 난해하다. 여러 법률 자료들을 살펴본 결과 다음 두 가지로 해석할 수 있다.

첫 번째는 생산정지가 발생한 달의 임금은 정상임금으로 지급한 후, 차월의 임금부터 당지 최저임금보다 낮지 않게 지급하는 방식이다. 예를 들어 월력(自然月, 1일~말일)을 기준으로 임금을 지급하는 기업에서 2021년 1월 15일 생산정지가 발생한 경우, 1월 16일~31일까지의 임금은 정상임금으로 지급하고 2월 1일부터는 당지 최저임금보다 낮지 않도록 지급한다.

두 번째는 생산정지가 시작된 날로부터 1개월을 '하나의 임금지급 주기'로 계산하

---

24 陆敬波. (2015). 薪酬福利与绩效管理. 中信出版集团. (P. 51~53. 停工停产工资支付) 참조

는 방식이다. 현재 많은 기업이 이 방식을 적용하고 있다. 기업의 실제 임금지급 주기를 따르지 않고 생산정지 후 1개월의 임금을 보장하는 방식이다. 근로자 측면에서는 발생 시점 이후 1개월의 정상임금을 수령할 수 있는 장점이 있다.

결론적으로 '하나의 임금지급 주기'는 생산정지가 시작된 날부터 계산하는 것이 법률적 리스크가 적다. 첫 번째 방식은 '하나의 임금지급 주기'를 충족하지 못하여 근로자의 합법적 이익을 침범했다고 판단할 수 있다는 견해가 많으므로 적용에 신중을 기해야 한다. 만약, 클러스터Cluster 내 타 기업이 첫 번째 방식으로 계산하여 임금을 지급하고, 노무이슈가 없이 수긍하는 분위기가 형성되었을 경우에만 동일한 방법의 적용을 고려하도록 한다.

(2) 임금지급의 형식

만약 하나의 임금지급 주기를 초과할 경우, 두 가지 상황의 임금지급 조건이 발생된다. 근로자가 정상 노동을 제공하였을 때에는 근로자의 노동보수가 당지 최저임금 표준보다 낮아서는 안 된다. 그러나 정상노동을 제공하지 않았을 경우에는 국가의 관련 규정에 따라 처리할 수 있다고 규정하고 있다.

<최저임금규정> 제3조 이 규정에서 말하는 최저 임금 기준은 근로자가 법정 근로시간 또는 법에 의해 체결된 노동계약에서 약정한 근로시간 내에 정상적인 노동을 제공한 경우 고용단위가 법에 따라 근로자에게 반드시 지불해야 하는 최소한의 노동보수를 말한다.

이 규정에서 말하는 정상노동이란 근로자가 법에 따라 체결한 노동계약에 따라 법정 근로시간 또는 노동계약에서 규정한 근로시간에 종사하는 노동을 말한다. 근로자가 법에 따라 가지는 유급 연차휴가, 친척방문휴가, 혼·상 휴가, 생육(출산)휴가, 산아제한 수술휴가 등 국가 규정 휴가기간과 법정 근로시간 내에 법에 따라 사회활동에 참여하는 기간은 정상노동을 제공한 것으로 간주한다.

<(중화인민공화국 노동법) 관철집행의 약간문제에 관한 의견>

三. 임금 / (一) 최저임금

> 58. 기업에서 정리해고 된 근로자에 대하여 기업은 해당 지방정부의 관련 규정에 의하여 생계비를 지급하여야 하며 생계비는 최저임금표준보다 적을 수 있다. 정리해고 근로자가 재취업한 경우 기업은 생계비 지급을 중지하여야 한다. 여성근로자가 출산, 수유 등의 이유로 장기 휴가를 신청한 경우 그 법정 휴가기간에는 법에 의하여 출산수당을 수령한다. 출산보험에 가입하지 아니한 기업은 기업이 원 임금을 지급한다.

정상노동은 근로자가 법률에 따라 체결한 노동계약 내 약정을 근거로, 법정근로시간 또는 노동계약 시 약정한 근로시간에 노동을 제공하는 것을 의미한다. 따라서 생산정지 기간 중에도 근로자가 정상노동을 제공한다는 조건 하에서 근로자는 당지 최저임금표준보다 낮지 않은 노동보수를 받을 수 있다.

만약 근로자가 정상노동을 제공하지 않았을 경우에는 어떻게 임금을 지급해야 할까? 국가의 관련 법률에 따라서 지급해야 한다고 규정하고 있는데, 이에 대해서는 다음의 법률 규정을 참고하도록 한다.

〈(중화인민공화국 노동법) 관철집행의 약간문제에 관한 의견〉 58.의 규정에서 알 수 있듯이 만약 근로자가 정상근로를 제공하지 않았을 경우에는, 최저임금보다 낮은 지방규정의 생활비를 지급할 수 있다. 북경시, 상해시, 광동성 등의 경우 생산정지에 따른 별도 임금지급규정을 제정하여 운영하고 있으므로, 각 지역별 규정을 확인하여 적용할 필요가 있다.

실무적으로 근로자의 사유가 아닌 생산정지가 발생하고, 그 기간이 짧을 경우 정상임금을 지급하여 근로 안정성을 확보하는 것이 좋다.

연말보너스 지급

1. 연말보너스(연종장)의 지급 근거

연종장 지급 여부 결정은 기업의 경영자주권에 속한다. 쌍방이 노동계약이나 단체협약에 약정하지 않고 규장제도에도 정기지급에 대한 구체적 명시가 없다면 기업은 당해 연도의 경영상황을 종합하여 지급 여부를 결정할 수 있다.

반대의 경우에는 반드시 약정에 따라 연종장을 지급해야 한다. 그렇지 않으면 기업은 노동보수의 자의적 감액에 따른 법률적 추궁을 받을 수 있다. 인민법원은 노동계약과 기타약정이 충돌하면 근로자에게 유리한 기준으로 지급 금액을 설정하고 집행하도록 판결하는 경향이 있다. 기업의 경영상황이 좋지 않을 경우, 연종장의 감액지급 등 유연한 의사결정이 필요하므로 정기지급 및 구체적 지급률에 대해서는 취업규칙에 명시하거나 노동계약에 약정하지 않는 것이 좋다.

2. 연종장 지급 대상

고용단위는 근로자와 약정하거나 규정을 제정할 때, 일반적으로 연종장의 지급 범위와 시기를 구체적으로 명시하고 근로자의 서명 동의를 받는다. 예를 들어 "지급 시기에 재직하지 않는 자는 연종장 대우를 받을 수 없음", "만 1년을 근속하지 않을 경우 연종장 지급 대상이 아님", "만 1개월 이상 근로하였을 경우, 재직자에 한 해 일할로 계산하여 지급함" 등과 같이 퇴직 인원은 지급 대상에서 제외하고, 근속 연수에 따라 차등 지급하는 방식으로 운영한다.

그러나 미지급 기준을 확정하여 운영하더라도 퇴직인원이 연종장 지급을 요구하는 사례가 종종 발생하고 있다. 퇴직 근로자는 과거 1년 내 일정기간 동안 기업의 성과에 기여한 부분을 인정해 줘야 한다는 이유로 기업에게 연종장 지급을 요구하거나 노동중재를 신청한다. 비록 위와 같이 쌍방이 약정하였다 하더라도, 퇴직 근로자의 공헌을 인정하지 않을 수도 없는 상황이다. 이에 대해 법원은 두 가지 견해로 해석한다.

[지급해야 한다는 주장]

> <노동법> 제46조 임금분배에 있어서는 노동의 양과 질에 의한 분배원칙을 따라야 하며, 동일한 노동에 대해 동일한 임금을 지급하여야 한다.
>
> 경제발전에 따라서 임금수준을 점진적으로 향상시킨다. 국가는 임금총액에 대해 거시적인 조절 및 통제를 실시한다.

임금분배는 반드시 동일가치노동 동일임금이라는 노동분배의 원칙에 따라야 한다. 연종장도 노동보수의 범위에 포함되므로 소속 기업에서 근로한 시간을 기준으로 안분하여 연종장을 지급해야 한다. 최근 법원에서 해당 원칙을 근거로 근로자의 입장을 지지하는 판결이 많으므로 참고해야 한다.

[지급하지 않아도 된다는 주장]

노동계약과 규장제도가 민주적인 절차를 거쳐 근로자와 평등주의로 합의되었다면, 쌍방이 합의한 계약이 우선되어야 한다. 해당 약정이 국가와 지방의 법률과 기타 민사주체의 권익을 침해하지 않았다면 계약의 합법성이 인정된다. 즉, 노동계약을 법률에 근거하여 쌍방이 체결하였고, 상호 합의한 규장제도를 근거로 사전에 연종장 지급의 구체 조건에 대해 약정하였으므로, 그 약정은 유효하다.

이 두 가지 견해에 대해 여전히 법률적으로 확정된 바가 없다. 필자는 사전에 합법성을 갖춘 규장제도를 통하여 근로자에게 연종장 지급 규정을 고지하였으므로, 중간에 퇴직한 근로자는 본인 스스로 권리를 포기한 것으로 간주할 수 있다고 판단하고 있다. 그러나 1차 계약종료 후 고용단위의 재계약 거부와 같이 근로자의 의지와 상관없이 일방적으로 노동계약이 해지되었을 경우에는 법원이 근로자의 요구를 받아들일 가능성이 크다.

3. 연종장의 시효

> <노동쟁의 조정중재법> 제27조 노동쟁의 중재신청의 시효기간은 1년으로 한다. 중재시효기간은 당사자가 그 권리를 침해 당하였거나 침해 당하였음을 알게 된 날부터 기산 한다. (중략) 노동관계의 존속기간 중 노동보수와 관련하여 발생한 쟁의는 근로자가 중재를 신청함에 있어 본 조 제1항의 중재시효기간의 제한을 받지 아니한다. 다만, 노동관계가 종료된 때에는 노동관계가 종료한 날로부터 1년 내에 신청해야 한다.
>
> <임금지급 잠행규정> 제6조 (중략) 고용단위는 근로자의 임금 지급액, 기간, 수령자의 성명 및 서명을 서면으로 작성하여 2년 이상 보존하여야 한다. 고용단위가 임금을 지급할 때에는 반드시 근로자에게 급여명세서 1부를 발급해야 한다.

연종장의 시효는 상당한 쟁점이 되는 문제이다. 만약 규장제도 및 노동계약에 연종장의 지급을 약정하였다면, 그 성격이 약정 임금(노동보수)에 속하므로 기간의 제한을 받지 않는 특수시효의 적용을 받으며, <노동쟁의 조정중재법> 제27조에 따라 노동관계가 해지 또는 종료된 날로부터 1년 내에 중재를 신청해야 한다.

고용단위는 <임금지급 잠행규정> 제6조에 근거하여 임금 지급 증빙서류를 2년 동안 보관해야 하므로, 2년 이내의 연종장 지급에 대해서는 고용단위가 입증하도록 한다. 2년을 초과하는 부분은 근로자가 입증해야 하며, 만약 근로자가 입증할 수 없을 경우 불리한 결과에 대해 스스로 책임지도록 한다.

즉 연종장의 소추 시효는 2년으로 제한된다고 볼 수 있다. 실제로 중재기관이나 법원도 입증문제로 인하여 일반적으로 2년 내의 기간만을 다루고 있다.

제목 : 퇴사자의 연종장 지급 관련 소송 판례

1. 근로자 : 고 모씨(X로 칭함)

2. 고용단위 : 북경 OOO호텔 유한회사(Y로 칭함)

3. 재판일자 : 2014년 12월 16일

[안건 내용]

① X는 2007년 8월 6일 Y에 입사하여 모 부서의 관리직을 수행하고 2014년 1월 26일 퇴직하였다.

② 이후, 쌍방은 연종장 지급에 대한 이견이 발생하였고, 쟁의로 확대되었다. X는 Y에게 그동안의 임금 지급 내역을 제출하였고, 내역서를 통해 Y는 X에게 연종장으로 2010년 13,000CNY, 2011년 15,000CNY, 2012년 28,000CNY를 지급한 것을 확인할 수 있었다. 그러나 Y는 2013년 X에게 연종장을 지급하지 않았고, X는 이에 대해 중재를 신청하였다.

③ Y가 X에게 2013년 연종장을 지급하지 않은 이유는 매년 연종장의 지급 기준이 동일 하지 않고, 회사는 매년 경영 상황에 따라 연종장의 지급을 결정한다는 것이었다. 2013년도 경영 상황이 좋지 않아, 회사는 중간 관리자 이상의 고위직에게는 2013년도의 연종장을 지급하지 않기로 결정했다. 이 주장을 뒷받침하기 위해 Y가 법원에 제출한 회의록에는 호텔의 경영 상황을 반영하고 경영층의 토론을 거쳐 고위직들의 2013년도 연종장을 지급하지 않는다고 명시되어 있다. 아울러 호텔 근로자의 2014년 포상 지급 제도는 인력자원부를 통해서 다시 수정을 한다고 기록되어 있다. 이 회의록의 개회 일자는 2014년 2월 14일이며, 회의 참가 인원은 총경리, 부총경리, 재무 총감, 인력자원 총감이다. X는 이 회의록의 진실성을 인정할 수 없고, 법률적으로도 부합하지 않는다고 주장하였다.

[법원 판결] 2심

① X는 2010년부터 2012년 연종장을 받았다. Y는 2013년도의 경영환경이 좋지 않아 중간 관

25 刘晓倩. (2017). 劳动关系中的管理权边界. 社会科学文献出版社. (P. 203~204. 工资和绩效管理的边界) 발췌

리자 이상에 대한 연종장을 지급하지 않았다고 하며, 회의록을 제출하여 이를 입증하고자 한

다. 그러나 해당 회의록에 기재된 내용으로는 Y가 주장하는 2013년의 회사 경영 상황이 어

려워 중간 관리자 이상에게 연종장을 지급할 수 없다는 객관적 사실을 입증할 수 없다고 판단

한다.

② Y가 2013년 이전에 X에게 연종장을 지급한 관례와 결합하여, 법원은 Y가 X에게 2013년의

연종장을 지급할 것을 확정한다.

③ 쌍방이 2013년도의 연종장의 구체 금액을 약정한 바가 없으므로, 구체적인 지급 금액은 2010

년부터 2012년까지 지급한 연종장의 평균 금액으로 2013년도 연종장을 지급하기로 한다.

[시사점]

연종장을 지급하기 전 퇴직한 직원에 대한 지급 의무 여부에 대한 판결이다. 본 건은 연종장 지

급 관례 및 고용단위의 지급 불가 사유에 대한 진실성을 판단한 사례이다. 판결 결과에서 볼 수 있

듯이 비록 퇴직한 근로자라 하더라도 전년도 성과에 따라서 지급하는 연종장의 경우에는 근로자

의 성과 기여를 고려하고 있다. 성과급Profit share 개념으로 지급할 경우에는 '기간'이 고려되고, 복

지성 개념의 명분으로 특정 일자에 지급할 경우는 '시점'으로 판단될 수도 있다. 정기적으로 정률

에 따라 차등 없이 전체근로자에게 지급하는 경우, 지급 취지를 명확히 하고 '시점' 개념을 도입하

는 것이 소급 지급 요구를 대응할 수 있는 방법이라 할 수 있다.

제8장

노동계약 내 위약금 약정

Intro

노동계약 내 위약금의 약정은 국가가 법률로 규정하는 영역 중의 하나이다. 노동관계는 신분종속성과 인격종속성이 있는 특수한 성질이 있어 국가의 관여가 결여될 경우 강제근로가 발생할 수 있다. 이 때문에 근로자의 직업선택의 자유 보장과 강제근로 방지의 실현을 노동법의 기본 원칙으로 하였다.

국제노동기구ILO의 1930년<강제노동에 관한 협약>(제29호)과 1957년<강제근로의 폐지에 관한 협약>(제105호)에 따라, 노동계약에 과도하게 긴 근무기간과 징벌적인 위약금을 약정하는 것은 강제노동으로 해석될 여지가 있다. 이에 일본 등 국가에서는 위약금의 약정을 입법을 통해 명확하게 금지하였다. 그러나 한국 정부는 해당 조항에 대해 아직 비준을 하지 못하였는데, 그 이유는 정치적 견해나 파업참가를 이유로 한 징역형 및 강제노역이 광범위하게 이루어지기 때문으로 알려져 있다. 중국은 <노동계약법> 제25조 규정에 따라, 위약금을 금지하고 특별한 사항에 대해서만 허가하고 있다. 즉, '교육훈련과 경업제한'에 대해서만 근로자와 위약금을 약정할 수 있고, 그 외의 기타 사항에 대해서 약정하는 것은 무효로 한다.

교육훈련 내용은 노동계약 또는 별도의 서면 형식으로 약정할 수 있다. 교육훈련의 목적은 고용단위가 근로자를 위해 전문기술교육의 기회를 제공하여 업무능력을 향상시키는 것에 있다. 이때 교육훈련의 구체적인 활동 내용에 따라 복무기간을 약정할 수 있으며, 만약 근로자가 복무기간 약정조항을 위반할 경우, 고용단위에게 위약금을 지불해야 한다. 그러나 위약금의 과다 책정에 따른 근로자의 경제적 압박을 방지하기 위해, 법률에서는 위약금의 금액은 고용단위가 제공한 교육훈련비용을 초과할 수 없도록 규정하고 있다.

한편 경영질서의 유지 측면에서 고용단위의 상업비밀을 보호하고 있다. 이 때문에 고용단위는 상업비밀을 보유하고 있는 근로자에게 비밀보호를 요구할 수 있으며, 경업제한의 방법으로 이를 실현하고 있다. 즉 비밀보호의 의무가 있는 근로자가 원래의 고용단위에서 이직한 후, 일정한 기간 내에 동종상품을 생산·경영하거나 원래의 고용단위와 경쟁관계의 업무를 하는 타인을 위해 일해서는 안 된다. 그러나 이는 고용단위의 권리와 근로자의 직업선택의 자유권이 충돌하므로 법률로써 고용단위의 권리에 제한을 두었다.

제1절 　교육훈련 위약금

<노동계약법> 제22조 고용단위는 근로자를 위해 전문훈련비용을 제공하거나 전문적인 기술훈련을 실시한 경우 해당 근로자와 합의하여 의무근로기간을 약정할 수 있다.

근로자가 의무근로기간약정을 위반한 경우 그 약정에 따라 고용단위에게 위약금을 지급하여야 한다. 위약금의 액수는 고용단위가 제공한 훈련비용을 초과할 수 없다. 고용단위가 근로자에게 요구하는 위약금은 의무근로기간의 미이행 부분에 상응하는 훈련비용을 초과할 수 없다.

고용단위와 근로자가 의무근로기간을 약정한 경우 정상적인 임금조정 시스템에 따른 근로자의 임금인상에 영향을 미치지 않는다.

<노동계약법> 제23조 고용단위와 근로자는 상업비밀 유지와 지적재산권 관련 비밀유지에 관

한 사항을 노동계약에 약정할 수 있다.

비밀유지 의무가 있는 근로자에 대해서 고용단위는 노동계약 또는 비밀유지 합의에서 경업제한 조항을 약정할 수 있다. 또한 노동계약의 해지 또는 종료 후 경업제한 기한 내에 매달 근로자에게 경제적 보상을 해줄 것을 약정할 수 있다. 근로자가 경업제한 약정을 위반한 경우 그 약정에 따라 고용단위에게 위약금을 지급하여야 한다.

<노동계약법> 제25조 본법 제22조와 제23조에서 규정한 경우를 제외하고 고용단위는 근로자와 근로자가 부담하는 위약금을 약정할 수 없다.

<노동법> 제68조 고용단위는 직업훈련제도를 확립하고 관련 국가규정에 따라 직업훈련의 경비를 사용하여야 하며, 상황에 맞도록 계획적으로 직업훈련을 실시하여야 한다.

기술직 근로자는 작업배치 전에 반드시 직업훈련을 받아야 한다.

직업훈련제도를 수립하는 것은 고용단위의 의무이며, 동시에 정상적인 업무수행을 위한 과정이다.

그러나 근로자가 직업훈련교육을 받아 직업능력을 향상시킨 후 곧바로 이직한다면 고용단위의 훈련비용은 매몰되어 근로자에 대한 직업훈련의 이행에 부정적 영향을 주게 된다. 이 때문에 쌍방이 교육훈련협의를 통해 근로자의 위약금 부담을 약정할 수 있도록 법률로 규정하였다.

1. 복무기간의 특징

교육훈련협의 내 약정한 복무기간은 노동계약과 다른 몇 가지 특징을 갖고 있다.

① 노동계약기간은 쌍방의 노동관계 지속에 대한 약정이나, 교육훈련협의에 따른 복무기간은 교육훈련의 구체내용, 기술능력 향상 정도 등에 근거하여 상호 협상하여 확정한다.

② 노동계약은 무고정 계약이 가능하나, 교육훈련은 반드시 명확한 약정기한을 설

정해야 한다. 의무 복무기간이 노동계약기간보다 길 경우, 노동계약기간은 자동으로 의무 복무기간 만료까지 연장된다.

③ 의무 복무기간에 대해서 중첩된 계약을 체결할 수 있다. 만약 고용단위가 동일한 근로자에게 복수의 교육훈련을 진행할 경우, 서로 다른 복무기간을 한 사람의 근로자와 중복체결 할 수 있다.

2. 교육훈련비용의 범위

<노동계약법 실시조례> 제16조 노동계약법 제22조 2항에 규정된 교육훈련 비용은 고용단위가 근로자에 대해 진행하는 전문기술교육훈련을 위해 지불한 증빙이 있는 교육훈련비용, 교육훈련기간의 출장여비 및 교육훈련으로 해당 근로자에게 사용되는 기타 직접비용을 포함한다.

<노동계약법> 제22조 고용단위는 근로자를 위해 전문훈련비용을 제공하거나 전문적인 기술훈련을 실시한 경우 해당 근로자와 합의하여 의무 복무기간을 약정할 수 있다.

근로자가 의무 복무기간약정을 위반한 경우 그 약정에 따라 고용단위에게 위약금을 지급하여야 한다. 위약금의 액수는 고용단위가 제공한 훈련비용을 초과할 수 없다. 고용단위가 근로자에게 요구하는 위약금은 의무 복무기간 중 미이행 부분에 상응하는 훈련비용을 초과할 수 없다.

고용단위와 근로자가 의무 복무기간을 약정한 경우 정상적인 임금조정 시스템에 따른 근로자의 임금인상에 영향을 미치지 않는다.

노동쟁의가 발생할 경우, 고용단위는 근로자 교육을 위해 지불한 교육훈련의 비용 증빙을 제출할 수 있어야 한다. 교육훈련비용은 전문기술교육에 지불한 교육비, 교육훈련 기간의 출장비 및 교육훈련으로 인해 사용한 근로자에 대한 기타 직접비용을 포함한다고 규정하고 있다.

교육훈련기간에 지불한 임금의 비용포함 여부에 관한 문제는 여전히 쟁의로 다뤄지고 있다. 원칙적으로 근로자가 고용단위의 지위 명령을 받는 교육훈련은 근무의 일부이며, 이 기간에 고용단위가 지불한 임금은 법정의무로 보아야 한다. 즉 교육훈련 비용에 포함해서는 안 된다.

3. 위약금의 배상 조건

의무 복무기간에 대해 고용단위와 근로자는 별도의 약정을 진행해야 하며, 근로자의 과실이 없을 경우 고용단위는 배상요구를 할 수 없다. 예를 들어 고용단위가 노동계약 기간에 일방적인 계약해지를 진행할 경우 근로자에게 배상 의무를 요구해서는 안 된다.

① (면제) 시용기 내 계약해지

<노동부의 시용기 내 노동계약해지처리의 근거에 관한 문제의 회신> 고용단위는 근로자의 각종 기술훈련 교육을 위해 비용을 지출하였으나, 시용기간 내의 근로자가 노동관계의 해지를 요구할 경우, 고용단위는 해당 근로자에게 교육훈련비용의 지불을 요구해서는 안 된다

시용기간 내에 근로자가 고용단위와 노동관계의 해지를 요구할 경우, 고용단위는 교육훈련비용 지불을 요구할 수 없다.

② (면제) 고용단위의 과실에 따른 계약해지

<노동계약 실시조례> 제26조 고용단위와 근로자가 복무기간을 약정하였으나, 근로자가 <노동계약법> 제38조(고용단위의 과실)의 규정에 근거하여 노동계약을 해지하는 경우, 복무기간의 약정을 위반한 것으로 볼 수 없으므로 고용단위는 근로자에게 위약금을 청구해서는 안 된다.

고용단위가 근로자와 약정한 노동보호와 근로조건을 제공하지 않거나 보수 전액을 적시에 지급하지 않는 등 고용단위의 과실로 인하여 근로자가 의무 복무기간을 완

료하지 못하고 퇴직할 경우, 위약금을 지불하지 않아도 된다.

③ (배상) 근로자 과실에 따른 계약해지

<노동계약법> 제39조 다음 각 호의 1에 해당하는 근로자에 대해 고용단위는 노동계약을 해지할 수 있다.

(1) 시용기간 중 채용조건에 부합하지 않음이 증명된 경우

(2) 고용단위의 규장제도를 심각하게 위반한 경우

(3) 직무상의 과실, 사리추구와 부정한 행위로 고용단위의 이익에 중대한 손실을 끼친 경우

(4) 근로자가 동시에 다른 고용단위와 노동관계를 맺어 소속단위의 업무 완성에 중대한 영향을 끼쳤거나 고용단위의 지적에도 불구하고 시정을 거부하는 경우

(5) 본법 제26조 제1항의 규정에 따라 노동계약이 무효가 되는 경우

(6) 법에 의거하여 형사책임을 추궁받는 경우

〈노동계약법〉 제39조 (2)와 (4)에 규정된 엄중한 규율위반으로 인하여 고용단위에게 중대한 손실을 입힌 경우, 근로자가 동시에 다른 고용단위와 노동계약을 체결하여 본 고용단위의 근로 이행에 심각한 영향을 주는 등의 사유로 고용단위가 노동계약을 해지하는 경우 근로자는 위약금을 지불하여야 한다.

<노동계약법> 제23조 고용단위와 근로자는 상업비밀 유지와 지적재산권 관련 비밀유지에 관한 사항을 노동계약에 약정할 수 있다.

비밀유지 의무가 있는 근로자에 대해서 고용단위는 노동계약 또는 비밀유지 관련 합의에서 경업제한 조항을 약정할 수 있다. 또한 노동계약의 해지 또는 종료 후 경업제한 기한 내에 매달 근로자에게 경제적 보상을 해줄 것을 약정할 수 있다. 근로자가 경업제한 약정을 위반한 경우 그 약정에 따라 고용단위에게 위약금을 지급하여야 한다.

<노동계약법> 제24조 경업제한의 대상인원은 고용단위의 고급관리인원, 고급기술인원과 기

타 비밀유지의무를 부담하는 인원에 제한된다. 경업제한의 범위·영역·기한은 고용단위와 근로자가 약정하고 법규를 위반할 수 없다.

노동계약의 해지·종료 후 전항에 규정된 인원이 해당 사용자와 동종상품을 생산·경영하거나 동종업무의 경쟁관계에 있는 다른 사업장에 취업할 수 없다. 또 스스로 개업하여 동종상품을 생산·경영할 경우 제한을 받는다. 경업제한기한은 2년을 초과할 수 없다.

제2절
경업제한 위약금[26]

1. 계약의 체결과 의무

경업제한은 고용단위 일방이 단독으로 규정할 수 없고, 필요한 경우 쌍방이 명확한 권리와 의무를 약정해야 한다. 즉 근로자의 동의가 전제되어야 한다. 만약 근로자가 경업제한 협의에 서명하지 않을 경우, 고용단위가 근로자의 직업선택의 자유를 제한할 수는 없으나, 근로자는 여전히 상업비밀의 보호 의무를 다해야 한다. 이는 〈부정경쟁방지법〉과 〈노동법〉에 근거한 근로자의 의무에 속한다.

2. 경업제한의 적용 범위

경업제한은 모든 근로자에게 적용하지 않는다. 〈노동계약법〉 제23조는 비밀보호 의무가 있는 근로자와 경업제한 조항을 약정할 수 있도록 하였고, 〈노동계약법〉 제24조와 〈회사법〉 제216조에서는 구체적으로 고용단위의 고급관리 인원, 고급기술인원과 기타 비밀유지 의무를 부담하는 인원으로 제한된다고 규정하였다. 고용단위는 모

---

26 陆敬波. (2015). "规章制度管理." 中信出版集团. (P.155~158 保密及竞业限制制度 참조)

든 경영정보를 상업비밀이라고 포괄적으로 규정할 수 없다. 〈부정경쟁방지법〉에 근거하여 상업비밀은 법률적 보호를 받는 경영정보로 한정된다. 상업비밀은 대중에게 알려지지 아니하고, 권리자에게 경제적 이익을 줄 수 있는 실용성이 있는 경영정보여야 한다.

3. 경업제한의 보상

(1) 경제적 보상 의무

> 〈최고인민법원 노동쟁의사건 심리에 대한 법률적용에 관한 몇 가지 문제의 해석〉(4) 제6조 당사자가 노동계약서 혹은 비밀보호 협의에서 경업제한은 약정하였으나, 노동계약의 해지 또는 종료 후 근로자에게 경제적 보상지급을 약정하지 않았음에도, 근로자가 경업제한의 의무를 이행할 경우, 고용단위는 근로자의 노동계약의 해지 또는 종료 전 12개월 평균임금의 30%를 기준으로 매월 경제적 보상을 지불해야 하며, 인민법원은 이를 지지한다. 전항의 월 평균임금의 30%가 노동계약을 체결한 지역의 최저임금표준보다 낮을 경우, 노동계약을 체결한 지역의 최저임금표준에 근거하여 지급한다.
>
> 〈동법〉 제8조 노동계약 또는 비밀유지 계약에서 당사자가 경업제한 및 경제적 보상에 대해 합의하였지만, 노동계약이 해지 또는 종료된 후 고용단위의 귀책으로 3개월 동안 경제적 보상을 지급하지 않아 근로자가 경업제한 합의의 해제를 요구하면 인민법원은 이를 지지한다.

고용단위가 근로자와 노동계약 종료 및 해지 이후, 경업기간 내에 매월 근로자에게 일정한 경제적 보상을 지급해야 한다. 그 이유는 근로자가 원래의 고용단위에서 이직한 후 경업제한 의무를 이행함에 따라서 직업선택의 자유에 영향을 받기 때문이다.

특히 업무상 응용 영역이 좁은 업무에 종사한 근로자의 경우 경업제한을 준수하기가 어렵고 심지어 일정 기간 내에 새로운 직장을 구하기 힘든 상황이 되어, 근로자와 그 가족의 생활에 영향을 줄 수도 있다. 이 때문에 고용단위는 매월 합리적인 보상을 통해 근로자의 경제적 손실을 보전하도록 법률로 규정하고 있고, 구체적인 보상금액은 쌍방이 협의하여 약정하도록 하였다. 만약 경제적 보상액수에 대해 협의하지 않았을 경우 다음의 조항을 참고하여 지급한다.

(2) 경제적 보상 미약정에 대한 책임

<노동계약법> 제26조 다음과 같은 노동계약은 무효이거나 부분무효이다.

(1) 기망, 협박의 수단 또는 타인의 위급함을 이용하여 그 진실한 의사에 위배되어 체결한 것

(2) 고용단위가 자신의 법정책임을 면제하거나 근로자의 권리를 배척하는 것

(3) 법률 기타 행정법규의 강제성 규정을 위반한 것

노동계약의 무효 또는 부분무효의 분쟁이 있을 경우 노동쟁의중재기구 또는 인민법원이 확인한다.

<강소성의 노동쟁의 안건심리의 지도의견> 제3조 고용단위와 근로자가 경업제한조항을 약정하였으나, 경제적 보상을 약정하지 않거나 경제보상을 약정하였음에도 약정금액을 지불하지 않을 경우, 경업제한 조항은 근로자에 대해 구속력을 갖지 않는다.

위의 법률에 따라 고용단위가 경업제한을 약정하였으나, 경제적 보상을 지급하지 않았을 경우 근로자에게 구속력을 행사할 수 없다.

4. 경업제한 기간

<노동계약법> 제24조에 따라 경업제한의 기간은 2년을 초과할 수 없다. 만약 2년을 초과하여 약정한 경업제한은 어떻게 처리해야 할까? 일반적으로 경업제한 기간은 근로자의 노동계약의 종료 또는 해지일로부터 계산을 시작한다. 경업제한의 실질적

인 목적은 근로자의 취업권리의 제한이다. 근로자의 취업권리를 보호하기 위해서 법률로 최장 2년의 경업제한 기간을 설정하였으므로, 그 기간을 초과할 경우 무효로 보는 것이 맞다.

5. 약정 위반에 대한 책임

경업제한 협의 내 쌍방의 의무를 명확하게 약정하였음에도 근로자가 약정을 위반할 경우 위약 책임을 져야 한다. 실무적으로 쌍방이 경업제한을 약정하는 과정은 복잡하다. 주의할 사항은 비밀유지에 대한 위약금과 경업제한에 대한 위약금을 구분해야 하며, 근로자가 위약 행위를 했다고 규정할 수 있는 근거, 경제적 보상의 지급 방법, 위약금의 합리적인 설정 등 각종 문제에 대해서 상세하게 규정할 필요가 있다. 또한 위약금의 액수 산정은 형평성에 어긋나면 안 된다.

위약에 대한 경제적 배상은 위약금 또는 손실 배상금으로 설정할 수 있다. 그러나 두 가지를 동시에 적용해서는 안 된다.

(1) 위약금의 설정

약정을 위반하여 기업에 손실을 발생시킨 경우, 위약에 대해 배상책임을 지도록 한다. 해당 법률은 근로자가 위약금을 배상하였더라도, 기업이 의무 이행을 요구할 경우 약정 기간까지 의무를 이행해야 한다.

<최고인민법원 사법해석>(4) 제10조 근로자가 경업제한의 약정을 위반하여 고용단위에게 위약금을 지급한 후 고용단위가 근로자에게 약정에 따라 경업제한의 의무를 지속 이행하도록 요구할 경우, 인민법원은 지지해야 한다

---

(2) 손실 배상금의 설정

약정을 위반하여 기업에 손실을 발생시킨 경우, 손실 금액에 대한 배상책임을 지도록 한다. 주의해야 할 사항은, 위약금의 설정은 근로자에게 배상 책임을 부과한 후에도 기업이 경업제한 의무를 지속 요구할 경우 법률적 효력을 발휘할 수 있다. 그러나 손실배상금의 설정은 근로자에게 배상 책임을 부과하면 그 후 경업제한의 의무를 강제할 수 없게 되는 특징이 있다. 이 두 가지 위약행위의 법률적 결과는 동일하게 배상책임이나, 결론적으로 그 형식에 있어서 '위약금의 설정'이 '손실배상금의 설정' 보다 기업 관리 측면에서 유리하다.

제9장

근로자에 대한 경제적 보상 책임

Intro

경제보상금 제도는 노동계약이 해지되거나 종료되는 특정 상황이 발생한 경우 사용자가 법에 따라 근로자에게 보상금을 지급하는 제도를 말한다. 경제보상금 제도의 가장 기본적인 기능은 근로관계를 해지할 때 발생하는 근로자의 경제적 손실을 보상하는 것이다. 근로자의 자발적·과실성 계약해지가 아닌 쌍방 합의의 계약해지, 경제성 감원, 고용단위의 과실에 따른 계약해지, 노동계약 기간의 만료 따른 계약 해지 등의 상황이 발생할 경우 실직 기간 동안 근로자의 경제적 압박을 어느 정도 완화하기 위해 도입한 제도로 볼 수 있다.

경제보상금은 근속 연수에 따라 산정할 수 있도록 가이드라인을 제공하고 있다. 그러나 다양한 방법을 통해 근로자는 사용자를 압박하여 추가 보상을 요구하는 경우가 있다. 노동관계에 있어서 사용자는 계약체결 시 우월적 지위를 이용하여 근로자와 협상을 진행하지만, 계약해지의 상황에서는 근로자가 사용자보다 우월적 지위를 갖는 양상을 보이기도 한다. 이는 경제보상금 이외에 협상을 통한 추가 보상 지급에 대해 법률적 제한이 없기 때문이기도 하다.

노동중재의 핵심은 경제보상금과 경제배상금(경제보상금의 2배)의 지급 여부이다. 중국은 한국의 퇴직금 제도가 존재하지 않아 실업보험을 통해 실직 근로자의 경제적 어려움을 완화하고 있다. 그러나 국가의 실업보험 보장 수준이 높지 않고, 계약 종료 시점에 경제보상금 취득 기회가 있어 근로자는 다양한 방법으로 고용단위가 경제보상금 지급에 협의해 줄 것을 요구하기도 한다. 만약 노동계약 미체결과 같은 고용단위의 인사운영상 중대 실수를 근로자가 발견할 경우, 이를 근거로 하여 고용단위에게 경제배상금을 요구한다.

한국기업은 경제보상금 지급에 상당히 부정적인 시각을 가지고 있다. 그러나 합법적인 경제보상금 지급이 필요할 경우 회피하지 말고 법에서 정한 기준에 따라 지급하고 리스크를 예방해야 한다.

경제보상금

1. 경제보상금의 지급 요건

경제보상금 지급 시, 주의할 사항 중 하나는 계약기간의 종료에 따른 '통지대체금 代通知金(대통지금)'의 지급 여부이다. 계약기간 중 고용단위의 '일방 계약해지'에 해당할 경우 대통지금을 지불해야 하나, 기간이 만료되어 계약이 '종료'될 경우에는 대통지금 지급 요건에 해당하지 않는다.(단, 북경, 대련 등 지역별 확인 필요)

그러나 1차 계약 종료 후 계약해지를 하는 과정에서 근로자가 통지대체금 지불을 주장하는 사례가 발생한다. 고용단위는 근로자의 비과실성 계약해지에 해당할 경우를 제외하고 통지대체금 지불 의무가 없다. 다음으로 경제보상금의 지급 요건에 대해 구체적으로 알아보도록 한다.

(1) 쌍방 합의의 계약해지

고용단위가 근로자에게 노동계약 해지를 제의하고 상호 합의하여 노동계약을 해지하는 경우이다. 이때 근속연수에 따라 경제보상금을 지급하기도 하고, 근로자와 협의하여 경제보상금을 조정하기도 한다. 만약, 경제보상금보다 적은 금액으로 합의할 경우, 향후 추가 보상 요구를 하지 않겠다는 서약을 협의서 내에 포함하도록 한다.

(2) 근로자의 비과실성 계약해지

① 근로자가 질병이나 근무와 무관한 부상으로 인해 규정된 치료기간 만료 후에도 본래의 업무에 종사할 수 없을뿐만 아니라 고용단위가 별도로 조정해준 업무에도 종사할 수 없는 경우

② 근로자가 업무수행이 불가능하여 교육훈련 또는 업무조정을 했음에도 여전히 업무를 제대로 수행할 수 없는 경우

③ 노동계약 체결 당시의 객관적 사정에 중대한 변화가 발생하여 노동계약을 이행할 수 없게 되고, 고용단위와 근로자 간 합의를 거쳤음에도 노동계약 내용의 변경에 합의하지 못한 경우

위의 세 가지 경우, 고용단위는 30일 전 서면 통보하거나 1개월의 급여를 추가 지급하고 계약해지를 할 수 있다. 즉, 30일 전 통보 또는 대통지금 지급의 의무가 발생한다.

(3) 경제성 감원

① 〈기업파산법〉에 따라 회사정리절차를 진행하는 경우

② 생산경영에 있어 매우 곤란한 사정이 발생한 경우

③ 기업이 생산품 전환, 기술혁신 또는 경영방식 조정으로 인하여 노동계약을 변경한 후에도 감원이 필요한 경우

④ 기타 노동계약 체결의 기초가 된 객관적 상황에 중대한 변화가 생겨 노동계약을 계속 이행할 수 없는 경우

근로자를 감원함에 있어 감축인원이 20명 이상이거나, 20명이 안 되지만 소속 근로자 총 인원수의 10% 이상인 경우, 고용단위는 30일 전에 노동조합 또는 전체근로자

에게 상황을 설명하고 의견을 청취한 후 감원방안을 노동행정부문에 보고한 후 감원할 수 있다.

(4) 고용단위의 과실에 따른 계약해지

① 노동계약의 약정에 따른 노동보호와 근로조건을 제공하지 않은 경우

② 보수 전액을 적시에 지급하지 않은 경우

③ 법정 사회보험료를 납부하지 않은 경우

④ 고용단위의 규장제도가 법률, 법규를 위반하여 근로자의 권익에 손해를 끼친 경우

⑤ 사기, 협박 또는 상대방의 의사에 반해 계약을 체결하거나 변경한 경우

⑥ 사용자가 자신의 법정 책임을 면제하고 근로자의 권리를 배제한 경우

⑦ 법률, 행정법규의 강제성 규정을 위반한 경우

(5) 노동계약 종료

노동계약 기한이 만료되고 고용단위가 더 이상 재계약을 원하지 않은 경우 경제보상금을 지급해야 한다. 그러나 고용단위가 노동계약에서 약정한 조건을 유지 또는 상향하였음에도 근로자 스스로 계약갱신에 동의하는 않는 경우 경제보상금 지급 요건에 해당하지 않는다. 아울러, 노동계약의 종료에 따른 계약해지는 대통지금의 지급 요건에 해당하지 않는다.

(6) 기업의 파산·폐쇄·해산

① 고용단위가 법에 의해 파산을 선고받은 경우

② 고용단위의 영업허가증이 취소되거나 폐쇄·해산명령을 받은 경우 또는 고용단위가 그 전에 해산을 결정한 경우

경제보상금 미지급		내용	노동계약법	비고
노동 계약 해지	근로자 일방의 계약해지	근로자는 30일 전까지 서면으로 고용단위에게 통지한 후 노동계약을 해지할 수 있다. 수습기간 내의 근로자는 3일 전까지 고용단위에게 통지하고 노동계약을 해지할 수 있다.	제37조	
	근로자의 과실에 따른 계약해지	(1) 수습기간 중 채용조건에 부합하지 않음이 증명된 경우 (2) 고용단위의 규장제도를 심각하게 위반한 경우 (3) 직무상 과실, 사리추구와 부정한 행위로 고용단위의 이익에 중대한 손실을 끼친 경우 (4) 근로자가 동시에 다른 고용단위와 노동관계를 맺어 소속단위의 업무 완성에 중대한 영향을 끼쳤거나 고용단위의 지적에도 불구하고 시정을 거부하는 경우 (5) 본법 제26조 제1항의 규정에 따라 노동계약이 무효가 되는 경우 (6) 법에 의거하여 형사책임을 추궁받는 경우	제39조	공회 통지 의무 이행

2. 경제보상금 산정 기준

경제보상금은 '계산 기수'와 '계산 연한'을 곱하여 산정한다. 계산 기수는 노동계약 해지일로부터 직전 12개월의 근로자 평균임금이다.

고임금 근로자의 월 평균 임금이 고용단위 소재지의 인민정부가 발표한 전년도 근로자의 월 평균임금의 3배보다 높을 경우, 경제보상금은 전년도 근로자 평균 임금의 3배를 기준으로 하고, 계산 연한은 12년을 초과하지 않는다. 경제배상금은 고용단위가 위법하게 노동계약을 해지하는 경우에 지급해야 하는 배상금을 말하며, 경제보상금의 2배이다.

경제보상금 산정 기준 요약

구분		내용
근속 연수에 따른 경제보상금 지급	1일~6개월 미만	0.5개월
	6개월 이상~1년 미만	1개월
	1년 이상	1개월 이상 (N년 근속에 N개월 경제보상금 지급)
지급 기준	일반 근로자	노동계약 해지 또는 종료 전 12개월의 평균 임금 - 급여, 포상, 수당, 잔업비, 성과급 등 모든 금액 포함 - 소득세, 사회보험 및 주방공적금 공제 전 금액(Gross Pay)
	고 임금자	고용단위가 소재한 지역의 전년도 근로자 평균임금의 3배를 초과하는 경우 - 전년도 근로자 평균임금의 3배를 기준으로 함 - 경제보상금의 연한은 최대 12년을 초과하지 않음
통지대체금 (대통지금)	직전 1개월 고정급	근로자의 직전 1개월 분의 정상 노동 시간에 대한 임금 - 수당, 보조금, 고정상여 등은 포함 - 잔업비는 정상 노동시간의 임금이 아님

제2절 특수 상황에서의 보상 및 배상 책임

1. 서면 노동계약 미체결에 따른 두 배의 임금 지급

<노동계약법> 제10조 노동관계를 맺을 때는 서면으로 노동계약을 체결해야 한다. 이미 노동관계를 맺었으나 서면으로 노동계약을 체결하지 않은 경우 근로자 고용 후 1개월 내에 서면으로 노동계약을 체결해야 한다. 고용단위와 근로자가 고용 전에 노동계약을 체결한 경우 그 노동관계는 고용일부터 성립한다.

<노동계약법> 제14조 3항 고용단위가 고용일로부터 만 1년 이내에 근로자와 서면으로 노동계약을 체결하지 않은 경우 고용단위와 근로자가 무기노동계약을 체결한 것으로 간주한다.

<노동계약법> 제82조 고용단위가 고용일로부터 1개월 초과 1년 미만까지 근로자와 서면계약을 체결하지 않은 경우, 근로자에게 매월 2배의 임금을 지불해야 한다.

고용단위가 이 법률 규정을 위반하여 근로자와 무고정 노동계약을 체결하지 않은 경우, 무고정

노동계약을 체결해야 하는 일자로부터 기산하여 근로자에게 매월 임금의 2배를 지불해야 한다.

위의 조항을 결합하여 해석하면 노동계약 미체결에 대한 징벌금은 최대 11개월 부과할 수 있으며, 2배의 임금 지급 시효는 〈노동쟁의조정중재법〉 제27조에 따라 1년의 '보통 시효'가 적용된다. 즉 임금 성격이 아니므로 '특수 시효'를 적용 받지 못한다. 다음으로 서면 노동계약 미체결에 따라 근로자에게 2배의 임금 지급을 해야하는 요건에 대해서 살펴 보도록 한다.

(1) 재직 기간 내 중재 신청의 경우

1) 만 1년 이내에 중재 신청을 할 경우, 1개월 초과 기간에 대해 2배의 임금 지급 및 보충 계약 체결을 진행한다.

   예를 들어 2020년 1월 1일 계약 체결 인원이 5월 31일 노동계약 미체결에 대한 중재 신청을 할 경우, 2020년 2월 1일부터 5월 31일까지 기 지급된 임금 외에 4개월의 임금을 배상금으로 받는다. 아울러 서면 노동계약 체결을 통해 노동관계를 보완하도록 한다.

2) 만 1년 초과의 경우, 무고정 기간 계약 체결로 간주하고 2배의 임금 지급은 하지 않는다.

(2) 퇴직 이후의 중재 신청의 경우

1) 만 1년 이내에 근로자가 노동관계를 종료하고 중재 신청을 해야한다. (근무 만 365일 당일 퇴직까지 인정됨, 366일차 퇴직 인원은 대상에서 제외)

2) 만 1년 초과 후 퇴직 시 무고정 계약기간 체결로 간주하고, 사법기관은 더 이상 고용단위에게 2배의 임금 지급을 판결하지 않는다.

3) 노동 중재의 시효는 1년으로 하며, 중재 신청 일로부터 1년 전까지의 기간을 2배의 임금 지급 계산일로 산정한다. (최대 11개월)

예를 들어 2019년 1월 1일 입사한 인원이 2019년 12월 31일에 퇴직하고, 2020년 5월 31일 중재를 신청한 경우 벌금 계산기간은 2019년 6월 1일부터 2020년 5월 31일이며, 여기에 퇴직 시점을 고려하면 2019년 6월 1일~2019년 12월 31일까지 7개월의 임금을 배상금으로 받을 수 있다.

2. 연장근로 수당 미지급에 따른 보충 지급

<노동쟁의 조정중재법> 제27조 노동쟁의 중재신청의 시효기간은 1년으로 한다. 중재시효기간은 당사자가 그 권리를 침해 당하였거나 침해 당하였음을 알게 된 날부터 기산한다. (중략) 노동관계의 존속기간 중 노동보수와 관련하여 발생한 쟁의는 근로자가 중재를 신청함에 있어 본 조 제1항의 중재시효기간의 제한을 받지 아니한다. 다만, 노동관계가 종료된 때에는 노동관계가 종료한 날로부터 1년 내에 신청해야 한다.

<노동쟁의 조정중재법> 제6조 노동쟁의 발생 시 당사자는 자신의 주장에 대한 증거를 제출할 책임이 있고, 쟁의 사항과 관련된 증거가 고용단위의 관리하에 있는 경우 고용단위는 이를 제출하여야 한다. 고용단위가 이를 제공하지 않을 경우 그로 인한 결과에 대해 책임을 진다.

<임금지급 잠행규정> 제6조 (중략) 고용단위는 반드시 서면 형식으로 근로자의 임금 액수, 시간, 수령자의 성명 및 서명을 기록하고 2년 이상 보존하여 심사에 대비해야 한다. 고용단위는 임금지급 시 근로자에게 임금명세서 1부를 제공하여야 한다.

<최고 인민법원의 노동쟁의 안건 심리에 적용하는 법률에 관한 약간 문제의 해석>(3) 제9조 근로자가 잔업비를 주장하는 경우, 반드시 잔업 사실에 대한 입증 책임을 져야 한다. 그러나 고용단위가 초과근무에 관한 증거를 장악하고 있다는 사실에 대한 증거를 근로자가 가지고 있음에도, 고용단위가 이를 제공하지 않을 경우 불이익을 감수해야 한다.

노동보수와 관련된 사항에 대해 퇴직 후 1년 이내에 중재를 신청할 경우, 특수 시효의 적용을 받아 이론적으로는 무제한 소급 적용된다. 연장근로 수당을 지급하지 않

을 경우 경제보상금 지급 및 소급 지급의 의무가 있으므로 주의가 필요하다.

근로자의 잔업비 미지급 관련 사항은 근로자가 입증 책임을 지고, 고용단위는 근로자의 증거에 반박할 수 있는 자료를 제시해야 한다. 고용단위는 2년의 임금 지급 자료를 보존해야 할 법률적 책임이 있으므로, 통상 2년을 초과한 부분에 대해서는 근로자 일방이 합리적인 근거를 제시해야만 입증이 가능하다. 이 때문에 통상 연장근로 수당 소급청구는 2년 내의 기간에서 결정된다. 만약 근로자의 제출 근거가 완전하지 않고, 고용단위가 이를 부정할 경우 패소로 끝나게 된다.

[판례][27]

제목 : 연장근로 사실에 대한 입증 책임 및 증거 자료의 효력

1. 근로자 : 공 모씨(X로 칭함)

2. 파견단위 : 북경 OOO 인력자원 유한회사(Y로 칭함)

3. 고용단위 : OOOO 건축 인테리어 시공 유한회사(Z로 칭함)

3. 재판일자 : 2014년 4월 25일

[안건 내용]

① 2011년 4월 1일, Y는 X를 Z에 파견하여 프로젝트 부경리의 역할을 하게 하였다. X는 재직 기간에 표준 근로시간제의 근로시간을 약정하였다. 쟁의의 원인이 된 연장근로 여부에 대해서 X와 Y는 제각기 다른 주장을 했다. X는 대부분 주 6일을 근무하고 법정 휴일에도 근로 하였지만, Z는 연장근로 수당을 전액 지급하지 않았다고 주장하였다. 그러나 Y와 Z는 X가 매일 8시간, 매주 5일 근로하였고, 법정 휴일 근로는 발생하지 않았다고 주장하였다.

② X는 연장근로 사실을 증명하기 위해, 아래와 같은 증인의 증언을 제출하였다. 증인은 이전에 X와 같이 근로하였던 동료이다.

증인 장 모씨는 법정에서 2011년 초부터 연말까지 X와 함께 Z에서 일하였다고 진술하였

---

27 刘晓倩. (2017). 劳动关系中的管理权边界. 社会科学文献出版社. (P.211~214, 工资和绩效管理边界) 발췌

고, 2011년 2월, 3월은 항상 야간근로를 하였으며, 특히 2011년 9월에는 연장근로로 인해 휴식 시간이 거의 없었고, 10월 국경절도 쉬지 못하였다고 말했다.

증인 서 모씨는 법정에서 2011년 4월부터 10월까지 매월 4일의 휴일근로를 하였고, 대부분 매일 저녁 8시나 9시가 되어서야 퇴근하였으며, 법정 휴일에도 출근하고, 심지어 9월에는 아예 쉬지 못하였다고 진술하였다.

증인 창 모씨는 법정에서 2011년 6월부터 2013년 6월까지 Z에서 근무했는데, 2012년 2월에서 3월은 대부분 저녁 7시나 8시가 되어서야 퇴근하였다고 진술하였다.

③ 상술한 증언에 대해서 Y와 Z는 그 진실성을 모두 부인하였으며, X의 재직기간 근태 기록을 증거로 제출하였다. X는 재직기간 내 Z에서 지문 인식 방법으로 근태 기록을 남겼고, 회사가 제출한 근태 기록의 진실성을 인정할 수 없다고 주장하였다.

④ Y와 Z는 2011년 8월부터 정식으로 연장근로에 대한 서면 심의 프로세스를 시작했는데, X의 연장근로에 대한 어떠한 심의 자료도 존재하지 않는다고 주장하였다.

[법원 판결] (1심)

근로자가 연장근로 수당 보충 지급에 대한 주장을 하는 경우, 반드시 연장근로 사실에 대한 입증 책임을 져야 한다. X가 현재 주장하고 있는 평일 연장근로, 휴무일 및 법정휴일의 근로 사실에 대해서 제출한 근거는 증인의 증언이다. 증인의 증언에만 의존하여 안건의 내용을 사실로 확정하기 어렵다. 또한 X는 출근기록, 작업 완성 시간 등의 증거 자료를 제출할 수 없는 상황이다. 본 법원은 X가 제출한 증인의 증언을 연장근로 사실을 입증하는 단독 증거로 채택하기 어렵다.

이 밖에도 각 측이 X의 연장근로가 필요한 경우 심사하는 프로세스에 대하여 진술하였는데, X는 이미 이행한 연장근로의 심사와 관련된 자료를 제출하지 못하여 입증할 수 없는 상황이므로, 본 법원은 연장근로에 대한 주장을 받아들이지 않는다. 결론적으로 연장근로 사실의 입증 책임이 있는 X가 충분한 증거 자료를 제출하지 못하였기 때문에 본 법원은 X가 Y와 Z에게 요구한 평일 연장근로, 주휴일 및 법정휴일의 연장근로 수당 및 50%의 경제배상금 지급을 지지하지 않는다.

(자료 보충 : 2심 기간에 X는 근로자 출퇴근 기록, 근로자의 월 근로시간표, 휴가 신청서, 연장근로 승인 여부 심사표를 제출하였다. Z는 상술한 새로운 증거에 대해 인정하지 않고, 자료에 진실성과 증거력이 없다고 주장하였다.)

> [법원 판결] (2심)
>
> 1심 재판에서 제출한 자료에 대해 법원은 증거력의 부족을 이유로 X의 주장 및 요구를 받아들이지 않았다. 본 법원은 1심 판결을 한 법원의 판단이 법률 규정에 부합함을 인정한다. X는 2심 기간에 근로자의 출퇴근 기록, 근로자의 월 근로시간표 등의 증거 자료를 제출하여 연장근로 사실을 입증하려고 하였으나, 상술한 증거는 다운로드하여 인쇄한 것이고 Z는 이에 대해 진실성과 증거력이 없다고 주장하였다. 본 법원은 상술한 자료를 증거로 채택하지 않는다. 이에 X가 상소하여 청구한 내용을 지지하지 않는다.
>
> [시사점]
>
> 연장근로의 입증 책임은 근로자에게 부여되므로 근로자는 적법한 근거 자료를 제출해야 한다. 법정에서 근로자 측의 증언이나 진술서는 사실 크게 효력을 인정받지 못한다. 고용단위의 책임자가 사실 관계를 구두로 인정하였다고 하더라도 녹음이나 진술서가 없을 경우, 법원에서 해당 사실을 부정해 버리기도 한다. 본 판례를 통해 증인의 증언 및 서류 복사본에 대한 증거력 부분을 살펴보아야 한다. 법원 판결 시, 원본 또는 회사의 인장이 찍힌 복사본에 대해서는 증거력을 인정하나, 조작, 번복, 위조의 가능성이 있는 자료는 증거로 채택하지 않는 경우가 대부분이다.

3. 미사용 연차 휴가에 대한 보상 요구

연차는 노동보수가 아니므로 보통 시효가 적용된다. 중재시효 기간은 당사자가 권리가 침해된 사실을 알았거나 알 수 있었던 날로부터 1년으로 한다. 그러나 미사용 연차의 경우, 일반적으로 근로자의 동의를 거쳐 차년도로 이월하여 사용하므로 최대 2년의 미사용 연차에 대한 보상이 진행될 수 있다. 지역별로 보상 시효를 다르게 보는 견해가 있으므로 평상 관리 및 쟁의 발생 시 판례를 살펴보아야 한다. 다음은 일반적으로 운영하는 연차 휴가 보상 사례이다.

(1) 연휴가 보상 시효 1년

예를 들어 2019년 미사용 연휴가 5일에 대해 2020년 12월 31일까지 보상 요구 시, 200%의 추가 보상을 진행해야 한다. 그러나 2021년 1월 1일 이후에는 시효 경과로 인해 청구가 불가하다.

(2) 연휴가 보상 시효 2년

근로자와 연휴가 이월 사용에 대해 서면 합의를 진행하고, 미사용 연휴가를 차년도로 이월하였을 경우에, 이월된 연휴가도 보상범위에 포함하도록 한다.

예를 들어 2018년 미사용 연휴가 5일을 2019년도 이월하였고, 2019년 발생 연휴가 5일과 합하여 총 10일의 연휴가를 사용해야 하나, 업무 및 개인적인 사유로 사용하지 못하고 퇴직한 경우, 2020년 12월 31일까지 보상 요구 시, 총 10일의 미사용 연휴가에 대해 200%의 추가 보상을 지급해야 한다. 그러나 2021년 1월 1일 이후에는 시효 경과로 인해 청구가 불가하다.

4. 기타 배상 책임

구분	내용	관련 규정
1) 근로 보수를 적시에 지급하지 않은 경우 2) 최저임금기준보다 낮은 임금을 지급하는 경우 3) 초과 근무 수당을 지급하지 않은 경우 4) 경제 보상금을 지급하지 않은 경우	• 보수가 최저임금보다 낮을 경우, 그 차액 부분을 지급 • 기간을 경과하여도 지급하지 않은 경우 고용단위가 지급해야 할 금액의 50%~100%의 기준으로 배상금을 추가 지급	노동계약법 제85조
1) 기망, 협박으로 노동계약을 체결 2) 고용단위의 법정책임 면제, 근로자 권리 배척 3) 법률의 강제성 규정 위반	• 배상 책임	노동계약법 제27조 노동계약법제86조, 제87조
1) 폭력, 위협으로 강제 근로를 시킨 경우 2) 위험한 작업을 명하여 인신의 안전에 위험을 미치는 경우 3) 근로자를 모욕, 체벌, 구타, 불법 수색 또는 구금한 경우 4) 근로자의 건강에 심각한 해를 끼친 경우	• 행정처벌 • 범죄 요건 시 형사 책임 • 근로자에 대한 손해 배상 책임	노동계약법 제88조
1) 노동계약의 해지 또는 종료 관련 증명 서류 미제공	• 시정명령 • 근로자에 대한 손해 배상 책임	노동계약법 제89조

제10장

근로시간 제도

Intro

중국은 국가 설립 이후 일 8시간, 주48시간 근로시간제도를 시행하였다. 1994년 3월 1일 국무원령 제146호로 <근로자의 근로시간에 관한 규정>을 발표하였고, 국가기관, 사회조직, 각 기업 및 사업단위, 기타조직의 근로자의 근무 시간에 대해 매일 8시간, 주44시간의 근로시간제를 도입하였다. 이후, 1995년 1월 1일 발효된 <중화인민공화국 노동법>에서 근로자의 1일 근로시간을 8시간, 주당 평균 44시간을 초과하지 않는 근로시간제를 실시하고, 고용단위로 하여금 최소 주 1일의 휴식을 보장하도록 하였다. 곧이어, 1995년 3월 25일 발표한 국무원의 <근로자 근로시간에 관한 규정>에서 근로자가 매일 8시간, 매주 40시간을 근로하도록 규정하고, 전항前項의 규정을 통일적으로 이행하지 못하는 사업단위는 실제상황에 따라 탄력적으로 휴식일을 배정하도록 하였다.

하지만 중국 노동 통계 연감을 살펴보면 10년 동안 중국 도시 근로자의 주당 평균 노동시간이 상한선인 44시간보다 낮았던 적은 없었다. 실제 중국 근로자의 다수가 노동법을 위반하고 있다.

년도	2003	2005	2007	2009	2011	2013	2015	2017	2019	2021
주당 평균 근로시간	45.4	47.8	45.5	44.7	46.2	46.6	45.5	45.7	46.5	47.5

1978년 개혁개방 이후 40년 동안 중국의 GDP는 세계 13위에서 2위로 도약하여 경제대국의 길로 들어섰으며, 향후 10년 내에 미국을 추월할 가능성이 높다고 한다. 그러나 노동강도는 여전히 세계 최고 수준을 유지하고 있다.

통계에 따르면 중국인은 한 달에 270시간, 미국은 134시간, 일본은 146시간 근로하고 있다. 시간당 임금은 중국 11CNY, 미국 85CNY, 일본 58CNY이다. 중국인들은 '선진국들에 비해 가장 낮은 임금을 받으며 가장 긴 시간 근로한다'고 생각하고 있으며, 노동법을 통해 근로자에게 휴식권을 부여하고 있지만 공공기업과 상장기업을 제외하고 실제 제대로 된 휴게시간이 보장되고 있지 않다고 인식하고 있다.

<중국 시간 활용 조사 및 연구 보고>에 따르면 근로자의 42.2%가 하루 8시간 이상 근로하였으며, 제조업의 경우 60%가 매일 연장근로를 하고 있다고 답하였다. 신세대 근로자들은 근로시간을 단축하고도 생계에 영향을 받지 않는 고부가가치 산업으로의 이직을 희망하고 있다. 단순 제조업이 더 이상 중국에서 경쟁력이 없다고 인식하고 있기 때문이다.

중국은 아직 노동 선진화를 이루지 못하고 있는 상황이므로 기업 운영 측면에서 법률 준수와 근로자 생활안정을 동시에 고려한 적정 수준의 근로시간을 산정하여 생산효율을 극대화하는 방법을 모색하여야 한다.

제1절 표준 근로시간제[28]

<노동법> 제36조 국가는 근로자의 1일 근로시간이 8시간을 초과하지 않으며, 주당 평균44시

---

28 陆敬波. (2015). 工时与休假管理. 中信出版集团. (P. 6. 标准工时制) 참고

간을 초과하지 않는 근로시간제를 실시해야 한다.

<노동법> 제38조 고용단위는 근로자가 주당 최소 1일간 휴식하도록 보장하여야 한다.

<근로자의 근로시간에 관한 국무원 규정> 제3조 근로자는 매일 8시간, 매주 40시간을 근로한다.

<근로자의 근로시간에 관한 국무원 규정> 제5조 근로성격 또는 생산 특성에 따른 제한으로 매일 8시간, 주 40시간의 표준 근로시간제를 실행할 수 없을 경우, 국가의 유관 규정에 따라 기타 근무 및 휴게 방법을 이행할 수 있다.

<근로자의 근로시간에 관한 국무원 규정> 제7조 국가기관, 사업단위는 통일적인 근로시간을 이행하며, 토요일과 일요일은 휴식일로 한다. 기업 또는 위에 규정한 통일근로시간을 실행하지 못하는 사업장은 실제상황에 의하여 주간 휴일을 유동적으로 배치할 수 있다.

1. 근로시간

일반적으로 매일 8시간, 매주 40시간의 근로시간을 이행해야 하나, 휴게 방법은 탄력적으로 운영할 수 있다. 또한 근로자에게 매주 최소 1일의 휴게시간을 보장하도록 규정하고 있으나, 토요일과 일요일에 휴게해야 하는 강제조항은 존재하지 않는다.

2. 연장근로

생산경영상의 필요로 공회 및 근로자와 합의하여 근로시간을 연장할 수 있으나, 1일 1시간을 초과하지 못하며, 특수한 사정으로 근로시간을 연장해야 할 경우 근로자의 건강을 보장한다는 전제하에서 1일 3시간, 매월 36시간 이내로 실시하도록 한다.

3. 연장근로 제한의 예외

① 자연재해, 사고 또는 기타 원인으로 인하여 근로자의 생명, 건강과 재산, 안전에 위협이 발생하여 긴급한 처리가 요구되는 경우

② 생산설비, 교통 운수노선, 공공 시설에 고장이 발생하여 생산 및 공공 이익에 영향을 주어 긴급하게 수리해야 할 경우

③ 법률 및 행정법규로 규정된 사항의 경우

제2절 종합계산 근로시간제[29]

<기업의 부정시 근로시간제와 종합계산 근로시간제 실시에 대한 심사비준 방법> 제5조 기업은 다음 각 호의 1에 해당하는 근로자에 대하여 종합계산 근로시간제를 실시할 수 있다. 즉 주/월/분기/연간 등을 주기로 근로시간을 계산한다. 단, 평균 일(日) 근로시간과 평균 주(周) 근로시간은 반드시 법정 근로시간과 동일하여야 한다.

(1) 교통·철도·우체전신·수상운수·항공운수·어업 등 작업 성격의 특수성으로 연속 작업해야 하는 근로자

(2) 지질 및 자원 탐사, 건축·제염·제당·관광 등 계절과 자연조건의 제한을 받는 업종에 종사하는 일부 근로자

(3) 종합계산 근로시간제 실시에 적합한 기타 근로자

<노동부의 근로시간 규정 통지에 대한 해답> 제6번째 답변, 종합계산 근로시간제는 업무성질의 특수성으로 연속작업이 필요하거나 계절 및 자연조건의 제한을 받는 기업의 일부 근로자에게

---

29 陆敬波. (2015). 工时与休假管理. 中信出版集团. (P. 10. 综合计算工时工作制) 참조

주/월/분기/연간의 주기를 사용하여 근로시간을 계산하는 근로시간 제도의 하나이다. 그러나 일일 근로시간과 주당 평균 근로시간은 법정 표준 근로시간의 기준과 같다.(중략)

<심천시 부정시 근로시간제 및 종합계산 근로시간제 실행의 심사관리업무 시행방법> 제9조 종합계산 근로시간제의 주기는 구체적으로 주/월/분기/연간으로 하며, 그 구체적인 日, 周의 실제 근로시간은 8시간, 40시간을 초과할 수 있으나, 종합계산 근로시간제의 계산주기 내의 총 근로시간은 반드시 법정 표준 근로시간의 총량과 같아야 한다.

<북경시 기업의 종합계산 근로시간제 및 부정시 근로시간제 실행 방법> 제6조 종합계산 근로시간제는 아래와 같은 업종 또는 직무의 인원에게 적용한다.

(1) 업무 성질로 인하여 연속작업이 필요한 경우

(2) 생산경영이 계절 및 자연 조건의 제한을 받는 경우

(3) 외부요인의 영향을 받아, 생산임무가 불균형적인 경우

(4) 근로자의 가정(家庭)이 업무장소와 멀어서, 집중 근로와 집중 휴식이 필요한 경우

(5) 교대제 업무를 실행하는 경우

(6) 정기적으로 집중 휴식과 휴가가 가능한 경우

1. 근로시간

종합계산 근로시간제는 업무 성질 및 직종의 특성으로 표준 근로시간제를 사용할 수 없는 경우, 공회 및 근로자의 동의를 구한 후 노동행정부서의 승인을 받아 이행할 수 있다. 주간/월간/분기/연간으로 근로시간 계산 주기를 설정할 수 있다.

그러나 종합계산 근로시간제의 계산 주기 내 실제 근로시간 총량은 법정 표준 근로시간의 총량을 초과해서는 안 된다. 초과한 부분은 연장근로로 간주하고 <노동법> 제44조 1항의 규정에 따라 할증된 노동보수를 지불하여야 하며, 법정 휴일에 근로를 배정할 경우, <노동법> 제44조 3항의 규정에 따라 법정휴일의 노동보수를 지불한다. 또한 연장근로시간은 매월 36시간을 초과해서는 안 된다.

2. 적용 범위

① 교통, 철도, 우편, 해운, 항공, 어업 등 업무특성상 연속적인 작업이 필요한 경우
② 지질 및 자원탐사, 건축, 제염, 제당, 관광 등 계절이나 자연조건의 영향을 받는
   업종의 일부 근로자
③ 기타 종합 계산 근로시간제의 적용이 필요한 근로자 등

제3절 부정시 근로시간제[30]

> <기업의 부정시 근로시간제와 종합계산 근로시간제 실시에 대한 심사비준 방법> 제4조 기업
> 은 다음 각 호의 1에 부합되는 근로자에 대하여 부정시 근로시간제를 실시할 수 있다.
>
> (1) 기업의 고급관리자, 외근직원, 판촉직원, 부분 당직자와 기타 근로시간을 계산할 수 없는 직
>   종에 종사하는 근로자
>
> (2) 기업의 장거리 운수직원, 택시기사, 철도·항구·창고의 일부 하역 근로자 및 작업성격이 특수
>   하여 기동 작업을 하여야 하는 근로자
>
> (3) 생산의 특징, 작업의 특수성 또는 직책 범위로 인하여 부정시 근로시간제를 실시하여야 하
>   는 기타 근로자
>
> <기업의 부정시 근로시간제와 종합계산 근로시간제 실시에 대한 심사비준 방법> 제7조 중앙
> 직속기업이 부정시 근로시간제와 종합계산 근로시제 등의 기타 업무와 휴게시간 방법을 실행할
> 경우, 국무원 주관부서의 심사와 국무원 노동행정부서의 승인을 받아야 한다. 지방 기업이 실행
> 할 경우, 성, 자치구, 직할시 인민정부의 노동행정부서에서 법률을 제정하고, 국무원 노동행정부

---

30 陆敬波. (2015). 工时与休假管理. 中信出版集团. (P. 8~9 不定时工作制) 참조

서에 등록해야 한다.

<(국무원의 근로자 근로시간에 관한 규정)의 문제 해답> 제5번째 답변, 부정시 근로시간제는 생산특성, 작업특수성 또는 직무수행 범위의 원인으로 표준근로시간을 측정할 수 없거나 기동성이 요구되는 직무의 근로자에게 적용하는 근로시간제도 중의 하나이다.(중략)

<(중화인민공화국 노동법)의 관철집행에 관한 약간 문제의 의견의 통지> 제67조 부정시 근로시간제의 시행 승인을 받은 근로자는 <노동법> 제41조의 1일 및 월간 연장근로시간 기준의 제한을 받지 않으나, 고용단위는 탄력 근로시간제 등의 근로 및 휴식에 대해 적합한 방법을 사용하여, 근로자의 휴식과 휴가권리를 보장하고 생산 및 작업을 완수해야 한다.

<노동부의 근로자의 근로시간과 관련된 문제의 답변> 제8조 부정시 근로시간제를 시행하는 근로자에 대해서 기업은 표준 근로시간제에 따라 근로자의 노동할당량 또는 기타 평가기준을 합리적으로 확정하여 근로자가 휴식을 취할 수 있도록 해야 한다. 기업의 임금제도와 임금분배방식에 따라 근로자의 실제 근로시간과 노동할당량을 기준으로 임금을 산정하여 지급한다. 유급연차휴가 사용조건을 충족하는 근로자에게 기업은 유급연차휴가를 사용할 수 있도록 한다.

1. 근로시간

부정시 근로시간제의 가장 큰 특징은 <노동법> 제41조의 연장근로시간의 제한을 받지 않는다는 점이다. 부정시 근로시간제는 업무특성 상 고정된 근로시간의 근로가 불가능한 근로자에게 적용한다. 일반적으로 부정시 근로시간제를 적용받는 근로자는 출근과 퇴근 시간에 제한을 받지 않으며, 연장근로가 적용되지 않아 연장근로수당을 지급하지 않는다.

2. 적용 범위

① 기업의 고급관리직 근로자, 외근 근로자, 판매직 근로자, 숙직 인원, 기타 표준

근로시간으로 근로시간을 판단하기 어려운 근로자

② 기업의 장거리 물류 운수, 택시기사, 철도나 항만 및 창고의 하역근로자, 기타 근무특성상 기동성이 요구되는 직종의 근로자

③ 기타 생산의 특성이나 업무의 특수성, 직책 등으로 부정시 근로시간제를 실행해야 하는 경우 등

제11장

연장근로 및 잔업비 지급 관리

Intro

언론에 보도된 한 조사결과, 미국 인터넷 구매의 60%가 오전 9시부터 오후 5시까지 이뤄진다고 한다. 이 조사결과에 따르면 출근 후 온전히 업무에 집중하는 인원은 13%에 불과하며, 전세계 기업들은 근무태만으로 매년 약 1조 달러의 경제적 손실을 입고 있다고 한다.

근로시간 및 연장근로시간에 대한 관리는 인력의 효율적 활용, 인건비 지출의 합리성 확보뿐만 아니라 노무 리스크 관리 측면에서도 매우 중요한 사항이다. 2000년대 초까지 우리나라도 일과 삶의 균형Work and Life Balance보다는 소위 생계형 연장근로가 많았다. 근로시간과 휴식에 대한 사회적 인식이 정립되기 전까지 중국도 한국과 같은 현상을 겪을 것이다.

중국은 일반적으로 전체 급여 중 변동급의 비중이 높고, 연장근로가 임금총액의 주요 부분을 차지한다. 이 때문에 대부분 근로자들이 일정 시간 이상의 연장근로를 희망하고 있으며, 고용단위 또한 추가 인력 채용 없이 연장근로를 통해 피크시즌의 생산량을 달성하는 윈-윈win-win 구조가 형성되어 있다. 이처럼 근로자와 고용단위의 이해관계가 부합하여 법정 연장근로 규정을 준수하지 않는 상황이 종종 발생한다.

그러나 근로자의 동의를 통해 연장근로를 진행하고 법률 기준에 따라 잔업비를 지급했다 하더라도, 근로자가 퇴직 후 행정기관에 법률 기준을 초과하여 연장근로를 배정한 기업을 신고하면 시정명령 또는 과징금 부과 처분을 받을 수 있다. 이러한 상황을 예방하기 위해 고용단위는 근로자와 충분한 소통과 동의 과정을 거쳐 연장근로를 실시해야 하며, 불필요한 연장근로를 방지하기 위해 '연장근로 사전승인제'와 같은 계획적인 관리가 필요하다. 한발 더 나아가 근로자의 일과 삶의 균형, 노동인권의 보호를 위해 연장근로 감소 노력을 지속해야 한다.

제1절 · 연장근로 관리

노동부가 1994년 발효한 〈임금지급 잠행규정〉에 따르면 연장근로는 고용단위가 요구하거나 업무를 배정함에 따라 근로의 의무를 완료한 후에도 근로자가 계속 작업을 진행하여 법정 정규 작업시간을 초과하는 것을 말한다.

〈노동법〉에 따르면 연장근로는 세 가지 요소로 결합되어 있다. ① 고용단위가 근로자의 동의를 얻어 ② 법정 표준근로시간 이외에 ③ 본인의 본래 직무를 수행하거나 고용단위가 배정한 별도의 업무를 수행하는 것이다. 연장근로는 평일 연장근로, 주말 및 법정휴일 연장근로로 분류할 수 있다.

1. 연장근로의 인정 [31]

연장근로는 기업의 요구에 따라 일 8시간의 근로시간을 초과하여 휴식일, 법정휴일 등의 시간에 근로자가 생산 및 유관 업무에 종사하는 것을 가리킨다. 즉, 법정 근로시간을 초과하여 근로자의 휴식과 휴가시간을 점유하는 것을 연장근로로 본다. 연장

---

[31] 陆敬波. (2015). 工时与休假管理. 中信出版集团. (P. 36~38. 加班的认定) 참조

근로의 발생은 두 가지 유형으로 나눌 수 있다. 고용단위가 배정하거나 근로자가 스스로 연장근로를 하는 경우이다.

> <노동법> 제41조 고용단위는 생산경영상의 필요로 인하여, 공회 및 근로자와 합의하여 근로시간을 연장할 수 있다.
>
> <임금지급 잠행규정> 제13조 고용단위는 근로자가 노동 분배량을 완성하거나 규정된 작업을 완수한 후 필요에 따라 근로자의 법정표준근로시간 외에 작업을 배정할 경우, 반드시 아래의 기준에 따라 임금을 지급해야 한다. (중략)

〈노동법〉과 〈임금지급 잠행규정〉 등 노동관련 법률에서 연장근로는 '고용단위가 배정'한다고 전제하고 있다. 또한 근로자의 동의가 없을 경우 강제로 연장근로를 배정할 수 없다. 아래의 3가지 조건을 만족할 때, 일반적으로 연장근로로 인정된다.

① 고용단위가 배정

② 법정 표준근로시간 이외에 근무

③ 근로자의 업무와 연관된 근로에 종사

연장근로와 관련된 노동중재는 전체 중재사건의 20~30%를 차지하고 있다. 노동중재에서 만약 근로자 스스로 연장근로를 하였다는 사실을 고용단위가 입증하지 못할 경우, 고용단위는 법에 따라 연장근로 수당을 지급해야 한다. 아래의 상황일 경우 고용단위는 연장근로 수당 지급 리스크에 직면할 수 있다.

첫째, 고용단위가 근로자의 자율적 연장근로에 대해 묵인하고 연장근로 수당을 지급한 선례가 있을 경우이다.

둘째, 고용단위가 근로자에게 연장근로를 배정하고, 근로자와는 '자원하여 연장근로를 한다'고 협의한 경우이다. 노동중재에서 이러한 협의는 '합법적 형식을 빌어 불법적 목적을 달성'한 것으로 판단하여 무효로 본다.

셋째, 고용단위의 규장제도 또는 근태관리기준 내 연장근로 규정이 모호한 경우이다. 예를 들어 '연장근로 심의제도'를 수립하지 않은 경우, 근로자는 자의적으로 연장근로를 진행하고 그에 대한 증거를 제시할 수 있다.

2. 연장근로 사전승인제도

연장근로에 대한 문제는 기업과 근로자 간 노동쟁의가 빈번하게 발생하는 중요한 문제 중 하나이다. 이 문제의 핵심은 기업의 연장근로 승인 여부이다. 고용단위가 이미 합리적이고 합법적인 사전 연장근로 심사제도를 도입하였다면, 쌍방 모두는 규정을 준수해야 한다. 이 때문에 연장근로 사전 심의제도는 근로자의 연장근로 인정 여부를 판단하는 중요한 근거로 사용되고 있다.

〈노동법〉 제4조에서 고용단위는 법에 따라 규장제도를 수립하고, 근로자의 노동권리를 보호하고 노동의무의 이행을 보장한다고 규정하였다. 규장제도 내에 합리적인 연장근로 사전승인제를 도입하고, 기준에 부합하는 연장근로에 대해서는 법정표준보다 낮지 않은 수당을 지급해야 한다.

예를 들어 고용단위가 연장근로 사전승인제를 수립하지 않은 상태에서, 근로자 일방이 연장근로를 하고 증거를 제시하면 근로시간으로 인정되어 고용단위는 연장근로수당을 지급해야 한다.

반대로 고용단위가 연장근로 사전승인제를 실행하고 있는 상황에서는 설령 근로자가 연장근로의 증거를 제시하더라도, 고용단위는 근태기록 및 연장근로 승인내역을 통하여 근로자의 자의적 연장근로를 입증하고 법원의 지지를 얻을 수 있을 것이다.

3. 연장근로의 입증 책임

입증 책임은 민사소송의 중요한 요소이며, 민사소송 시 '주장하는 자가 입증한다'는 입증 책임 원칙을 유지하고 있다. 즉, 소송청구의 일방이 입증에 대한 책임을 져야 하며, 만약 증거를 확보하지 못하거나 자신의 주장을 뒷받침하는 증거를 제출하지 못할 경우 불리한 결과를 초래하게 된다.

그러나 노동쟁의와 일반적인 민사소송은 다르다. 근로자는 노동관계에 있어서 약자의 지위에 처해있기 때문에 근로자 보호를 위해서 '입증 책임의 도치倒置(입증의 책임을 고용단위에게 전가)' 원칙을 적용한다. 이 때문에 고용단위의 제적, 제명, 퇴직, 노동계약해지, 근로보수 삭감, 근로자의 근무연수 산정 등의 결정으로 인하여 발생한 노동쟁의는 고용단위가 입증 책임을 지도록 규정하고 있다. 그러나 연장근로의 입증 책임에 대해서는 두 가지 견해가 있다.

첫째, 연장근로수당에 대한 쟁의도 노동쟁의의 일종이므로, 연장근로수당의 쟁의 또한 '입증 책임의 도치' 원칙을 적용해야 한다. 즉 고용단위가 연장근로의 사실이 없음을 입증해야 한다.

둘째, 연장근로수당의 쟁의는 노동계약해지 쟁의 등과 같지 않으며, 고용단위에게 발생하지 않은 사실에 대해 입증하라고 하는 것은 어려움이 있으므로, 일반적인 입증 책임의 원칙을 적용해야 한다. 즉, 근로자가 연장근로의 사실을 입증해야 한다.

> <최고인민법원 노동쟁의사건 심리에 대한 법률적용에 관한 몇 가지 문제의 해석>(3) 제9조 근로자가 연장근로수당을 주장할 경우, 연장근로 사실이 있음에 대한 입증 책임을 져야 한다. 만약 고용단위가 연장근로 사실에 대한 증거를 장악했다는 증거를 근로자가 가지고 있음에도, 고용단위가 (증거를) 제공하지 않을 경우, 고용단위는 불리한 결과를 책임지도록 한다.

위의 규정에 따르면, 연장근로의 쟁의에서 입증 책임은 상황에 따라 다르게 적용된다. 예를 들어 근태기록과 같은 연장근로 증거를 고용단위 일방이 장악하여 관리하였다면, 고용단위는 반드시 근로자의 연장근로 사실이 없음을 입증해야 한다. 그렇지 않으면 고용단위는 이에 상응하는 불리한 결과에 대해 책임져야 한다.

〈노동계약법〉 발효 이후, 무분별한 연장근로 수당의 청구를 방지하기 위해 입증 책임을 근로자에게 부여하였다. 일반적으로 근로자의 퇴사 시점에 잔업비 청구 소송이 발생한다. 사용자는 연장근로를 요구하지 않았으나, 근로자가 자의로 연장근로를 실시하고 근로 내용을 보고서나 메일의 형식으로 관리자에게 발송하는 등의 방법으로 입증 자료를 모아 놓는 경우가 있다.

이처럼 근로자는 본인의 연장근로 입증을 비교적 쉽게 할 수 있으므로, 고용단위는 규장제도를 통해 연장근로 관리 프로세스를 확립하고 통제해야 한다. 만약 노동쟁의가 발생될 경우 기업에 근태 자료, 연장근로 신청 승인서, 임금 지급 명세서 등을 요청할 수 있으므로, 관련 자료가 누락되지 않도록 관리해야 한다. 다음으로 연장근로 리스크를 관리하기 위한 몇 가지 방법을 제시하도록 한다.

① 노동계약서 내 연장근로 사전승인제도 고지

근로자의 연장근로수당 지급과 관련된 약정 내에 '근로자의 연장근로 필요 시에는 반드시 고용단위의 신청 프로세스에 따라서 승인 절차를 거쳐야 하며, 자의로 실시한 잔업에 대해서는 보상하지 않는다'는 문구를 포함하여 서명 날인을 받도록 한다.

② 근태관리 기준 내 연장근로의 사전승인 내용 포함

규장제도 제정 시, 근태 관리 기준 내에 연장근로 사전승인제도의 내용을 포함하고 준수하도록 한다. 규장제도는 반드시 민주절차를 이행해야 하며, 근로자 준수 서약을 받아야 유효하다.

③ 부서별 연장근로시간 취합 및 승인 프로세스 수립

기업 규모가 클수록 연장근로의 사전승인 관리를 수작업으로 진행하기가 어렵다. 근태 시스템 도입을 통해서 개인별 근태 관리를 이행해야 하며, 불가피하게 수작업으로 진행할 경우 반드시 인사팀에서 관리하도록 한다.

④ 연장근로시간의 상한선 관리 및 대체휴무 부여

평일 및 주말 연장근로에 대한 상한선을 설정하도록 한다. 아울러 일정 주기 내에 부서별 연장근로 현황을 관리자들과 공유하여 관리를 강화한다. 기준을 초과할 경우, 평일 연장근로는 연장근로 수당을 지급하되 소속 부서장에게 피드백하여 관리를 강화하도록 하고, 주말 연장근로는 대체휴무를 부여하는 방법도 고려할 필요가 있다.

4. 연장근로시간의 인정 단위

연장근로시간의 인정 단위를 규정하는 구체적인 법률은 존재하지 않는다. 일반적으로 30분이나 1시간 단위로 연장근로시간을 인정하는 기업이 많은데, 외자 기업의 경우 10분 단위의 연장근로시간을 인정하는 경우도 있다. 특히 Global 공급망에 참여하는 기업의 경우, 고객은 1분 단위의 관리까지 요구하기도 한다. 고객사의 요구가 있는 경우를 제외하고 관리효율성 및 주변 회사의 현황을 참고하여 30분 또는 1시간 단위로 연장근로시간을 관리하는 것이 효율적이다.

5. 연장근로시간 내 업무 성과 확인

연장근로를 승인하기 전 개인별 업무 내용과 업무량을 판단하고, 연장근로 종료 후 그 성과에 대한 확인도 진행해야 한다. 특히 주말 및 법정 휴일 연장근로는 퇴근 시간 전 당일 수행 업무를 메일 또는 서면으로 보고하도록 한다.

제2절 ## 근로시간 제도별 잔업비 지급 관리

1. 표준 근로시간제標准工時制의 잔업비(연장근로 수당) 계산

<노동법> 제44조 다음 각 호의 1에 해당하는 경우 고용단위는 다음의 기준에 따라서 근로자의 정상 근로시간의 임금보다 높은 임금보수를 지급하여야 한다.

(1) 근로자의 근로시간을 연장하는 경우 통상임금의 150% 이상을 지급하여야 한다.

> (2) 휴일에 근로 시키고 보충휴가를 주지 않을 경우 통상임금의 200% 이상을 지급하여야 한다.
>
> (3) 법정 휴가일에 근로 시키는 경우 통상임금의 300% 이상을 지급하여야 한다.
>
> <노동법> 제51조 근로자의 법정휴가일, 경조휴가기간 및 법에 의하여 참가하는 사회활동기간에 대해 고용단위는 법에 따라 임금을 지급하여야 한다.

(1) 평균 근로시간 및 근로 일수

① 월 평균 근로시간 : (365일-104일)÷12개월×8시간=174시간

② 월 평균 근로일수 : (365일-104일)÷12개월=21.75일 (법정 휴일 11일은 유급)

(2) 연장근로에 따른 보상

① 평일 연장근로 시, 임금의 150% 보다 낮지 않게 지급 해야 함(일반적으로 대체 휴무 불가)

② 휴일 연장근로 시, 대체 휴무를 부여하지 않을 경우 임금의 200% 보다 낮지 않게 지급 해야 함(대체 휴무 가능)

③ 법정 휴일 연장근로 시, 임금의 300% 보다 낮지 않게 지급 해야 함(대체 휴무 불가)

<노동법> 제44조 규정에서 휴일 연장근로에 대한 대체휴무는 언급되어 있으나, 평일 연장근로와 법정 휴일에 대해서는 언급되어 있지 않다. 그러나 <노동법> 제51조에 근로자의 법정휴가일, 경조휴가기간 및 법에 따라 참가하는 사회활동 기간에 대해서는 임금을 지급해야 한다고 규정되어 있으므로 법정휴일의 대체 휴무는 불가하다. 평일 연장근로는 명문화된 규정이 없어 지역별로 대체 휴무 가능 여부에 대한 의견이 다르다. 이론적으로 금지 규정이 없으므로 규장제도를 제정할 때 근로자의 동의를 얻어 대체 휴무를 부여하는 것이 가능할 것으로 판단된다. 다만, 다수 기업의 운영 현황을 고려했을 때 현실적으로 어려움이 있다. 만약 이행이 필요하다면 노동행정부서의 의견을 청취하여 결정해야 한다.

(3) 잔업비 기수 산정

연장근로의 보상에서 임금工資의 할증 비율은 법률로 정해 놓았으나, 계산 근거인 잔업비 기수에 대해서는 정하지 않고 있다. 지역에 따라 법률로 규정하거나 근로자와 협의할 수 있도록 되어 있으므로 소재지 규정을 확인한 후 계산 근거로 사용해야 한다.

○ 광동성 규정 : 정상 근로시간의 임금(포상금, 수당, 보조금은 불포함)은 최저임금보다 높아야 함.

- '정상 근로시간의 임금' 범위를 근로자와 약정할 수 있다. 즉, 잔업비 기수는 최저임금보다 높으면 된다.

○ 강소성 규정 : 노동계약 시 약정한 잔업비 기수, 약정이 없을 경우 직전 12개월의 평균 임금으로 함.

- 고용단위와 근로자는 잔업비 기수를 약정할 수 있음. 그러나 과도하게 낮게 책정하였을 경우 인정하지 않고 있으며, 반드시 최저임금보다는 높아야 함.

○ 산동성 규정 : 전월 임금 총액에서 잔업비를 제외한 금액으로 함.

- 전국에서 가장 인건비 부담이 많은 법률 규정임.

잔업비 지급 기준을 약정할 때 주의할 사항은 〈노동법〉 제44조의 연장근로 수당은 근로자의 정상 근로시간의 임금보다 높은 임금 보수를 지급해야 한다는 규정이다. 예를 들어 임금 구조의 정상 임금 100%(기본급60%+직무수당30%+교통 보조5%+식사 보조5%)에서 기본급만을 잔업비 기수로 산정하여 평일 잔업 수당을 할증 지급하였을 경우, '기본급60%×평일연장근로150%=90%'로 정상 근로시간의 임금보다 낮다. 이 경우, 중재 패소의 위험이 있으므로 '기본급+직무수당'으로 잔업비 산정 기수를 변경하는 등의 방법으로 정상 임금보다 높게 책정해야 한다.

(4) 주휴일 연장근로 수당의 미지급 요건

<국무원의 근로자 근무 시간에 관한 규정> (이하 '규정'으로 약칭)

문 : '기업 근로자의 매주 근로시간이 40시간을 초과하지 않는데, 반드시 매주 2일의 휴무를 부여해야 하는가?'

답 : 조건이 되는 기업은 가능한 매일 8시간, 매주 40시간의 표준 근로시간제를 이행하도록 한다. 만약 작업 및 생산 특성의 원인으로 표준 근로시간제를 이행할 수 없을 경우, 반드시 <규정>과 <노동법>을 결합하여 근로자가 매주 40시간을 초과하지 않고, 매주 최소 1일의 휴식을 보장하도록 해야 한다. 기업에 따라 부정시 근로시간제, 종합계산 근로시간제 등의 기타 근로 및 휴식의 방법을 이행할 수 있다.

위의 규정에서 볼 수 있듯이 일 8시간 및 주 40시간 이내 근로, 주 1회 휴무 보장요건을 충족할 경우, 주휴일(토요일과 일요일)에 근로를 시키더라도 잔업비를 지급할 필요가 없다.

(5) 교대 근로 시, 0시를 기점으로 요일이 변경되는 경우

2교대제 근로를 진행하는 사업장은 근로자의 생활 패턴 등을 고려하여 08시~20시, 20시~ 익일08시 등으로 교대 시간을 편성하여 운영하는 곳이 있다.

0시를 포함한 교대제를 이행할 경우, 주휴일 200% 및 법정휴일 300%의 연장근로 수당 지급 관련 문제가 발생된다. 비교적 장기간 근로하는 근로자의 경우 크게 문제 삼지 않을 것이나, 단기 근로자의 경우 이슈를 제기하기도 한다.

결론적으로 0시를 기점으로 300% 임금을 지급해야 한다. 설령 근로자와 근로 형태에 대한 약정을 진행하였다고 하더라도, 자연일(0시~24시)에 따른 임금 지급을 해야 하므로, 이에 맞는 근태 제도 및 임금 지급 프로세스를 구비해야 한다.

2. 종합계산 근로시간제綜合計算工時工作制의 잔업비 계산

(1) 평균 근로시간 및 근로 일수

(365−104−11)÷12개월 = 20.83일×8시간 = 166.64시간(167시간으로 계산)

① 104일 = 52주×2일(주휴일), ② 11일=법정 휴일, ③ 연간 근로 일수=250일

(2) 주기별 근로시간 및 최대 근로 가능 시간

종합계산 근로 시간제	주기별 정상 근로시간				최대 근로시간	
	근로시간	계산 방법			최대 근로시간	계산 방법
주간	40시간	5일×8시간	-		44시간	44시간
월간	167시간	20.83일×8시간	250일÷12개월	365일-104일-11일	203시간	167시간+36시간
분기	500시간	62.5일×8시간	250일÷4분기		608시간	500시간+36시간×3개월
연간	2000시간	250일×8시간	250일		2432시간	2000시간+36시간×12개월

(3) 주기별 근로시간 초과에 따른 보상

주기 내 연장근로에 대해서는 150%의 잔업비를 지급하고, 법정 휴일 근로는 약정한 주기 내 근로시간과 관계 없이 300%의 임금을 지급해야 한다. 종합계산 근로시간제를 이행하더라도 매주 1일의 휴게시간을 보장해야 하며, 일 3시간, 월 36시간을 초과하는 연장근로를 시행해서는 안 된다. 월 평균 근로시간은 167시간을 기준으로 한다.

(4) 종합계산 근로시간제의 근로시간 총량의 미달에 대한 처리

종합계산 근로시간제는 근로시간의 계산 주기를 설정하고, 주기 당 근로시간을 초과할 때 할증률 150%를 반영하여 급여를 주는 방식이다. 일반적으로 월 급여는 167시간+법정 휴일 근로시간의 임금을 지급하고, 주기가 종료되는 시점에 누적 연장근로시간을 계산하여 일괄 지급한다.

분기를 주기로 하는 기업의 경우, 500시간의 표준 근로시간 총량 내에서 근로할 수 있으며, 최대 108시간의 연장근로를 할 수 있다. 그런데 표준 근로시간의 총량을 초과한 부분은 명확하게 규정되어 있으나, 미달하여 근무하였을 때의 임금 공제 가능 여부에 대한 해석은 찾아볼 수 없다.

예를 들어 1월 근로시간이 167시간에 미달한 근로자가 개인 사유로 2월 1일에 퇴직할 경우, 1월 임금을 공제할 수 있는가에 대한 문제이다. 〈노동법〉과 〈노동계약법〉에 근거하여 미달된 근로시간에 대한 임금 공제 약정을 하지 않았거나 정당한 사유가 없을 경우 일방적인 임금 공제는 불가하다는 의견이 있다. 이를 예방하기 위해 다음의 조치를 진행하도록 한다.

① 노동계약 내 공제 요건에 대한 약정을 진행한다. 계약 체결 시, 사업의 특성 및 생산 수요에 따라 종합계산 근로시간제를 일정 주기로 운영하며, 주기 내에 이직 등의 개인 사유로 근로 총량을 채우지 못한 경우 고용단위가 계산한 월 근로시간에 따라 근로하지 않은 부분에 대해서는 공제한다는 내용을 약정하고 서명하도록 한다.

② 자연재해, 코로나19, 전염병 등 불가항력에 따라 총량 근로시간을 채우지 못할 경우, 총량 미달 근로시간을 유급 처리하도록 한다.

③ 기업의 경영활동에 기인하여 업무를 배정하지 못한 경우, 표준 근로시간 총량의 임금을 지급하도록 한다.

즉, 개인 사유로 발생한 근로시간 미달은 노동계약 체결 시 근로자와의 약정을 통하여 공제하도록 한다. 다만 기업의 사유로 발생한 부분까지 근로자의 임금을 공제하거나, 다음 주기로 잔여 근로시간을 이월하는 것은 리스크가 있다.

반대로, 계산 주기 완료 전에 퇴직하는 근로자의 당월 근로시간이 월 표준 근로시간 167시간을 초과했을 경우, 고용단위는 종합계산 근로시간제의 장점을 활용하지 못하게 된다. 이 때문에 근로자에게 약정 주기를 채워 계속 근로할 것을 요구하거나, 잔업비를 지급하지 않아도 되는지에 대한 문제가 발생된다. 결론은 근로자는 이직의 자유가 있으며, 이미 발생한 근로시간에 대한 보수를 받을 권리가 있다. 이미 발생한 근로시간에 대해서는 규정에 따라 정산하여 지급해야 한다.

3. 개수불 임금제計件工資制의 잔업비 계산

<노동법> 제36조 국가는 근로자의 1일 근로시간이 8시간을 초과하지 않으며, 주당 평균 44시간을 초과하지 않는 근로시간제를 실시해야 한다.

<노동법> 제37조 고용단위는 작업량의 계산방식으로 근로하는 근로자에 대해 본법 제36조에 규정되어 있는 근로시간제에 따라 노동기준량과 보수기준을 합리적으로 확정하여야 한다.

<노동계약법> 제4조 고용단위는 법에 따라 노동규장제도를 수립하고 정비하여 근로자가 노동권리를 향유하고 노동의무를 이행할 수 있도록 보장하여야 한다.

고용단위가 근로자의 주요 이익과 직접 관련된 보수, 근로시간, 휴식·휴가, 안전·위생, 보험·복지, 근로자 훈련, 노동기율 및 노동목표량 관리 등의 규장제도 또는 중대사항을 제정·수정 또는 결정할 때에는 근로자대표대회 또는 전체근로자의 토론을 거쳐 방안과 의견을 제시한 다음 노동조합 또는 근로자대표와 평등하게 합의하여 확정하여야 한다.

규장제도와 중대 결정사항을 시행하는 과정에서 노동조합 또는 근로자가 부당하다고 인식하는 경우 고용단위에게 이의를 제기하고 합의를 통하여 수정·개선할 권리가 있다.

고용단위는 근로자의 주요 이익과 직접 관련되는 규장제도 및 중대 결정사항을 근로자에게 공시하거나 고지하여야 한다.

<광동성 임금지급 조례> 제21조 개수불 임금제를 시행할 경우, 고용단위는 반드시 과학적이고 합리적으로 노동할당량과 개수불 단가를 확정하여 공지해야 한다. 확정한 노동할당량은 원칙적으로 본 기업에서 동일직무를 수행하는 70%이상의 근로자가 법정근로시간 내에 완성할 수 있는 수준으로 정한다.

개수불 임금제는 노동시간을 임금 측정의 단위로 사용하지 않고 적격 생산품의 수

량 또는 작업량과 미리 산정한 단가에 따라 보수를 지급하는 방식을 말한다. 생산 성과 임금제, 생산 건수 임금제, 개수불 임금제 등 다양한 명칭으로 사용되고 있으나, 개수불計數拂 임금제로 명칭하도록 하겠다.

개수불 임금은 생산 개수에 비례하여 급여를 지급하는 방식으로 일 8시간, 주 40시간의 근로시간에 근거하여 노동기준량과 보수를 합리적으로 확정해야 한다. 아울러 고용단위가 개수불 임금으로 일일 생산 목표량을 확정할 때에는 반드시 근로자대표대회 또는 전체근로자와 협의를 통해서 결정하고 근로자에게 통보해야 한다. 노동할 당량의 산정과 관련한 노동중재 발생 시 법원은 기업이 합리적으로 노동 할당량을 결정하고 민주적인 협의 과정을 거쳤는지를 확인하고 판결한다.

(1) 연장근로시간의 계산 방법

기업은 개수불 생산에 대한 보상 단가를 책정할 권리가 있으며, 연장근로 수당도 '초과 생산 단가'의 형식으로 지불할 수 있다. 주의할 점은 '초과 생산 단가'의 적용은 표준 근로시간제 근로자의 연장근로 수당 계산 방식에 따라 지불해야 한다. 즉 초과 생산이 이루어진 근로일의 속성에 따라 완성품에 150% ~ 300%의 할증률을 반영해줘야 한다.

(2) 적용 가능 직종

① 근로자가 작업한 상품의 수량을 정확히 계산하여 노동량을 반영할 수 있어야 함.

② 완성품의 수량과 품질이 근로자의 주관적 노력에 따라 연동될 수 있어야 함.

③ 생산 공정이 비교적 단순하고 근로자의 정량적 노동 가치를 반영할 수 있는 제품이어야 함.

④ 수주량의 부족으로 인한 작업 중단이 발생해서는 안 됨.

(3) 연장근로 수당 지급 요건

① 근로자가 8시간의 근무 시간 내에 정해진 작업을 완료하지 못하고 8시간을 초과할 경우, 연장근로로 간주되지 않으며 연장근로 수당을 지급하지 않는다.

② 근로자가 8시간 이내에 할당량을 초과하여 생산한 부분은 연장근로가 아니며, 연장근로 임금을 지급하지 않는다.

③ 근로자가 8시간 이내에 할당량을 채우고, 고용단위의 승인 하에 생산활동을 진행할 경우 연장근로로 간주한다. 즉 개수불 임금제를 이행하는 근로자는 8시간 내 할당량의 생산을 완료하고, 연장근로 승인을 받고 초과 생산할 경우 연장근로가 인정된다.

(4) 개수불 급여제에 따른 초과 생산 잔업비 계산 방식

① 평일 잔업 : 개수불 단가×150%×초과 생산 수량

② 주휴일 잔업 : 개수불 단가×200%×초과 생산 수량

③ 법정휴일 잔업 : 개수불 단가×300%×초과 생산 수량

(5) 장점 및 단점 [32]

[장점]

① 근로자의 실제 노동량이 가장 직접적으로 노동보수에 반영된다. 이 때문에 개수불 임금제는 노동 결과에 따른 분배의 원칙을 효과적으로 구현할 수 있다.

② 기업의 관리 수준 향상에 도움을 준다.

③ 임금의 산정 및 배분에 대한 규정이 사전에 상세하고 명확하게 확정되기 때문에 기업 내부의 임금 분배에 관한 높은 투명성을 확보할 수 있다.

④ 생산성 향상을 위해 근로자 스스로 학습하도록 동기부여하기 때문에 기술 수준

---

32 출처 : Litu 법률 컨설팅

과 숙련도를 지속적으로 향상시킬 수 있다.

[단점]

① 근로자 간의 팀워크 형성에는 도움이 되지 못한다.

② 신입사원 등 숙련되지 않은 근로자에게 불리한 급여 지급 방식이다.

③ 적용범위가 좁고, 관리직, 행정직, 지식근로자 및 상대적으로 높은 팀워크가 필
요한 업무 유형에는 적용하지 못한다.

일부 기업의 경우, 일일 생산 할당량을 과도하게 책정하여 근로시간을 고의로 연장
하여 잔업비 지급을 회피하거나, 초과 생산에 대한 할증률을 반영해 주지 않는 경우
도 있다. 노동 중재 시 패소의 위험이 높으므로 법률 요건에 맞게 생산량을 정하고 초
과 생산에 대한 보상을 지급해야 한다.

4. 당직値班

24시간 생산 현장의 안전 예방, 긴급 상황의 발생 시 고용단위는 종종 당직을 배정
한다. 당직은 연장근로와 그 성격이 매우 유사하다. 당직은 연장근로와 같이 고용단
위가 배정하며 법정 근로시간 외에 행해지고 본인의 직무를 연속하여 수행하거나 회
사가 배정하는 업무를 수행한다. 당직은 연장근로와 그 성격을 구분하기 힘들어 노동
쟁의가 자주 발생한다. 중국 노동 법률에는 당직의 개념이 존재하지 않지만, 통상적
으로 연장근로와 다른 두 가지 차이점을 말할 수 있다.

첫째, 안전, 소방, 휴일 당직 등 본인의 직무 외 다른 업무에 배정될 수 있다.

둘째, 연속된 근로시간 내에 휴식을 취할 수 있다.

휴식을 취할 수 있는 조건 하에서 근로하더라도 근로자는 본인의 시간을 할애하여
고용단위가 배정한 업무에 종사하므로 그에 상응하는 보상을 해야 한다. 보상 수준은
당직의 노동강도, 본인의 임금수준, 배정 근로에 대한 노동가치가 반영되어야 하기

때문에 통일적인 보상 수준을 확정하기가 어렵다.

근로자가 퇴직 이후 당직 근로에 대한 보상을 요구할 경우 법원은 연속적으로 본인의 업무를 수행하였는지 고용단위가 생산 경영상의 직접 업무에 배정하였는지를 보고 당직 여부를 판단한다. 만약 당직 보상을 연장근로 수당으로 계산하여 지급하였을 경우, 법원은 별도의 당직 수당 지급을 명령하지 않는다는 견해가 많다. 즉 리스크 예방을 위해서는 연장근로에 준하는 보상이 지급되어야 한다.

제12장

휴가 관리 [33]

Intro

중국은 경제·사회의 발전에 따라 근로자의 휴식권을 보장하기 위해 다양한 휴가 제도를 도입하였다. 휴가제도는 근로자의 휴식권을 보장하는 동시에 기업의 생산성 향상에 긍정적인 역할을 하였다. 그러나 제도 이행 과정에 여전히 많은 문제와 혼란이 발생하고 있다. 최근 유급연휴 사용 문제는 노동쟁의 안건 내 큰 비중을 차지하고 있으며, 연차휴가 사용과 관련된 다양한 이슈는 근로자가 퇴직 시 고용단위에게 던지는 마지막 시한폭탄이 되어 사업주를 압박하기도 한다.

휴가관리 제도는 기업의 규장제도(취업규칙) 내에서도 매우 중요한 항목 중 하나이며, 건강권·휴식권 등과 밀접한 관계가 있어 근로자들의 관심 또한 높다. 그러나 고용단위와 근로자는 휴가와 관련된 법률·법규의 이해가 서로 달라 휴가 사용에 있어 빈번하게 충돌이 발생한다. 유급 연차휴가 제도를 시행한지 오래 되었지만, 여전히 많은 HR 담당자들은 연차휴가 사용의 일

---

[33] 陆敬波. (2015). 薪酬福利与绩效管理. 中信出版集团. (P. 159~177. 主要法定职工福利介绍) 참고

부 규정들을 잘못 해석하기도 한다. 근로자에게 유급연차휴가는 매우 중요한 사항이므로 명확한 해석이 없을 경우 쉽게 노동쟁의가 발생할 수 있다. 특히 휴가 적용 대상, 휴가의 배정, 연차휴가 산정주기 및 미사용 연차 보상의 4가지 문제는 논란이 끊이지 않는다. HR담당자 및 조직책임자는 휴가사용 기준에 대한 명확한 이해를 바탕으로 근로자의 권리를 보장하고 기업의 근로 손실을 최소화하기 위한 노력을 지속해야 한다.

유급 연휴가

1. 유급 연휴가 사용 조건 [34]

> <근로자 유급연휴가 조례> 제2조 기관, 단체, 기업, 공동사업기관, 민간 비기업기관, 고용 근로자가 있는 자영업 등 사업장의 근로자가 연속 1년 이상 근무할 경우, 유급 연휴가를 사용할 수 있다. 고용단위는 근로자의 연휴가를 보장하여야 한다. 근로자는 연휴가 기간에 정상적인 근무기간과 동일한 임금 수입을 갖는다.

〈노동법〉, 〈근로자 유급연휴가 조례〉 및 〈기업 근로자 유급 연휴가 실시 방법〉에 따라, 근로자가 연속 만 12개월 이상을 근무한 경우 유급 연휴가를 사용할 수 있다.

연속 만 12개월 이상이라는 근로 조건이 같은 회사에서 인지, 아니면 다른 회사에서의 근무 기간도 포함할 수 있는 지에 대한 해석의 차이가 있다.

[같은 고용단위에서 근로해야 한다는 주장]

> <광동성 기업의 근로자 유급 연휴가제도 실시에 관한 약간 의견> (중략) 근로자가 연속 만 12개

---

34 陆敬波. (2015). 工时与休假管理. 中信出版集团. (P. 71. 如何解释"连续工作"？) 참고

월 이상을 근로해야 하며 이는 같은 고용단위에서 근무하는 것을 가리킨다

  * 2009년 발효, 2012년 폐지

근로자의 연휴가는 비교적 긴 시간을 근로한 근로자에게 정신적·육체적 회복을 위해 부여하는 일종의 휴식권이라 볼 수 있다. 이 때문에 반드시 동일 사업장에서 연속 만 12개월을 근무하거나, 이직하였다면 공백 없이 이어져 만 12개월을 근무해야만 비로소 연휴가를 사용할 수 있다. 만약 근로자가 입사 전에 일정기간 휴무를 하였다면, 이는 회복을 위한 시간을 갖은 것으로 볼 수 있으므로 입사 후 연휴가를 사용해서는 안 된다.

[다른 고용단위에서 근로한 기간도 산입 가능하다는 주장]

<기업근로자 유급연휴가 실시방법> 제4조 연차휴가 일수는 근로자의 누적 근로시간에 따라 결정한다. 근로자의 동일 또는 다른 고용단위에서의 근무기간 및 법률, 행정법규 또는 국무원 규정에 따라 근무한 것으로 간주되는 기간은 누적 근로시간으로 계산한다.

연휴가는 근로자가 일정 기간을 연속해서 근무하면 누릴 수 있는 권리로 인정되어야 하며, 근로자가 12개월을 연속해서 근로하기만 하면 시간 간격의 유무와 상관없이 새로운 회사에서 연휴가를 사용할 수 있는 자격을 얻어야 한다.

중국 내 각 지역에서 두 가지 관점의 해석을 동시에 하고 있으며, 아직까지 통일된 규정이 없다. 그러나 근로자 입장에서 판단하면, 광동성 규정은 2012년에 폐지되었으며 서로 다른 고용단위의 근로기간을 합산하여 연속 12개월을 근로하면 유급 연차 휴가를 누릴 수 있는 것으로 봐야 한다. 이 밖에도 누적 근로시간은 기관, 단체, 기업, 사업단위, 사단법인 등에서 전일제 근무자로 종사한 기간을 포함하며, 법에 따라 병역기간 및 기타 국가의 법률, 행정법규와 국무원 규정에 따라 근무한 것으로 간주되는 기간은 누적 근로시간으로 계산할 수 있다.

2. 유급 연휴가를 사용할 수 없는 경우

<근로자 유급연휴가 조례> 제4조 근로자가 다음 각 호의 1에 해당하는 경우 그 해의 연차휴가를 받지 아니한다.

(1) 근로자가 법에 따라 연간 휴가일보다 동계 휴가 및 하계 휴가를 더 많이 사용하는 경우

(2) 근로자가 총 20일 이상 개인 휴가를 사용하고, 사업장에서 임금을 공제하지 않는 경우

(3) 근속기간 1년 이상 10년 미만인 근로자가 누적 2개월 이상 병가를 사용한 경우

(4) 근속기간 10년 이상 20년 미만인 근로자가 누적 3개월 이상 병가를 사용한 경우

(5) 근속기간 20년 이상 근로자가 누적 4개월 이상 병가를 사용한 경우

사용한 동계 휴가 및 하계 휴가의 사용 일수가 연휴가 보다 적을 경우, 고용단위는 남아 있는 연휴가를 사용할 수 있도록 해야 한다. 만약 근로자가 당해 연도의 연휴가를 모두 사용하고 위의 (2), (3), (4), (5)의 상황이 발생할 경우, 해당 근로자는 다음 연도의 연휴가를 사용할 수 없다.

3. 연휴가 지급 일수 계산

당해 연도의 연휴가 일수는 누적 근로 기간에 근거하여 확정해야 한다.

① 1년 이상 10년 미만인 경우 : 5일

② 10년 이상 20년 미만 : 10일

③ 20년 이상 : 15일

특수한 상황에서의 연휴가는 근로 일수에 따라 계산하는데, 주로 중간 입사와 퇴사 시점에 발생한다.

(1) 신규입사자의 휴가 일수 지급 방법

유급 연휴가 일수=(당해 연도 고용단위의 잔여 근로 일수÷365일)×근로자 본인의 사용 가능한 연휴가 일수

예를 들어 근속 5년차의 직원이 5월 3일에 입사 하는 경우, (243일÷365일)×5일 = 3.3일이며, 소수점 0.3일은 절삭하므로 3일의 연휴가 일수를 부여하면 된다.

(2) 퇴직 인원의 휴가 일수 삭감 방법

유급 연휴가 일수 = (당해 연도 고용단위에서 이미 근로한 일수÷365일)×근로자 본인의 사용 가능한 연휴가 일수-이미 사용한 휴가 일수

예를 들어 근속 11년차의 직원이 5월 3일에 퇴사하고, 2일의 휴가를 이미 사용한 경우, (123일÷365일)×10일-2일=1.4일이며, 소수점 0.4일은 절삭하므로 1일의 휴가를 추가로 사용하게 하면 된다.

4. 연휴가 미사용에 따른 보상 및 공제

(1) 미사용 연휴가에 대한 보상

<기업근로자 유급연휴가 실시방법> 제10조 고용단위가 근로자의 동의를 거쳐 연휴가를 부여하지 않거나 연휴가 사용일수 보다 적게 휴가를 부여하는 경우, 반드시 연도 내에 근로자가 사용해야 하나 사용하지 못한 연휴가에 대해서는 일 임금 수입의 300%에 해당하는 연휴가 보상을 지급해야 한다. 여기에는 고용단위가 근로자에게 지급하는 정상근로시간의 임금소득을 포함한다.

고용단위가 근로자에게 연차휴가를 배정하였으나, 근로자 본인의 사유로 연차휴가를 사용하지 않겠다고 서면 제출할 경우, 고용단위는 정상근로시간에 대한 임금소득만 지급할 수 있다.

연휴가 미사용에 따른 보상은 고용단위가 근로자에게 지급하는 정상근로시간의

임금소득을 포함한다고 규정하고 있다. 즉 일급의 300% 내에는 정상근로임금 100%가 이미 포함되어 있으므로 추가로 200%만 보상하면 된다.

일부 근로자들은 회사의 휴가 배정에 동의하지 않고 연말에 연차 보상을 요구하는 경우가 있으므로 주의해야 한다. 이 때문에 고용단위는 생산 현황과 근로자 업무량에 따라 개인별 연휴가를 관리하고, 휴가 명령을 서면으로 이행할 필요가 있다.

* 미사용 연휴가 보상금액 산정 = (직전 12개월의 임금 총액 - 잔업비) ÷ 12개월 ÷ 21.75 × 200%

(2) 이미 사용한 연휴가에 대한 급여 공제

<기업근로자 유급연휴가 실시방법> 제12조 고용단위가 근로자와 노동계약을 해지 또는 종료할 때, 근로자가 당해 연도에 쉬어야 할 휴가일수를 채우지 아니하였을 경우, 이미 근로한 기간에 따라 미사용 휴가일수를 산정하여 보상을 진행하되, 환산 후 1일 미만의 부분에 대해서는 급여 보상을 하지 않는다.

전항 규정의 환산 방법 : (당해 연도 고용단위에서 근로한 일수 ÷ 365일) × 근로자 본인의 사용 가능한 연휴가 일수 - 이미 사용한 휴가 일수

고용단위가 이미 근로자에게 연휴가를 사용하도록 한 경우에는, 사용할 수 있는 연휴가 일수보다 많이 휴가를 사용하였다 하더라도 공제할 수 없다.

만약 연간 발생 연휴가를 사전에 모두 사용하고 퇴직하는 경우에 급여 공제가 가능할 것인가?에 대한 문제는 위의 법률을 참고하여 해석할 수 있다.

고용단위가 이미 사용을 승인한 근로자의 연휴가는 퇴직 시점에 공제할 수 없다. 즉 회사의 승인을 통해 초과사용한 휴가에 대해서는 급여공제가 불가하다.

5. 유급 연휴가의 배정

<근로자 유급연휴가 조례> 제5조 고용단위는 생산 및 업무의 구체적인 상황과 근로자 본인의 의향을 고려하여 계획적으로 근로자의 연휴가를 배정한다.

연휴가는 1개 연도 내에서 집중적으로 실시할 수도 있고 나누어 실시할 수도 있지만, 일반적으로 2개 연도에 걸쳐 실시하지 않는다. 사용자가 생산 및 업무의 특성상 연도를 넘겨 근로자의 휴가를 배정해야 할 필요가 있는 경우, 1년을 넘겨 배정할 수 있다.

고용단위의 업무 수요로 근로자의 연휴가를 실시할 수 없는 경우 근로자 본인의 동의를 거쳐 근로자의 연휴가를 실시하지 않을 수 있다. 근로자가 사용하지 않은 일수에 대해서 고용단위는 일일 임금수입의 300%를 연휴가 임금보수로 지급하여야 한다.

고용단위는 생산 및 업무의 구체적 상황과 근로자 개인의 의견을 종합하여 연휴가를 배정할 수 있다고 규정하고 있다. 유급 연휴가의 사용은 근로자의 법적인 권리이나, 연휴가 사용의 결정권은 고용단위의 경영자주권에 해당한다고 볼 수 있다.

일반적으로 고용단위는 근로자의 연휴가 사용 의사를 최대한 반영하지만, 생산 및 업무의 구체적 상황을 고려하여 연휴가 사용을 승인하지 않을 수 있고, 근로자는 고용단위의 결정에 따라야 한다. 만약 근로자가 무단으로 휴가를 사용할 경우 규율위반으로 징계할 수 있다.

만약 근로자의 사유로 휴가를 사용하지 않을 경우, 휴가 사용 권리를 스스로 포기한 것으로 간주할 수 있을까? 결론은 그렇지 않다. 근로자가 연휴가 사용 신청을 하지 않았다고 해서 그 권리를 포기한 것으로 보아서는 안 된다. 근로자의 연휴가 배정은 고용단위의 의무이므로 반드시 근로자의 휴가 사용을 관리해야 한다. 근로자가 휴가 사용을 포기하거나 다음 해로 넘겨서 사용하고자 한다면 서면 형식의 확인서를 받아야 한다.

만약 업무상의 이유로 근로자가 연휴가를 사용하지 못할 경우, 근로자 동의를 얻어

익년으로 이월하여 사용할 수 있도록 해야 한다. 단, 2년 이상 이월은 인정되지 않으므로 주의해야 한다. (1년만 이월 가능)

법률 분쟁 처리는 증거 주의이다. 고용단위는 일상 관리를 통하여 증거 보존에 힘써야 하며, 근로자의 휴가 신청서, 고용단위의 휴가 사용 허가서, 근로자가 이미 사용한 휴가에 대한 확인 및 근로자의 휴가 사용 포기 등에 관한 서면 자료를 원본으로 보존해야 한다. 일단 쟁의가 발생하면 고용단위는 해당 증빙을 제공할 수 있어야 법적 권익을 보장받을 수 있다.

6. 특수 근로시간제를 적용받는 근로자의 연휴가 [35]

(1) 종합계산 근로시간제

종합계산 근로시간제의 일/주별 평균 근로시간은 반드시 표준근로시간과 동일해야 하며, 매주 최소 1일의 휴게시간을 부여해야 한다. 고용단위는 종합계산 근로시간제의 특수성으로 인하여 '집중근로와 집중휴식'의 방식을 채택하여 생산과 근로자의 휴식을 보장한다. 주의할 점은 고용단위는 근로자가 집중휴식으로 비교적 긴 휴식시간을 사용하므로 연휴가와 같은 별도의 휴식기간을 제공할 필요가 없다고 여길 수 있는데, 이는 법적인 근거가 없다. 집중휴식은 일정 주기를 근로한 후 연속하여 휴식하는 시간으로 볼 수 있다. 즉, 연휴가는 근로자의 법정권리이며, 종합계산 근로시간제로 인하여 어떠한 영향도 받지 않는다.

(2) 부정시 근로제

부정시 근로제의 근로자가 연휴가를 사용할 수 있는가에 대해서는 다음과 같은 해석이 있다. 정확한 판례가 없으므로 필요 시 노동계약에 명시하여 약정하도록 한다. 다만,

---

35 陆敬波. (2015). 工时与休假管理. 中信出版集团. (P. 67~68. 特殊工时制职工) 참조

점차 근로자 권익 보호 측면의 해석이 강화되고 있으므로 주의할 필요가 있다.

[사용할 수 없다는 주장]

부정시 근로제의 근로자는 고정된 출퇴근 시간의 제한을 받지 않으며, 고용단위는 특정시간에 근로자가 근무를 하는지 휴식을 취하는지 확인할 수 없다. 이 때문에 〈임금지급 잠행규정〉 제13조에서 부정시 근로제를 적용받는 근로자에게는 잔업비를 지불하지 않는다고 규정하고 있다. 위 규정으로 추측해 봤을 때, 부정시 근로제의 근로자는 일정 부분 휴식시간을 자유롭게 지배할 수 있으므로 연휴가 규정을 적용 받아서는 안 된다.

[사용할 수 있다는 주장]

연휴가는 모든 근로자가 사용할 수 있는 권리이므로 부정시 근로제의 근로자 또한 사용 가능하다. 그 이유는 다음과 같다.

첫째, 〈근로자 유급연휴가 조례〉에서 근로시간제에 따라 연휴가의 사용이 배제된다는 규정은 존재하지 않는다.

둘째, 부정시 근로제는 특수 직무에 적용하는 특성이 있으며, 통상 작업시간을 측정할 수 없다. 이 때문에 법정휴일 외에는 잔업비를 지급하지 않고 있으나, 이를 이유로 휴식·휴가의 권리를 박탈할 수 있다고 볼 수는 없다. 즉 부정시 근로제 근로자의 잔업비를 법률적으로 인정하지 않는다고 하여, 연휴가를 사용할 수 없다고 추론할 수는 없다.

셋째, 노동법의 기본 목적 중의 하나는 근로자의 합법적인 권익을 보호하는 것이며, 법률규정이 불명확하거나 혹은 금지하는 규정이 아닐 경우, 반드시 근로자에게 유리한 해석을 적용해야 한다. 이 때문에 휴가 배제와 관련된 법규·정책이 없을 경우, 부정시 근로제의 근로자도 반드시 연휴가를 사용할 수 있어야 한다.

법정 휴가[36]

1. 법정 휴가의 종류

2013년 새롭게 수정된 〈전국 명절 및 기념일 휴가방법〉에 따라 중국은 총 11일의 법정 휴가를 사용할 수 있으며, 주휴일과 중복되는 경우, 주휴일을 조정하여 11일의 법정 휴가와 104일의 주휴일 휴식을 보장한다. 법정휴가에 휴무하지 못할 경우, 고용 단위는 300%의 임금을 지급하도록 하며, 법정 휴가는 대체 휴무를 사용할 수 없다. 중국의 현행 법정휴가는 3가지 형태로 분류할 수 있다.

(1) 전체 인민이 사용할 수 있는 휴가는 7가지 휴일이며, 총 휴가 일수는 11일이다.

- 원단(1일), 춘절(3일), 청명절(1일), 노동절(1일), 단오절(1일), 중추절(1일), 국경절(3일)

(2) 일부 인민이 사용할 수 있는 휴가는 4가지 휴일이며, 총 휴가 일수는 2.5일이다.

- 부녀절(0.5일), 청년절(0.5일), 아동절(1일), 중국인민해방군 건군기념일(0.5일)

(3) 소수민족의 풍습에 따라 각 지방정부는 소수민족에게 휴일을 부여한다.

- 예를 들면 〈광서 장족자치구 소수민족 풍습휴일 휴가방법〉 규정의 '장족 3월3일'의 풍습에 따라, 자치구 내의 전체 인민에게 2일의 휴가를 부여한다.

---

36 陆敬波. (2015). 工时与休假管理. 中信出版集团. (P. 51~56. 法定节假日管理) 참고

법정휴가의 종류

구분	휴일 명칭	날짜	휴무 일수	비고
전체 인민	원단(元旦)	양력 1월1일	1일	신정
	춘절(春节)	음력 1월1일~3일	3일	최대 명절, 춘절 장려금 지급
	청명절(清明节)	청명 당일	1일	조상에 대한 회고
	노동절(劳动节)	양력 5월 1일	1일	근로자의 날
	단오절(端午节)	음력 5월 5일	1일	용선제, 쭝즈
	중추절(中秋节)	음력 8월 15일	1일	월병
	국경절(国庆节)	양력 10월 1일~3일	3일	건국 기념일
일부 인민	부녀절(妇女节)	양력 3월 8일	0.5일	여성 대상
	청년절(青年节)	양력 5월 4일	0.5일	만14세 이상의 청년
	아동절(儿童节)	양력 6월 1일	1일	만14세 이하 아동
	중국인민해방군건군기념일 (中国人民解放军建军纪念日)	양력 8월 1일	0.5일	현역 군인
소수 민족	각 지역별 인민정부가 소수민족의 기념일에 자율적으로 휴무 부여			

2. 사용 방법

<전국 명절 및 기념일 휴가방법> 제6조 전체 인민이 휴무하는 휴일이 만약 토요일과 일요일이면, 근무일에 보충하여 휴무한다. 일부 인민이 휴무하는 휴일이 만약 토요일과 일요일이면, 보충휴가를 실시하지 않는다.

<일부 인민의 휴무와 관련된 임금문제에 관한 통지> 일부 인민이 휴무하는 날에 정상근로를 할 경우, 기업은 정상임금을 지급하지만 연장근로수당은 지급하지 않는다.

전체 인민이 휴무하는 법정휴일과 주휴일이 중복될 경우, 법정휴일 당일을 기준으로 휴무하고 주휴일은 앞뒤의 근무일에 대체하여 휴무한다.

일부 인민이 휴무하는 기념일과 주휴일이 중복될 경우에는 보충휴가를 실시하지 않고, 휴무를 실시하지 않더라도 별도의 보상을 하지 않는다.

3. 법정휴일 근로 시 잔업비 지급

<노동법> 제44조 다음 각 호의 1에 해당하는 경우 고용단위는 다음의 기준에 따라서 근로자의 정상 근로시간의 임금보다 높은 임금보수를 지급하여야 한다. (중략)

(3) 법정 휴가일에 근로자를 근로 시키는 경우 통상임금의 300% 이상을 지급하여야 한다.

<노동부의 근로자 근로시간 관련 문제에 관한 회신>

4. 휴일 또는 법정휴일에 연장근로를 하는 경우 고용단위는 연장근로 수당을 지불하지 않고 보충휴가를 줄 수 있는가? 보충휴가의 기준은 어떻게 정하는가?

<노동법> 제44조에 따르면 휴일 근로자가 초과근무를 할 경우 먼저 보충휴가를 배정하고 보충휴가를 할 수 없는 경우 임금의 200% 이상을 지급해야 한다. 보충휴가 시간은 초과 근무 시간과 동일해야 한다. 법정휴일에 근로자가 초과근무를 할 경우, 반드시 별도로 임금의 300% 이상을 추가로 지급해야 하며 일반적으로 보충휴가를 배정하지 않는다.

<노동법> 제51조 근로자의 법정휴가일, 경조휴가기간 및 법에 의하여 참가하는 사회활동기간에 대하여 고용단위는 법에 따라서 임금을 지급하여야 한다.

법정휴일 근로 보상인 300%의 임금 지급을 이미 반영된 정상근로임금 100%에 추가로 200%의 임금만 지급하면 되는 것으로 잘못 해석할 수 있다. 〈노동부의 근로자 근무시간 관련 문제에 관한 회신〉 제4조에서는 명확하게 "반드시 별도로 지급해야 한다应另外支付"고 규정되어 있고, 아울러 〈노동법〉 제51조에서는 법정휴일은 유급휴일에 속하며, 근로자가 휴가기간에 노동을 제공하지 않더라도 고용단위는 반드시 정상적으로 임금을 지급해야 한다고 규정하고 있다. 즉, 법정휴일 기간에 근로자가 1일의 근로를 할 경우 실제 4배(정상근로 임금 포함)의 임금을 수령할 수 있다.

법정휴일은 고정된 휴일이라는 특수성과 대체불가성의 특징이 있다. 이 때문에 고용단위가 법정휴일에 근로를 배정할 경우, 대체휴무 또는 보충휴무의 방식을 통해 대체할 수 없도록 하였으며 법률로 명확하게 잔업비를 지급하도록 규정하였다.

1. 혼가婚假 및 관련 휴가

혼가는 근로자 본인이 결혼 시에 법에 따라 사용하는 휴가로써, 정식 혼가, 만혼가 晩婚假와 노정가路程假로 구분한다. 참고로 중국은 〈혼인법〉 제6조에 따라 남성은 만 22세 이상, 여성은 만 20세 이상을 합법적 결혼 연령으로 규정하고 있다.

(1) 혼가

1980년 발효한 〈국가 노동총국 및 재정부의 국영기업 근로자 청혼상가请婚丧假 및 노정가에 관한 문제 통지〉(이하, '휴가 관련 법률'이라 칭함)에 따라, 국유기업 근로자가 결혼 할 때 기업은 1~3일의 혼가를 부여한다. 이 규정을 국유 기업이 아닌 기타 고용단위 에 적용해야 하는가에 대한 문제는 입법의 배경과 조항 내용을 보았을 때 적용해야 한다는 의견이 다수이다.

다만, 명확한 규정이 없기 때문에 상기 내용을 참고로 기업별로 적정 휴가를 부여 하면 된다. 참고로 혼가는 일반적으로 3일의 휴가를 부여한다. 재혼 근로자의 경우, 2000년 발효된 〈재혼 근로자에 대한 혼가 문제의 회신〉에서 재혼자와 초혼자의 법률 적 지위가 같으므로 국가의 유관 규정을 참조하여 고용단위는 초혼과 동일한 대우를 해야 한다고 규정하고 있다.

(2) 혼가의 사용에 관한 규정

1) 혼가의 사용기한

일부 근로자들은 결혼 후 곧바로 휴가를 사용하지 않는다. 생활안정 후 신혼여행 을 떠나는데, 이때 결혼휴가를 사용한다. 결혼휴가를 언제 사용해야 하는지에 대해서 도 법률적으로 규정한 바가 없으며, 근로자의 휴가사용 결정권을 존중하는 견해가 많다. 그러나 국가가 근로자에게 휴가사용에 대한 결정권을 부여했다 하더라도 고용단위는 근로자의 결혼휴가를 일정기한 내에 사용하도록 규정할 수 있다. 예를 들어 혼인신고 후 1년 이내에 사용하도록 하는 규정을 규장제도에 반영할 경우, 근로자는 이를 따라야 한다.

2) 혼가의 신청제한

다수의 기업들은 입사한 후 혼인신고를 진행한 경우에만 결혼휴가를 부여하고 있다. 이러한 제한이 없다고 가정할 경우, 근로자는 이직 후에도 결혼휴가를 중복하여 사용할 가능성이 있다. 이를 예방하기 위해서는 혼인신고 후 1년 이내에 휴가를 사용해야 한다는 규정을 마련할 필요가 있다. 예외적으로 경력 입사자가 이전 기업에서 결혼휴가를 사용하지 못했다는 것을 합리적으로 입증할 경우, 근로자에게 결혼휴가를 부여하는 방법도 고려해 볼 필요가 있다.

(3) 만혼장려휴가(晚婚奖励假, 만혼가)의 점진적 폐지

만혼장려휴가는 남성은 만 25세, 여성은 만 23세 이후에 결혼할 경우 추가 휴가를 주는 것으로, 저출산과 인구통제를 위한 인센티브 개념이었다. 만혼晚婚 근로자는 국가가 규정한 혼가를 기본적으로 사용하고, 만혼 휴가를 추가로 사용할 수 있었다.

그러나 중국도 인구절벽이 사회적 문제로 대두됨에 따라 2015년 〈인구 및 생육계획법〉의 수정을 통해 만혼가를 취소하였다. 각 성별로 발표하고 있는 〈인구 및 생육계획조례〉는 만혼 휴가를 취소하고 별도의 휴가를 부여하는 방식을 취하고 있다.

북경시의 경우 2019년 1월 1일부터 만혼장려휴가를 폐지하고 7일 연장 결혼휴가를 도입하여 운영하고 있고, 광동성의 경우도 2016년 1월 1일부터 만혼장려휴가를 폐지하였다. 국가적으로 다자녀 정책을 적극적으로 유도하고 있어, 아직 폐지되지 않은 지역들도 점진적으로 만혼장려휴가를 폐지할 가능성이 높다.

(4) 노정가路程假

만약 근무·거주하는 장소가 동일하지 않을 경우, 일방은 상대방의 소재지로 이동하여 결혼해야 하므로, 고용단위는 실제 필요 여부를 판단하여 노정가를 부여하도록 한다.

(5) 휴가기간의 대우

'휴가 관련 법률'에 따라, 근로자가 혼가, 만혼가 및 노정가를 사용할 경우 그 기간에 고용단위는 임금을 지급해야 한다. 다만, 여정 중에 발생하는 교통비용은 근로자 본인이 부담하도록 한다.

[판례][37]

제목 : 혼가 기간의 정상임금 미지급으로 인한 근로자의 계약해지

1. 근로자 : 하 모씨, 남성, (X로 칭함)

2. 고용단위 : OOOO(혜주)유한회사, (Y로 칭함)

3. 재판일자 : 2016년 4월 21일

[안건 내용]

① X는 2014년 12월 12일 Y에 입사하여 기간의 정함이 있는 노동계약을 체결하고 일반시공의 업무에 종사하였다. 노동계약에 약정한 근로기간은 2014년 12월 12일부터 2017년 12월 11일이며, 시용기는 3개월이다.

② 2015년 5월 13일부터 5월24일까지 X는 고향방문의 목적으로 휴가를 신청하였다. 휴가를 다녀온 후 X는 혼인휴가로 처리하기를 원하였고, 혼인서류 제출을 통해 증빙으로 보충하였다. 혼인등기 일자는 2015년 5월 18일이다. 그러나 Y는 X의 휴가를 사가로 간주하고 무급 처리 하였다.

---

37 刘晓倩. (2017). 劳动关系中的管理权边界. 社会科学文献出版社. (P.173~174. 休假管理的边界) 발췌

③ 2015년 6월 22일 X는 퇴직 후 노동중재를 신청하였으며, 중재결과 Y에게 2015년 5월 13일부터 5월 24일까지의 혼가 임금과 경제보상금을 각각 지불하라고 요구하였다. 그러나 X는 중재에 불복하고 13일간의 혼가 임금을 지급해 달라고 법원에 기소하였다.

[법원 판결] (1심)

<광동성 임금지급 조례> 제19조 근로자는 법에 따라 법정휴일, 연휴가, 탐친가, 혼가, 상가, 산가, 간호가, 계획생육 휴가 등의 휴가기간을 사용할 수 있고, 고용단위는 반드시 정상노동을 제공한 것으로 보아야 하며 정상근로시간의 임금을 지급해야 한다. 동시에 <혼인법>과 <인구 및 생육계획법>의 규정에 따라, X는 만혼에 해당하며, 13일의 결혼 휴가를 사용할 수 있다.

본 안건에서 X의 휴가신청 기간은 2015년 5월 13일부터 5월 24일이고, X가 비록 휴가신청서 내의 휴가사유에 '고향방문'이라고 작성하였으나, X가 제출한 결혼증명서를 통해 결혼등기일자가 2015년 5월 18일임을 명확히 알 수 있으므로, X의 휴가신청 사유는 혼인임을 알 수 있다.

이로 인해 Y는 X에게 2015년 5월 13일부터 5월 24일까지의 결혼휴가 중의 정상임금 1,027CNY(2,030CNY/월 ÷ 21.75 × 11일)를 보충 지급해야 한다. X가 작성하여 제출한 휴가신청서 및 Y가 제공한 휴가사용 기록을 통해, X가 총 11일의 휴가를 신청하였으므로, X가 주장하는 2015년 5월 12일부터 5월 25일의 총 13일의 결혼휴가 임금지급 요구는 받아들이지 않는다. (2심도 원심을 유지한다)

[시사점]

혼인 시점의 판단은 근로자가 제출하는 결혼증명서를 기준으로 한다. 실무적으로 혼인휴가 사용은 결혼식을 하거나 신혼여행을 떠날 때 사용하지만, 법률적으로 언제 어떻게 사용해야 하는지에 대해서는 명확한 규정이 없고, 고용단위의 관리제도가 사회적 풍습에 부합하기만 하면 된다. 혼가 기간에 고용단위는 근로자에게 정상임금을 지급해야 한다. 결혼휴가기간은 일반적으로 주휴일을 포함하나 법정휴일은 포함하지 않는다. 즉 결혼휴가기간에 주휴일이 포함되면 순연하지 않지만, 만약 법정휴일이 포함되어 있으면 해당 일수만큼 추가로 순연해야 한다.

해당 안건은 근로자가 법적 증빙을 보충하여 제출하였음에도 불구하고, 일반 사가로 처리하여 근로자는 정상임금을 지급하지 않았다는 사유로 근로자 일방의 노동계약해지를 진행하고 임금

보충 지급과 경제보상금을 요구한 사례이다. 결과적으로 노동중재위원회는 근로자의 주장을 지지하였으나, 근로자는 임금보충의 일수가 부족하다는 이유로 법원에 기소하였다. 비록 근로자가 추가 보상을 받지는 못하였으나, 회사는 11일의 임금과 경제보상금을 지급하게 되었다. 근로자의 법적 권리를 기업은 반드시 보장해야 한다.

2. 상가喪家

근로자가 가족의 사망으로 인하여 휴가를 신청할 경우, 고용단위는 구체적으로 사망자와의 관계를 확인해야 하고, 장례 지역과 거리를 고려하여 법률에서 정한 휴가를 사용할 수 있도록 해야 한다.

(1) 적용 대상 및 기간

상가는 근로자의 직계가족이 사망했을 경우, 관련 법률에 따라 사용할 수 있는 휴가이다. 국유기업 근로자의 직계가족이 사망할 경우, 1~3일의 상가를 부여한다. 직계가족은 부모, 배우자와 자녀를 포함한다. 이는 국유기업에 관련된 규정이긴 하나, 일반 기업에서도 1~3일의 휴가를 부여하고 있다. 만약 직계가족의 망자가 외지에 있고, 근로자가 참석해야 할 경우 고용단위는 이동 거리를 고려하여 노정가를 부여할 수 있다.

(2) 휴가기간의 대우

'휴가 관련 법률'에 따라, 근로자가 상가 및 노정가를 사용할 경우 고용단위는 해당 기간의 임금을 지급해야 한다. 다만, 여정 중에 발생하는 교통비용은 근로자 본인이 부담하도록 한다.

3. 탐친가探親假 (가족 방문 휴가)

경제발전에 따라 외지에서의 취업은 이미 보편화 되었고 이로 인해 근로자의 고향 방문도 빈번하게 이루어지고 있다. 기업의 일상관리 측면에서 탐친가의 부여와 경비 지급에 관련된 문제가 자주 발생하고 있다. 이 때문에 탐친가 신청의 조건, 탐친가의 구체적인 대우 등에 대해서 정확히 숙지하여야 한다.

(1) 탐친가 실행 배경 및 견해

<국무원의 근로자 탐친 대우에 관한 규정> 제2조 국가기관, 인민단체, 전인민 소유제 기업, 공공기관에서 만 1년 동안 근무한 근로자가 배우자와 생활하지 않고, 공휴일에도 만날 수 없는 경우, 본 규정에 따라서 배우자 방문의 대우를 향유할 수 있다. 부모와 같이 생활하지 않으며, 공휴일에도 만날 수 없는 경우, 본 규정에 따라서 부모 방문의 대우를 향유할 수 있다. 그러나 근로자가 아버지 혹은 어머니 일방과 공휴일에 만날 수 있을 경우, 본 규정에 따른 부모 방문 대우를 향유할 수 없다.

1981년 3월부터 시행된 본 규정에 따라 탐친가의 적용범위는 국가기관, 인민단체, 전인민 소유제 기업, 공공기관으로 제한되어 있고 외자기업 등에 대해서는 별도의 규정이 없다. 그 이유는 해당 규정 수립 시 외자기업 등 다양한 기업 형태를 반영하지 못했기 때문이다. 그러나 최근에는 사회 발전과 문화적 현실을 고려하여 일반 기업에도 적용해야 한다는 의견이 있고, 반대로 본래 탐친가는 주 6일제 근로를 시행했던 국유기업에서 과거 교통 인프라가 좋지 않아 가족 방문이 어려운 근로자를 대상으로 시행했던 제도였기 때문에 국유기업이 아닌 일반 기업에서는 탐친가를 부여할 의무가 없다는 의견도 있다.

다양한 의견이 존재하나, 법률 규정에 해당하는 인원에게 관련 휴가를 부여하는 것이 옳다. 만약 일반 기업의 규장제도에 명확하게 제도화하였을 경우 복리후생의 성격으로 탐친가를 부여할 수 있다. 즉 일반 기업은 탐친가의 법률 적용을 받지 않으며, 규장제도를 통해야 이행의 근거를 갖출 수 있다.

(2) 탐친가 사용조건

고용단위가 탐친가를 운영할 경우 다음 사항을 고려해야 한다.

① 고용단위는 법률적 기준을 엄격하게 적용하여 탐친가 부여 여부를 판단해야 한다. 국유기업, 인민단체, 전인민 소유제 기업, 공공기관에 속하는지를 확인해야 하며, 외자기업의 경우 해당사항이 없다.

② 근로자의 방문 대상자 거주지역을 확인하여 법률 규정에 부합하는지 검토한다. 이때 '공휴일에 한자리에 모일 수 없음'의 조건을 충족해야 한다.

③ 근로자의 결혼 여부에 따라서 근로자가 탐친가를 사용할 수 있는지에 대해서 판단해야 한다.

　　탐친가의 사용조건에 부합할 경우, 고용단위는 휴가일수, 임금대우, 경비처리를 법률에 따라 근로자에게 제공한다.

④ 배우자 방문일 경우 매년 1회의 탐친가를 부여하고, 휴가기간은 30일로 한다. 미혼 근로자가 부모를 방문할 경우 매년 1회 탐친가를 부여하고, 휴가기간은 20일로 한다. 만약 업무 사유 또는 고용단위가 당해 연도에 휴가를 부여할 수 없거나 근로자가 자원하여 2년에 1회 탐친가를 사용할 경우, 휴가기간을 45일로 한다. 기혼 근로자가 부모를 방문할 경우 매 4년마다 1회의 탐친가를 부여하고, 휴가기간은 20일로 한다. 위 휴가는 모두 공휴일과 법정 공휴일을 포함한다.

⑤ 탐친가 임금은 근로자 본인의 임금표준을 따른다.

⑥ 근로자의 배우자 방문과 미혼근로자 부모 방문의 왕복 여비는 고용단위가 부담한다. 기혼근로자의 부모 방문여비는 본인 임금표준의 30%이내에서 본인이 부담하고 초과분은 고용단위가 부담한다.

주의해야 할 점은, 위의 임금대우 및 휴가대우는 반드시 법률적 요건이 완벽하게 충족된 상태에서의 이행을 전제로 한다는 것이다. 앞서 살펴본 바와 같이 외자기업은 탐친가 부여 의무가 없다. 외자기업에서 탐친가는 복리후생 측면의 휴가지원이기 때문에, 규장제도를 통해 휴가일수와 교통비 지원 혜택을 상황에 따라 조정할 수 있다. 여비지원 관련 사항은 〈국무원의 근로자 탐친 여비에 관한 규정〉을 참조하여 결정하도록 한다.

4. 사가事假

사가는 개인 사유로 발생된 일을 해결하기 위해 사용하는 휴가이다. 사가의 기간, 신청과 승인 모두 법률적으로 규정된 바가 없으므로 기업이 결정 권한을 갖는다. 고용단위는 규장제도 내에 사가의 신청 절차, 조건, 제한 등의 내용을 정할 수 있다.

(1) 사가 기간의 임금 지급

> 〈(임금지급 잠행규정)에 관련된 문제에 대한 보충규정〉 제3조 '〈임금지급 잠행규정〉 제15조'에서 말하는 공제라 함은 고용단위가 정당한 이유 없이 근로자에게 지급하여야 할 임금을 삭감 지급하는 것을 말한다.
>
> 다음 각 호 1의 임금 감액 지급은 포함하지 아니한다.
>
> (5) 근로자의 사가 신청 등의 원인으로 임금을 상응하게 감액 지급하는 경우
>
> 〈북경시 임금지급규정〉 제22조 근로자의 사가 기간에 고용단위는 임금을 지급하지 않을 수 있다.
>
> 〈광동성 임금지급조례〉 제25조 근로자가 사가의 원인으로 노동을 제공하지 않을 경우, 고용단위는 임금을 지급하지 않을 수 있다.
>
> 〈중화인민공화국 헌법〉 노동이라 함은 근로자의 권리와 의무이다. 근로자는 노동을 제공하고,

> 그에 합당한 노동보수의 권리를 누리므로, 근로자가 노동을 제공하지 않았다면 공정합리의 원칙에 따라 근로자는 상응하는 노동보수를 받을 권리가 없다. 국가 법정휴일은 제외이다.

그러나 규장제도 내 사가 기간에 임금을 지불한다는 규정이 존재하거나 근로자와 계약을 통해 약정했을 경우, 반드시 근로자에게 사가 기간의 임금을 지불해야 한다. 그러므로 규장제도 수립 및 계약체결 시 사가 기간의 임금지급 지급을 약정하지 않도록 주의해야 한다.

(2) 사가와 무단결근

근로자는 본인의 연휴가를 모두 소진한 경우 사가를 사용한다. 일반적으로 무급이며, 반일 또는 전일로 사용한다. 사가의 승인 권한은 고용단위에게 있으며, 사전 승인을 통한 휴가 사용이 이루어져야 한다. 긴급 상황일 경우 먼저 사가를 사용하고, 규정에 따라서 신청과 승인의 절차를 보충해야 한다. 만약, 근로자가 사가 사용 사전 신청과 소명도 하지 않을 경우 무단 결근으로 간주하여 처리한다.

[판례][38]

제목 : 사가의 장기간 사용에 따른 해고의 위법성

1. 근로자 : 류 모씨, (X로 칭함)

2. 고용단위 : 북경 OOO 브랜드 디자인 유한회사(Y로 칭함)

3. 재판일자 : 2013년 12월 16일

[안건 내용]

① X는 2012년 4월 23일 Y에 입사하였다. 시용기를 2012년 7월 30일로 설정하고, 시용기 내의 임금은 2,400CNY로 정하였다. 시용기 종료 후 Y와 X는 2012년 7월 30일부터 2014년

---

38 刘晓倩. (2017). 劳动关系中的管理权边界. 社会科学文献出版社. (P.169. 休假管理的边界) 발췌

7월 30일까지 기간의 정함이 있는 계약을 체결하였다. X의 직무는 사진촬영이며, 매달 임금은 3,000CNY이다. 쌍방의 노동계약은 2013년 1월 30일까지 이행되었고, Y는 X가 입사 이후 사가를 누적 15.5일 사용하고 10회 지각하였음을 이유로 X와 노동계약을 해지하였다. (엄중규율위반 행위 적용)

② X는 노동중재위원회에 중재를 신청하였고, 중재 결과 Y는 X에게 위법계약해지에 따른 경제배상금을 지급하도록 하였다. 그 후 Y는 중재결과에 불복하여 법원에 기소하였다. 1심에서 Y의 위법해고를 판결하였으나, Y는 불복하고 2심을 청구하였다.

[법원 판결] (2심)

우선, Y는 서면으로 X에게 노동계약해지 통지서를 보내지 않았다. 퇴직원 발행을 근거로 X에게 노동계약해지의 사유를 고지하였다고 인정할 수 없다. 다음으로, Y는 지각의 횟수에 따른 노동계약해지의 규정을 규장제도를 통해 근로자에게 고지하고 준수서약을 받지 않았다. 마지막으로 이미 X는 Y에게 사가 사용의 승인을 받았으므로, Y는 X의 사가 사용 횟수가 많다는 이유로 노동계약을 해지하는 것은 타당하지 않다. 종합적으로 본 법원은 Y의 노동계약 해지를 위법해고로 인정한다.

[시사점]

고용단위는 근로자의 사가 사용일수가 많다는 이유로 노동계약을 해지하였으나, 법원은 위법이라고 판단하였다. 사가는 고용단위가 승인여부를 결정할 권한을 가지고 있으며, 이미 승인한 사가에 대해서 징계하는 것은 위법이다. 그러나 고용단위가 사가의 사용을 승인하지 않았음에도 근로자가 임의로 휴가를 사용할 경우 징계할 수 있다.

제13장
<hr />

성과관리 [39]

Intro

　성과관리란 공정한 보상, 인적자원의 활용, 조직효율성 제고 등을 위해 구성원의 능력과 업무 성과를 정량적으로 평가하는 것을 말한다. 일반적으로 고용단위는 성과관리를 위해 근로자를 관리자와 일반 직원으로 분류하고 월/분기/연도 등의 기간을 설정하여 평가한다. 이때 근로자의 업무내용, 업무성과 등을 합리적 기준과 원칙에 따라 심사한다.

　구체적으로 성과관리는 관리자와 근로자가 조직의 목표달성을 위해 업무계획 수립, 중간 지도 및 소통, 평가 결과 도출, 평가 결과의 활용, 목표 상향 조정의 순환 과정에 공동으로 참여하는 것을 의미한다. 성과관리의 목적은 개인, 부서, 전체 조직의 성과를 지속적으로 향상시키는 것이다.

　업무계획의 수립은 성과관리의 기초 단계이다. 합리적인 계획을 수립하지 않으면 구체적 실행을 기대할 수 없다. 중간지도와 소통 또한 중요하다. 이 과정이 제대로 이루어지지 않으면

<hr />

39 陆敬波. (2015). 薪酬福利与绩效管理. 中信出版集团. (P. 181~190. 绩效考核) 참조

성과관리는 실행력이 떨어진다. 평가 결과 도출은 성과관리의 핵심이라고 할 수 있으며, 평가 결과에 문제가 있을 경우 관리자와 근로자 모두에게 부정적인 영향을 가져올 수 있다. 마지막으로 평가 결과의 활용은 평가의 사후적 절차이며, 이를 근거로 구성원을 격려·압박·구속하는 등의 매커니즘Mechanism으로 활용할 수 있다. 평가 결과의 활용이 제대로 이루어지지 못할 경우 성과관리의 전체적인 효과를 기대할 수 없다. 평가 결과는 근로자의 평가주기 내 업무성과 및 업무태도 등의 종합평가로 볼 수 있으며, 임금인상, 인센티브, 직무나 직위의 조정, 연수훈련, 업무조정 등 전반적인 HR운영에 직접적인 영향을 준다. 즉, 성과관리 제도는 일정 기간 근로자의 업무성과를 평가하고, 그 평가 결과에 따라서 포상과 불이익을 주는 제도이다.

평가절차의 투명성, 평가기준의 합리성 확보 여부는 평가 결과의 공정성과 성과평가제도의 타당성과 직결된다. 그러므로 성과평가와 관련된 구체적인 계획을 반드시 구성원들과 사전에 공유하고, 정량적·정성적 지표에 근거하여 평가 결과를 도출하는 등 제도의 신뢰성을 높이기 위해 노력해야 한다. 타당성과 신뢰성이 보장된 성과관리 없이는 합리적인 인사관리체계를 구축할 수 없다.

제1절 업적평가 및 성과관리

1. 업적평가

업적평가Performance Appraisal는 근로자의 근로행위에 따른 결과에 대해 평가하는 것이다. 업적평가는 세 가지 의미가 있다.

1) 근로자의 업무에 대해서 평가하고, 평가 결과는 HR 관리기능과 결합되어 기업의 목표 달성을 촉진시킨다.
2) 인력자원관리의 구성요소로써 제도, 프로세스와 로직을 통해 평가한다.
3) 조직 구성원의 업무 수행 과정 중 드러나는 업무능력, 태도와 업적에 대해 사실

을 근거로 평가한다.

업적평가로 아래의 8가지 목적을 달성할 수 있다.

① 근로자의 승진급, 강직, 직무조정과 퇴직에 대한 근거를 제공함

② 업적평가를 통해 근로자에게 피드백을 할 수 있음

③ 근로자의 조직에 대한 공헌을 평가할 수 있음

④ 근로자의 임금 정책에 대한 근거를 제공함

⑤ 적합인원의 채용 여부와 업무배치의 적절성을 판단할 수 있음

⑥ 근로자에 대한 교육훈련과 육성의 필요성을 이해할 수 있음

⑦ 교육 훈련과 경력개발을 효과적으로 진행하였는지 판단할 수 있음

⑧ 업무 계획, 재원 분배, 인사기획에 대한 다방면의 정보를 제공할 수 있음

상술한 8가지 목적 중 ①과 ④의 항목을 중심으로 살펴보도록 하겠다.

2. 성과관리 방법

평가 방법	내용	비고
서열 평가	서열 평가는 근로자의 업무성과 수준에 따라서 순서를 정하는 방법이다. 보통 서로 같은 업무를 하는 근로자가 간에 성과를 비교하여 순위를 정하는 평가법이다.	
핵심업무 수행 평가	부서에서 진행하는 일상업무에서 중요한 업무나 상황이 발생하였을 경우, 해당 업무를 수행하는 인원에게 가점을 부여하여 판단하는 방식의 평가법이다.	
강제 배분법	강제배분법은 피평가자의 근로성과에 따라서 평가자가 몇 가지 등급으로 강제 배분하는 방식을 말한다. 일반적으로 S, A, B, C,D의 5단계 분류법을 사용한다. 이는 평가 결과의 분포가 과도하게 관대화되는 것을 막기 위해 등급별로 일정 비율을 정하여 평가를 진행하는 방식을 말한다. 통계학의 정규분포 원리에 따라서, 고평가와 저평가의 배분이 적고, 중위 분포가 높은 특징이 있다. 이 평가 방법은 집단의 구성원이 우수한 인원들로 배정되어 있거나 그 반대일 경우, 평가 비율 배정의 합리성과 타당성이 떨어진다고 할 수 있다.	관대화 경향Tendency of Leniency - 부하직원들에게 후한 점수를 주는 경향 집중화 경향Central Tendency - 평균점수에 집중적으로 평가하는 경향
360도 평가법	360도 평가는 다면평가제로 불리기도 한다. 인사평가의 타당성, 신뢰성과 객관성을 높이기 위해서 개발된 평가 방식으로 상위자, 동료, 부하사원, 본인과 고객에 의해 평가된다. 기존의 상사의 주관이나 편향에 따라 달라질 수 있는 탑다운 형식의 평가를 보완하기 위해서 다양한 평가자를 추가하여 공정성과 객관성을 높일 수 있지만, 업무 능력보다는 대인관계에 가중치가 더 반영되는 부작용도 있다.	영국 군사정보국 개발 1940년대
목표 관리법	목표관리법은 MBOManagement by Objectives라고 불리며, 피평가자가 완성한 업무 목표의 상황에 따라 평가를 진행한다. 업무의 시작 전 평가자와 피평가자는 목표 달성에 필요한 업무 내용, 납기, 평가 기준 등에 대해서 합의한다. 상위자가 부하직원의 평가를 일방적으로 평가하는 관행에서 벗어나 정량적인 달성 정도에 따라 평가되기 때문에 결과 지향적인 관리체계로 평가받고 있다.	피터드러커 "경영의 실체"에서 제안 (The practice of management) 1954년
균형 평가표	균형평가표Balance Scorecard는 기업의 재무, 고객, 내부업무 프로세스, 근로자 학습 및 성장의 네 가지 측면의 평가를 진행하게 되고, 전략적인 요구 수준을 각 지표에 반영하지만 동일한 비율을 적용하지는 않는다. 사업관점에서는 다양한 지표를 반영한 전략 목표 달성에 도움이되나, HR 관점에서는 근로자의 직무 성과 외의 지표가 반영되어 적절한 보상체계와 연동될 수 없는 단점을 가지고 있다.	로버트 카플란 박사 (하버드 비즈니스 리뷰에 소개) 1992년
KPI 핵심 성과 지표법	KPI Key Performance Indicator 핵심평가지표법은 기업의 연도별 목표를 근거로 하여, 근로자의 업무성과 특징을 분석하고 그 내용을 기업, 부서, 개인의 업무수행 기간 내에 정량적인 목표로 반영하는 과정을 거친다. KPI의 목적은 측정 가능한 값을 설정하여 관리하는 것이므로 절대 모호한 값을 설정해서는 안 되며, 일반적으로 탑다운 방식으로 진행되므로 조직 및 상위자의 성과지표가 개인별 지표에 선택적으로 반영된다.	

(1) 360도 다면평가

360도 다면평가는 피평가자가 업무를 수행할 때 연관된 여러 주체로부터 피평가자에 대한 정보를 얻어 진행하며, 이 과정에서 피평가자는 전방위적인 성과평가를 받는다. 이 평가는 상급자, 동료, 부하직원, 고객으로부터 피드백 받을 수 있다.

다른 평가제도들과 달리 360도 다면평가는 상위자 일방이 부하직원을 평가하는 전통적 방식을 벗어난다는 특징을 가지고 있다. 전통적 방식의 평가는 평가자의 피평가자에 대한 편견, 주관적 판단, 관대화 등의 현상이 나타날 수 있지만, 360도 다면평가는 평가주체를 다양화하여 객관성과 공정성을 확보할 수 있다. 아울러 다양한 평가주체의 피드백을 통해 본인의 장점과 단점을 보다 객관적으로 파악하여 업무에 반영함으로써 더 많은 발전기회를 얻을 수 있다.

1) 다면평가의 장점

① (전방위성) 여러 경로를 통하여 취득한 정보를 피평가자에게 제공할 수 있다. 이를 통해서 근로자는 스스로의 장단점을 객관적으로 파악하고 개선할 수 있어 개인의 발전과 동시에 조직 성과 향상에도 기여할 수 있다.

② (익명성) 조사 방식에서 익명성을 보장하여 평가자는 보다 객관적으로 피평가자에 대한 평가를 진행할 수 있다. 이 밖에도 익명성이 보장된 조사양식의 개발을 통하여 정확도 높은 평가의견을 수집할 수 있다.

③ (평가의 맹점 보완) 대내외 평가를 통해 근로자의 평소 업무태도, 고객과의 관계, 판매 전략 이행 등 다방면의 업무능력을 평가할 수 있어 전통적인 평가방식의 맹점을 보완할 수 있다.

④ (근로자의 관리 참여) 다면평가는 관리자 또한 부하직원으로부터 평가와 피드백을 받는 특성이 있다. 이는 일반 근로자의 의견이 기업의 경영에도 반영된다고 볼 수 있다. 이를 통해서 근로자의 업무 적극성 향상, 조직문화활동 참여 강화, 조직 충성도 증가 등의 효과를 기대할 수 있다.

2) 다면평가의 단점

① 광범위하여 높은 비용이 소요되고, 행동평가가 업적평가로 대체되어 평가의 정확성이 떨어질 수 있다. 즉, 정량적인 업적평가보다는 조직 내의 인기평가로 변질될 수 있다.

② 종합적인 정보를 하나의 결론으로 도출하기가 비교적 어려워, 평가 항목별 결과가 상호 충돌을 일으킬 수 있는 문제가 있다.

③ 평가의 측정기준이 불명확할 경우, 근로자의 성격이 업무능력으로 오인될 수 있다.

④ 평가는 개인의 기억에 근거하여 진행되므로, 근로자의 과거 업무태도가 정확하게 반영될 수 없어, 평가기간 내의 최근 업무수행 능력이 근로자의 전반적 능력으로 편향되어 판단될 수 있다.

⑤ 평가 결과에 대한 피드백 및 개선 교육에 오류, 오해가 있을 경우, 조직분위기가 경직되고 근로자의 사기 저하로 이어질 수 있다.

실무적으로 업종과 부서별 업무의 특성이 다르기 때문에 360도 다면평가의 효과 또한 다를 수 있다. 예를 들면, 일반적으로 제조업과 세일즈가 중심인 기업에서는 360도 다면평가를 실시하지 않는 반면 행정 근로자와 연구개발 근로자가 주를 이루는 기업에서는 360도 다면평가가 비교적 효과적으로 운영되고 있다. 앞서 살펴본 바와 같이 다면평가는 전방위적으로 다양한 측면의 정보들을 취합하여 피평가자에게 제공하는 평가제도이다. 소요 비용이 많고 결과 분석에 상당한 노력을 기해야 정확한 피드백 및 개선방향을 도출할 수 있기 때문에 평가 대상을 고급관리자로 한정하는 경우가 많으며, 500인 이상의 사업장에서는 전문 HRD 담당자가 전담하여 결과를 도출하고 제공하는 경우가 많다.

3) 다면평가 이행 시, 고려사항

① 기업의 특성과 업무유형, 제품수명주기(PLC) 등을 고려하여, 다면평가의 이행여부를 판단해야 한다. 일반적으로 기업 설립 초기와 성장기에는 사용하지 않으

며, 가공업과 제조업, 첨단산업 등과 같이 결과 지향적인 분야에도 사용하지 않는다. 당연히 기업문화가 건전하지 못하거나, 조직이 체계화되지 않은 기업도 적용을 미뤄야 한다.

② 합리적으로 평가자와 피평가자를 설정해야 한다. 원칙적으로 평가자는 피평가자의 업무 이해도가 높아야 한다.

③ 피평가자에 따라 평가요소를 다르게 구성해야 한다. 즉 피평가자의 직위, 업무 내용에 따라 평가하는 항목도 다르게 구성되어야 한다. 예를 들어 경영층에 대한 평가항목에는 사업성과, 경영이념, 의사결정, 비전제시, 투명성 등의 내용이 반영되어야 하며, 일반사원의 평가항목에는 적극성, 책임감, 추진력, 업무속도, 직무능력, 규범준수 등의 내용을 포함해야 한다.

④ 업무의 특성, 조직 목표 등을 고려하여 평가 방법을 적용해야 한다. 예를 들어 구성원 간 업무속성의 차이가 없으며 빠른 시간 내에 목표 달성이 필요한 경우에는 서열평가법을 사용하고, 태스크Task 형태의 업무수행 빈도가 높을 경우, 핵심업무 수행평가를 통한 평가등급 배분을 진행하도록 한다.

⑤ 360도 다면평가 실행을 위한 외부환경이 긍정적으로 변하고 있다. 인터넷 환경 확대, 산업 정보화, 근무환경의 전산화 등에 따라 평가시간과 비용을 줄일 수 있으므로, 적용 가능한 기업의 경우 다면평가의 장점을 활용할 필요가 있다.

(2) 목표관리법Management by Objectives(MBO)

1954년 미국의 경영학자 피터 드러커는 '경영의 실체The practice of management'에서 최초로 목표관리의 개념을 사용하였다. 그는 목표 설정에 따라 성취하는 업무 성과는 기업의 생존과 발전에 직접적인 영향을 미치는 요소이므로 반드시 목표관리가 필요하며, 먼저 기업이 일정기간의 이상적인 목표를 수립하여 제시하고, 전 부서 및 근로자가 제시된 목표에 따라 각자의 목표를 분담해야 한다고 주장했다.

목표관리법은 성과관리에서 광범위하게 사용되고 있는 방법이다. 많은 학자들은 관리효율이 높은 목표관리법을 통해 근로자를 지도하고 통제하여 업무성과를 향상시킬 수 있다고 하였다. 목표관리법은 근로자에게 조직의 기대치를 전달하여, 근로자로 하여금 최대의 노력을 투입하여 목표를 달성하게 하는 방법 중 하나이다. 각종 연구결과에 따르면, 목표달성을 위한 구체적이고 도전적인 과제를 제시하고, 목표를 달성하였을 때 합리적인 보상체계와 연동하여 포상하면 그 효과가 증대된다고 한다.

1) MBO의 장점

① 목표를 정량적이고 객관적으로 설정하여 평가가 용이하고 공정성을 확보할 수 있다.

② 목표설정 항목의 개발 비용이 특별히 높지 않아 평가 비용이 적게 소요된다.

③ 목표가 명확하여 구성원이 적극적으로 업무에 참여하고, 관리자와 근로자의 소통과 피드백 기회를 확대할 수 있다.

④ 도전적 목표 설정이 가능하므로 자아실현에 도움이 되며, 책임 영역이 구체적이고 명확하여 역할 수행에 대한 갈등을 줄일 수 있다.

2) MBO의 단점 및 한계점

① 성숙기 및 쇠퇴기 산업, 안정적 사업구조를 지닌 업종의 경우와 관료제 조직(사무 직군, 관리 직군 등)의 경우 MBO는 매년 동일하고 형식적으로 이루어질 가능성이 있다.

② 단기 목표 중심이므로 중장기 목표 관리에 소홀할 수 있다.

③ 재무지표에 대한 목표를 단편적으로 이행하는 경향이 높다. 현대 기업은 재무지표 외에 사회공헌, 직원만족도 등의 비재무지표적 요소에 대한 관심도가 높아지고 있으나, MBO는 이런 목표나 가치가 반영되지 않을 수 있다.

④ 지나친 경쟁이 강요될 수 있어, 조직의 팀워크에 영향을 줄 수 있다.

(3) 균형성과표Balanced Scorecard (BSC)

균형성과표는 기업의 사업전략에 기초하여 기업의 비전과 경영목표를 달성하기 위해 재무적 관점, 고객 관점, 내부프로세스 관점, 학습 및 성장의 관점을 포함하는 성과관리 시스템이다. 또한 기업의 현재능력 및 성장 잠재력 등 미래능력까지 향상시키는 도구로 사용된다. 다른 성과관리 체계와 차이점은 '균형'을 매우 강조한다는 것이다. 기존의 재무 중심적 평가에서 벗어나 재무와 비재무지표의 균형, 단기와 장기성과의 균형, 내부와 외부요인의 균형을 추구하는 평가방법이다.

다음으로 4가지 구체적 관점의 내용들을 살펴보겠다.

1) 재무적 관점Financial Perspective

재무적 관점은 과거 전통적인 이익 측면의 관점에 국한되지 않는다. 재무적 관점은 다른 3가지 요소와의 연계성을 통해 성과가 나타나는지를 주목하고 있다. 대표적인 측정 지표는 순이익, 매출액, 투자수익율Return on Investment(ROI), 경제적 부가가치Economic Value Added(EVA) 등이 있다.

2) 고객 관점Customer Perspective

충성고객, 잠재고객, 시장환경의 관점에서 기업에 대한 평가를 진행한다. 즉, 기업의 입장이 아닌 고객과 시장의 입장에서 객관성을 극대화하는 과정이다. 대표적으로 고객만족도 측정, 시장 점유율, 고객 유치율, 고객 이탈률 등이 있다.

3) 내부 프로세스 관점Internal Perspective

최대의 성과달성을 위해 기업의 내부 프로세스 효율화에 대한 연구가 필요하며, 개선을 통해 고객 만족도, 경영지표 등을 향상시킬 수 있다. 대표적으로 A/S, 품질관리, 생산원가 효율화, 개발일정 단축 등이 있다.

4) 학습 및 성장 관점Customer Perspective

기업의 미래 준비를 위한 관점이며, 조직의 지속적인 성장을 위한 목표설정과 성과평가를 진행하는 과정이다. 대표적으로 연구개발, 직원의 기능교육, 정보의 수집과 처리 등이 있다.

(4) 핵심성과지표Key Performance Indicator (KPI)

핵심성과지표법은 일반적으로 기업의 주기별 목표를 기준으로 업무성과의 특징을 분석하여, 그 내용을 기업, 부서, 개인의 업무수행 기간 내에 정량적 목표로 반영하는 일련의 과정을 포함한다. KPI는 반드시 측정이 가능해야 하며, 전략목표와 연계^{Align}되어 자원의 효율성을 극대화하는 방향에서 수립되어야 한다.

1) KPI의 장점

① KPI의 성과지표가 비교적 적다. 이로 인해 성과관리의 효율이 높고 성과관리에 투입되는 비용이 적으며, 기업은 핵심지표 관리에 몰입할 수 있다.

② KPI는 측정 가능한 핵심지표로 구성되어, 근로자가 스스로의 업무 목표에 집중할 수 있다.

③ 기업의 전략 목표와 연계되어 있어, 개인의 업무 성과가 조직의 성과에 직접적인 영향을 준다.

④ 기업의 한정적 자원(시간, 인력, 비용 등)을 어디에 집중해야 할지 명확하게 알 수 있다.

2) KPI의 단점

① 모든 근로자가 조직성과와 직접적으로 관련된 업무를 하지 않으므로, 비부가 업무의 가치절하 및 공헌도 반영에 소홀할 수 있다. 예를 들면, 기능부서, 지원부서, 경영지원 등의 업무성과는 KPI 수립과 평가에 어려움이 발생될 수 있다.

② 직접적인 경영성과로 창출되지 않는 '창의성'과 관련된 영역에는 적용하기가 어렵다. 즉, 직접적이고 정량적인 측정이 불가하여 서술하거나 정성적 판단을 해야 하는 직무에 대해서는 적용하지 않는 것이 좋다.

평가 결과를 활용한 성과연동제 운영

1. 성과연동제 개요

성과연동급은 근로자의 업적과 임금을 직접적으로 연동하여 임금이나 인센티브를 제공하는 방법이다. 도입 초기에는 추가 생산 인센티브 또는 각종 포상제도로 활용하였으나, 현재 그 영역이 확대되어 다양한 방법으로 운영되고 있다. 기업 측면에서는 생산 효율 향상, 고성과자 리텐션Retention과 저성과자 동기부여에 이용하고 있다. 예를 들어 월/분기/반기/연간으로 업적을 평가하고 목표 달성에 대한 차등 보상을 지급하는 것이 대표적인 운영 사례이다.

1) 추가 보상을 하는 경우

기업은 근로자의 전년도 평가결과를 임금조정의 근거로 삼고, 평가결과에 따라 차등적인 임금 인상을 진행하고 있다. 상대평가의 결과에 따라서 임금인상률을 적용하는 방식은 차등적 추가 보상의 대표적인 예이다.

평가의 활용

업적 평가 ⊕ 역량 평가 → 종합평가		
기본급 인상	• 종합 평가를 반영한 임금인상 차등	보상
PS, PI	• 조직의 성과에 따른 PS지급 • 개인 목표 달성에 따른 PI지급	
진급 제도	• 평가 등급을 반영한 진급 대상자 확정	육성/훈련
직책 임면 /조직 이동	• 직책자 선발 및 면직 ⇒ 업무불감당 대상인원 선정 • 저성과자의 직무·조직 이동	
교육훈련	• 역량 향상을 위한 전문 교육 • 업무 능력 향상을 위한 직무 교육	
핵심인재 선발	• 종합평가 등급에 따른 핵심인재 선발 • 미달 시 핵심인재 교체	

2) 임금을 하향 조정하는 경우

근로자의 성과가 낮을 경우, 특히 업무 불감당의 상황일 때 고용단위는 근로자의 임금 조정을 검토해야 한다.

첫째, 근로자가 동의할 경우, 업무를 변경하고 임금을 하향조정한다.

둘째, 근로자가 임금의 하향 조정에 동의하지 않더라도 만약 규장제도에 '급여는 직무에 따라 변동된다'라는 규정을 포함하고 있고 근로자의 동의서명을 이미 받아 놓았다면 직무변경 및 임금조정을 할 수 있다. 다만, 업무 불감당의 기준 및 적용에 대해서 분명하게 정의되어 있어야 하고, 실행할 때 반드시 근거를 남겨 놓아야 한다.

셋째, 고용단위가 근로자의 직무변경을 하지 않고 일방적으로 임금을 하향 조정할 경우 근로자는 조정된 임금에 대해 보충지급을 요구하거나 근로자 일방이 근로계약을 해지한 후, 고용단위를 상대로 경제배상금 지급 요청의 노동중재를 신청할 수도 있으므로 성과에 따른 임금 조정은 신중하게 진행해야 한다.

2. 성과연동급제 운영 시 고려 사항

고용단위가 성과 미달성 근로자에게 성과연동급을 지급하지 않기 위해서는 다음의 사항을 사전에 준비해야 한다.

① 임금의 구성에 성과연동급을 반영할 경우, 정상 근로시간의 임금, 성과연동급 및 포상 등 지급 조건을 명시하고 서명을 받아야 한다.

② 매 고과 주기별 성과 목표에 대해 통지하고 본인 서명을 받아, 근로자 스스로 본인의 주기별 목표에 대해 인지할 수 있도록 해야 한다.

③ 성과연동제는 법률상 문제가 없어야 하며, 명확하게 평가 방법, 평가 근거, 평가 결과를 설명할 수 있어야 한다. 또한 평가제도의 이행에 있어서 공정성을 확보해야 한다.

④ 최종 평가 결과에 대해서 본인 고지 및 서명이 이루어져야 한다. 이와 동시에 임

금 명세서와 동일하게 2년 이상을 보존하여, 향후 노동쟁의에 대비하도록 한다.

1. 성과평가를 통한 업무불감당의 판단

(1) 업무불감당에 대한 정의 [40]

> <(중화인민공화국노동법) 약간 조문에 관한 설명> 제26조 본 조 제2항의 '업무를 감당할 수 없다'는 것은 노동계약에서 약정한 임무 또는 동일 직종, 동일 직종의 업무량을 요구대로 수행하지 못하는 것을 말한다. 고용단위는 고의로 업무 기준을 높여 근로자가 완성할 수 없게 해서는 안 된다.

근로자의 업무불감당 여부를 판단하기 위해서는 먼저 고용단위가 근로자의 업무 및 업무량을 명확히 하였는지 살펴보아야 한다.

또한 평가 결과만으로 업무불감당을 주장하는 것은 받아들여지지 않을 수 있다. 평가결과는 단지 평가 결과일 뿐이다. 고용단위가 근로자의 업무불감당을 입증하기 위해서는 명확한 증거가 필요하다. 예를 들어 상위자의 주관적 판단이나 서열평가법을 통해 꼴지를 하였다는 이유로 업무불감당으로 판단하는 것은 객관성을 상실한 것으로 볼 수 있다.

(2) 성과평가에 대한 합리성 구비

성과평가는 성과관리의 가장 중요한 결과물이기 때문에 완전한 성과관리 체계 하

---

40 陆敬波. (2015). 薪酬福利与绩效管理. 中信出版集团. (P. 206. 绩效考核结果与不胜任) 참고

에서 결과를 도출해야 한다. 성과관리는 크게 업무분석, 목표설정, 성과평가, 평가결과 활용의 4단계로 나눌 수 있다.

업무분석은 성과관리의 기초 단계이며, 업무분석을 통해 근로자의 구체적인 작업내용, 직무수행 요구 능력 등의 정보들을 전방위적으로 파악할 수 있고, 이를 바탕으로 평가지표를 체계화하여 성과평가의 근거로 활용할 수 있다. 이 밖에도 고용단위는 평가근거의 합리성을 갖추기 위해, 성과평가지표 수립 시 5가지 기준을 검토해 볼 필요가 있다. 대표적으로 S-M-A-R-T^(Specific, Measurable, Attainable, Relevant, Time Bound) 기법을 간단히 소개하겠다.

① Specific^(구체적인) : 목표를 설정할 때에는 달성하고자 하는 바에 대해서 구체적으로 작성해야 한다. 누가, 언제, 무엇을, 어디서, 어떻게, 왜 해야 하는지에 대해서 구체화하는 과정이 필요하다.

② Measurable^(측정 가능한) : 목표달성 여부를 객관적으로 판단하려면 어떤 측정항목을 선택할지가 중요하다. 정량적 지표를 사용할 경우, 근로자와 고용단위 모두 수용성이 높아지고, 목표를 구체적으로 수치화할 수 있다.

③ Achievable^(성취 가능한) : 목표가 아무리 도전적일지라도 개인과 조직이 달성할 수 없는 수준이라면 이는 목표설정이 잘못된 것이다. 목표는 개인과 조직에게 동기를 부여하여 스스로 목표달성을 위한 수단과 방법을 찾도록 할 수 있어야 한다.

④ Relevant^(관련되고) : 목표는 반드시 사업의 방향 및 유의미한 업무행위와 관련되어야 한다. 이 과정을 통해서 불필요한 업무들을 삭제하고, 업무의 중요도를 구분하여 효율성을 극대화할 수 있다.

⑤ Time Bound^(시간적 범위를 고려한) : 아무리 좋은 목표를 설정하더라도 시간을 무한하게 사용할 수 없기 때문에, 제한된 시간적 범위를 고려하여 목표를 수립해야 한다. 또한 개인과 조직에게 목표달성까지 일정한 시간을 제한하면 긴장감을 주어 집중력을 향상시킬 수 있다.

위의 과정을 통해 고용단위는 근로자에 대해 객관적이고 유효한 평가를 할 수 있을 뿐만 아니라, 쟁의 발생 시 사법기관에 제출할 증거로 사용될 수 있다. 마지막으로 평가결과는 근로자에게 통보하고 서명을 받아 보관하도록 한다.

[판례][41]

제목 : 서열평가 후순위자 해고 판례

1. 근로자 : 왕 모씨, (X로 칭함)

2. 고용단위 : OO통신(항주)유한책임회사, (Y로 칭함)

3. 재판일자 : 2011년 12월 6일

[안건 내용]

① 2005년 7월 X는 Y에 입사하여 매월 기본급 3,840CNY을 받고 영업 업무를 하기로 했다. Y는 <근로자 업적 관리 방법>에 따라 반기 및 연간 근로자의 업적 평가를 실시하고, S(우수)/ A(양호)/C1(미부합)/C2(개선요망)의 4개 등급으로 분류하여 관리하였다. 평가 등급 비율은 S 20%, A 70%, C (C1/C2) 10%이며, 업무불감당은 C2 평가자로 규정하였다.

② X는 원래 유통과에서 영업 업무를 수행하였으나, 2009년 1월 유통과의 해산 등을 이유로 다른 지역으로 전배되어 영업 업무를 하였다. 2008년 하반기, 2009년 상반기 및 2010년 하반기에 X의 업적평가 결과는 모두 C2 였다. Y는 X가 업무불감당이라고 판단하였고, 업무 전환 후에도 여전히 업무불감당이라고 판단하여 일부 경제보상금을 지불한 후에 X와 노동계약을 해지하였다.

③ 2011년 7월 27일 X는 노동중재를 신청하였다. 중재 위원회의 판결 후에 Y는 불복하여 법원에 기소하였다.

[법원 판결]

<중화인민공화국 노동법>, <중화인민공화국 노동계약법>은 고용단위 일방의 노동계약 해제

---

41 刘晓倩. (2017). 劳动关系中的管理权边界. 社会科学文献出版社. (P.248~249. 解雇权的限制) 발췌

조건에 대해 명확한 제한을 두었다. Y는 X가 업무불감당이라고 판단하였고, 업무 전환 후에도 여전히 업무불감당의 사유로 노동계약을 해지하였으므로, 반드시 이에 대한 입증 책임을 져야 한다. Y는 <근로자 업적 관리 방법>의 규정에 따라, C(C1, C2)의 등급 비율을 10%로 하였다. 비록 X의 과거 평가 등급이 C2라고 할지라도 C2등급이 완전히 업무불감당의 상태와 같다고 할 수 없으며, Y는 평가 등급만으로 근로자의 업무불감당을 입증할 수 없으며, 일방적인 노동계약 해지의 법률 요건에도 부합하지 않는다. 비록 2009년 1월 X를 유통과에서 부서 이동시켰으나, 부서 이동 전후에 모두 영업 업무에 종사하였다. 이는 유통과의 해산으로 인하여 X가 부서 이동한 것이지 업무불감당의 사유로 직무 재배정을 한 것으로 볼 수 없다. 즉 X의 업무불감당에 따른 부서 이동을 증명할 수 없다. 이 때문에 Y가 주장하는 X의 업무불감당의 사유로 부서를 전환하였다는 근거가 부족하고, 노동계약의 위법적인 해지가 있다고 판결한다. 법에 따라 X에게 경제보상금 표준의 2배의 배상금을 지급해야 한다.

[시사점]

고용단위 내부의 규정에 따른 서열평가법의 평가 등급에 근거하여 근로자의 업무불감당을 판단할 경우, 기업은 노동중재 상황에 직면할 수 있다. 서열평가법은 기업 내부의 업무성과 서열을 판단할 수 있는 지표로 활용될 수 있으나, 근로자의 업무불감당의 근거로 인정받기는 매우 어렵다.

또한 기업의 원인으로 발생되는 조직변경과 그에 따른 부서변경을 근로자 귀책의 직무/부서 변경이라고 주장하는 것 또한 법원의 지지를 받기 어렵다.

업무불감당의 사유로 고용단위 일방의 계약해지를 진행할 경우, 반드시 객관적인 관련 증거를 확보해야 하며 중간 평가를 진행하고 근로자의 서명을 취득하여 입증자료로 활용할 필요가 있다.

2. 직무조정

직무는 노동계약 내의 중요 항목으로 쌍방 약정을 통해 결속력을 가지며, 일반적으로 쌍방이 협의하여 변경하지 않으면 어떠한 일방도 마음대로 직무를 변경할 수 없다.

<노동계약법> 제40조 다음 각 호의 1에 해당하는 경우, 고용단위는 30일 전에 서면으로 근로자에게 통지하거나 또는 1개월의 급여를 추가로 지급한 후 노동계약을 해지할 수 있다.

(1) 근로자가 질병이나 근무와 무관한 부상으로 인해 규정된 치료기간 만료 후에도 본래의 업무에 종사할 수 없을 뿐만 아니라 고용단위가 별도로 조정해준 업무에도 종사할 수 없는 경우

(2) 근로자가 업무수행이 불가능하고, 교육훈련 또는 업무 조정을 통해서도 여전히 업무를 수행할 수 없는 경우

<노동계약법> 제41조의 (3) 기업이 생산품 전환, 기술혁신 또는 경영방식 조정으로 인하여 노동계약을 변경한 후에도 감원이 계속하여 필요한 경우

경영자주권을 보유한 고용단위는 〈노동계약법〉 제40조, 제41조의 규정에 따라 일방적인 직무조정이 가능하다. 이외에도 노동계약이나 규장제도를 통해 명확하게 약정할 경우, 고용단위는 일방의 직무조정권을 행사할 수 있다.

업무불감당에 대한 판단은 일정기간의 직무수행 평가를 통해 입증되어야 한다. 기업별로 운영하고 있는 평가제도를 활용하여 합리적인 판단을 해야한다. 업무조정 시 유의사항은 다음과 같다.

(1) 합리성 확보

직무조정은 근로자의 노동과 생활에 중대한 영향을 미친다. 이 때문에 사회적인 가치 판단에 근거하여 합리적이고, 합법적인 범위 내에서 이행해야 한다. 합리성의 판단에 차이가 있으나, 다음의 사항들을 유의해야 한다.

첫째, 의료기 만료 후 업무불감당의 사유로 직무조정을 진행할 때 고용단위는 복직 이후의 직무, 업무 목표, 평가방법 등에 대해 근로자에게 재차 설명하고 서명을 확보하도록 한다. 이후 업적평가를 진행하고 업무불감당에 해당할 경우, 명확한 근거를 바탕으로 근로자에게 고지해야 한다.

둘째, 업무조정을 통한 직무변화의 폭이 커서는 안 되며, 통상 직급의 하향조정은

현재 직급의 1~2단계 수준으로 진행하도록 한다. 단, 사전에 근로계약 및 규장제도에 '업무 변화에 따른 직무 변경'을 진행한다는 약정과 서명이 전제되어야 한다.

셋째, 변경된 직무는 이전의 직무내용과 연관성이 있어야 한다. 그렇지 않을 경우 고용단위 일방의 직무조정이 법적 효력을 상실할 수 있으므로 주의해야 한다.

중국 내 각 지역에서 합리성 판단에 대한 규정을 구체화하고 있다. 아래의 광동성 규정을 참고하도록 한다.

<광동성 노동인사 쟁의중재위원회의 노동인사 쟁의안건 심리에 관한 약간 문제의 좌담회 기록>

제22조 고용단위가 근로자의 직무를 조정하는 경우 다음의 상황에 부합되어야 고용단위가 합법적인 고용자주권을 행사하였다고 볼 수 있다. 근로자는 고용단위로 하여금 임의로 그 직무가 조정되었을 때 노동계약을 해지하고 고용단위에게 경제보상금 지급을 요구할 수 있다. 그러나 다음의 경우에는 그에 해당하지 않는다.

(1) 근로자의 직무의 조정이 고용단위의 생산경영의 필요에 의한 경우

(2) 직무조정 후 근로자의 임금수준이 본래의 직무와 상응하는 경우

(3) 모욕적이고 징벌적이지 않을 경우

(4) 기타 법률 법규를 위반하지 않은 경우

---

(2) 고용단위의 입증 책임

<최고인민법원 노동쟁의사건 심리에 대한 법률적용에 관한 몇 가지 문제의 해석>(1) 제44조

고용단위의 제적, 제명, 퇴직, 노동계약해지, 근로보수 삭감, 근로자의 근무연수 산정 등의 결정으로 인하여 발생한 노동쟁의는 사용자가 입증 책임을 진다.

의료기가 만료되고도 원래의 직무에 종사할 수 없을 경우를 대비하여, 고용단위는 의료기 협의를 작성할 때에 의료기의 종료시점, 업무불감당의 조건 등에 대해서 사전

설명 및 서명을 진행하도록 한다.

만약, 근로자의 업무불감당을 사유로 직무조정이 필요할 때에는, 현재의 직무평가에 사용했던 직무기술서, 평가방법 및 결과(Raw Data)를 근로자에게 제공하고 서명하도록 한다. 당연히 성과평가제도는 민주 절차, 고지 절차, 준수서약 서명 수취 등 일련의 과정이 누락없이 이행되어 있어야 한다.

의료기 만료 후의 업무불감당뿐만 아니라 일반적인 상황에서의 업무조정도 반드시 상술한 유의사항을 준수하여 진행해야 한다.

(3) 직무조정 거부에 대한 대응조치

업무능력 부족으로 인해 고용단위가 직무조정 명령을 하였으나, 근로자는 다양한 이유로 업무조정을 거부할 가능성이 있다. 이 때문에 고용단위는 객관적이고 합리적인 평가방법과 프로세스를 이행하고, 근로자에게 피드백 한 후 서명을 받아 보관해야 한다. 노동쟁의가 발생하면 이를 바탕으로 합리성을 입증하여 법률적 리스크를 줄이도록 한다. 고용단위가 증거를 충분히 확보하고 있다고 가정하고, 근로자가 여전히 직무조정을 거부할 경우 다음의 방법으로 대응하도록 한다.

1) 근로자가 고용단위의 업무조정을 거부하는 행위를 규율위반으로 규정한다. 근로자 성명, 사번, 근무장소, 근무내용 등을 포함한 직무조정 통보서를 서면형식으로 발송한다. 만약 통보한 직무, 장소, 근로시간 등의 내용을 근로자가 준수하지 않을 경우, 규율위반 행위로 간주하고 징계처리 한다.

2) 직무조정은 서면으로 통보하고, 그 내용에 정해진 근무위치와 근무시간을 준수하지 않을 경우 무단결근으로 간주함을 고지한다. 무단결근 횟수가 일정수준에 도달하면, 징계규정에 따라 엄중 규율위반 행위로 해고한다.

3. 업무능력 향상을 위한 교육훈련

교육훈련 또는 직무조정은 2회의 업무불감당 판정을 위한 중간 과정이므로 반드시 관련 프로세스를 이행해야 한다. 만약 교육훈련 또는 직무조정을 이행하지 않을 경우, 고용단위는 업무불감당의 사유로 인한 계약해지의 합법성을 갖추지 못하게 된다.

고용단위는 상황에 따라 교육훈련 또는 직무조정 중 하나만 선택하고 이행하여도 노동쟁의의 근거로 활용할 수 있다. 고용단위가 근로자의 역량강화를 위해 노력하였으나, 교육훈련 후에도 여전히 업무 불감당의 상황이라면 다시 한 번 직무조정을 할 수 있다. 이는 법률적으로 금지되거나 제한된 규정이 있지 않다.

법률에서는 고용단위에게 업무불감당 근로자에 대한 교육훈련의 권한을 부여하였지만, 교육훈련의 내용과 형식, 교육시간 등에 대해서는 규정하지 않고 있다. 기업의 상황 및 직무의 특수성을 고려하여 교육훈련을 배정하면 된다.

(1) PIPPerformance Improvement Program 수립 절차

업무성과 개선 프로그램을 다양한 방식으로 설계할 수 있으나, 일반적으로 다음 몇 단계의 과정을 거친다.

① 근로자의 성과평가 결과를 분석하여, 근로자의 문제점을 도출하고 피드백 한다.

② 도출된 문제점을 통해 합리적인 업무성과 개선 프로그램을 설계하고, 가능한 유효하고 근로자 개인에게 특화된 교육훈련을 실시한다.

③ 업무성과 개선 프로그램이 근로자에게 최대한 효과적/실용적으로 전문지식 및 업무능력을 제공할 수 있도록 다방면으로 노력한다.

(2) PIP 실행의 세부 과정

① 근로자와 담당자(일반적으로 관리자)는 성과평가의 결과에 대해 소통하고, 담당자는 근로자의 업적에 대해 부족한 부분과 잘한 부분을 피드백 한다.

② 근로자와 담당자는 업무성과와 회사의 기대치 사이에 차이가 발생하는 원인을 분석하고, 근로자의 업무능력, 태도, 관점, 사고방식 등 개선사항들을 설정한다.

③ 근로자에 대한 기업의 기대사항(업무수준, 작업능력, 학습방법)을 반영하고, 근로자의 현재상태에서 가장 먼저 개선해야 하고 또 가장 쉽게 개선할 수 있는 부분을 교육내용에 반영한다.

④ 이후, 업무능력 향상 기대수준, 달성시기 및 개선방법 등을 근로자 스스로 설정한다.

⑤ 도출된 사항들에 대해 주관부서 및 담당자는 근로자가 기대수준을 달성할 수 있도록 다방면으로 지원한다.

(3) PIP 설정 시 주의사항

① PIP는 S-M-A-R-T 원칙에 부합하도록 구체적으로 수립하여 실행력을 제고해야 한다.

② 업무 개선방안은 목표설정과 연계하거나 독립적으로 수립할 수 있으나, 반드시 근로자의 업무능력 향상을 목적으로 해야 한다.

③ PIP는 업무성과가 저조한 영역에 집중하여 실행해야 한다. 교육훈련에 많은 시간을 할애할 수 없으므로, 통제 가능한 영역을 설정하여 근로자의 능력향상을 도모해야 한다.

④ 업무개선을 위해서 다양한 방식의 교육훈련 계획을 수립할 수 있으나, 성공 여부는 근로자의 취약점을 얼마나 잘 분석하여 집중적으로 지원하는가에 달려 있다.

(4) 교육훈련 참가거부에 대한 대응조치

근로자가 고용단위의 교육훈련 지시를 이행하지 않을 경우를 대비하여, 다음의 몇 가지 사항을 사전에 준비하도록 한다.

① 규장제도 내에 업무 지시를 이행하지 않거나 회사가 배정한 교육 및 업무조정에

따르지 않을 경우, 징계규정에 따라 처리한다고 명시한다. 징계관리 규정 내에 만약 1년의 기간 안에 복수의 징계처분을 받을 경우 가중 처벌되어 해고됨을 명시하고, 근로자가 지속적으로 이행하지 않을 경우 징계해고 하도록 한다.

② 규장제도 내에 교육훈련에 참석하지 않는 행위는 무단결근으로 간주하도록 한다. 근로자에게 교육훈련의 목적, 형식, 장소, 시간, 교육 내용 등을 서면 형식으로 전달하고, 교육훈련에 참석하지 않을 경우 무단결근으로 처리함을 재차 고지하도록 한다. 징계규정에 따라 무단결근 횟수가 일정수준에 도달할 경우 엄중규율 위반행위로 징계해고를 진행한다.

4. 교육훈련 또는 직무조정 후 재평가

1) 교육훈련 후 재평가

교육훈련 기간의 중간과 종료 시점에 평가를 진행해야 한다. 고용단위는 근로자의 교육훈련 기간 내의 수행능력과 태도를 평가하여, 교육훈련의 효과를 향상시킬 필요가 있다.

① 교육훈련 시작과 종료 시에 평가목표 및 업무 불감당에 대한 판단근거를 서면 통지 형식으로 근로자에게 전달하고 서명을 받는다.

② 통상 PIP수립 과정 중에 평가목표 및 업무불감당의 판단 기준에 대해 근로자에게 설명하므로, 이미 작성된 PIP 실행 계획을 전달하고 서명을 받도록 한다.

근로자가 기업의 연중 또는 연말 정기평가에 대한 권한 행사만 인정하고, 강제로 교육훈련을 배정하여 평가하는 부분은 인정하지 않는 경우가 있다. 이때 근로자에게 업무불감당의 사유로 인한 교육훈련 배정은 고용단위에게 법률적 권리가 있음을 명확하게 고지해야 한다.

2) 직무조정 후 재평가

직무조정 후 재평가를 진행할 때 고용단위는 새로운 직무·직위·직책을 근로자에게 사전 고지하고 서명을 받아 성과평가의 근거로 삼도록 한다. 직무조정 후 얼마 간의 시간이 지나고 재평가를 진행해야 하는지에 대해 법률적으로 정해진 바가 없으나, 새롭게 조정한 직무의 재평가 기간은 합리성을 갖추어야 한다. 만약 직무조정 후 수일(日) 혹은 수주(周) 내에 재평가를 진행하는 경우 근로자의 업무 숙련 시간을 고려하지 않았다고 판단될 수 있다. 일반적으로 근로자 직무조정 후 대략 2개월 이상의 숙련 기간을 부여하고 재평가를 하는 것이 좋다.

5. 노동계약해지 [42]

업무불감당의 사유로 노동계약을 해지할 때 많은 사전준비가 필요하다. 예를 들어 교육훈련과 직무조정을 한 후 업무불감당에 대한 재평가를 해야 한다. 해당 과정은 준비과정이 정교해야 하고 소요되는 시간도 길며 법률적 리스크도 높다. 이 때문에 실제로 많은 기업들은 업무불감당의 사유로 노동계약의 해지가 필요할 경우, 쌍방 협의를 통해 계약해지를 진행하고 있다. 그러나 근로자가 협상을 통한 노동계약 해지를 거부할 경우, 고용단위는 포기하지 말고 업무불감당을 사유로 한 노동계약 해지를 진행해야 한다.

(1) 법률 요건 및 이행 시 주의 사항

<노동계약법> 제40조 2항 근로자가 업무수행이 불가능하고, 교육훈련 또는 업무조정을 통해서도 여전히 업무를 수행할 수 없는 경우, 고용단위는 30일 전에 서면으로 근로자에게 통지하거나 1개월의 급여를 추가로 지급한 후 노동계약을 해지할 수 있다.

---

42 陆敬波. (2015). 薪酬福利与绩效管理. 中信出版集团. (P. 209~218. 如何以不胜任□由解除劳动合同) 참고

교육훈련 또는 직무조정을 이행했음에도, 근로자의 업무성과가 고용단위의 기대에 부합하지 못하고 협상을 통한 노동계약 해지도 불가능할 경우, 고용단위는 일반적으로 업무불감당의 사유로 근로자와 계약해지를 진행한다. 이때, 반드시 아래의 4가지 요건을 충족해야 한다.

① 근로자가 원래 종사하고 있는 직무에 대해 업무불감당의 상태임을 입증할 수 있어야 함

② 직무에 대한 교육훈련 및 업무조정을 진행해야 함

③ 교육훈련 또는 직무조정을 하였으나, 여전히 업무를 수행하지 못함을 입증할 수 있어야 함

④ 30일 전 서면으로 통보하거나 1개월의 급여를 추가로 지급해야 함

업무불감당의 사유로 고용단위 일방이 근로자와 계약해지를 할 경우, 모든 절차에 있어서 증거자료를 확보해야 한다. 아래의 3가지 사항을 주의하도록 한다.

① 목표설정 후 근로자에게 합의 서명을 받도록 한다. 목표설정서 내에는 직무, 구체적 업무내용, 정량화된 달성 지표 등을 포함하도록 한다.

② 근로자의 서면동의 자료 보관에 주의해야 한다. 목표 미달 시 근로자가 임의로 수정하거나 폐기할 수 없도록 관리해야 한다.

③ 평가 결과는 업적에 따라 정량적으로 반박할 수 없도록 측정되어야 하며, 근로자에게 평가 피드백을 진행한 후 서명하도록 한다.

(2) 고용자주권 행사 및 계약해지 프로세스

1) 고용단위의 고용자주권의 행사의 범위 및 주의사항

① 근로자 채용 시, 채용기준, 입사조건 등에 대해 기업 스스로 결정할 수 있다. 그러나 취업차별이 발생되지 않도록 주의해야 한다. 예를 들면 민족, 인종, 성별, 종교, 전염병 보균자에 대한 차별이 있어서는 안 된다.

② 임금표준, 직위·직책 및 규장제도를 스스로 정할 수 있다.

③ 고용단위는 일방 계약해지 권한을 일부 보유하고 있으나 반드시 법에 따라 진행해야 한다. 업무불감당의 사유로 인한 계약해지에 대해서는 고용단위의 경영자 주권 행사로 볼 수 있다.

2) 고용단위 일방의 계약해지 프로세스

첫째, 근로자의 업무불감당이 확인되었을 때, 반드시 법률에 따라 교육훈련 또는 업무조정을 이행하도록 하며, 교육훈련 시 일정, 교육자료, 강사, 시험문제지, 교육의 성과 등을 증거로 보관하도록 한다. 아울러, 직무조정 시 새롭게 배정한 업무와 기존 업무와의 연관성이 있어야 한다.

둘째, 교육훈련 또는 직무조정 후에도 여전히 업무수행이 불가능할 경우, 이에 대한 정량평가, 업무 미이행에 대한 경고, 서면 업무지시 이력 등의 충분한 증거를 확보하도록 한다.

셋째, 상기 절차 이행 및 증빙 확보 후, 공회에 계약해지의 합리성을 검토하도록 한다. 공회의 동의가 완료되면, 30일 전 서면으로 계약해지를 통보하거나 1개월의 급여를 추가로 지급 후 노동계약을 해지한다. 아울러 비과실성 계약해지의 법률 요건에 따라 경제보상금을 지급하도록 한다.

업무불감당 계약해지의 필수 이행 절차

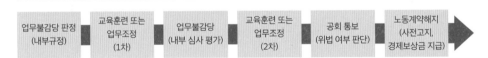

• 전체 과정에 대한 서면 자료 확보 및 근로자 고지, 서명 자료 보관

위의 과정을 이행함에 있어서 고용단위는 프로세스를 준수해야 하며, 임의로 순서를 바꾸거나 과정을 생략해서는 안 된다.

(3) 입증 책임

업무불감당의 사유로 인한 노동계약 해지 시, 고용단위에게 비교적 무거운 입증책임을 지도록 하고 있다.

1) 고용단위는 해당 직위·직무에서 수행해야 하는 업무내용을 근로자가 숙지하였다는 증거를 보존해야 한다.

2) 근로자가 업무불감당의 상황임을 입증하는 성과평가 결과를 보유해야 하며, 근로자가 그 결과를 인정하지 않을 경우, 고용단위는 평가 결과가 정당성과 합리성을 보유하고 있다는 것을 입증해야 한다.

3) 법률에 따라 교육훈련 또는 직무조정의 모든 프로세스를 이행해야 하며, 교육훈련의 증거 및 직무조정 후 새로운 직무와 직책을 근로자에게 고지하였다는 증빙을 보존해야 한다.

[판례][43]

제목 : 출산 휴가 종료 후 직무조정의 불복에 관한 사항

1. 근로자 : 연 모씨, (X로 칭함)

2. 고용단위 : ○○시네마 유한책임회사, (Y로 칭함)

3. 재판일자 : 2013년 10월 29일

[안건 내용]

① Y와 X는 계약기간이 2011년 1월 9일부터 2014년 1월 8일인 노동계약을 체결하였다. X는 인사행정 관리업무를 담당하고, 월 기본 임금은 2,100CNY, 식사 보조금 150CNY, 통신 보조금 50CNY로 총 2,300CNY의 임금을 약정하였다.

② X는 규정에 따라 출산 휴가 사용을 마치고 2012년 12월 29일 회사에 출근하였으나, Y는 X에게 현장영업 부서로 직무조정을 통보하였다. 해당 직무는 3교대제로 운영되고, 월 기본임금은 1,000CNY, 식사보조 150CNY이다. 또한 변경된 직무는 현장 일선의 서비스 직무이고, 구체적인 업무내용은 영화표 판매, 고객 응대 등으로 관리직무에 해당하지 않는다. 이 때문에

---

43 刘晓倩. (2017). 劳动关系中的管理权边界. 社会科学文献出版社. (P.182~184. 休假管理的边界) 발췌

X는 직무조정을 받아들이지 않았으며, X는 Y에게 직무 조정은 쌍방 협상을 통하여 이전의 처우와 대등한 조건을 유지해야 한다고 주장했다.

③ 이후, X는 재차 직무조정을 거절하였고, Y는 X에게 해고를 통보하였다. Y는 X가 인력 운영상 필요한 직무조정을 받아들이지 않아 회사의 정상적인 경제활동에 지장을 주었으며, <규장제도>에도 명시되어 있는 규정을 위반하였기 때문이라고 주장했다.

④ Y는 X와 체결한 노동계약의 제11조 2항에 <규장제도>, <회사의 유관 관리제도> 문건 규정은 본 계약의 유첨이며, 노동계약과 동일한 효력을 갖는다고 약정하였다. <규장제도>(2012년) 제2절 9조에는 회사의 업무수요에 따라 근로자의 부서 이동 또는 직무조정이 가능한 것으로 명시되어 있고, 근로자는 이러한 조정에 무조건 받아들여야 한다고 규정하였다.

[법원 판결] (1심)

① Y와 X는 노동계약을 당사자 간 진실한 의사를 통하여 체결하였고, 법률사항이나 행정법규의 강제성규정을 위반하지 않았으므로 법원은 그 효력을 인정한다. 합법적으로 노동계약의 효력이 발생하였으므로, 쌍방은 반드시 준수해야 하며 어떠한 일방도 임의로 노동계약을 변경할 수 없다. 만약 계약을 위반할 경우 상응하는 법률책임을 져야 한다.

② X는 Y가 협상을 통하지 않고 마음대로 직무조정을 하였고, 포유기의 법률적 권익을 침해하였다고 생각하고 있다. Y가 X에게 행한 직무조정 통지에 대해 X는 서명하지 않았으므로, Y가 임의로 X의 직무를 조정하였다고 볼 수 있다. 또한 X가 제공한 증거로 보았을 때, 새로운 직무는 업무내용 및 대우에 있어 원래의 직무와 상당한 차이가 있다. 이로 인해 Y의 노동계약해지는 위법임을 인정한다.

[법원 판결] (2심)

① Y와 X가 체결한 노동계약은 진실성과 합법성을 고려할 때 유효하다고 볼 수 있다. 쌍방 당사자는 약정에 따라 의무와 권리를 전면적이며 합법적으로 이행해야 한다.

② 노동계약의 제11조 2항과 <규장제도>제2장 9조의 규정을 봤을 때, 쌍방이 이미 노동계약에 따라 업무상 필요가 있을 경우 Y는 X의 직무조정에 대한 권리를 갖는다고 정하였다. 위의 규정에 따라 근로자의 직무조정은 반드시 생산경영상의 필요가 발생하였을 때 조정해야 하며,

직무조정 후 근로자의 임금수준은 원래의 직무에 상응해야 한다. 직무의 조정은 모욕적이고 징벌적이면 안 된다.

③ 본 안건은 Y가 일방적으로 일선현장으로 직무 조정을 진행한 행위이다. 또한 복직 전 X가 담당한 인사행정관리 업무와 비교했을 때, 모욕적이며 징벌적인 성격을 구비하고 있다. Y는 고용단위의 우월적 지위를 이용하여 X의 직무를 불합리하게 조정하여 X의 합법적 권익을 침범하였으므로 X는 해당 직무조정을 거절할 권리를 갖는다. X의 직무조정 거부에 대해 Y는 추가로 직무조정협상을 진행하지 않았고, X가 직무조정을 받아들이지 않아 Y에게 손실을 주었다는 것도 입증할 수 없다. Y는 X가 규장제도를 위반하였다는 사유로 해고하였으나 사실에 근거하지 못하였다. Y는 불법으로 노동계약을 해지하였으므로, 법에 따라 X에게 경제배상금을 지급해야 한다.

[시사점]

해당 안건은 근로자의 직무조정 시, 비록 노동계약에 고용단위의 일방적인 직무조정 권리를 약정하였다고 하더라도 조정 후의 업무는 원래의 업무와 상당한 연계성을 갖춰야 하고, 그 처우도 비슷한 수준으로 유지되어야 함을 알 수 있는 판례이다. 또한 조정 후 직무가 모욕적이며 징벌적 성격일 경우에는 직무조정의 합법성을 구비할 수 없으므로 주의해야 한다.

Chapter 2

노사관리

제1장

공회(노동조합) 관리

Intro

　가깝지만 먼 사이, 아군도 적군도 아닌 사이가 중국의 공회라고 할 수 있다. 친 기업적 성향의 공회를 운영할 경우 회사의 정책 이행에 많은 도움이 되지만, 반 기업적 성향으로 돌아서면 근로자의 노동권익 향상을 이유로 많은 요구 사항을 제안하며 기업 경영에 압력을 행사할 수 있다. 이러한 이유로 공회설립을 유보하거나 신중을 기하는 외자기업이 많다. 그러나 상급 공회는 중국기업뿐만 아니라 외자기업에게 지속적으로 공회 설립을 요구한다. 그렇다면 중국 내의 모든 기업은 반드시 공회를 설립하고 운영해야 하는 것일까?

　법률에서 '공회는 근로자들이 자발적으로 결성한 노동자계급의 조직이다'라고 규정하고 있다. 이에 비추어 보았을 때 공회 설립은 원칙적으로는 강제성이 없다. 하지만 최근 각 지역 총공회의 위상이 높아지면서 기업에 대한 공회 설립 요구가 점차 강해지고 있다. 또한 각 지역 총공회는 기업에게 공회 준비금 납입 요구, 근로자 직접 소통 강화 등 다양한 방식을 통해 기업 공회를 설립을 유도하고 있다.

　기업은 공회 설립에 있어서 이해득실을 따지고 노사 운영 방향을 고려하여 신중하게 의사

결정을 해야 한다. 대부분 한국 기업들은 공회 설립에 소극적인 자세를 취한다. 한국의 노조 강성화(파업 유도, 반 기업 성향 등)경향이 공회 설립에 부정적 영향을 주는 것으로 판단된다. 현재 많은 중국기업의 공회는 복리후생 서비스를 제공·지원하는 역할을 하고 있어 회사에 끼치는 영향력이 크지 않지만, 일부 공회는 강성화되어 힘의 균형을 잃는 경우도 있으므로 주의할 필요가 있다. 분명한 사실은 공회는 근로자의 권익 보호를 기본 책무로 하고 있기 때문에 기업의 규장제도 수립, 계약해지, 징계 운영 등에 반드시 공회가 참여해야 한다. 그러므로 기업은 근로자가 자발적으로 공회 설립을 요구하기 전에 기업에 우호적인 인물을 선별 및 검증하여 공회주석으로 선출될 수 있도록 사전에 전략적 구상을 해야 한다.

마지막으로 한국의 노동조합과 중국 공회의 가장 큰 차이점은 노동 3권(단결권, 단체교섭권, 단체행동권) 중 단체행동권이 없다는 점이다. 그러나 단체행동권을 법률적으로 보장하고 있진 않지만 금지하고 있지도 않아 단체행동권의 합법성에는 아직도 논쟁의 여지가 있다. 또한 한국의 노동조합은 설립의 자유가 있으나, 중국 공회는 25인 이상의 사업장에 대해서는 설립을 강제하는 추세이다. 공회 미설립 기업에 대해서는 공회 설립 준비금을 납부하도록 하고 있는데, 이는 중국이 정부 차원에서 공회가 근로자의 권익을 보호하는 역할을 하도록 유도하고 있는 것으로 이해할 수 있다.

제1절　공회의 설립

1. 공회의 정의

<공회법> 제2조 노동조합은 근로자들이 자발적으로 결성한 노동자계급의 대중조직이다.

중국노총 및 산하 각 노동조합의 조직은 근로자의 이익을 대표하고 법에 따른 근로자의 합법적인 권익을 보호한다.

<공회법> 제6조 근로자의 합법적인 권익의 보호는 노동조합의 기본적인 책무이다. 노동조합은

전국 인민의 총체적인 이익을 보호하는 동시에 근로자들의 합법적인 권익을 대표하고 보호한다.

노동조합은 평등한 협상과 단체협약제도를 통하여 노동관계에 협조하고 기업근로자의 노동권을 보호한다.

노동조합은 법률 규정에 따라 근로자대표대회 또는 기타 형식을 통하여 근로자를 조직하여 소속단위의 정책결정, 관리 및 감독에 민주적으로 참여한다.

노동조합은 근로자와 밀접한 관계를 가져야 하고 근로자의 의견과 요구를 청취하여 반영하여야 하며, 근로자의 생활에 관심을 갖고 이들을 도와 어려움을 해결하며 전심전력으로 봉사하여야 한다.

〈공회법〉에서 '공회는 근로자들이 자발적으로 결성한 노동자계급의 대중조직이다.'라고 규정하였고, 〈공회장정〉에서는 중국공회는 중국공산당의 지도하에 노동자계급이 자발적으로 결합한 대중조직으로 당과 근로자 대중을 연결하는 가교이자 국가정권의 중요한 사회적 지주로서 공회원과 근로자의 이익을 대표한다고 규정하고 있다. 즉, 공회는 중국 공산당의 하부조직이라고 할 수 있다.

〈공회장정〉과 〈공회법〉에 근거하여 공회는 독립적이고 자주적으로 업무를 수행하며 법률에 따라 권리를 행사하고 의무를 이행한다.

이 밖에도 공회는 법인의 성격을 구비하고 있다. 전국 총공회, 지방 총공회, 산업공회 모두 사단법인의 자격을 갖추고 있으며, 기층공회 또한 민법규정의 법인 요건을 갖출 경우 법에 따라 사단법인의 자격을 갖는다. 공회는 법인으로서 재산권, 채권, 지식재산권 등의 민사권리를 가지며, 상응하는 민사상의 의무를 진다. 공회는 사단법인의 형식을 갖고 있으므로 기업과 양립하는 개체로 보아야 한다.

2. 공회 설립 절차

(1) 설립신청서 제출

공회의 설립 요청을 서면으로 제출하여야 하며, 그 내용에는 공회 설립에 대한 근로자의 의지, 공회 결성에 대한 당과 정부의 의견 등이 포함되어야 한다. 상급공회는 기층공회 설립 신청서를 접수한 후, 일반적으로 10일 이내에 정식 문서로 공회 설립 승인여부에 대한 결정을 내린다.

(2) 공회 설립 준비 조직 구성

상급공회는 '공회 설립 신청서'를 승인한 후, 즉시 공회 설립 준비팀(3~5명)을 구성해 준비기간 동안 업무를 총괄하고 임시로 공회의 업무를 대행한다.

1) 회원 모집

공회원 모집 시 공회 조직의 성격, 역할, 임무, 공회원의 권리와 의무 등을 대대적으로 홍보하여 공회 조직에 대한 이해도를 높이도록 한다.

2) 공회 단체 설립

공회 설립 후 기능 단위(부서)의 공회원 인원수에 따라 조직을 구성할 수 있으며, 민주적 절차에 따라서 공회주석을 선발할 수 있다.

(3) 공회원 총회 또는 공회 대표 대회의 개최

100명 이하의 회원이 있는 기층공회는 조합원 총회를 소집하여야 하며, 100명 이상의 조합원이 있는 기층공회(기업공회)는 조합원 대표 대회를 소집할 수 있다.

1) 공회 대표의 수: 회원 총회의 대표 선정은 조합원의 수에 따라 결정된다. 조합원 200~500명의 경우 25~20%, 조합원 501~1000명의 경우 20~10%, 조합원 1001명~5000명의 경우 10~6%, 조합원 5001~10,000명의 경우 5%, 조합원 10,000명 이상의 경우 500명을 초과할 수 없다.

2) 공회 대표의 대표성 : 공회 위원은 대중성과 대표성을 가져야 하며 여성 대표, 청소년 대표 및 소수 민족 대표는 일정 비율을 차지해야 한다.

3) 공회 대표의 민주적 선출 : 공회 대표는 공회 대표 대회에서 무기명 비밀 투표를 통해 선출해야 한다. 공회 대표 후보자는 정식 대표로 선출되기 전에 추천 조직

조합원의 과반수 동의를 득표해야 한다.

4) 공회 대표 상임제 실시 : 공회 대표의 임기는 공회대표대회 개최를 시작으로 다음 공회대표대회 선거가 완료될 때까지로 한다. 공회 대표는 재선될 수 있다. 공회 대표가 임기 중 원래 소속으로 전임하거나 퇴직하는 경우, 공회 대표 자격은 당연면직 된다. 공회 대표의 공석은 차이 만큼의 인원을 보충 선출하고, 기층공회의 승인을 받아야 한다.

(4) 공회 위원회 및 경비심사 위원회의 민주적 선발

기층공회 위원회와 경비심사 위원회는 공회원 총회 또는 공회대표대회를 통해 민주적으로 선발하여야 한다. 여성 근로자가 25인 이상인 경우에는 여성근로자의 권익보호를 위해 여성근로자 수에 따라 적시에 여성근로자 위원회를 설치해야 한다.

1) 공회 위원 수

공회 위원 수는 공회원의 수에 따라 결정된다. 공회원 25명 이하의 경우 공회 위원을 선발하지 않을 수 있으며, 공회주석, 부주석 또는 조직원 1명으로 한다. 200명 이하의 단위는 3~7명의 공회 위원을 두고, 201-1000명은 7~15명, 1001명에서 5,000명은 15~21명의 공회 위원을 운영한다. 위원은 37명을 넘지 않는다. 대기업의 기층공회 위원회는 상급공회의 승인을 받아 상무위원회를 설립할 수 있으며, 상무위원회 위원은 일반적으로 9~11명이다. 경비 심사 위원회는 일반적으로 3-7명으로 운영한다.

2) 공회 위원 후보자 결정

공회 위원회 및 경비심사 위원회의 후보자는 공회 또는 부서의 추천을 받아 지명하고, 당조직과 상급공회의 동의를 받아 결정한다.

3) 공회 위원회 및 경비심사 위원회의 민주적 선발

공회대표 인원의 3분의2 이상이 모이면 선거를 실시할 수 있다. 공회 위원회의 위원은 비밀 투표 방식으로 선출되며, 후보자의 수는 당선 인원의 수 보다 5~10%가 많아야 한다. 경비심사 위원은 후보인원 수와 당선 인원의 수가 동일하면 된다. 후보자가 선거인의 과반수를 득표한 경우 당선된다.

(5) 공회주석 및 부주석 선출, 경비심사위원회 주임, 부주임 선거

기층공회의 공회주석과 부주석, 경비심사위원회 주임과 부주임의 후보자는 당조직 및 상급공회와 충분히 협의하고 지명한다. 기업의 행정책임자, 주주 및 그 가까운 친척은 노동조합위원회 위원으로 선출될 수 없으며, 기업의 인적자원부서 관리자는 원칙적으로 공회 위원회 위원으로 선출될 수 없다.

공회주석 또는 부주석은 회원 총회 또는 공회대표대회 또는 공회 위원회에서 직접 선출할 수 있다. 경비심사위원 주임과 부주임은 경비심사위원회에서 선출한다. 선거 결과가 후보자 명단과 일치하지 않는 경우, 선거 결과가 우선한다.

근로자 수가 200명 이상인 기업이나 사업단위의 노동조합은 전임자인 공회주석을 둘 수 있다. 공회의 전임자(专职) 수는 공회와 기업, 산업단위가 합의하여 확정한다.

기층공회 위원회의 임기는 3년 또는 5년이며, 각급 지방노총 위원회와 산업별 공회 위원회의 임기는 5년이다.

(6) 상급공회에 선거결과의 보고

〈공회법〉, 〈공회장정〉 및 〈기층공회의 선거업무에 관한 잠정규정〉에 따라 기업의 공회위원, 상무위원, 공회주석, 부주석, 경비심사위원은 당조직 및 상급공회에 보고하고 승인을 받아야 한다. 경비심사위원회의 주임, 부주임의 선거 결과는 상급공회의 심사 및 승인을 받아야 한다. 상급공회와 당 조직은 1개월 이내에 결재해야 한다.

기업 규모별 공회 조직의 구성

구분	공회원 수	선발 규모	비고
공회 대표	200~500	20~25%	
	501~1,000	20~10%	
	1,001~5,000	10~6%	
	5,001~10,000	5%	
	10,000명 이상	500명 초과 불가	
공회 위원	25명 이하	선발 하지 않아도 됨	공회주석, 부주석, 조직원 1명 구성
	200명 이하	3~7명	
	201~1,000	7~15명	
	1,001~5,000	15~21명	
	5,000명 이상	37명 이내	
상무 위원	-	9~11명	공회위원 중에 선발(필수 요건은 아님)
경비심사위원	-	3~7명	
여성근로자 위원회	여성근로자 25명 이상	-	여성근로자 위원회 설립 필요

제2절 공회의 역할과 운영

1. 공회의 역할

(1) 노동쟁의 조정에 대한 참여

기업이 근로자 권익을 침해했다고 판단할 경우, 공회는 그에 대한 의견을 제출할 수 있고, 기업은 재검토하여 공회에 서면으로 결과를 통보해야 한다. 만약 노동권익을 기업이 침해했다며 근로자가 노동쟁의를 신청하거나 소송을 제기한 경우, 공회는 이를 지지하고 협조하도록 한다.

(2) 기업의 노동계약해지에 대한 검토

기업이 일방적으로 근로자와 노동계약을 해지할 경우, 사전에 공회에 그 이유를 통보해야 한다. 공회는 관련 법률 및 노동계약 내용을 검토하여 기업에게 의견을 전달하고, 기업은 이를 다시 검토한 후에 그 결과를 공회에 서면으로 통보해야 한다.

(3) 근로자 권익 침해에 대한 시정 조치 요구

기업이 법률을 위반하여 다음과 같이 근로자의 권익을 침해한 경우 공회는 근로자를 대표하여 기업과 교섭하고 시정 조치를 취하도록 요구할 수 있다. 기업은 공회의 요구 사항을 검토하여 회신해야 한다. 만약 기업이 시정을 거부할 경우 공회는 법에 따라 처리해 줄 것을 소재지 인민정부에 요구할 수 있다.

① 근로자의 임금 미지급

② 노동안전, 위생조건 미제공

③ 근로시간의 임의 연장

④ 여성근로자와 미성년근로자의 특수 권익 침해

⑤ 기타 근로자에 대한 심각한 노동 권익 침해

(4) 근로자 안전에 관한 감독

공회는 고용단위가 부적절한 업무를 지시하거나 생산 과정에서 중대사고 및 위험을 발견한 경우에 그에 대한 해결을 건의할 권리가 있고 고용단위는 이에 답변하여야 한다. 공회가 근로자의 생명과 안전을 위협할 수 있는 상황을 발견한 경우, 고용단위에게 근로자를 위험한 현장에서 철수시키도록 건의할 권리가 있고, 고용단위는 이에 대해서 신속하게 결정하고 처리해야 한다. 산업 재해로 인한 사고 및 기타 근로자의 건강에 관한 문제를 조사하고 처리할 경우 공회가 참여해야 하며, 직접적인 책임이 있는 담당자 및 관리자에게 책임을 물을 수 있는 권리가 있다.

(5) 조업정지 또는 태업에 대한 협상

조업정지 또는 태업 사건이 발생한 경우 공회는 근로자를 대표하여 기업 또는 관련 부문과 협상하고 근로자의 의견을 반영하여 그 해결책을 제시한다. 공회는 기업, 고용단위와 협조하여 가능한 신속하게 생산 및 조업 질서를 회복해야 한다.

(6) 근로자를 위한 서비스 제공

현급縣級 이상의 각급 총공회는 소속 공회 또는 근로자를 위해 법률 서비스를 제공하며, 기술혁신, 여가문화, 기술학습, 오락, 체육활동을 전개한다.

2. 공회의 운영

(1) 공회 경비

> <공회법> 제42조 노동조합경비의 원천은 다음과 같다.
>
> (1) 노동조합 노조원이 납부하는 회비
>
> (2) 노동조합조직을 설립한 기업, 사업단위, 기관이 매월 전체근로자 임금총액의 2%를 노동조합에 납부한 경비
>
> (3) 노동조합이 소속되어 있는 기업 및 사업단위가 납입한 수입
>
> (4) 인민정부의 보조금
>
> (5) 기타 수입
>
> 전항 제2호에 따라 기업, 사업단위에서 납부하는 경비는 납세하기 전에 공제한다. 노동조합의 경비는 주로 근로자를 위한 지원과 노동조합 활동에 사용한다. 구체적인 경비 사용 방법은 중국노총이 제정한다.

중국공회는 기업에서 납부한 전체근로자 임금총액의 2%를 주요 수입원으로 하고

있다. 기업이 납부한 전체근로자 임금총액의 2%는 상급공회에 40%, 기층공회에 60%가 귀속된다.

중국 정부는 공회 설립을 촉진하기 위해서 공회 준비금을 징수하고 있다. 근로자 임금 총액의 2% 전체를 공회 준비금으로 귀속시킨 후, 공회설립 후 납입금액 중 기층공회가 사용할 수 있는 60%의 누적금액을 반환하는 형식으로 운영한다. 현재 공비경비의 징수는 지방 세무국에서 대리하고 있다.

공회 운영자금의 원천인 공회경비는 그 사용에 있어 투명성이 담보되어야 한다. 그러나 일부 기업에서는 공회경비 사용의 투명성을 확보하지 못하여 공회 내부적으로 갈등을 겪거나 공회위원 및 주석이 임기를 채우지 못하고 파면되는 경우도 있다.

(2) 공회 경비 사용 가능 범위

기업은 공회경비 사용에 대한 심사 및 관리 권한은 없으나, 안정적 공회 운영을 위해서는 관련 법에 따라 공회경비가 지출될 수 있도록 지도하여야 한다. 2014년 7월 3일 발표한 〈기층공회 경비의 수입과 지출 관리 강화에 대한 통지〉에 따라 공회 경비의 지출을 엄격하게 통제하고 있다.

1) 공회는 공회원 및 기타 근로자를 위한 교육, 문화, 선전 등의 활동을 전개하기 위해 경비를 사용해야 하고, 공회는 반드시 공회원이 납입한 공회경비 전부를 공회원의 활동에 지출해야 한다.

① 직원 교육 방면
- 공회에서 직원의 교육, 여가 문화, 기술, 기능 교육을 실시함에 따라 소요되는 교재, 학비, 소모품 비용
- 교육 자료, 교사 보수, 우수 학습생 포상, 법률, 정치, 과학기술, 업무, 재취업 등의 교육 비용

② 문화 체육 활동 방면
- 직원들의 여가 활동, 명절 친목회, 문예 창작, 미술, 서예, 촬영 등의 활동비

- 문화 체육 활동에 필요한 설비, 기자재, 용품 구입 및 유지보수, 문예 경연, 체육대회 및 장려비
- 각종 행사 시, 규정에 따라 지출되는 식품 보조비, 야간 급식비
- 영화 관람, 봄/가을 나들이 등 단체 활동

③ 홍보 활동 방면
- 정치, 시사, 정책, 과학기술 강좌, 보고회
- 공회 조직 기술교류, 직원 독서 활동, 인터넷 홍보, 전시 및 벽보 제작비
- 중요 명절 홍보비, 도서관 운영비, 도서 구입비, 공회 신문 제작비 등

④ 기타 활동 방면
- 상술한 지출 이외의 공회가 실시하는 기능대회 비용 및 기타 활동에 대한 제반 지출

2) 공회는 근로자의 권익 보호를 위해 경비를 지출해야 한다. 공회 경비는 노사관계 증진 및 근로자의 노동환경 보호, 노동쟁의의 조정 및 법률 자문, 불우 근로자에 대한 지원 또는 구호 등의 활동에서 발생되는 지출 및 단체 협상 등 기타 권리 유지에 대한 지출을 포함한다.

3) 공회는 공회 간부의 양성, 역량 강화를 위해 경비를 지출해야 한다. 공회 간부 및 지식인의 연구/훈련에 필요한 교재 및 강의 보수, 우수 간부 및 지식인의 포상, 조직의 노동경연대회, 제안 활동 및 타 공회와의 협업, 공회 대표회의/위원회, 경비심사/경비심사위원회, 공회 조직 건설, 대규모 특별 연구, 감사, 공회 업무, 출장 여비 등 기타 업무 지출을 모두 포함한다.

4) 건설 프로젝트, 장비 및 공구 구입, 대규모 수리, 정보 네트워크의 구입 및 건설을 위해 지출한 비용이다. 주택 및 건물의 구입과 건설, 사무 장비 구매, 특수 장비 구매, 차량 구매, 대규모 수리, 정보 네트워크 구매 및 건설을 위한 자본성 지출을 포함한다.

5) 근로자를 위해 문화, 체육, 교육, 생활 서비스 등의 업무를 제공하기 위해 공회가

관리하는 독립 회계 법인 보조금과 비회계 법인에 대한 지출이다.

6) 근로자의 복지를 위한 지출이다. 주로 명절 전 공회원에게 소정의 선물 지급, 공회원 개인 및 가정을 돕기 위한 보조금 지원 및 공회원의 생일 축하 등에 사용한다.

7) 상술한 지출 외에 발생하는 비용이다.

(7) 공회 경비의 사용이 불가능한 경우

① 쇼핑카드, 상품권 등을 구입하여 선물을 지급하는 활동

② 규정을 위반하여 수당, 보조금, 상여금을 남발하는 행위

③ 사치성 엔터테인먼트, 피트니스 활동 지원

④ 공회 계좌를 이용하여 '소금고小金庫'화 하는 행위

⑤ 공회 경비 계좌를 회사의 행정 구좌로 병합하여 통제력을 상실하게 하는 행위

⑥ 공회 경비를 압류하거나 유용하는 행위

⑦ 불법 모금 활동에 참여하거나, 불법 모금 활동에 경제 담보를 제공하는 행위

⑧ 공회 활동과 무관한 비용을 공회 경비로 청구하는 행위

제3절 공회주석의 파면과 해고 실무

1. 공회간부의 노동관계 상 특수보호

〈공회법〉, 〈기업공회 업무조례〉, 〈기업 공회주석 선출방법〉 등에서 공회간부(공회주석, 부주석, 공회위원 등을 주요 대상으로 함)는 노동관계 중 특수보호를 받도록 규정하고 있다. 이러한 특수보호는 근로기간의 보호, 직무의 보호, 임금의 보호, 해고의 보호 등 몇 가지 측면을 포함하고 있다.

① 기업은 공회 업무를 수행하는 인원의 직무를 정당한 사유없이 조정할 수 없다.

위반 시 노동행정 부서는 개선을 명령하여 원래의 직무를 회복하도록 한다. 만약 근로자에게 손실을 끼쳤다면 배상해야 한다.

② 기업은 공회주석의 임기가 만료되지 않은 경우 임의로 그 직무를 조정할 수 없으며, 만약 사업상 전근이 불가피하다면 소속 공회 위원회와 상급공회의 동의를 얻어야 한다.

③ 〈공회법〉에서 규정하는 직무를 수행했다는 이유로 해당 인원의 노동계약을 해지한 경우, 노동행정부서의 명령으로 원래의 직무를 회복하고 노동계약 해지기간 동안의 보수를 보충 지급하거나, 본인 임금의 2배를 배상하도록 한다.

④ 기층공회의 공회주석, 부주석 또는 공회위원이 전임자专职로 취임할 경우, 그 날로부터 노동계약 기한은 자동으로 연장되며, 전임자가 아닌 공회주석, 부주석 또는 공회위원이 취임할 경우 잔여 노동계약기한이 임기보다 짧은 경우에는 노동계약기한은 임기 만료 시까지 자동으로 연장된다. 다만, 임기 중에 개인에게 중대한 과실이 있거나 법정 퇴직 연령에 도달한 경우는 예외이다. 즉, 전임专职 공회주석으로 당선될 경우에는 근로자 신분의 잔여 근로계약 기간에 전임 공회주석의 임기를 더해 계약기간이 연장된다. 예를 들면 계약기간 2년의 근로자가 1년을 근로하고 공회의 전임 주석으로 취임하여 3년간 활동하게 된다면, 이 3년의 공회 주석 활동 종료 후 기 계약기간 2년 중 남은 1년을 일반 근로자 신분으로 마저 근로한 뒤 계약기간이 종료된다.

⑤ 공회주석 및 부주석의 파면은 공회원 대회 또는 공회원 대표대회를 개최하고 토론을 거쳐야 하며, 전체 공회원 대회 및 전체 공회 대표의 과반수 찬성을 얻어 파면할 수 있다.

2. 공회주석의 파면과 해고

공회주석의 임명과 임기의 연장은 법률에 따라 진행하되, 파면과 해고에 있어서는 주의해야 한다. 일반적으로 중국 국유기업 및 내자기업 내 공회의 위상은 외자기업만큼 높지 않고, 이들 기업에서 문제가 발생할 경우 HR은 중국인의 특성을 고려하여 다양한 방법으로 파면과 해고를 비교적 순조롭게 진행한다.

그러나 외자기업은 공회주석의 개인 비리 및 업무상의 과오 등으로 파면과 해고를 해야 할 때, 공회주석이 신분의 특수성을 이용하여 파악한 각종 정보를 미디어를 통해 폭로하여 기업 이미지를 훼손시킬 우려가 있으므로 주의해야 한다.

공회주석의 파면 및 해고와 관련해서는 노동 전문 변호사와 충분히 논의하여 구체적인 비상대응계획Contingency Plan을 수립해야 하며, 본사 차원의 법률 대응 및 미디어 모니터링이 이루어져야 한다.

(1) 파면과 해고 관련 리스크 사항

1) 언론노출

외자기업은 언론매체에 부정적으로 노출되는 것을 주의해야 한다. 최근 미국과 정치적 경제적 긴장이 높아지면서, 중국인들(특히, 링링허우 세대 : 00년 이후 출생)의 애국주의도 심화되고 있다. 실제 애국심을 이용한 중국 기업들의 마케팅 활동이 활발하게 이루어지고 있다. 일례로 신장 위구르 자치구의 인권 탄압 문제가 국제적으로 보도되었을 때, 신장 면화로 생산한 티셔츠를 구입하고 SNS에 애국 해시태그와 함께 인증 사진을 올리는 것이 유행하기도 했다. 이처럼 애국주의를 이용한 반反외자기업 기류가 쉽게 형성될 가능성이 있으므로 주의해야 한다.

중국의 노동 환경에서 100% 준법 경영을 하는 기업들은 많지 않다. 그러므로 평소 HR, 경영지원, 환경안전 등의 업무 수행 중 발생할 수 있는 리스크를 사전 예방해야 하며, 공회가 부정적인 영향력을 행사하지 못하도록 사전에 차단해야 한다. 특히, 환경문제는 중국이 국제사회로부터 이슈화 되지 않기 위해 노력하는 분야이다. 각 사업장에 대한 정부기관의 환경조사가 주기적으로 이루어지고 있고, 기준심사를 통과하지 못한 기업에 대해서는 시정 조치 및 재검을 명령하고 있다. 비단 환경문제뿐만 아니라 근로시간 준수, 휴게시간 보장 등의 노동인권 관련 분야도 세밀하게 관리해야 한다.

2) 외자기업 주재원에 대한 신변 위협

주재원 및 그 가족들이 신변 위협을 받는 상황도 나타날 수 있다. 외자기업들은 파견근로자의 생활 안정에 많은 노력을 기울이고 있지만, 코로나19와 같은 전염병 발생, 국가 간 외교적 마찰, 사회적 불안 확산 등의 상황이 발생하면 파견근로에 대한 매력도가 현저하게 떨어지게 된다. 이처럼 본인 및 가족들의 신변에 직간접적인 영향이 있을 경우 정상적인 경영활동에 집중할 수 없게 된다. 현지근로자들은 이를 악용하여 직접적인 무력을 행사하거나 파견근로자를 위협하는 행동을 하기도 한다. 따라서 공회주석의 파면, 강성 근로자의 징계나 해고 등의 이슈가 있을 경우, 반드시 사전에 주재원과 그 가족들의 안전을 확보해야 한다.

(2) 공회주석의 해고

임기 내의 공회주석, 부주석, 공회위원이 회사의 규장제도를 심각하게 위반하면 고용단위는 노동계약을 해지할 수 있다. 공회간부에 대한 특수보호 규정이 있지만, 기업의 경영자주권 행사를 우선 고려하여 노동계약 해지를 인정한다. 그러나 다음 몇 가지 사항을 유의해야 한다.

1) 협의 계약해지

만약 중국 직원이 기업 내 고위직을 담당하고 있는 경우 체면을 고려해 주도록 한다. 당사자는 비리 행위가 적발되더라도 일단 부정하고 고용단위에게 협상을 제안하는 경우가 있다. 만약 비리 행위가 협상을 통해 계약해지가 가능한 범위일 경우, 체면의 손상 없이 퇴직할 수 있도록 퇴직일정 및 제반 사항을 배려하여 원만하게 자발퇴직 할 수 있도록 한다.

2) 징계해고

일반적으로 중국 국유기업 내 공회주석의 위상은 낮은 편이다. 그러나 민영기업은 공회를 전략적으로 운영하기 위해 위상 강화에 집중하기도 한다. 이 때문에 공회주석은 기업 내 지위와 신분적 특수성을 이용하여 본인에 대한 불이익 처분이 발생될 경우 강하게 저항하는 태도를 보인다. 노무관리 차원에서 협의를 통한 계약해지가 이상적인 방법일 수도 있으나, 상황에 따라 회사의 기강 확립과 재발방지를 위해 징계해고를 해야 하기도 한다.

앞서 살펴본 공회간부의 특수보호규정과 근로자의 엄중규율 위반행위의 처분을 고려하여, 기업은 어떤 조치를 취할 수 있는지 확인해 보도록 하겠다.

<공회법> 제18조 기층공회의 전임자인 주석, 부주석 또는 위원이 취임할 경우 그 날로부터 그의 노동계약기한은 자동으로 연장되며, 전임자가 아닌 주석, 부주석 또는 위원이 취임할 경우 잔여 노동계약기한이 임기보다 짧은 경우는 노동계약기간은 임기 만료시까지 자동으로 연장된다. 다만, 임기 중에 개인에게 중대한 과실이 있거나 법정퇴직연령에 도달한 경우에는 예외이다.

<노동계약법> 제39조 다음 각 호의 1에 해당하는 근로자에 대해 고용단위는 노동계약을 해지할 수 있다.

(3) 직무상의 과실, 사리추구와 부정행위로 고용단위의 이익에 중대한 손실을 끼친 경우(중략)

<노동법> 제25조 다음 각 호의 1에 해당하는 근로자에 대해 고용단위는 노동계약을 해지할 수 있다.

(3) 직무상의 과실, 부정행위로 고용단위의 이익에 막대한 손실을 초래한 자

<노동사회보장부의 공회주석의 재직 기간 내에 고용단위는 규율 위반을 근거로 해고할 수 있는지에 대한 문제의 답변> 고용단위가 노동법 제25조의 규정에 의거하여 노동계약을 해지하는 경우 어떠한 부가조건의 제한도 받지 않으며, 이때 만약 공회주석, 부주석 혹은 위원이 임직기간이라고 할지라도 노동법 제25조 규정 중의 하나일 경우, 회사는 노동계약을 해지할 수 있다. (중략)

공회주석은 계약의 순연 및 연장, 직무변경 제한 등 신분상의 특권을 누릴 수 있다. 하지만 엄중 규율위반 행위로 인한 해고는 일반근로자와 동일하게 적용된다. 공회주

석은 신분적 특수성이 있지만, 고용단위의 근로자 신분이다. 그러므로 법정 해고요건이 발생할 경우, 고용단위는 법률에서 부여한 일방 계약해지에 대한 권리를 행사할 수 있다.

(3) 공회주석 해고에 대한 기층공회 및 상급공회 사전 통지

1) 기층공회 통지

> <공회법> 제21조 노동조합은 기업, 사업단위의 근로자에 대한 처분이 부당하다고 인식되면 의견을 제출할 권리가 있다.
>
> 기업이 일방적으로 근로자와 노동계약을 해지할 경우에는 사전에 그 이유를 노동조합에 통보하며, 노동조합으로부터 법률·법규 및 관련계약을 위반하였다며 다시 연구하여 처리할 것을 요구받은 경우에는 노동조합의 의견을 검토한 후 그 처리결과를 서면으로 통보해야 한다.
>
> 근로자가 기업이 자신의 노동권을 침범하였다며 노동쟁의중재를 신청하거나 인민법원에 소송을 제기한 경우, 노동조합은 이를 지지하고 협조하여야 한다.

공회주석의 해고를 진행할 경우에도 일반근로자와 동일하게 공회에 통지하여 위법성 여부를 판단하도록 해야 한다. 즉, 공회주석의 해고 또한 반드시 공회 통지 및 의견 수취 증빙을 확보해 놓아야 한다.

2) 상급공회 통지 및 승인

> <노동사회보장부의 공회주석의 임기기간에 고용단위가 기율위반을 근거로 노동계약을 해지할 수 있는지의 문제에 대한 답변> 사회보장청[2005] 24호 '고용단위가 <노동법> 제25조 규정에 따라 노동계약을 해지하는 것은 다른 부가조건의 구애를 받지 않는다.'

공회주석이나 부주석 또는 공회위원이 재직 중 <노동법> 제25조 규정 중 하나에 해당하는 경우 고용단위는 법률에 근거하여 노동계약을 해지할 수 있다.

이전 규정인 노동부의 노사부발[1996]122호 '기업이 공회주석을 해고할 때에는 반드시 사전에 본급과 상급공회의 동의를 받아야 한다는 규정'은 2005년 신규정이 발효되어 실효되었다.

전국 규정에는 기율위반에 대한 징계해고 시, 상급공회의 동의에 대한 조항을 삭제하였으나, 고용단위는 반드시 기업 소재지의 지방규정을 확인하여 상급공회에 통지해야 하는 의무가 있는지를 확인해야 한다.

<강소성 중화인민공화국 공회법 실시 방법> 제25조 기층공회 주석, 부주석은 소속 사업주가 노동계약의 해지가 필요하다고 인정하는 경우 사전에 서면으로 본급과 상급공회의 동의를 받아야 한다는 규정에 따라 고용단위는 서면으로 본급과 상급공회의 동의를 받아야 한다.

강소성의 경우 위와 같은 규정이 존재하며, 실제 고용단위가 상급공회의 동의를 받았다는 증거를 제시하지 못해 법원으로부터 경제배상금을 지급하라는 명령을 받았던 판례가 있었다. 이와 비슷한 상급공회 동의 의견 수취의 의무에 대한 규정은 <강서성 기업 공회 작업 조례> 제21조에 명시되어 있고, 반대로 상해 및 광동성에는 해당 규정이 없다.

3) 상급공회의 의사결정 회피에 대한 대응방법

상급공회의 동의가 필요하다고 명시되어 있는 지역의 공회주석 해고 시, 상급공회가 동의를 하지 않거나 기권을 표명하는 경우가 있다. 노동중재 패소의 리스크가 있으므로, 상급공회의 동의가 필요한 지역의 고용단위는 관련 증거의 수집 및 보전에 있어 다음과 같은 점을 주의해야 한다.

첫째, 의견 요청에 대한 서면자료 제출 시 상대방 접수담당자의 서명이 있는 접수증을 받아 고용단위의 의견 요청서 전달 의무를 입증하도록 한다.

둘째, 상급공회가 책임을 회피하거나 기권할 경우, 재차 서면으로 기한 내에 동의 여부 회신을 요구한다. 만약 동의하지 않는다면 명확한 이유를 서면으로 통보해 줄 것을 요청한다.

셋째, 회신 기한을 설정하고, 회신하지 않으면 동의하는 것으로 간주한다고 명기한다.

만약 상급공회의 동의를 얻지 못하더라도 위의 절차를 통해서 회사가 불법적으로 계약을 종료했다고 판단될 수 있는 위험을 감소시킬 수 있다.

3. 공회주석의 해고 실무

공회주석의 해고 시 다음의 프로세스를 이행하고 증빙을 보관한다.

① 유급 정직 : 정직 결정서 서면 통보 및 정직 효력 발생 (정직 사유 : 징계조사 방해를 예방)

② 파면 진행 : 전체 공회원 또는 전체 공회대표대회 과반수 찬성을 통한 파면

③ 해고 전 상급공회 통보 및 의견 청취 : 의견 제시 회피 및 포기에 대한 대응 진행

　(지역별 법률 고려)

④ 계약해지 : 부당해고에 대한 복직 또는 경제배상금 리스크를 고려

⑤ 소송 대응 : 해고에 대한 노동중재 신청 시 소송 대응 진행

(1) 유급정직과 정직기간의 회사 출입

고위 관리자의 징계 시, 회사는 징계를 위한 증거 수집, 증언 및 진술 확보를 위해 징계 대상자의 유급 정직을 결정하기도 한다. 즉, 기업은 유급 정직을 명령하여 대상자가 징계절차에 개입할 수 없도록 조치한다.

만약 유급 정직기간 동안 공회주석의 신분으로 회사에 출입하고자 한다면 회사는 출입을 승인해야 할까?

<공회법> 제14조 중국노총, 지방노총, 산업별노동조합은 사단법인의 자격을 갖는다. 기층노동조합조직은 민법통칙이 규정하고 있는 법인요건을 구비하면 법에 의해 사단법인 자격을 취득할

> 수 있다.

위의 법률을 근거로 기업에서의 근로자 신분이 정지 또는 박탈되더라도 공회주석의 신분을 정지 또는 박탈할 수 없다는 해석도 내릴 수 있다.

중국 변호사 자문, 언론보도, 여러 판례를 살펴보았지만, 해당 이슈에 대한 명확한 답을 얻지 못하였다. 노동전문 변호사들은 '일반적으로 회사가 정상적인 유급 정직을 명령한 경우, 합리적인 기간 내(약 1개월) 회사 출입을 금지할 수 있지만 공회주석 신분을 정지시켜 회사 출입을 금지할 법적인 근거는 찾기 어렵다'는 의견을 밝혔다. 다른 유사 사례들을 참고하더라도 명확한 답을 찾기 어려워 대응 방안을 정리하였다.

① 공회 업무와 관련된 담당자를 별도로 지정하여 공회 업무에 필요한 자료만 사외로 전달한다.

② 정직 당사자가 회사 출입을 원할 경우, 정직기간 내에 회사에 출입할 수 있다는 법률적 근거를 제출하라고 한다.

임시로 위와 같이 대응하고 향후 공회대표대회를 진행하여 파면절차를 보충 이행하도록 한다.

(2) 파면진행

> <공회법> 제17조 (중략) 공회주석 및 부주석의 파면은 공회원 대회 또는 공회대표대회를 개최하여 토론을 거쳐야 하며, 전체 공회원대회 또는 전체 공회대표대회의 과반수 찬성을 얻어 파면할 수 있다.

공회주석의 징계해고가 결정되었다면, 해고 전 파면절차를 이행하는 것이 좋다. 이는 공회주석이 본인의 해고에 대해 부당해고 의견을 제시하거나, 해고된 근로자가 아닌 공회주석의 신분임을 주장하며 회사에 출입하여 공회업무에 관여할 가능성이 있기 때문이다.

그러나 공회주석의 파면은 회사가 간섭해서는 안 되며, 공회 내부의 의사결정을 통해 집행되어야 한다. 공회를 통해 파면이 가능할 경우, 파면절차 이행을 징계해고 전에 선행하도록 한다.

파면과 관련하여 법률적으로 상급공회 사전통보 및 승인절차 이행 의무는 없으나, 향후 신임 공회주석 선발 시 상급공회의 동의를 받아야 하므로, 협력적인 관계를 유지하기 위해 사전통보 및 의견청취 절차를 진행하는 것이 좋다.

(3) 해고 전 상급공회 통보 및 의견 청취

앞서 살펴본 바와 같이, 공회주석 해고에 대한 상급공회의 동의 규정은 실효되었으나, 지역별 차이가 있으므로 반드시 확인해야 한다. 지역별 규정이 있음에도 절차를 이행하지 않으면 부당해고 판결을 받을 수 있으므로 주의해야 한다.

(4) 계약해지(해고)

1) 해고 결의 및 공회 통지

공회주석은 임기 내 신분상 특수보호를 받지만, 근로자 신분이므로 규장제도 위반에 따른 계약해지를 할 수 있다. 그러나 구체적으로 다음의 사항을 주의하여 이행하도록 한다. 노동계약의 해지는 내용의 합법성과 절차적 합리성을 구비해야 한다.

첫째, 공회는 부당해고에 대한 의견 제시 권한이 있지만, 근로자 해고에 대한 최종 결정권은 고용단위가 보유하고 있다.

둘째, 근로자(공회주석) 해고 전 공회에 사전통지 의무를 이행하지 않을 경우 부당해고 판결 리스크가 높아지게 된다. 예를 들어 강소성은 〈최고인민법원 노동쟁의 중재위원회의 노동쟁의 안건 심리에 관한 지도 의견〉 제17조에 따라 사전통지의 의무를 이행하지 않았을 경우, 명확하게 위법해고로 규정하고 있다. 상해시는 〈(상해시 노동계약 조례)실시에 관한 약간 문제의 통지〉(2) 제6조의 규정에 따라, 공회조직이 설립된 고용단위의 일방 계약해지는 반드시 〈상해시 노동계약 조례〉 제36조 규정에 따라 공회에 사유를 통지해야 한다. 그러나 공회에 통지하지 않아 노동쟁의가 발생한 경우 고용단위는 노동쟁의 과정에서 시정해야 한다고 규정하고 있다. 즉 상해시는 중재과정에서 보충하면 해당 과정을 이행한 것으로 인정한다. 이처럼 지역별로 공회 통지의 의무 이행에 대한 강제성이 다르기는 하나, 〈노동계약법〉 제43조에서 공회 통지 의무를 규정하였으므로, 공회주석의 해고 또한 반드시 공회에 통지하여 위법해고 여부를 판단하도록 해야 한다.

2) 고지의무 이행

공회주석의 유급정직, 징계위원회 개최, 최종 의결이 완료된 후에 본인 고지의 의무를 이행해야 한다. 일반적으로 서면 형식으로 회사의 공장(公章)을 찍어 본인에게 대면 통보 후 자필 서명을 수취하는 방식을 사용하도록 한다. 정직, 수취 거부, 서명 거부 등의 사유로 고지 의무의 이행이 어려울 경우, EMS로 발송하고 증빙을 보관하도록 한다.

(5) 노동중재 대응

> 〈노동쟁의 조정중재법〉 제27조 노동쟁의 중재신청의 시효는 1년이다. 중재시효기간은 당사자가 권리가 침해된 사실을 알았거나 알 수 있었던 날로부터 계산한다.(중략)

근로자는 계약 종료 후 1년 이내에 노동중재를 신청할 수 있다. 만약 부당해고로 판결되면 근로자에게 복직 또는 경제배상금을 지불해야 한다. 공회주석의 해고를 진행할 때에는 신분의 특수성을 고려하여, 노동관계 전문변호사의 도움을 통해 해고과정을 합법적으로 이행하여 법률 리스크를 예방하도록 한다.

(6) 해고된 공회주석의 신분유지에 대한 쟁점

공회주석은 신분의 특수성으로 단체협약 이행, 징계 처리, 규장제도 수립 등의 다양한 방면에 영향을 줄 수 있으므로, 해고 이후의 신분유지 여부에 대한 해석이 필요하다. 일반적으로 해고 이후, 당연면직(파면) 되는 것으로 생각할 수 있으나, 변호사들도 법률 해석과 견해가 달라 대응 방법이 필요하다.

1) 해고 시, 공회주석의 신분이 당연면직 된다는 견해

> <공회장정> 제1조 중국 국경 내의 기업과 사업단위, 기관단위에서 임금을 주요 생활수입원으로 하는 육체근로자와 사무근로자는 민족, 종족, 성별, 직업, 종교, 교육수준을 불문하고 공회규약의 승인 여부와 관계없이 모두 공회의 공회원으로 가입할 수 있다.
>
> <공회법> 제3조 중국 국경 내의 기업, 사업단위, 기관에서 임금을 주요 생활수입원으로 하는 육체근로자와 사무근로자는 민족, 종족, 성별, 직업, 종교, 교육수준을 불문하고 모두 법에 의거하여 공회에 참가하고 공회를 조직할 권리를 갖는다. 어떠한 조직과 개인도 이를 방해하거나 제한할 수 없다.
>
> <공회장정> 제5조 공회원과 조직의 관계는 노동(업무)과 함께 변동되며 공회원증(会员证明)에 의하여 승계된다.
>
> <공회장정> 제11조 동일기업, 사업단위, 기관과 기타 사회조직의 공회원은 하나의 기층조직에 소속된다.(중략)

① <공회장정> 제1조, <공회법> 제3조 해석 : 임금을 주요 생활수입원으로 하는 근로자가 공회에 참가하고 조직할 권리를 갖는다고 규정하고 있어, 이미 해고된 공회주석은 그 신분이 박탈되어 별도의 파면 절차를 거칠 필요가 없다는 견해

② <공회장정> 제5조 해석 : 공회원의 관계는 노동과 함께 변동되므로, 근로자 자격의 상실은 공회원 자격의 상실과 같다는 견해

③ <공회장정> 제11조 해석 : 공회가 사단법인의 자격을 갖더라도 해고된 근로자

는 기층조직에 소속되지 못하므로 공회주석의 신분이 박탈된다는 견해

2) 해고 이후, 별도의 파면을 통한 신분 박탈이 필요하다는 견해

<공회법> 제14조 중국노총, 지방노총, 산업별노동조합은 사단법인의 자격을 갖는다. 기능노동조합조직은 민법통칙이 규정하고 있는 법인요건을 구비하면 법에 의해 사단법인 자격을 취득할 수 있다.

<공회법> 제17조 공회주석, 부주석의 파면은 공회원대회 또는 공회대표대회를 개최하여 토론을 거쳐야 하며, 전체 공회원 또는 전체 공회대표대회의 과반수 찬성을 얻어 파면할 수 있다.

① 〈공회법〉 제14조 해석 : 공회가 사단법인의 자격을 가지므로 기업의 근로자 신분이 박탈되더라도 주석의 신분은 유지된다는 견해
② 〈공회법〉 제17조 해석 : 파면의 절차가 법률로 정해져 있고, 신분의 박탈은 해당 절차의 이행을 통해서만 가능하다는 견해

3) 상급공회 문의 결과(참고)

① 상급공회 : 사례가 없어 판단할 수 없음.
② 시(市) 총공회 : 공회주석의 규율위반에 따른 노동계약의 일방 해지 시, 별도의 파면은 불필요함.

4) 두 견해의 상충으로 인한 실무적 결론

<기업공회 주석 선출방법> 제18조 기업공회 주석의 공석이 발생할 경우, 반드시 3개월 내에 보궐선거를 진행해야 한다. 보궐선거 전 반드시 동급 당조직과 상급공회의 동의를 받아야 하며, 1명의 부주석 혹은 위원이 임시로 업무를 주재하도록 하며, 일반적으로 3개월을 초과할 수 없다.

공회주석의 신분 유지에 대한 문제는 근로자 신분의 박탈과 동시에 당연면직 되는 것으로 해석하고, 향후에 상급공회 및 본인의 신분유지 요구가 있을 경우 별도의 파

면절차를 진행하는 것이 바람직하다. 또한 신임 공회주석을 보궐선거로 3개월 내에 선출하여 이슈 발생을 차단하도록 한다.

(7) 운영 관리상 주의 사항

① 징계 규정 내 비리 행위 예방 관련 사항 포함

   - 직업 윤리 관련 준수 서약, 교육 내용에 대한 서면 증거 확보, 친인척 추천 시 보고, 이해 관계자 보고 의무 등

② 징계 규정과 규장제도 내 용어 통일화

③ 공회주석의 경비 사용에 대한 모니터링Monitoring

④ 본사 차원의 정기 점검Audit 체계 구축

⑤ 공회주석의 회사 내 주요 직무 배제(HR, 경영지원, 환경안전, 재무회계 등)

⑥ 노무 관리 조직의 역량 강화

제2장

단체협약 [44]

Intro

2008년 노동계약법이 공포된 이래, 노동쟁의가 폭발적으로 증가하였다. 근로자의 소득분배, 근로 복지, 초과근무 수당 청구, 사용자의 해고에 대한 합법 여부 문제 등 신구新舊의 문제가 얽히면서 기업의 노동관계가 한동안 경색되고 각종 갈등이 발생되었다.

중국은 2010년 폭스콘 투신 사건, 혼다 파업 사건 등 집단 노동쟁의 발생을 경험한 후 국가적 차원에서 강력하게 단체협약을 제도화하도록 하였고, 그 결과 각 지역의 단체협약 체결 실적은 큰 폭으로 향상되고 있다. 그러나 기업들은 단체협약의 필요성은 인지하고 있으나, 실제 단체협약 체결 시 약식으로 이행하거나 근로자가 참여하지 않는 등 적극적으로 대응하고 있지 않다.

단체협약은 근로자와 기업이 노동관계와 관련된 사항을 평등하게 협상하여 결과를 도출하는 활동이다. '단체협약'은 고용단위와 근로자가 법에 따라 노동보수, 근로시간, 휴식 및 휴가, 노동안전위생, 직업교육훈련, 보험복리 등의 사항에 대해, '전문단체협약'은 그 외 기타 특정

---

44 陆敬波. (2012). 集团型企业劳动关系管理. 中信出版社. (P. 225~239 集体协商和集体合同 요약)

항목에 대해 서면합의를 체결하는 것을 말한다.

그렇다면 단체협약은 강제성을 갖는 것일까? 단체협약조례와 최근 단체협약 이행 추세를 보았을 때, 전체근로자의 이익과 밀접한 관계가 있는 사항의 변경에는 반드시 단체협약을 진행해야 한다고 볼 수 있다. 또한 근로자의 노동인권 의식 향상에 따라 단체협약을 이행하는 기업의 노동쟁의 발생률은 그렇지 않은 기업에 비해 훨씬 낮게 나타나고 있다.

중국의 한 연구조사에서 38%의 기업이 단체협약에 대해 잘 알지 못한다고 응답했고, 42%의 기업이 단체협약에 포함해야 하는 내용, 단체협약을 체결 방법 등에 대해 알고 싶다고 응답했다.

중국에 진출한 한국기업 또한 단체협약의 프로세스, 단체계약과 노동계약의 차이점, 단체협약의 성격과 특징을 정확하게 이해하지 못하고 있다. 단체협약의 세부 사항을 명확하게 이해하여 근로자와의 분쟁 발생을 예방하고, 기업의 경영 효율을 높여야 한다.

제1절 단체협약과 노동계약

<노동계약법> 제54조 단체협약이 체결되면 노동행정부문에 송부하여야 하고, 15일 이내에 노동행정부문이 이의를 제기하지 않으면 단체협약은 효력이 발생한다.

법에 따라 체결된 단체협약은 고용단위와 근로자에게 동등한 구속력을 지닌다. 업종별·지역별 단체협약은 현지 해당 업종, 해당 지역의 고용단위와 근로자에 대하여 구속력을 가진다.

<노동계약법> 제55조 단체협약 중 근로조건 및 보수 등의 기준은 현지 인민정부가 규정한 최저기준보다 낮아서는 안 된다. 고용단위와 근로자가 체결한 노동계약 중 보수와 근로조건 등의 기준은 단체협약 기준보다 낮아서는 안 된다.

<단체협약규정> 제6조 이 규정에 부합하는 단체협약 또는 전문단체협약은 고용단위 및 전체 근로자에 대해 법적 구속력을 가진다.

고용단위가 근로자 개인과 체결한 노동계약에서 약정한 노동조건 및 노동보수 등의 기준은 단체협약 또는 전문단체협약의 규정보다 낮아서는 안 된다.

<단체협약규정> 제47조 노동보장행정부가 문서를 받은 날로부터 15일 이내에 이의를 제기하지 않을 경우, 단체협약 또는 전문단체협약은 즉시 효력이 발생한다.

1. 효력발생 방식

<노동계약법> 제54조와 <단체협약규정> 제47조 규정에 근거하여, 단체협약은 체결 후 반드시 노동행정부문에 보고해야 하며, 노동행정부문이 단체협약 원문 수령 후 15일 내에 별도의 이의제기를 하지 않을 경우 곧바로 그 효력이 발생된다. 즉, 단체협약은 조건부 효력이 발생하는 계약에 속한다. 그러나 노동계약은 계약체결 즉시 법률적 효력이 발생하며 노동행정부문의 심의가 필요하지 않다.

2. 적용 범위

<노동계약법> 제54조와 <단체협약규정> 제6조 규정에 근거하여, 법률에 따라 체결된 단체협약은 고용단위와 근로자에게 동등한 구속력을 갖는다. 업종별·지역별 단체협약은 현지의 해당 업종 및 지역의 고용단위와 근로자에 대해 구속력을 갖는다. 즉, 단체협약의 적용 범위는 매우 넓어 고용단위와 근로자가 예외 없이 그 조정과 구속을 받는다. 그러나 노동계약은 계약을 체결한 근로자와 고용단위에게만 구속력을 갖는다는 차이점이 있다.

3. 단체협약의 효력과 노동계약의 효력

<노동계약법> 제55조에 근거하여, 노동계약의 약정 기준이 단체협약의 기준보다

낮을 경우, 노동계약의 약정은 무효가 되고 반대일 경우에는 유효하다. 또 단체협약
에 명시된 규정이 노동계약에 없거나 불명확한 경우, 고용단위는 단체협약의 규정을
따라야 한다.

4. 단체협약 체결 시 주의 사항

고용단위는 단체협약을 체결하기 전 다음의 몇 가지 사항을 주의해야 한다.

첫째, 단체협약 기간은 일반적으로 1~3년으로 하며, 협약 기간이 만료되거나 종료
의 조건에 도달하였을 경우 그 효력이 중단된다.

둘째, 단체협약 체결 시 근로자 측의 협상주체는 전체근로자가 아니며, 공회 또는
근로자대표이다.

셋째, 단체협약, 규장제도, 노동계약의 내용을 명확히 해야 한다. 만약 해당 규정
사이에 충돌이 발생할 경우, 근로자에게 가장 유리한 규정이 적용되므로 충돌이 발생
되지 않도록 주의해야 한다.

제2절 **단체협상 절차**

단체협상은 동태적인 과정이며, 단체협약은 단체협상의 정태적 결과이다. 단체협
약의 체결과 발효는 단체협상이 전제되어야 한다. 즉, 단체협상의 결과로 단체협약이
체결된다.

1. 단체협상의 준비

(1) 전제 조건

〈단체협약규정〉 제32조 조항에 따라, 단체협상은 고용단위 또는 공회가 제의하고 상대방의 수락이 있어야만 시작할 수 있다.

(2) 사전준비

첫째, 단체협상의 내용과 관련된 법률, 규장제도, 각종 자료들을 숙지한다.

둘째, 고용단위와 근로자는 단체협상 내용을 정리한다.

셋째, 단체협상 시간, 장소, 참석자 등을 확정한다.

넷째, 쌍방은 공동으로 단체협상대표와 관련이 없는 기록원을 선정한다. 기록원은 반드시 중립적이고 공정하며 쌍방의 비밀보호 의무가 가능한 인원이어야 한다.

> 〈단체협약규정〉 제19조 이 규정에서 단체협상대표(이하 협상대표)라 함은 법정절차에 의하여 선출하며 당사자의 이익을 대표하여 단체협상을 할 수 있는 권한을 가진 자를 말한다.
>
> 단체협상에서 쌍방의 협상대표자 수는 동일해야 하며, 각각 적어도 3명으로 구성하고, 각각 수석대표를 1명씩 정해야 한다.

단체협상 쌍방의 대표인원수는 반드시 동일해야 하며, 각 측은 최소 3인(일반적으로 3~10명)을 선발하고, 1명의 수석대표를 둔다.

① 근로자대표

단체협약 체결 시, 공회가 근로자를 대표하여 고용단위와 협상을 진행한다. 만약 공회가 없을 경우 상급공회의 지도로 선발된 근로자대표가 고용단위와 협상을 진행한다. 즉, 근로자 측의 협상 주체는 공회 또는 근로자대표이다.

공회가 설립된 기업은 공회주석이 근로자 측 수석대표를 담임하며, 공회주석이 공석일 경우 공회의 주요 책임자가 수석대표를 담임한다. 만약 공회주석이 참석할 수 없을 경우, 공회주석은 서면으로 1명의 부주석에게 위탁하여 수석대표를 담임하도록 한다.

아직 공회가 설립되지 않은 고용단위에서 수석대표를 선출할 때에는, 반드시 민주적인 절차를 통해 선발된 협상대표 중 과반수 근로자의 동의를 얻은 인원을 수석대표로 선출해야 한다.

② 고용단위 대표

고용단위의 협상대표는 고용단위의 법정대표자가 파견하고, 수석대표자는 고용단위 법정대표자가 담임하거나 서면으로 위탁한 기타 관리인원이 담임한다.

③ 전문 인원

협상의 전문성을 높이기 위해 쌍방은 사외 전문가를 협상 대표로 위탁할 수 있다. 위탁인원 수는 각 일방 대표인원수의 1/3을 초과할 수 없다. 일반적으로 쌍방은 전문 변호사를 협상에 참여시킨다. 이렇게 하면 협상 프로세스를 원활하게 진행할 수 있으며, 전문가의 지도를 통해 협상의 전문성도 향상시킬 수 있다.

2. 단체협상의 실행

단체협상 진행 중 일방의 수석대표는 협상의 구체적 내용과 요구사항을 제출하고, 다른 일방의 수석대표는 이에 회신한다. 쌍방은 협상 내용에 대해 각자의 의견을 제시하고 충분한 토론을 진행한다. 일반적으로 협상 결과는 다음의 형태로 나타난다.

1) 쌍방의 소통과 양보로 각자의 요구사항에 상호 합의하며 순조롭게 단체협약을 체결한다.
2) 협상 중 쌍방이 합의에 실패하여 단체협약을 체결하지 못하고 종료된다.
3) 협상의 실패로 근로자와 고용단위의 노사관계에 심각한 갈등이 발생하여 근로자는 파업 등의 행위를 시작한다.

4) 노동행정부문에 조정처리를 요청한다.

단체협약 절차

단체협약은 준비단계, 협상단계, 체결 및 효력발생단계로 구분된다. 준비단계와 협상단계는 앞서 살펴본 바와 같이 진행하도록 한다. 공회 또는 선출된 근로자대표는 단체협약을 체결하기 전 반드시 유관부서와 근로자의 의견 및 건의사항을 청취하고, 이를 바탕으로 단체협약의 초안을 작성한다. 이때 다음의 사항에 유의한다.

① 단체협약 초안은 기업의 성격과 실제 운영상 특성을 고려하여 작성한다. 원칙적이고 틀에 박힌 조항은 피하고 실용적으로 작성한다.

② 단체협약 초안은 반드시 법률을 근거로 근로시간, 휴식/휴게시간, 노동환경의 안전과 위생, 단체협약의 기한, 변경과 해지의 조건 등을 포함해야 하며, 그 외 조항은 쌍방이 상호의 이익을 고려하여 작성한다.

1. 단체협약의 심의

<노동법> 제33조 기업의 근로자 측은 보수, 근로시간, 휴식·휴가, 근로안전·보건, 복지 등에 대하여 기업 측과 단체협약을 체결할 수 있다. 단체협약의 초안은 근로자대표대회 또는 전체근로자에게 맡겨서 토의·채택되도록 하여야 한다.

단체협약은 공회가 근로자를 대표하여 기업과 체결하고, 공회가 없는 기업에서는 근로자가 선출한 대표가 기업과 체결하여야 한다.

<단체협약규정> 제36조 쌍방 협상대표의 협상 일치를 거친 단체협약 초안 또는 전문단체협약 초안은 반드시 근로자대표대회 또는 전체근로자에게 맡겨서 토론하도록 해야 한다. 단체협약 초안 또는 전문단체협약 초안을 토론할 때에는 근로자대표대회 또는 전체근로자의 3분의 2이상이

반드시 출석해야 하며, 전체근로자대표의 반수 이상 또는 전체근로자의 반수 이상의 동의를 거쳐, 단체협약 초안 또는 전문단체협약 초안을 통과시킨다.

단체협약 초안은 근로자대표대회 또는 전체근로자의 토론을 통해 채택해야 한다고 규정하고 있다. 기업에서 근로자대표대회를 운영하고 있을 경우, 근로자대표대회와 토론을 진행하면 된다. 그러나 근로자 수가 적거나 근로자대표대회를 운영하고 있지 않을 경우 전체근로자 토론을 진행하도록 하며, 〈단체협약규정〉에 따라 통과된 초안은 쌍방의 수석대표가 서명하여 체결하도록 한다.

2. 단체협약의 심사와 효력 발생

(1) 단체협약 체결 또는 변경 후의 심사

단체협약/전문단체협약의 체결 또는 변경 시, 고용단위는 쌍방 수석대표가 서명한 날로부터 10일 이내에 노동행정부서에 보고하고 심사를 받아야 한다. 중앙관할 기업과 성, 자치구, 직할시 내의 단체협약은 반드시 노동보장 행정부 또는 노동보장 행정부가 지정한 성급省級 노동보장 행정부에 송달하여 심사를 받아야 한다.

노동보장 행정부에서 이의를 제기한 사항에 대해 고용단위와 근로자가 새롭게 단체협약/전문단체협약을 체결할 경우, 고용단위는 반드시 변경된 내용을 재차 보고하고 심사를 받아야 한다.

(2) 단체협약의 효력 발생

고용단위가 제출한 본문을 접수한 날로부터 15일 내에 노동보장 행정부가 이의를 제기하지 않을 경우, 단체협약 또는 전문단체협약은 즉각 효력이 발생한다.

(3) 단체협약의 공시 및 고지

상술한 단체협약의 협상과정은 〈노동계약법〉 제4조에 근거하여 전체근로자를 대상으로 고지해야 한다.

단체협약 절차

절차	내용
단체협약 필요 상황 발생	• 근로자의 이익과 밀접한 사항의 변경 필요
대표자 선발 통보	① 근로자 측 : 3~10명, 수석대표 1명 ─┐ 대등한 인원수로 선발 ② 사용자 측 : 3~10명, 수석대표 1명 ─┘ ③ 외부 전문인원(변호사 등) : 각 측의 대표수의 1/3 이내
요구사항 발의	• 일방의 요구에 20일 내 서면으로 답변
협상 준비	• 자료 취합 및 의제 작성 • 협상 장소 및 시간 확정 • 관련 법률, 규장 및 제도 숙지 • 쌍방의 의견 및 제안사항 취합
평등협상 절차	• 선발된 공회 또는 근로자대표 참석 • 개회 목적, 요구사항 전달 • 쌍방 의견 정리 및 회의록 작성, 서명 날인
초안 작성	• 단체협약 내용의 초안 작성
전체토론 절차	• 근로자대표대회 또는 전체근로자의 2/3 이상 참석 시 토론 가능 • 근로자대표대회 또는 전체근로자의 반수 이상 동의 시 초안 통과
단체협약 체결 및 심사	• 쌍방 수석대표 서명 • 서명 날인 후, 10일 이내에 노동행정부문 제출
효력발생	• 노동행정부문에서 15일 내에 이의를 제기하지 않을 경우, 즉시 효력 발생 • 이의 제기시, '협상준비' 단계에 정부 의견 반영 후 절차 재이행
공시 및 고지	• 사내 홈페이지 및 게시판 공시 • 근로자 개별 고지 및 변경 사항에 대한 이행 서명 날인 - 일반적으로 불이익 변경 시, 개별 합의 서명 수취

제3장

노동쟁의[45]

Intro

중국의 노동쟁의 처리는 협상協商, 조정调解, 중재仲裁, 소송诉讼으로 구분한다. 노동쟁의가 발생하면 근로자는 고용단위와 자율적으로 협상하거나, 공회 또는 제3자와 함께 협상하여 결과를 도출할 수 있다. 그러나 당사자가 협상을 원하지 않거나 협상에 실패할 경우, 조정을 하였으나 일방이 약속을 이행하지 않을 경우에는 노동쟁의 중재위원회에 중재를 신청할 수 있다. 만약 중재 결정에 불복할 경우에는 인민법원에 소송할 수 있다.

노동쟁의의 처리 제도 중의 '협상'과 '조정' 절차는 반드시 이행해야 하는 사항은 아니다. 당사자들은 이 두 가지 과정을 선택할 수 있고, 그렇지 않으면 직접 노동중재를 신청할 수도 있다. 그러나 협상은 노동쟁의의 중요한 해결과정으로써 노동쟁의를 빠르게 처리할 수 있으며 소송의 부담 또한 줄일 수 있는 장점이 있다.

'조정'은 '조정조직'을 통해 노동쟁의를 해결하는 것이다. <노동법>에서는 '기업의 노동쟁

---

45 陆敬波. (2012). "集团型企业劳动关系管理." 中信出版社. (P250~269 争议处理 요약)

의 조정위원회'를 통해서 조정을 진행하도록 규정되어 있으며, <노동쟁의 조정중재법>에서는 '기업의 노동쟁의 조정위원회, 법에 따라 설립된 기층인민조정조직, 향진乡镇 및 가도街道에 설립된 노동쟁의 조정조직'에서도 노동쟁의 조정을 할 수 있다고 규정하고 있다.

마지막으로 '중재 전치주의(미리 사건을 점검하거나 확인하여 행정적·경제적·인적 낭비를 막으려는 방침)'는 노동쟁의 처리의 중요한 방침이다. 협상 또는 조정 과정의 이행 여부와 관계없이 기소 전 반드시 노동중재를 거쳐야 한다. 즉, 노동중재를 선행하고, 그 결정에 불복하는 경우에만 법원에 기소할 수 있다.

제1절 노사관계 시나리오와 노동쟁의의 성립

1. 기업의 노동쟁의 영향 요인 및 시나리오

(1) 기업의 노동쟁의에 대한 인식 변화

<노동법>, <노동계약법> 시행 이전 중국은 사용자가 우월적 지위를 이용하여 근로자를 일방적으로 통제하는 상황이 만연해 있었다. 최저임금 미지급, 사회보험 및 주방공적금의 미납, 노동안전 및 노동환경 보호에 대한 무관심 등 근로자의 노동인권 보다는 기업의 성장에 집중하는 경향이 강했다. 그러나 노동 법률의 강화, 미디어 발전, 신세대의 의식 수준 향상으로 점차 근로자의 노동권익 의식이 향상되었다. 한편, 기업은 과거 노동쟁의에 대한 단기적이고 일시적인 대응이 더 이상 효과적이지 않다는 점을 중재 패소를 통해 인식하게 되었다. 기업은 근로자의 노동권익 향상에 발맞춰 내부 시스템을 정비해 나갔으며, 수동적 대응이 아닌 적극적·선제적 대응으로 방향을 전환하고 있다. 동시에 개별적 노사관계와 집단적 노사관계의 전략 수립을 통해서 사용자·근로자·공회의 안정적인 지위를 확보해 나가고 있는 추세이다.

(2) 기업 내부통제 시스템과 노동권익 성숙도에 따른 노사관계 변화 시나리오

중국 노사관계 변화 시나리오를 예상하기 위해서 기업의 내부통제 시스템과 근로자의 노동권익 성숙도를 고려하였다.

① 기업의 내부통제 시스템은 근로자의 권익 의식 향상, 사회적·법률적 강제력에 따라 체계화된다. 법률에 기초한 노동보호 체계를 우선 구축하고 정기적인 모니터링을 진행하며, 근로자 권익과 관련하여 발생될 수 있는 잠재적 리스크를 식별하고 선행 대응하는 단계로 진입하게 된다. 기업 내부통제 시스템은 노사관계의 분쟁 발생에 대응하고 리스크를 예측하는 기업의 전략 및 관리체계를 의미한다.

② 노동권익은 근로자의 노동권인 보호 요구와 사회적 관심이 높아질 때 성숙도가 높아진다. 개인 또는 단체의 권익 요구로 시작된 갈등이 집단화 되고, 집단화를 통해 사업주와의 협상력을 높여 나간다. 노동권익의 성숙도는 근로자의 권리요구뿐만 아니라 긍정적 제안, 부정적 피드백을 통한 집단적 권익 추구, 근로자의 준법 의식 등의 전반적인 수준을 의미한다.

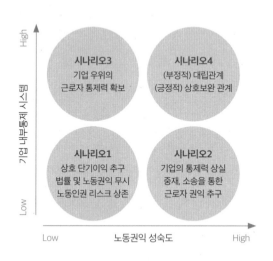

1) 시나리오 1은 기업과 근로자의 노동권익에 대한 공감대 형성이 낮은 상태이다. 기업의 성장 목표와 근로자의 이익 추구 목표가 노동권익의 가치보다 앞서는 상태이다. 기업은 노동분쟁의 위험에 노출되어 있고, 근로자는 노동환경 및 노동보호에 취약한 상태로 근로하게 된다. 쌍방의 단기 이익이 충족되지 못할 경우, 노동쟁의로 확대될 가능성이 높은 상황으로 볼 수 있다.

2) 시나리오 2는 기업의 내부통제 시스템이 갖춰져 있지 않아, 근로자의 노동권익을 보호하지 못하는 상태이다. 일반적으로 노동법률 준수와 HR 관리체계가 취약한 신설 외자기업이나 근로자의 요구를 적극적으로 수용하지 않는 기업이 이에 해당한다. 기업은 규범화된 통제력을 발휘하지 못해 지속적인 노동 중재 및 소송에 휘말릴 가능성이 높으며, 내부 개선을 위해 많은 노력과 시간이 필요할 수 있다.

3) 시나리오 3은 기업이 우월적 지위를 이용하여 근로자를 통제하는 상태이다. 기업 통제시스템이 근로자의 노동인권 요구보다 힘의 균형에서 앞서 있고 정부와 사회의 기업 통제력 또한 강하지 않은 상황이다. 이 단계에서 근로자의 개별적인 요구나 저항은 기업의 통제력 하에서 영향을 미치치 못하며, 공회가 있더라도 어용화 되었거나 협상력이 낮아 근로자를 대표하여 권리 요구를 할 수 없는 상태이다. 근로자는 기업의 통제에 수긍하거나 개별적으로 분쟁 조정 신청을 통해 권익을 추구한다.

4) 시나리오 4는 기업의 내부통제 시스템과 근로자의 노동권익이 상호보완 또는 대립하는 상태이다. 노동법률 체계와 사회적 분위기가 성숙되고, 기업의 준법의식과 근로자의 노동권익 의식이 높은 단계로 볼 수 있다. 기업과 공회가 대립할 경우 법과 제도 등의 공권력을 통해 문제해결을 시도한다. 반면 기업과 공회가 상호 지위를 전략적 파트너로 인식하고 협력할 경우 안정적인 노사관계를 구축할 수 있다. 기업 내부적으로 소통과 협상 능력이 바탕이 되는 선진형 노사관계 모델이다. 그러나 이해관계에 따라 대립과 협력이 반복되며, 긴장감과 집단

적 리스크가 높은 문제점을 가지고 있다.

2. 노동쟁의의 분류

일반적으로 노동쟁의는 다음과 같이 분류할 수 있다.

① 노동쟁의에 외국, 외국인과 관련된 요소가 있는지에 따라서 국내노동쟁의와 섭외노동쟁의(노동쟁의의 일방 혹은 쌍방이 외국인이거나 외국기업인 경우, 노동제공 장소나 계약의 체결지가 외국일 경우에 발생한 쟁의)로 분류할 수 있다.

② 노동쟁의의 내용에 따라 권리쟁의와 이익쟁의로 분류할 수 있다.

③ 관계인원에 따라 집단쟁의와 개별쟁의로 분류할 수 있다.

④ 노동쟁의의 객체에 따라 노동계약 이행에 관한 쟁의, 노동계약해지에 관한 쟁의, 노동보수 지불에 관한 쟁의, 사회보험 및 복리후생 이행에 관한 쟁의 등으로 분류할 수 있다.

3. 노동쟁의의 성립 조건

노동쟁의는 노동관계 당사자의 권리와 의무에 대해 발생하는 분쟁을 말한다. 노동쟁의는 크게 두 가지 특성을 가지고 있다.

첫째, 주체의 특정성이다. 쌍방이 구체적인 노동관계를 맺고 있는 당사자여야 한다.

둘째, 내용의 제한성이다. 권리와 의무에 한정되어야 노동쟁의가 성립될 수 있다.

(1) 노동쟁의가 성립될 수 없는 경우

<최고인민법원 노동쟁의사건 심리에 대한 법률적용에 관한 몇 가지 문제의 해석>(2) 제7조 다음의 분쟁은 노동쟁의에 포함되지 않는다.

(1) 근로자가 사회보험기구에 사회보험금의 지급을 청구하는 분쟁

(2) 근로자와 고용단위의 주택제도개혁으로 인하여 발생된 공공주택 양도와 관련된 분쟁

(3) 근로자의 노동능력감정위원회의 장애등급감정결론 또는 직업병진단감정위원회의 직업병 감정결론에 대한 분쟁

(4) 가정 또는 개인과 가사 서비스업 종사자 간의 분쟁

(5) 개별 장인(匠人)과 조수 및 견습생 간의 분쟁

(6) 농촌의 도급업자와 고용인 간의 분쟁

* 2021년 1월 1일부터 해당 법률은 폐지(참고)

분쟁 주체 간 노동관계가 존재하지 않거나, 쟁의 내용에 노동권리와 노동의무가 포함되지 않는 경우 노동법의 적용을 받을 수 없다. 즉, 쌍방의 쟁의에 노동관계가 없으면 노동쟁의로 볼 수 없다.

(2) 노동쟁의가 성립되는 경우

① 고용단위와 근로자가 노동계약을 이행하는 과정에서 발생한 분쟁

② 고용단위와 근로자 간에 서면으로 노동계약을 체결하지 않았으나 이미 노동관계가 형성된 후 발생한 분쟁

③ 고용단위와 근로자의 노동관계 해지 또는 종료에 따른 경제보상금 지급으로 발생한 분쟁

④ 고용단위와 근로자가 노동계약을 해지 또는 종료한 후, 고용단위가 수취한 계약금, 보증금, 담보금, 담보물 반환을 요구하여 발생한 분쟁

⑤ 근로자의 사회보험수속을 고용단위가 처리하지 않아 근로자가 사회보험대우를 받지 못하여 고용단위에게 손실 배상을 청구하여 발생한 분쟁

⑥ 근로자가 퇴직한 후, 사회보험에 가입하지 않은 고용단위에게 근로자가 사회보험대우를 청구하여 발생한 분쟁

⑦ 근로자가 공상, 직업병으로 인하여, 고용단위에게 법에 따라 공상보험 대우를 청구하여 발생한 분쟁

⑧ 〈노동계약법〉 제85조에 따라, 근로자가 고용단위에게 경제적 보상 또는 배상을 요구하여 발생한 분쟁

⑨ 기타 기업의 일방적인 제도변경으로 발생한 분쟁

제2절 노동쟁의 처리제도

1. 조정

(1) 조정의 효력

> 〈인민 조정법〉 제33조 인민조정위원회의 조정에 의하여 조정합의가 성립된 후 양 당사자가 필요하다고 인정할 때에는 조정합의의 효력발생일로부터 30일 이내에 공동으로 인민법원에 사법확인을 청구할 수 있으며, 인민법원은 지체 없이 조정합의에 심사를 진행하여, 법에 따라 조정합의의 효력을 확인하여야 한다.
>
> 인민법원이 법에 따라 조정합의가 유효함을 확인한 경우, 한쪽 당사자가 이행을 거부하거나 전부를 이행하지 않은 경우 상대 당사자는 인민법원에 강제집행을 신청할 수 있다.
>
> 만약, 법원이 법에 따라 조정합의가 무효임을 확인한 경우, 당사자는 조정방식을 통해 원래 조정합의를 변경 혹은 새로운 조정합의를 도출하거나 인민법원에 소송을 제기할 수 있다.

조정위원회의 주관 하에 노동권리와 노동의무를 포함하여 이루어진 조정합의는 노동계약의 구속력을 가지며 인민법원 제소의 근거가 될 수 있다. 이는 조정합의에 대해 높은 강제력과 집행력을 부여한 것으로 볼 수 있다.

(2) 조정합의와 중재

<노동쟁의 조정중재법> 제15조 조정합의 체결 후 당사자 일방이 약정기한 내에 조정합의를 이행하지 않는 경우 다른 일방 당사자는 법에 따라 중재를 신청할 수 있다.

조정합의 체결 시 구속력을 갖기 때문에 쌍방은 합의 사항을 이행해야 한다. 그러나 만약 일방이 약정한 기한 내에 합의 내용을 이행하지 않으면 다른 일방은 중재를 신청할 수 있다.

법률에서 조정합의서의 내용과 형식을 명확하게 규정하고 있지는 않으나, 반드시 쌍방당사자의 기본정보, 쟁의 발생의 사유, 쌍방의 책임, 쌍방 당사자의 권리와 의무, 이행 방식, 기한 등을 포함해야 한다. 특히, 이행 기한은 반드시 명확하게 작성해야 한다.

(3) 조정합의와 지급명령의 범위

<노동쟁의 조정중재법> 제16조 임금, 공상의료비, 경제보상금 혹은 배상금 지급 등의 사항으로 조정합의가 체결되었으나 고용단위가 합의약정기간 내에 불이행할 시 근로자는 법에 따라 조정합의서를 가지고 인민법원에 지급명령을 신청할 수 있다. 인민법원은 법에 따라 지급명령을 내린다.

조정합의는 노동계약의 구속력을 가지고 있다. 그러나 고용단위가 이를 이행하지 않을 경우, 조정합의에 대한 집행력이 현저히 떨어지게 된다. 이를 방지하고 근로자의 노동권익 보호, 조정효력 및 집행속도를 강화하기 위해 근로자가 지급명령을 신청할 수 있도록 별도의 조항을 운영하고 있다.

주의할 사항은 근로자가 조정합의에 근거하여 지급명령을 신청할 수 있는 범위는 임금, 공상의료비, 경제보상금 혹은 배상금 지급 등으로 한정되어 있다. 즉 그 외의 사항에 대해서는 노동중재를 신청할 수 있으나, 지급명령을 신청할 수는 없다.

2. 중재

(1) 신청과 수리

근로자가 중재를 신청할 때에는 반드시 서면으로 피신청인의 수만큼 복사본을 포함한 중재신청서를 제출해야 한다. 중재신청서에는 근로자의 성명, 성별, 연령, 직업, 고용단위의 명칭 및 소재지, 법정대표자 혹은 주요 책임자들의 성명, 직무 등의 내용과 중재신청의 이유, 증거와 증거의 출처, 증인의 성명과 주소를 포함해야 한다. 만약 서면으로 신청하기 어려울 경우 구두로도 신청이 가능하며, 노동중재위원회의 대리인이 기록/접수하고 피신청자에게 고지한다.

노동중재위원회는 중재접수일로부터 5일 이내에 수리 조건에 부합하면 당사자에게 통보하고, 부합하지 않으면 신청인에게 서면으로 수리하지 않는 이유를 설명한다. 노동중재위원회가 신청을 수리하지 않거나 기한 내 결정을 내리지 못할 경우, 신청인은 노동쟁의 사항을 인민법원에 제소할 수 있다.

노동쟁의 중재위원회는 중재신청 수리 후, 반드시 5일 이내에 중재신청서의 복사본을 피신청인에게 송달해야 한다. 피신청인은 중재신청서를 수령한 후, 반드시 10일 내에 노동쟁의 중재위원회에 답변서를 제출해야 한다. 노동쟁의 중재위원회는 답변서를 수령한 후, 반드시 5일 이내에 답변서의 복사본을 신청인에게 송달해야 한다. 피신청인이 답변서를 제출하지 않더라도 중재절차의 진행에 영향을 주지는 않는다.

(2) 개정

노동쟁의 중재위원회는 노동쟁의 안건의 의결을 위해 중재회仲裁庭 제도를 실시한다. 중재회는 3명의 중재원으로 구성되며 수석 중재원을 둔다. 간단한 노동쟁의 안건은 1명의 중재원이 단독으로 중재할 수 있다.

중재원이 다음의 각 1항에 해당할 경우 반드시 배제해야 하며, 중재 당사자 또한 구두 또는 서면형식으로 중재원의 배제신청을 할 수 있다.

① 본 안건의 당사자 또는 대리인의 친척관계인 경우

② 본 안건과 이해관계가 있는 경우

③ 본 안건의 당사자 또는 대리인과 관계가 있어, 공정한 의결에 영향을 미칠 가능성이 있는 경우

④ 사적으로 당사자 또는 대리인을 만났거나 향응을 받은 경우

노동쟁의 중재위원회는 중재원 배제신청을 접수하면 즉시 배제여부를 결정하고, 구두 또는 서면으로 당사자에게 결과를 통보해야 한다.

중재회는 반드시 개정 5일전에 개정 일자와 장소를 서면으로 쌍방 당사자에게 통보해야 한다. 쌍방 당사자는 정당한 사유가 있을 경우, 개정 3일전에 개정의 연장을 신청할 수 있다. 개정의 연장 여부에 대해서는 노동쟁의 중재위원회에서 결정한다. 신청인이 서면통보를 받고 정당한 사유 없이 법정에 나오지 않거나, 중재회의 동의 없이 개정 중에 퇴정하는 경우, 중재신청을 철회한 것으로 본다. 피신청인이 서면통보를 받고 정당한 사유 없이 법정에 나오지 않거나, 중재회의 동의 없이 퇴정하는 경우에는 궐석 의결을 할 수 있다.

(3) 의결

중재회는 의결 전 반드시 조정 절차를 선행해야 하고, 조정을 통해 합의에 이르면 중재회는 조정서를 작성한다. 조정서에는 중재 신청 사유와 쌍방 당사자 간 합의 결과를 명기해야 한다. 조정서는 중재원의 서명을 받아 노동쟁의 중재위원회의 인장을 날인하여 쌍방 당사자에게 송달한다. 송달된 조정서는 쌍방 당사자의 서명 후에 법률적 효력이 발생된다. 조정의 실패 또는 조정서의 송달 전 일방 당사자가 번복할 경우, 중재회는 반드시 적시에 의결을 해야 한다.

중재회는 노동쟁의 안건의 의결을 중재신청 수리일로부터 45일 이내에 종료해야 한다. 안건이 복잡하여 기한의 연장이 필요할 경우, 노동쟁의 중재위원회 주임의 승인을 얻어 기한을 연장할 수 있고, 서면으로 쌍방 당사자에게 통보해야 한다. 그러나 기한의 연장은 15일을 초과할 수 없다. 기한을 넘겨서도 결정을 내리지 못할 경우, 당사자는 해당 노동쟁의 사항을 인민법원에 제소할 수 있다.

노동중재는 선행^(우선)집행 제도를 운영하고 있다. 당사자의 신청이 있을 경우, 중재회는 노동보수, 공상의료비, 경제보상 또는 배상금의 안건에 대해 선행집행 여부를 결정한다. 선행집행은 당사자 간 권리와 의무가 명확한 경우와 선행집행을 하지 않으면 신청인의 생활에 심각한 영향을 주는 경우에 한해서 진행된다.

(4) 중재의결 효력

당사자가 중재의결서 수령 후 15일 내에 중재 결과에 불복할 경우 인민법원에 제소할 수 있고, 이때 중재의 효력은 자동으로 실효된다.

(5) 일재종국―裁終局

> <노동쟁의 조정중재법> 제47조 다음의 노동쟁의는 본법에 별도로 규정되어 있는 것 외에는 중재의결이 최종 결정이고, 의결서를 작성한 날로부터 법적 효력이 발생한다.
>
> (1) 노동보수, 공상의료비, 경제적 보상 혹은 배상금의 청구, 현지 월 최저임금기준 12개월의 금액을 초과하지 않는 금액에 대한 쟁의
>
> (2) 국가가 규정하는 표준근로시간, 휴일 및 휴가, 사회보험 등의 문제로 발생한 쟁의
>
> <노동쟁의 조정중재법> 제48조 근로자는 본법 제47조에 규정된 중재의결에 대해서 불복하는 경우 중재의결서를 받은 날로부터 15일 내에 인민법원에 소송을 제기할 수 있다.
>
> <노동쟁의 조정중재법> 제49조 고용단위는 본법 제47조에 규정된 중재의결이 다음 각 호의 1에 해당하는 증거가 있을 시, 중재의결서를 받은 날로부터 30일 내에 노동쟁의 중재위원회 소

재지의 중급 인민법원에 의결 취소를 청구할 수 있다.

(1) 법률, 법규의 적용에 착오가 있는 경우

(2) 노동쟁의 중재위원회가 관할권이 없는 경우

(3) 법정절차를 위반한 경우

(4) 의결의 근거인 증거가 위조된 경우

(5) 상대방 당사자의 기망으로 공정한 판결에 영향을 준 경우

(6) 중재위원이 그 사건과 관련하여 뇌물수수, 사리추구, 왜곡된 판정을 한 경우

인민법원은 합의부를 구성하여 의결이 전항 각 호1에 해당하는 것을 확인한 경우, 그 의결을 취소한다. 중재의결이 인민법원에 의해 취소된 경우, 당사자는 의결서를 받은 날로부터 15일 내에 노동쟁의 사항에 대해 인민법원에 소송을 제기할 수 있다.

〈노동쟁의 조정중재법〉의 공표 전에는 노동중재에 일재종국(노동중재 위원회의 결정을 최종 결정으로 한다는 원칙) 제도가 없었으며, 당사자는 노동쟁의 조정위원회의 의결에 불복할 경우, 중재의결서를 받은 15일 이내에 모든 안건을 인민법원에 제소할 수 있었다. 그러나 〈노동쟁의 조정중재법〉 공표 후 해당 법률에서 규정한 상황 외에는 인민법원에 제소할 수 없도록 하고 있다.

본 법 제48조에서는 근로자에게 중재의결의 불복에 대한 제소권을 부여하였으나, 제49조에서는 고용단위에게 중재의결 취소 청구권만을 부여하였다. 즉, 일재종국의 의결사항에 대해 고용단위는 불복의 권한이 없다.

3. 소송

노동쟁의는 노동중재 결과에 불복할 경우 소송 절차를 거치게 된다. 노동쟁의 처리에서 사용하는 일재이심一裁两審제도는 소송에 앞서 반드시 중재를 거쳐야 한다는 전치주의前置主義를 규정한 것이다.

(1) 소송청구 시 요구사항 추가

노동중재 결과에 불복할 경우 근로자는 인민법원에 제소할 수 있다. 이때 근로자는 요구사항을 추가할 수 있으나, 앞선 중재의 결과에 영향을 주는 안건으로 제한되며 만약 독립적인 중재가 필요한 안건에 대해서 소송을 제기할 경우에는 '중재전치제도'에 위배되므로 별도의 노동중재를 거쳐야 한다. 이는 노동쟁의 소송에서 해당 안건 외에 추가 소송청구에 대해 제한을 둔 것이다.

(2) 입증 책임 제도

<최고인민법원 노동쟁의사건 심리에 대한 법률적용에 관한 몇 가지 문제의 해석>(1) 제13조 고용단위의 제적, 제명, 퇴직, 노동계약해지, 근로보수 삭감, 근로자의 근무연수 산정 등의 결정으로 인하여 발생한 노동쟁의는 고용단위가 입증 책임을 진다.

<노동쟁의 조정중재법> 제39조 당사자가 제공한 증거가 조사결과 사실이면, 중재회는 사실 인정의 근거로 사용한다. 고용단위가 관리하는 증거를 근로자가 제출할 방법이 없을 경우, 중재회는 고용단위에게 기간을 지정하여 그 증거를 제출할 것을 요구할 수 있다. 고용단위가 지정한 기한 내에 증거를 제출하지 않을 경우 불리한 결과에 대해 책임져야 한다.

노동쟁의 역시 민사소송의 일종이므로 '주장하는 자가 입증한다'라는 민사소송법의 기본원칙을 따라야 한다. 그러나 노동중재 및 소송 과정에서 고용단위는 우월적 지위를 이용하여 근로자에게 불평등한 조건을 수긍하도록 강요하거나 보관하고 있는 중요 증거를 제출하지 않아 근로자가 패소하는 경우가 발생하고 있다. 이 때문에 <노동쟁의 조정중재법>에서는 고용단위가 증거 제출을 거부할 경우, 이로 인해 발생하는 불이익에 대해 책임지도록 규정하였다.

제4장

징계 관리

Intro

2008년 기업 근로자 상벌 조례가 국무원의 행정법규 폐지 목록(제17호)에 포함되고 <노동계약법>이 시행되면서 근로자에 대한 징계 처분 권한이 기업에게 주어졌다. 폐지된 조례에는 포상과 징계에 대한 내용이 포함되어 있었으나, 그 내용이 구체적이지 않았다. 조례가 폐지되고 고용단위는 조직의 특성에 맞는 징계제도를 설계할 수 있는 대신, 민주적 절차를 통해 근로자의 동의를 받아야 징계의 효력이 발생되도록 하였다.

징계제도는 회사 규정을 위반한 구성원에게 재발 방지, 경각심 부여 및 계도의 수단으로 사용되고 있다. 이를 근로자에게 적용하기 위해서는 징계규정의 준법 제정이 선행되어야 하며, 실행에 있어서도 합리적 절차를 갖추어야 한다. 그러나 많은 외자기업에서 법률과 절차를 위반한 징계제도를 사용하고 있어 노동쟁의가 빈번하게 발생하고 있다. 대표적으로 한국식 징계 규정을 그대로 적용하여 문제가 발생하는 사례이다. 한국 기업의 징계는 위반 행위에 대해 포괄적으로 규정을 적용하고, 징계 등급을 결정할 때에도 반성의 여지, 회사 명예 실추에 대한 정성적 판단 등 징계권자의 주관적 판단과 해석이 처벌 수위에 상당한 영향을 미치고 있는데,

이를 중국에서 동일하게 운영하면 문제가 발생된다.

징계처분 시 주관적 해석이 반영될 경우, 노동쟁의에서 패소하여 복직 또는 경제배상금 지급의 판결을 받기도 한다. 이러한 상황을 방지하기 위해서는 국가별 법률 특성에 따라 징계 제도를 설계하고 처벌 절차를 이행해야 한다.

제1절 징계 규정 수립

1. 징계 규정의 구조화

(1) 징계 등급 설정

기업은 징계를 이행할 때 신의성실의 원칙에 따라 근로자의 규율위반 행위에 상응하는 처벌을 내려야 한다. 징계 처분은 규율 위반의 정도에 따라 3단계, 또는 4단계로 구분한다. 구체적으로 "엄중한 규율위반开除(해고), 비교적 엄중한 규율위반大记过(대기과), 일반 규율위반小记过(소기과), 가벼운 규율위반警告(서면 경고)"의 4단계로 구분하기도 한다. 이는 규율 위반의 경중에 따라서 징계 처분의 수준을 판단하기 위함이다.

(2) 징계의 가중 처벌

예를 들어 1년 이내 2급 징계 2회 일 경우, 가중처벌하여 1급 징계(해고) 한다는 내용을 포함하여, 규율 위반 인원에 대한 해고가 가능하도록 제도를 설계하고 운영해야 한다.

(3) 징계위원회의 구성

징계위원회를 구성할 때 위원장은 법인장, 상임위원은 인사팀장 및 소속 부서장, 간사는 노무관리 책임자, 공회에서는 공회주석과 규율위원이 참석하여 징계심의를 진행하도록 한다. 징계위원회의 개최와 노사 공동 심의를 통해 고용단위의 위법해고 리스크를 경감시킬 수 있다.

(4) 진술기회 부여 및 재심

징계위원회 개최 시 대상자가 진술할 수 있는 기회를 부여하고, 조사과정 중 누락되거나 추가로 보완해야 할 사항이 발견될 경우 징계위원회를 다시 개최하여 대상자가 납득할 수 있는 수준의 징계 결과를 도출하도록 한다.

징계통보서를 발송하고 본인의 서명을 받았더라도, 향후 노동쟁의 발생에 대비하여 모든 과정의 증빙을 확보하도록 한다.

2. 징계 규정 수립 시 유의 사항

(1) 구체적인 행위와 손실에 대한 정의

영국, 미국, 오스트레일리아와 같이 불문법不文法을 채택한 국가는 선언적이며 법률로 명확하게 규정되어 있지 않은 조항에 대해서도 판례나 관습법을 인정하여 법원의 재량에 따라 판단하는 경우가 많다. 그러나 중국은 성문법成文法을 채택한 국가로 기업의 징계 처분 또한 반드시 명문화된 규정을 따라야 한다. 예를 들어 법률적으로 명확하게 규정되어 있지 않은 직업윤리 등에 대해서 포괄적으로 해석할 경우, 사법기관의 지지를 받을 수 없다.

이와 같은 이유로 중국 징계제도는 행위별 징계등급이 정의되어 있다. 각 징계행위 유형이 많게는 백여개가 넘게 존재하고 신규 사건사고가 발생하면 징계규정을 보완해 나가는 방식으로 운영하고 있다.

<노동계약법> 제39조 다음 각 호의 1에 해당하는 근로자에 대해 고용단위는 노동계약을 해지할 수 있다.

(2) 고용단위의 규장제도를 심각하게 위반한 경우 (중략)

〈노동계약법〉제39조 (2)에서 고용단위의 규장제도를 심각하게 위반한 경우, 고용단위는 노동계약을 해지할 수 있다고 규정하고 있다. '심각하게 위반한 경우'라는 단서 조항이 있는데, 실제 어떠한 행동이 심각한 위반인가에 대해서는 회사가 내부 규율로 정하고 구체적으로 열거해 놓아야 한다. '심각한 위반' 행위를 정의할 때에는 일반적이고 상식적이며 근로자가 공감할 수 있는 수준이어야 한다.

[작성 사례 : 해고 요건]

1. 500CNY 이상의 회사 재산을 횡령한 경우

2. 업무상 과실로 인하여 5,000CNY 이상의 금전적 손실을 초래한 경우

3. 연속 4일 이상 무단 결근을 한 경우

4. 서류를 위조하여 휴가를 부당하게 승인 받은 경우(병가, 의료기 등)

한국과 중국의 징계 비교

구분	한국	중국
규율 위반 (예) (근무 중 컴퓨터 게임)	견책~감봉	비교적 엄중한 규율 위반(2급 징계)
양정	반성의 여지(태도), 횟수, 시간 등 징계권자의 다양한 양정 변수 고려 * 징계권자의 판단 반영	제3조 (2) 업무 시간 중 컴퓨터나 휴대기기를 이용하여 비업무 행위를 한 경우 * 기준에 따라 구체적 행위만 고려
특징	양정 범위가 넓음, 주관적	행위의 세분화, 객관적

(2) 징계 규정 내 용어 통일화

규장제도 내의 각 규정과 징계규정 간 사용 용어의 통일이 필요하다. 근로자들은 실제 규정 간 사용하는 단어·용어가 다르지만 동일한 내용임을 인지하고 있다. 그러나 징계 사안이 발생하고 노동쟁의로 이어질 경우, 규정 간 사용 단어가 일치하지 않음을 이유로 해당 규정을 적용할 수 없다고 반박하는 상황이 발생한다.

(3) 징계 범위의 설정

고용단위는 근로자에 대한 관리 범위 설정 시 노동관계와 직접적인 사항으로 한정

해야 하며 근로자의 사생활을 간섭해서는 안 된다. 그러나 고용단위는 권한을 넘어서는 규장제도를 제정하고 근로자의 사생활에 관여하여 법률 리스크에 빠지는 경우가 있다. 예를 들면 '근로자가 사회적 윤리규범을 위반하여 여론의 지탄을 받을 경우', '불법으로 운영하는 택시를 탔을 경우 해고한다'는 등의 회사생활과 무관한 규정을 운영하는 기업도 있다. 해당 행위는 근로자가 노동관계를 이행함에 있어 어떠한 영향도 주지 않으므로, 고용단위는 업무와 무관한 징계규정을 통해 근로자의 사적 권리를 침해서는 안 된다.

제2절 징계의 위법 여부

1. 공회의 동의가 없는 해고의 위법성 여부

<노동계약법> 제43조 고용단위가 일방적으로 노동계약을 해지할 경우 사전에 노동조합에 통지하여야 한다. 고용단위가 법률 기타 행정법규의 규정 또는 노동계약의 약정을 위반한 경우 노동조합은 고용단위에게 그 시정을 요구할 권리가 있다. 고용단위는 노동조합의 의견을 검토하여 그 처리결과를 서면으로 노동조합에 통지해야 한다.

고용단위 일방이 징계 규정을 통해 근로자와 노동계약을 해지할 경우 반드시 공회에 사전 통지를 해야 한다. 만약 계약해지 시 고용단위가 법률 또는 노동계약의 약정을 위반한 경우 공회는 고용단위에게 시정을 요구할 권리가 있다. 그러나 공회가 반대하더라도 규장제도와 노동계약에 근거하여 합법적으로 징계절차를 이행하면 계약해지가 가능하다. 공회의 의견 청취 절차는 반드시 이행해야 하나, 최종 결정권은 회사에 있으므로 공회가 동의하지 않는다고 징계결과 자체가 부결되지는 않는다.

2. 징계를 통한 임금조정의 합법성 [46]

근로자가 규율위반을 할 경우 고용단위는 규장제도에 근거하여 강직 및 임금조정의 처분을 하기도 한다. 이에 대해 근로자가 부당하다고 판단하여 노동중재를 신청할 경우, 고용단위는 불법 임금조정의 사유로 패소할 수 있다. 징계제도를 통해 기업은 경영자주권을 행사할 수 있으나, 그 권리가 무제한적으로 보장되지는 않는다. 근로자의 규율위반에 기인한 임금 조정은 다음의 조건에 부합되어야 합법성과 합리성을 갖춘 것으로 볼 수 있다.

징계처리 절차

징계 사건 발생
- 현장 안정화
- CCTV 보존 등 현장 증거 확보
- 증인 명단 확보

사실 조사
- 본인 면담 진행 및 위반사항 확인
- 면담기록 서명 확인
- 증인 면담, 증거확인 등 사실조사 진행

징계 양정
- 규율위반 사항의 징계규정 적용
- 징계 등급 결정
- 징계 이력 확인 및 가중처벌 여부 결정

징계위원회
- 징계위원 참석 : 고용단위 측, 공회 측 인원 참석
- 필요 시, 징계대상자 소명기회 부여
- 징계 위원회 종료 후, 공회 의견 청취 및 서명 날인
- 공회의 재심 요구 시, 재심 진행

본인통보 및
확인 서명 수취
- 징계의결 통보서 전달
- 본인서명 수취
- 수취 거부 시, 전달 사실에 대한 기록 보전
  - EMS 송달, 증인 동행 및 동영상 기록 보전 등

징계처분
- 징계 기록 보전
- 전체근로자 공시(홈페이지, 게시판 이용)
  - 단, 개인정보 공개 금지

46 陆敬波. (2015). 薪酬福利与绩效管理. 中信出版集团. (P. 71~72 劳动者违纪工资调整) 참조

① 고용단위는 징계제도를 수립해야 하며, 강직 및 감봉 처분에 대한 구체적인 규정 위반 사실을 열거해야 한다. 임금을 공제할 때에는 규율 위반의 결과로 손실이 발생되었다는 것을 명확하게 입증하고 그에 대한 배상 형식으로 임금 공제가 진행되어야 한다.

② 징계제도는 민주절차와 고지절차를 이행하고 근로자의 서면동의를 받아야 한다. 징계제도의 제정 절차에 흠결이 있을 경우 효력이 발생되지 않는다.

제5장

중국의 파업

Intro

중국 파업의 합법성 여부에 대한 견해를 살펴보면, 1978년 중국 헌법 내에 '공민은 파업의 권리를 갖는다.'라는 규정이 있었으나, 1982년 개정 시 파업의 자유권에 대한 조항을 폐지하였다. 또한 현행 노동법 및 공회법에서도 파업에 대한 근로자와 공회의 권리에 대해 명확하게 기술하지 않고 있다.

1997년 중국은 UN의 '경제, 사회 및 문화 권리에 대한 국제 규약'에 서명하였다. 이 조약의 8조에는 각 국은 노동자의 파업권을 보장해야 한다고 명시되어 있었으나, 당시 중국은 이에 대해 별다른 의견을 제시하지 않아 파업권을 인정하는 것으로 보였다. 이를 구체화하기 위해 2001년 10월 27일 '전국 인민 대표 대회 상무 위원회'에서 공회법을 수정하였으며 기업 및 사업 단위에서 조업정지, 태업이 발생되었을 때는 공회가 반드시 대표가 되어 기업 및 사업 단위와 협상해야 하며, 이때 근로자의 의견을 반영해야 한다고 규정하였다.(공회법 제27조) 이 규정에 따라 지난 몇 년 동안 기업의 파업은 공회법에 따라 평등 협상을 통해 해결하고 있는 양상을 보였다. 특이할 만한 점은 중국은 국가 법률로 파업권을 부여하고 있지 않으나, 국제적으로는 파업권을 인정하고 있는 모순적인 상황이다. 해석 마다 차이가 있으나 파업의 금지 조항 또한 없으니, 불법이 아니라는 견해도 있다.

중국은 매년 끊임없이 크고 작은 파업이 발생하고 있다. 기업 측면에서 파업 이후의 대책 마련도 중요하나, 발생 전 준비를 통해 예방하는 것이 훨씬 더 중요하다. 파업 예방 체계를 갖추기 위해서는 중장기적 관점에서의 준비가 필요하다. 일반적으로 파업이 발생되면 기업은 단발성 압력, 화해, 지위를 이용한 압박 방식으로 해결하고 있는데, 이는 근시안적이며 단순 비용 절감을 위한 방법일 뿐이다. 우리는 어떻게 하면 끊임없이 근로자들에게 동기 부여하고, 개별적인 고충을 해결하며 근본적으로 기업의 경쟁력을 키울 것인지에 대한 고민을 해야 한다.

한편 '기업은 이윤 추구 극대화, 근로자와는 이윤 분배 공정성을 확보'해야 하는 모순을 안고 있는 개체이다. 파업에는 많은 원인이 존재하고, 그 특성도 쉽게 정의하기는 힘들다. 그러나 어떻게 준비하고 대응하는가에 따라 피해를 최소화할 수 있다. 파업은 생산과 운영에 직접적이고 막대한 손실을 입힐 뿐만 아니라, 파업 종료 후에도 근로자와 기업의 잠재적 갈등의 원인이 될 수 있다. 파업은 예측과 예방을 통해 선제 대응하는 것이 가장 중요하다.

제1절 노동환경 시나리오 및 파업의 특징

1. 중국 노동환경 영향 요인 및 시나리오[47]

(1) 공회 역할에 대한 중국정부와 기업의 인식 변화

공회법을 보면 중국 노동정책의 방향을 알 수 있다. 노동문제는 공회를 통해 노사 간 자율적으로 해결할 것을 권장하고 있으며, 과거와 같이 국가가 공권력으로 노동계층의 불만을 통제하는 것에 한계가 있음을 인식하고 있다. 이 때문에 중국 정부는 기

---

47 권혁재, 이정일. (2011). "중국 노동환경 변화와 기업의 대응전략." 삼성글로벌리서치. (P.30~31) 발췌

업의 공회 가입율을 높이기 위해 공회 설립 및 공회준비금 납부 요구 등의 활동을 지속하고 있다. 앞으로도 공회는 근로자의 노동권익 향상을 위한 대표기구로서의 역할이 꾸준히 강화될 것이므로, 기업은 공회가 노사관계의 주체로서 활동할 수 있도록 그 지위를 인정하고 지원해야 할 필요가 있다.

(2) 정부통제력과 노동운동에 따른 노동환경 변화 시나리오

중국 노동환경 변화를 예측하기 위해 정치·경제·제도 등의 사회적 요인을 고려하여, 노사관계의 핵심 변인을 정부의 통제력과 노동운동 강도 두 가지로 설정하였다.

① 정부의 통제력은 공산당이 집권당으로서 정부, 군, 경찰 등의 공권력을 장악하는 능력, 각종 제도와 정책의 입안과 집행력, 언론 및 선전 등 각종 활동을 통한 이데올로기적 영향력, 공회를 통한 노동자에 대한 영향력의 정도를 의미한다.

② 노동운동은 공회 이외의 와일드 캣 스트라이크Wildcat Strike, 반정부 성향의 시위, 독립노조 설립운동 등 광의의 비제도적 노동운동을 총칭하며, 노동운동의 강도는 정부의 영향력에 반하는 집단적 행동과 조직의 힘을 지칭한다.

1) 시나리오 1은 강력한 공권력에 의해 노동운동이 효과적으로 관리되는 상황을 지칭한다. 정치 안정과 경제 성장을 달성하고 당의 지도를 받는 공회의 활동이 기층

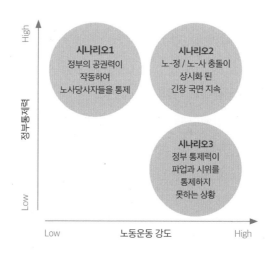

기업까지 순조롭게 확대되어 노동자에 대한 당과 정부의 통제력이 유지된다. 단, 이 단계에서도 독립노조 설립이나 반정부 시위 등이 발생할 수 있으나, 전국적으로 영향을 미치지는 못하는 상황이다.

2) 시나리오 2는 강력한 공권력에 강력한 노동운동이 맞서는 형국으로 중장기적으로 분쟁 발생가능성을 배제할 수 없는 상황이다. 분배구조 및 구조조정이 완결되지 못한 채 양극화로 인한 인민들의 강력한 반발이 지속적으로 발생하고, 공회와 독립노조 등 기층 노동자 간 대립과 경쟁도 심화된다. 특히 소득재분배, 임금조례 및 호구제도 개선 등 기득권층의 이해조정이 필요한 사안에서 개혁이 지지부진하여 중국경제가 균형발전이 아니라 성장을 위해 분배를 희생하는 상황이 반복됨에 따라 정치적 혼란과 정책 실패 등 과거 중남미 국가와 같은 개도국의 함정에 빠질 소지가 높다.

3) 시나리오 3은 정부가 노동운동을 통제하기 어려운 상황을 가리키는 것이나 현 단계에서는 발생 가능성이 매우 낮다. 정치권이 분열되어 공권력이 약화된 상황에서 경제 개혁마저 사실상 실패하고, 부정부패와 양극화에 대한 인민들의 항의가 전국적인 반체제 운동으로 확대되는 상황으로 볼 수 있으며, 이 단계에서는 공회 기능이 무력화되고, 반외자 정서가 확대되어 외자기업이 공격받거나, 이로 인해 기업이 탈출하는 경우도 발생한다.

2. 중국 파업의 특징

(1) 와일드 캣 스트라이크Wildcat Strike

한국어로는 '살쾡이 파업'이며 Wildcat Strike는 노동조합의 허가 없이 노동자들의 일부가 비공인 파업을 하는 것을 의미한다. 살쾡이 파업은 1968년 프랑스의 5월 혁명(68혁명)에서 주로 사용된 투쟁 방식이다. 1968년 3월 프랑스 파리에서 베트남전 반대를 외치며 아메리칸 익스프레스 사무실을 습격한 8명의 학생이 전원 체포를 당하자 이들의 석방을 요구하며 학장실을 점거하면서 시작되었고, 정부가 학생들의 요구를 묵살하자 대학생과 경찰이 대치하고 TV로 생중계되어 국민들의 지지를 받은 혁명이다. 이는 개인의 삶에 대한 국가 권력의 간섭과 통제를 거부하는 혁명으로 주동자가 없다는 특징이 있다. 한국에서 Wildcat Strike는 〈노동조합 및 노동관계조정법〉 제37조에 금지 규정으로 명문화되어 있다. 현행법상 적어도 노동조합이 결성된 사업장에서 쟁의 행위가 형사상 책임이 면제되는 정당행위가 되기 위해서는 반드시 그 쟁의행위의 주체가 단체교섭이나 단체협약을 체결할 능력이 있는 노동조합일 것을 요구하고, 노동조합의 승인없이 쟁의행위를 하는 경우에는 형사상 책임이 면제되지 않는다고 판결하며 Wildcat Strike를 금지하고 있다. (위키, 네이버 지식백과)

그러나 중국의 경우 실질적으로 파업에 대한 법적인 자유권이 보장되지 않는 상황이며, 근로자는 공회와 파업에 대한 협의를 할 수도 없는 노동 환경 구조로 Wildcat Strike는 중국의 파업을 설명하는 가장 적절한 용어라고 할 수 있다. 중국의 파업은 기습적인 형태로 동시 다발적으로 전개되고 내부에 집행부를 구성하지 않으며 익명성을 갖는다는 점이 가장 큰 특징이다. 구체적으로 다음의 특징을 갖는다.

① 파업에 대한 사전 예측성이 낮음
② 배후 인원 및 집행부 인원에 대한 확인이 어려움
③ 교섭 대표자(협상 주체 선정) 요청에 대한 미대응("우리 모두가 교섭 대표자이다.")
④ 학습 효과에 따른 추가 파업 가능성
⑤ 교섭 타결 조건이 만족스럽지 못할 경우, 별도 조직을 구성하여 재파업 할 가능성이 높음
⑥ SNS를 통한 빠른 집단화

(2) 담장 안 파업

'담장 안 파업'은 파업이 발생되더라도 기업의 담장 안에서 해결하라는 의미이다. 파업이 공장 내에 국한될 경우 묵인하고, 공장을 넘어 사회의 안전에 영향을 줄 경우에만 개입하겠다는 의미로 볼 수 있다. 이는 결과적으로 근로자의 임금, 복리후생 등

노동처우에 대한 불만이 사회로 확산되는 것을 방지하고, 동시에 파업을 통해 근로자의 불만이 해소되는 효과를 기대하는 것이다.

정부기관의 입장에서는 지불 능력이 충분하다고 판단되는 외자기업의 경제적 지출을 통해 인민의 삶을 풍요롭게 할 수 있는데, 공권력이 나서서 방해할 필요가 없을 것이다.

중국인들은 체면을 중시한다. 대관을 하다 보면 앞에서는 모든 것을 다 해줄 것처럼 이야기한다. 하지만 이행 가능성은 듣는 사람이 판단해야 할 몫이다. 이제는 대관의 목적이 변해야 한다. 외자 기업의 대관 활동은 피해를 입지 않기 위해서지 도움을 받기 위해서가 아니다.

정부기관의 입장에 대한 견해의 차이가 있을 수 있으나, 기업 활동이 파업으로 인해 돌이킬 수 없을 정도의 피해를 입기 전까지 공권력의 개입은 없을 것이며, 담장 안 파업은 유지될 것이다. 즉, 근로자의 담장 안 파업을 통한 불만 표출은 묵인하고, 인민의 소득향상 책임을 기업에게 전가할 것이다.

(3) 연쇄파업

파업은 근로자들 간의 학습 및 전이가 매우 빠르다. 클러스터Cluster 내 특정 사업장에서 파업이 일어나면 동일한 이슈로 연쇄파업이 발생되기도 한다. 이는 기업의 임금 및 복리후생 기준이 Cluster 내에서 비슷하게 결정되기 때문이다. 예를 들어 동종·유사 업종의 기업이 연말성과급을 전년 대비 상향조정하여 지급할 경우, Cluster 내 타기업에서 노무 이슈가 발생되기도 한다. 파업은 들불처럼 번지는 특징이 있으므로 노경 동향을 정확히 파악해야 한다. 아울러, 지역 내 HR 담당자들은 주요 의사결정 전 주변 기업과의 소통하여 공동 대응방안을 마련해야 한다. 특히 중국의 경우, 춘절기간을 전후하여 근로자들의 보상 민감도가 높아지는 점을 고려하여 지역협의체를 활성화하고 정기적인 교류를 해야 한다.

파업의 원인과 대응 방안

1. 파업의 주요 원인

어떤 기업도 파업을 원하지 않는다. 파업이 발생되면 생산성에 직접적인 손실을 입게 될 뿐만 아니라, 구성원과 경영층 간의 신뢰관계에도 큰 타격을 받게 된다.

건전한 노사관계를 위해서 근로자는 파업을 목표달성의 직접적인 수단으로 활용해서는 안 되며, 기업에 처우개선 요구를 위한 압박과 잠재 리스크를 암시하는 수단으로만 활용해야 한다. 결과적으로 어떠한 이유에서도 파업은 발생되면 안 된다.

만약 기업이 일회성 실력행사로 파업을 억제할 경우 2차 파업, N차 파업으로 이어질 수 있음을 명심해야 한다. 이를 방지하기 위해서 기업은 중장기적 관점에서 근로자의 요구사항을 성실하게 청취하고 실리를 따져 합리적으로 대응해야 한다.

파업은 어떠한 형태로든 일단 발생하면 엄청난 생산 효율을 상실한다는 것을 누구나 알고 있다. 파업은 돌발성, 다차성, 무질서, 자발성 등의 다양한 성격을 띄고 있다. 중국의 파업이 왜 발생하는지, 주요 원인은 무엇인지에 대해 생각해 볼 필요가 있다.

첫째, 소득과 실질 생활 물가 사이의 차이에서 나타나는 상실감이다. 중국은 금융위기 상황 속에서도 약 8% 이상의 경제 성장률을 달성하였다. 경제와 사회구조가 성장할수록 소비자 물가 및 서비스 물가는 동반 상승하게 되어 있다. 그러나 덩샤오핑 邓小平의 선부론先富論[48] 도입의 목적과 다르게 대다수 근로자들은 경제성장의 수확을 나눠 갖지 못하였다.

예를 들어 제조업 기본급 산정의 기준이 되는 최저임금을 보더라도 산동성 1급지의

---

[48] 일부가 먼저 부유해진 뒤 이를 확산한다는 이론. 덩샤오핑의 이론은 중국을 미국과 패권을 겨루는 G2의 쌍두마차로, '세계의 공장'으로 부상시켰다. 중국의 '선부론'은 먼저 동쪽의 특구와 해안 지역부터 부유해지고 이어 서부와 내륙이 따라간다는 것으로, 1978년 개혁과 개방 이후 중국 경제정책의 핵심 논리였다. (매일경제)

최저임금 인상 수준은 `19년 1,910CNY에서 `21년 2,100CNY로 2년간 190CNY(9.9%) 상승하는 데에 그쳤다. 생활물가 압박을 느낀 근로자들이 이에 대한 원인을 임금 및 처우에 대한 불공정이라고 판단하게 되면, 개별적 불만이 집단적 이슈가 되어 파업으로 이어지는 현상이 나타나게 된다.

둘째, 경제 성장을 위한 친親기업적 정책 이행과 집단적 노사관계 체계의 낙후이다. 중국은 법률상 파업 자유권을 인정하지 않고, 〈노동법〉, 〈공회법〉 등을 통하여 공회의 감시 권리와 협상 권리를 강조하고 있다.

공회가 근로자 권익 향상에 적극적이지 않거나 대표성이 없다면, 법적으로 근로자의 권익을 보장할 수 있는 통로가 없다고도 볼 수 있다. 법률적으로 근로자의 권익과 관련된 사항은 공회와 협의하도록 명시되어 있을 뿐, 실제 중국 내 기업은 노사 협의체, 근로자 지원 프로그램Employee Assistance Program 운영 등 근로자들의 노동권 보호, 복리후생 향상을 위한 제도적 장치가 부족하며, 적극적인 요구사항을 표출할 수 있는 통로가 보장되어 있지 않은 상태이다. 아울러 거시적인 국가 경제성장을 위해 기업에 대한 감시와 개선에 대한 집행이 약화된 부분도 적지 않다. 이와 같이 대내외 요인으로 근로자의 불만이 고조될 경우 파업으로 이어질 가능성도 높다.

기업 스스로 국가 차원의 집단 노사관계 체계와 경제성장 정책의 취약점을 개선할 수는 없다. 그러나 기업은 중국의 노사 관계체계 및 경제성장의 현실을 반영하여, 해결 가능한 문제에 대해 끊임없는 노력과 관심을 기울여야 한다.

셋째, 신세대 산업 근로자의 높은 권리 의식이다. 중국인민대학교 창카이Chang Kai 교수는 신세대 산업 근로자(빠링허우, 지우링허우)의 높은 권리의식이 파업에 주는 영향이 크다는 점을 강조했다. 이들은 기존 세대보다 더 높은 권력의식, 집단의식, 행동의식을 갖고 있으며 1세대 농민공보다 교육수준, 도시문화 수용 정도, 자기실현에 대한 욕구, 공정한 이익분배에 대한 기대가 높다고 하였다.

이들은 신분상으로는 1세대 농민공과 동일한 농민공이나, 구세대는 스스로 변화를 통해 기업 가치에 부응하려고 노력한 반면, 신세대는 본인의 생각을 관철시키기 위해 파업이라는 보다 효율적이고 신속한 방법을 선택한다는 점을 직시해야 한다고 말하고 있다.

[파업의 주요 원인]

① 임금 인상 불만, 성과급 불만

② 직군별/직무별 차별적인 임금 인상

③ 임금 지불 지연, 수당 조정, 잔업/특근 감소

④ 생산량 급증에 따른 교대제 변경, 장시간 지속 근로에 따른 피로도 증가

⑤ 물동 감소에 따른 생산 라인의 재배치 불만

⑥ 외국인 관리자와의 정치/경제/사회 문제 이견에 따른 민족/국가 갈등

⑦ 기업의 합병/이전에 따른 경제보상금 협상

⑧ 사회보험 및 주방공적금 납입 비율 조정, 규장제도 및 수당제도 등의 불이익 변경에 따른 이익 침해

⑨ 식사 불만, 기숙사 생활 환경 열악

⑩ 코로나 19 기인 생산량 급감, 제한 송전 등의 사유로 인한 무급 조업 정지 실시

2. 파업 예방 활동

(1) 합리적, 합법적 노무관리 시스템 구축[49]

근로자의 권익 향상 요구가 높아지고 법과 제도가 정비되어 갈수록 근로관계의 합리성과 합법성이 강조된다. 동시에 경제성장과 사회제도의 성숙에 따른 기업경영 투명성 확보에 대한 사회적 요구가 증가하고, 기업의 문제가 외부화될 리스크도 존재한다. 글로벌 공급망에 참여하는 기업일수록 언론이나 사회의 관심이 높고 사소한 문제도 사회적으로 이슈화될 가능성이 있으므로 유의해야 한다.

---

49 권혁재, 이정일. (2011). "중국 노동환경 변화와 기업의 대응전략." 삼성글로벌리서치. (P34~35)

아울러 기업의 성과에 대해서 근로자와 소통하고 공정한 배분시스템을 구축하도록 노력해야 한다. 기업의 성장속도가 빨라졌는데 성과배분이 따라가지 못할 경우, 근로자의 상대적 박탈감은 심화된다. 적절한 성과분배 프로그램을 운영하여 기업의 성과를 함께 공유하는 문화를 조성해야 한다.

(2) 사내규정의 완비를 통한 통제 실시

법률적으로 중국 근로자는 파업의 자유를 보장받지 못한다. 이 때문에 기업은 내부 관리를 강화하여 근로자의 파업 징후를 통제해야 한다. 기업은 〈노동계약법〉 제39조에 근거하여 징계규정 내에 파업 유도 및 시도를 '엄중 규율 위반 ^(해고 요건)'으로 정의하고, 이에 해당할 경우 계약해지를 진행하여 파업 리스크를 관리할 필요가 있다.

(3) 공회의 역할 강화와 파트너십 확보

공회는 노동 조건 준수, 처우 협의, 노동 관련 분쟁 등의 감시 및 협상의 자격을 갖는 조직이다. 공회는 회사와 대립 관계가 될 수도 있고, 사업 정책 방향을 이해하고 지원하는 동반자 관계가 될 수도 있다. 후자의 경우 공회의 역할을 강화하여 대표성이 있는 조직으로 육성하도록 한다. 이후 공회를 통해 근로자와 간담회를 진행하고, 여러 가지 문제 해결을 할 수 있도록 지원하면서 파트너십을 구축해야 한다.

(4) 신세대 근로자의 성향 고려

신세대 근로자는 기숙사, 에어컨, 인터넷 속도, 휴게 시설 등 생활 환경의 만족도가 기업의 이미지와 인지도보다 중요한 실용주의 세대이다. 이들은 꾸준한 소통과 이해를 기반으로 쌍방의 이해관계를 절충하는 과정을 중시하므로, 정기적으로 경영환경, 근로 조건의 변화 등에 대한 소통 기회를 마련해야 한다.

(5) 지역협의회 운영 및 글로벌 HR전문가 육성

중국은 '개발구开发区'라는 클러스터Cluster를 조성하여 기업들을 유치한다. 여러 기업이 집중적으로 배치되어 있는 환경에서 한 기업의 문제는 Cluster 전체의 문제로 확대될 가능성이 매우 높다. 이 때문에 각 기업의 HR담당자들은 지역협의회를 통해 정기적인 노사 관계 이슈를 논의하고 예방활동을 진행해야 한다.

아울러 사업의 안정성을 지속적으로 유지하기 위해서는 단기적인 성과 중심의 시각에서 벗어나 현지 노사관계 전문가를 체계적으로 양성하여 전략적인 대응체계를 구축하는 노력이 필요하다. 향후 사업의 불안정성에 따른 공장 이전이나 사업 축소 등의 활동이 필요할 때 노사관계 전문가가 준비되지 않은 기업은 파업과 태업 등 노무 이슈가 발생될 수 있다.

(6) 컨틴전시 플랜Contingency Plan (CP) 및 대관업무 진행Government Relationship (GR)

CP는 다양한 노사 간 이슈를 대비할 수 있도록 대응 프로세스, 본사와 법인의 조직별 역할, 비상연락망 등을 포함하여 구체적으로 작성한다. 동시에 평소 주요 정부 기관과 네트워크Network를 형성하여 노동계 동향, 주변 기업의 노사 이슈, 파업 추세 등을 파악하고, 회사 내 문제 발생 시 적극적으로 지원할 수 있도록 우호적 관계를 형성한다.

3. 파업 대응 방안

1) 컨틴전시 플랜에 따른 태스크 포스Task Force 구성

조직 내부에서는 HR, 법무, 홍보, IT, 보안 담당자를 포함한 전문 인력을 구성하고, 외부 인원은 외자 기업 및 지역적 특성에 대한 이해도가 높고 협상능력이 탁월한 변호사를 선임한다.

2) 주요 생산 시설 보호 및 경비 강화

파업 종료 후, 생산 재개를 위해 생산 시설 보호 및 경비 강화를 최우선으로 한다.

방화벽, 격벽 등의 시설이 있을 경우 근로자와 생산 시설이 분리되도록 한다. 파업 종료 후 파업 가담자에게 재산 손괴, 생산 경영시설 파괴 등 불법 행위의 법률적 책임을 추궁할 수 있으나, 무엇보다도 생산 시설 복구에 상당 시간이 소요되므로 반드시 생산 시설 보호가 우선되어야 한다. 동시에 중요 문건을 이동하여 보존하도록 한다.

3) 파업 가담자 파악 및 증거 보존

파업 참여자에게 노출되지 않도록 주의하며 CCTV, 단체 대화방의 대화 내용, 사진 등의 증거를 확보하도록 한다. 이는 향후 파업 주동자 색출, 파업 종료 후 손해배상 소송 등을 진행하기 위해 필요한 자료이다. 파업 발생이 발생하면 생각하지 못하는 부분이므로, CP에 따라 대응할 수 있는 인원을 확보하도록 한다.

4) 협상 대표자 선정 요구

공회 및 중국인 관리자를 통해서 협상 대표자 선정을 요구한다. 향후 보복을 우려하여 대표자 선정을 거부할 경우, 서면으로 요구 사항을 전달할 수 있도록 한다.

5) 요구 사항 검토 및 회사 결정 방안 작성

근로자의 요구 사항을 근거로 타 기업 사례, 향후 회사 경영의 영향도 등을 고려하여 의사 결정을 하도록 한다. '조업 재개가 우선일 경우' 일부 손실이 있더라도 빠르게 타결하는 것이 이상적이다. 그러나, 손실을 감안하더라도 '재발 방지에 대한 의지가 높을 경우', '전반적 상황이 기업에 유리한 경우' 내부 기준에 따라 강경 대응을 결정하도록 한다. 이때 노사관계 전문가와 협의하여 협의문을 작성하고, 최고 의사결정자의 승인을 받도록 한다.

6) 파업 수습 작업 진행

파업이 종료된 후, 기업은 재발 방지를 위한 대책을 마련해야 한다. 파업의 근본 원인을 파악하고 예방을 위한 전략과 대응방안을 검토하도록 한다. 아울러 파업 주동자가 발견되었을 경우, 연장근로 승인 거부, 휴게시간의 엄격한 적용 등 내부 기준을 통해 압박하여 퇴직할 수 있도록 한다. 또한 증거 자료를 통해 회사의 재산을 손괴한 인원은 취업규칙을 통해 징계처리를 하고, 동시에 민사소송을 통해 손해배상을 청구하도록 한다.

7) 내부 수습이 불가능한 경우

폭력 사태가 지속되고 주재원에 대한 신변 위협이 감지될 경우, 즉시 공안에 신고하여 보호 요청을 하도록 한다. 협상 장기화로 인한 교착 상태가 지속될 경우, 총공회 또는 관리위원회의 도움을 재차 요청한다. 그러나 현재의 노동환경을 비추어 봤을 때, 정부 측에서는 근로자 요구 사항을 수락할 것을 기업에 권고하고 정부 인원이 대표로 협상을 마무리할 가능성이 높다.

제6장

사업장 다운사이징 및 클로징

Intro

노동 환경의 악화, 사업전략 변화, 고객의 요구 등으로 각국에서 사업의 다운사이징, 기업의 이전·철수가 빈번하게 발생하고 있다. 이 때문에 다운사이징Down Sizing 및 출구전략Exit Strategy을 합법적이고 구체적으로 수립하여 기업의 손실을 최소화해야 하는 임무가 HR조직에게 부여된다.

HR 담당자들은 그 중 가장 불안정성이 높은 '사람'에 관한 리스크 관리 역할을 수행해야 한다. 그렇기 때문에 다양한 상황들을 예측하고, 깊이 있게 대응 방법을 연구해야 한다.

글로벌 환경을 경험하지 못한 경영진의 경우 국내의 사업환경과 비교하여 잘못된 의사 결정을 내리는 경우도 종종 발생한다. 또한 해외경험이 풍부한 관리자도 사업의 축소와 철수는 쉽게 경험할 수 있는 영역이 아니기 때문에 이행 과정 중에 예측하지 못한 상황이 발생되면 당황하여 이행원칙을 유지하지 못하는 오류를 범하기도 한다.

기업의 구조조정은 HR관리에서 리스크가 큰 영역 중 하나이다. 성공적인 구조조정을 위해서는 대내외 환경 분석 및 사전 준비 과정 등을 고려한 이행원칙을 수립해야 하며, 다양한 예상 리스크를 분석하여 대응 방법을 포함한 시나리오를 작성해야 한다. 아울러, 어쩔 수 없이 회사를 떠나야 하는 근로자를 위한 정감관리 프로그램을 운영하고, 회사에 남아 새롭게 시작해야 하는 근로자에게 비전을 제시할 수 있도록 노력해야 한다.

성공적인 HR운영의 핵심요소는 소통이다. HR 담당자가 아무리 훌륭한 사업관점의 전략을 수립하였다 하더라도, 근로자의 정서를 헤아리지 못한다면 절반의 성공도 거두지 못하게 된다. 모든 준비과정은 '사람'에 대한 이해가 바탕이 되어야 한다. 기업의 역량 내에서 근로자를 위해 제공할 수 있는 다양한 옵션을 세심하게 준비한 후 소통해야 한다.

다운사이징과 클로징과 같은 구조조정은 사업주와 근로자 모두의 이해관계가 첨예하게 대립하는 문제이다. HR 담당자는 경영진과 근로자 사이에서 이행원칙이 잘 유지될 수 있도록 중재자 역할을 수행해야 한다.

제1절 **사전 준비**

1. 태스크포스Task Force 구성 및 리스크Risk 분석

(1) 내부 전문 인원 선정

다운사이징 및 클로징 관련 법무, 노무, 인사, IT, 보안, 홍보 등 필요 인력의 상근 및 비상근 인력을 지정해야 한다. HR 단독으로 진행할 경우 다양한 리스크 분석이 어려울 수 있으며, HR 중심의 전략 수립으로 인하여 향후 부서 간 협업에 문제가 발생할 수 있다. 내부 인원 선정 후 조직도를 작성하여 본사 기능별 조직에 대한 구체적인 역할과 책임을 정의하고 합의하도록 한다.

(2) 비상계획Contingency Plan 및 대응 시뮬레이션Simulation 작성

근로자의 집단화, 개인 돌발 행동, 언론 노출, 소송 등 구체적인 리스크를 작성하도록 하며, 이에 대한 상황별 대응방안을 수립하도록 한다. 아울러, 주요 생산 시설의 보호, 영업 기밀의 보호, 안전강화Patrol 활동 등에 대한 구체적인 방법, 동선 등을 시뮬레이션으로 구체화한다. 예를 들어 상황별 대응 전략 수립은 다수 인원의 근무지 이탈, 태업 발생, 파업 발생, 피켓 시위 발생 등으로 분류하고 기능 부서별로 구체적인 대응 전략을 수립한 후 TF에서 함께 논의하여 초안을 확정하도록 한다.

(3) 사전 리스크 항목 및 위험도 측정

최대한 예측 가능한 항목들을 정리하여, 리스크 수준 및 발생 가능성을 정성적으로 측정하고 대응 부서 및 대응 내용을 작성해 보도록 한다. 이때 다양한 상황들을 예측하고, 유사한 노무 이슈 발생 이력이 있을 경우, 해당 내용을 참고하는 것도 좋은 방법이다.

리스크 항목 도출 방법

구분	내용	리스크 수준	가능성	대응부서	대응내용
파업	작업장 이탈, 세력화, 출근 후 조업 거부 등	상	하	본사 인사/법인	CP실행
태업	고의 생산 차질	상	하	본사 인사/법인	
집회	노동조합 및 근로자 집단 항의 집회	상	중	본사 인사/법인	
집단 장기 휴가	5근무일 이상의 단체 휴가 사용	하	중	법인 인사	휴가 불승인
피케팅	사내외 피케팅 시위를 통한 이미지 손상 유도	중	상	법무	언론 통제/해산 요청
소송	구조조정의 불법성, 대상자 선정의 불합리 등에 대해 소송 진행	중	중	법무	소송 대응
고의 병가	고의 병가 사용으로 계약 해지 기간 연장	중	중	법인 인사	병가 불승인

2. 전문가 그룹 검토

(1) 내부 검토

해당 국가의 노동관계 법률 확인이 선행되어야 한다. 전문 변호사를 선임하더라도 구체적인 고용 및 해고, 인력효율화와 관련된 내부 구성원의 이해도가 높아야 실행전략의 적합성을 판단할 수 있다.

(2) 외부 검토

노동관계 전문변호사를 확보하도록 한다. 인원규모, 영향도, 노무 리스크 등을 고려하여 본사와 현지의 전문변호사가 전략을 수립할 수 있도록 지원한다.

태스크포스 조직 구성

```
                    ┌──────────┐
                    │   CEO    │
                    └──────────┘
                    ┌──────────┐
                    │   CHO    │
                    └──────────┘
                    ┌──────────┐
                    │ 노경 부문장 │
                    └──────────┘
                    ┌──────────┐
                    │  TF 리더  │
                    └──────────┘
```

내부 전문가	법인장	외부 전문가
홍보	노경	현지 변호사
보안	인사	자문역
법무	IT/보안	

국내 지원　　　　　　　　　　　현지 지원

제2절　대내외 소통 및 모니터링

1. 지역 협의체 소통 진행

국내 기업의 해외진출 시 동반 기업이 동일 클러스터Cluster 내에 함께 진출하는 경우가 많다. 기업의 설립과 폐업, 인력효율화 등은 이행 시점에 차이가 있지만 동반 진출 기업도 함께 겪어야 할 중대한 사건이다. 선행 기업은 지불 능력이 충분하여 노사

갈등 없이 사업 이슈를 해결하였다 하더라도, 동반 기업의 현금 흐름, 지불 능력 등이 다를 수 있으므로 반드시 지역 협의체를 통해서 사전에 의견을 청취해야 한다. 이 과정을 거치지 않을 경우, 동반 기업의 노사 이슈로 확대되어 태업, 파업, 조업정지 등의 문제가 발생될 수도 있다.

2. 대내외 동향 파악

(1) 노동조합 컨센서스Consensus 진행

노동조합은 회사의 경영 정보를 빠르고 정확하게 파악한다. 여러 가지 루머가 확산되기 전 노동조합과 사전에 소통해야 향후 의사결정 과정에서 배제되었다는 인식을 갖지 않게 할 수 있다. 노동조합을 경영 파트너로 인정하였다고 인식될 수 있도록 지속적인 소통을 진행하도록 한다.

(2) 근로자 동향 파악

노동조합과 소통이 진행되었다고 하더라도, 근로자들이 생각하는 근로 안정성, 보상 규모 등은 개인별 요구 수준이 다를 수 있다. 근로자와 소통을 강화하고 다양한 채널을 운영하여 의견을 청취해야 한다. 특히 오피니언 리더Opinion Leader는 근로자의 의견을 듣고 기업에 가감 없이 피드백하므로 정보 취합 및 소통채널로 활용하는 방법도 고려해 볼 필요가 있다.

(3) 미디어 모니터링Media Monitoring

지역 신문 및 언론 매체의 보도 내용을 확인해야 한다. 잘못된 정보에 대해서는 적극적으로 정정 보도를 요청하고, 기업의 공식적인 입장이 아닐 경우 삭제를 요구하여 잘못된 내용이 전파되지 않도록 본사 차원의 노력을 기울여야 한다.

1. 구조조정의 방법의 선택

(1) 일시적 구조조정

사업장 철수 시점에 제품 생산 이슈가 없을 경우, 일시적인 구조조정 방법을 선택할 수 있다. 구조조정은 최대한 빠르게 완료하는 것이 좋다. 구체적인 철수 시점 공개와 보상 협의가 짧은 간격으로 이루어져야 하므로 최대한 합리적인 조건을 제시하여 이행기간을 단축하도록 한다.

(2) 순차적 구조조정

사업장 철수를 전제로 한 인력 효율화가 필요할 경우 순차적 구조조정 방법을 사용한다. 이 방식은 인력효율화 기간이 비교적 길며 생산을 병행해야 한다는 점에서 일시적 구조조정보다 난이도가 높다.

차수별 구조조정 대상자 선발과 생산 인력에 대한 리텐션Retention 활동이 동시에 진행되어야 하며, 퇴직 예정인원의 업무 집중도 저하, 보상금 불만에 따른 집단 이슈화 등 전반적으로 고려해야 할 사항이 많은 구조조정 방식이다. 주의할 사항은 구조조정 대상자의 차수별 보상액이 다르게 지급될 경우, 기 퇴직 인원들의 추가 보상 요구 가능성이 높으므로 최종 보상 수준 결정 후 중간 변경없이 이행해야 한다.

2. 대상자 선정

(1) 조직별 필요 인원 선정

일시적/순차적 구조조정 모두 사업장 철수 시점까지 조직별 최소 필요 인원이 구성되어야 한다. 법인의 재무적 청산 절차까지 고려해야 하므로, 추가 인센티브Incentive

를 제공하더라도 조직 충성도^{Loyalty}가 강한 인원으로 선발하도록 해야 한다. 아울러 조직별, 시기별 생산 필요 인원수를 정확하게 판단해야 구조조정 중에 충원해야 하는 상황이 발생되지 않는다.

(2) 대상자 선정

일부 인력을 감원해야 할 경우, 일반적으로 근속과 인사 평가 등의 요소를 반영한 매트릭스^{Matrix}를 구성하여 대상 인원을 선정하도록 한다. 다만, 여성, 임산부, 장애인 등 사회적 약자라고 판단되는 인원을 구조조정의 우선 대상자로 선정할 경우, 모성보호 및 노동인권 문제로 확대될 가능성이 높으므로 주의해야 한다.

구조조정 대상자 선정 매트릭스

2020년 평가	Leadership/Followship평가	근속(5~10년 선호)	최종 평균 Point	고려 대상
S (5점)	91~100점(5점)	5~10년(5점)	3.01~5.0	고용유지
A (4점)	86~90점(4점)	3~5년, 10~13년(4점)		
B (3점)	81~85점(3점)	14~15년(3점)	3.0	조직별 TO에 따름
C (2점)	76~80점(2점)	16~19년(2점)	3.0이하	구조조정 대상
D (1점)	71~75점(1점)	1~2년, 20년 이상(1점)		

3. 보상 내용 및 규모 확정

(1) 보상 금액 및 구성 항목

법률 기준이 있을 경우, 그에 따라 산정하되, 동종 유사 업계의 보상금 지급 사례를 고려하도록 한다. 국가별로 인력효율화 시점에 크리스마스 보너스^{Christmas bonus}, 춘절 장려금^{年终奖}, 경영성과급^{Profit Share}, 개인 인센티브^{Personal Incentive} 등의 지급이 필요할 경우, 보상 기준에 반영하여 지급해야 향후 추가지급 요구 리스크를 예방할 수 있다. 특히, 퇴직금, 사전예고 기간^{Advance Notice of Dismissal} 등 법정 사항은 빠짐없이 반영될 수 있도록 노동관계 전문가의 도움을 받는 것을 권장한다.

(2) 추가 재원 확보

보상금 규모 산정 시 '별도의 추가 재원'을 확보하도록 한다. 사전에 노동조합, Opinion Leader 및 근로자의 기대 수준을 모니터링하고, 법인장의 재량으로 집행할 수 있는 +α$^{(추가 재원)}$을 확보하여 빠르고 효과적인 협상 타결이 가능하도록 한다.

4. 협상 시나리오 작성

(1) 시나리오 수립 시 주의 사항

소셜미디어가 발달하면서 인력효율화가 시작되면 근로자들은 주변 기업 및 동종 유사 업종의 보상금액을 빠르게 알아내고 기업과 협의한다. 이 때문에 N차 협상을 전제한 협상 시나리오를 수립하고, 1차 협상은 기대수준을 확인하는 수준으로 생각하도록 한다. 협상 시나리오는 사전에 경영층에 보고하여 의사결정을 받고 협상기간 내에 변경사항이 발생하면 수시 보고하도록 한다.

협상 주체는 현지인 HR 관리자로 선정하도록 한다. 주의할 사항은 현지인 협상 리더에게도 최종 협상에 사용될 가용금액은 절대 공개해서는 안 된다. 그들도 최후에는 우리의 협상 대상자임을 잊지 말아야 하며, TF 인원 외에는 매회 진행하는 협상이 마지막인 것처럼 시나리오를 구성하도록 한다.

(2) 완전한 소통 시나리오 제공

한국인 법인장을 대표로 하여 최종 협의를 진행할 경우, TF는 법인장에게 완전한 시나리오를 제공해야 한다. 처음으로 협상 테이블에 앉은 법인장에게 근로자가 예상하지 못한 조건을 요구할 경우 대응하기 어려울 수 있다.

실제 한국인 법인장 주도의 협상을 위해 세부 시나리오를 작성하고 시뮬레이션을

한 사례가 있었다. 상세히 원고를 작성하여 사전에 숙지하고, 협상장소에서 발생할 수 있는 돌발상황까지 고려하여 연습하였다. 협상종료 후에 시나리오대로 연습했던 것이 많은 도움이 되었다는 피드백을 받았다.

5. 대상자 통보

인력효율화 대상자 선정 후 통보를 진행한다. 이때, 주재원이나 현지 관리자가 면담을 진행하도록 하고, 회사의 불가피한 결정에 대해 이해를 구할 수 있도록 진심을 담아 소통하도록 한다. 면담자는 개별 면담 진행 후 이슈 사항을 정리하여 HR에 보고하도록 하고, HR은 분쟁 발생 가능성이 있는 사안에 대해서는 별도 대응하도록 한다.

인력효율화 진행 시, 핵심인재나 중요기술 보유인력이 유출되는 상황이 발생한다. 예상치 못한 인원이 퇴직을 희망할 경우 별도 심의를 진행해야 한다. 해당 인원에게 인력효율화 패키지Package를 적용할지, 원칙적으로 퇴직을 금지할지 등의 내용도 사전에 검토해야 한다.

6. 구성원 정감관리 및 동기부여Motivation 프로그램 운영

(1) 퇴직자 정감관리

퇴직 대상자에 대한 금전적 보상 외 별도 프로그램 준비해 주는 것이 좋다. 어쩔 수 없이 인력효율화 대상으로 선정되어 퇴직하더라도 그동안의 노고에 감사인사를 전달하고 재취업의 기회를 준다면 훌륭한 정감관리를 이행하였다고 볼 수 있다.

① 법인장 명의의 감사편지 및 소정의 상품 전달

② 구직지원을 위한 취업박람회 실시

③ 우수인원의 주변사·자매사 재취업 지원

(2) 재직자 동기부여

인력효율화 실시 후 조직 내 분위기는 상당히 침체된다. 남아있는 근로자는 함께 일했던 동료가 떠나고, 사업 축소로 인하여 불안한 상태로 업무를 지속할 수밖에 없다. 이때 조직활성화를 통해 구성원에게 새로운 비전을 제시하도록 한다. 아울러 근로자 지원 프로그램Employee Assistance Program (EAP), 근무 환경 개선 등 경영지원 활동을 통해 업무에 집중할 수 있도록 한다. 만약 사업장 철수를 전제로 인력효율화를 지속할 경우 별도의 동기부여 활동보다는 잔여 인원이 동요하지 않도록 일상 노무관리에 집중하는 것이 좋다.

7. 중간보고 및 시사점 도출

구조조정(인력효율화)은 노무 리스크 관리 영역 중 최상위 수준의 활동이라고 해도 과언이 아니다. 이행 과정에 대해 경영층의 관심이 높으므로 수시로 경과사항을 보고하고, 중간 피드백 사항을 반영하도록 한다.

업무 종료 후 보완점을 찾는 과정은 매우 중요하다. 이행 과정의 상세 내용을 기록하고, 최종보고서를 작성하여 부족한 부분을 개선할 수 있도록 해야 한다.

Chapter 3

Risk
선행관리

제1장

ESG경영을 위한 HR의 역할

Intro

ESG는 기업의 비재무적 요소인 환경Environmental, 사회Social, 지배구조Governance를 뜻한다. 투자에 대한 의사결정 시, 전통적인 재무적 관점만을 고려하는 방식에서 벗어나, 사회적/윤리적 가치도 반영하는지를 평가하고 기업의 투자가치와 지속가능성을 측정한다.

즉 재무적인 측면 외에 비재무적인 요소를 반영하여 기업을 평가하고 투자 적합성을 판단하기 위해 ESG를 도입하였다. 기업은 주주Stockholder의 이익뿐만 아니라 이해관계자 Stakeholder인 고객, 근로자, 거래기업, 지역사회 등 모두에 대한 가치제공을 목표로 다양한 활동을 전개하고, ESG 이니셔티브에 반영하여 평가한다.

지속 가능한 발전을 위한 기업과 투자자의 사회적 책임이 중요해지면서 세계적으로 많은 금융기관이 ESG 평가 정보를 활용하고 있다. 영국(2000년)을 시작으로 스웨덴, 독일, 캐나다, 벨기에, 프랑스 등 여러 나라에서 연기금을 중심으로 ESG 정보 공시 의무 제도를 도입했다. UN은 2006년 출범한 유엔 책임 투자원칙United Nations Principles of Responsible Investment (UN PRI)을 통해 ESG 이슈를 고려한 사회책임투자를 장려하고 있다.(출처. 두산백과)

일례로 ESG 경영의 선도기업인 N사는 위탁 기관을 통해 공급망에 대한 정기 감사를 진행하고 그 결과에 따라 개선을 요구하거나 생산 물량을 감소시킨다. Global 기업은 ESG의 배타성을 주목해야 한다. 실제로 ESG 경영은 기업 간 경쟁이라고 할 수 있을 정도로 가속화되고 있다. 기업은 무엇 때문에 ESG를 선택이 아닌 필수로 규정하고 이행하는 것인가에 대한 해답이 필요하다.

제1절 ESG의 목적

1. ESG 구성 항목

① 환경(E) : 기후변화, 탄소배출, 환경 오염 저감 노력 등 친환경 경영의 전략 수립과 이행 여부에 대한 판단
② 사회(S) : 사회적 책임의 일원으로서 역할을 수행하고, 사회적 약자를 보호하는지 판단
③ 지배구조(G) : 얼마나 투명성을 확보하고 기업 경영에 임하는지 판단

Environmental	Social	Governance
기후 변화 및 탄소 배출	노동 인권	임원 보수
산림 훼손	다양성·포용성	정치 후원
대기 및 수질오염	직원 참여	뇌물 및 부패 방지
환경오염 및 유독물질 배출	차별 금지	이사회 구성
천연자원/재활용 등	테러/억압 등	지배구조 등

2. ESG의 구조적 특징

(1) 확장성

이미 정의된 ESG 활동 영역 외에도 사회적 가치 중 기업의 산업 특성을 반영하여 ESG 경영의 가치로 삼을 수 있다

(2) 연계성

ESG는 그 관리 범위가 광범위하고, 개별적인 가치 판단과 이행 보다는 구성 요소 간 상호 연계성을 고려한 경영 활동이 더욱 효과를 발휘할 수 있다.

(3) 배타성

ESG 경영에 참여하지 않는 공급망은 거대 연합 조직으로부터 기업 생존의 위협을 받게 된다. 실제 정기 ESG 점검을 통하여 공급망에서 배제되는 기업들이 나타나고 있다. 이 때문에 기업은 ESG의 배타성에 주목해야 한다. 만약 Global 공급망에 속한 기업이 ESG 경영에 동참하지 않을 경우 경제적 손실 및 기업 경영의 위기를 맞이할 수 있다.

3. ESG 경영의 목적 [50]

(1) 리스크 관리가 용이하다.

ESG는 행동 규정을 명확히 하고, 그에 대한 준수 사항을 정량적으로 측정하고 정기 보고 형태로 공개한다. 이에 따라 기업의 횡령·부패 정도, 잠재 리스크, 규제 위험 등을 파악할 수 있고 체계적으로 관리하여 위험을 감소시킬 수 있다.

(2) 이해관계자의 요구Needs를 만족시켜 경영성과를 창출할 수 있다.

착한 소비, 선한 영향력 등 사회적인 요구가 소셜 미디어를 통해 빠르게 전파되고

---

[50] 중소기업을 위한 ESG 가이드 P6. ESG경영, 왜 해야 하는가? 참조

있는 상황에서 비윤리적 경영, 환경오염 문제를 외면하는 등 재무적 가치에만 집중할 경우 불매 운동 확산, 기업 퇴출 요구 등의 문제에 직면하게 된다. 반면, 적극적인 ESG 마케팅은 기업의 긍정적 이미지 향상 및 매출 증대로 이어지는 효율적 수단이 될 수 있다.

(3) 자금 조달 지표로 사용한다.

2000년 영국을 시작으로 세계 각국은 ESG 정보 공시 의무화를 추진하고 있다. 이로 인하여 ESG 기준에 미치지 못하는 기업에 대해 투자자는 주식 및 채권 투자를 배제한다. 이는 기업의 투자 연계 및 안정적인 재무 성과에 영향을 주는 결과를 초래하게 된다.

① 투자배제원칙 : ESG기준에 미치지 못하는 기업 주식이나 채권에는 투자하지 않는 것

② ESG정보를 기업가치에 반영 (ESG 정보공시 의무화 추진, 금융위원회)

ESG의 영역 확대

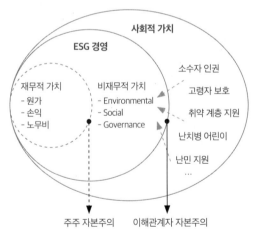

구분	주주 자본주의	이해관계자 자본주의
기업의 목적	• 지속 가능 경영을 위한 중장기적 투자 회피 • 노동 인권보다 인력 효율성 중요 • 환경오염 무관심 등 → 주주가치를 최우선으로 하여 이윤 극대화	BRT 선언 (2019년 8월) • 지속 가능 경영 채택 - 고객에게 가치 제공 - 직원 투자 - 유관 기업에 윤리경영 실천 • CSR활동 전개 - 지역사회 지원 공유가치 창출 (Creating Shared Value) → 사회 발전과 기업의 성장을 동시 추구

BRT(Business Round Table) : 미국에서 가장 영향력 있는 기업 CEO 약 200여명으로 구성된 협의체(미국의 전경련에 해당)

4. ESG 활동 현황 사례

국내외 많은 기업들이 ESG 경영에 많은 투자와 관리를 지속하고 있다. 첨단 제조업, ICT$^{Information\ and\ Communications\ Technologies}$에서도 물리적 이동 거리 단축, 새로운 비즈니스 플랫폼 제공, 고객 정보 보호, 사생활 보호 등 사회적 책임에 기여하고 있다. IT, 디스플레이 및 반도체 산업은 전통 제조업에 비해 탄소 및 공해물질의 배출이 적으나 전력 소비가 높아 자체적인 에너지 저감 활동을 진행하고 있다. 전세계적으로 공급망 ESG 실사제도, RE100$^{Renewable\ Energy\ 100\%}$(재생에너지 100%), CBAM$^{Carbon\ Border\ Adjustment\ Mechanism}$(탄소국경조정제도), Net-Zero$^{(온실가스\ 배출량과\ 제거량의\ 합이\ '0'인\ 상태)}$ 선언에 기업과 국가 차원의 동참이 지속적으로 이루어 지고 있다.

국내외 기업동향 [51]

친환경 산업으로의 주력사업 구조 개편	ESG 경영모델을 통한 시장확대와 비용절감
• **도시바** 해외 원전사업 종료 후 재생에너지 사업으로 전환 • **SK 그룹** 석유화학 등 기존 주력사업 매각 후 친환경 에너지 사업으로 전환 • **GM** 2035년까지 차량 라인업을 전기차로 전환 • **포스코** 수소를 이용하는 '수소환원 제철 공법'으로 생산공정의 전환	• **아워 글래스** 동물권 보호라는 사회적 수요에 대응하여 비건 화장품이라는 새로운 사업기회를 창출 • **존슨앤존슨** 근로자들의 금연 활동을 지원하고 다양한 건강관리 제도를 도입해 구성원의 헬스케어 비용을 절감

ESG 기반의 공급망 관리	ESG 경영을 강화하기 위한 조직개편
• **애플** '협력사 청정에너지 프로그램'을 통해 2030년까지 100% 재생에너지로 생산한 제품을 공급하도록 할 예정 • **테슬라** 배터리 공급망 내 인권을 보호하기 위해 콩고에서 생산되는 코발트를 사용하지 않는 '코발트 프리 배터리 개발 계획' 발표	• **SK그룹** ESG위원회를 설치하고, 사외이사가 의장인 이사회 중심 경영체제 전환 • **LG그룹** 사외이사 3인으로 구성된 감사위원회를 4인으로 확대하여 경영투명성 강화

---

[51] 중소기업을 위한 ESG 가이드 P8. 국내외 기업동향과 정부의 대응은? 참조

ESG 실천을 위한 관리 포인트

1. ESG 경영의 추세

유럽 및 OCED국가들은 공급망에 대한 투명성 제고를 위해 점차 특화된 법률을 제정하여 구속력을 갖도록 하고 있다. 이러한 추세에 따라 Global 공급망에 참여하고 있는 기업은 지속경영 측면에서 ESG 기준에 부합하는 기준을 수립하고 이행해야 한다.

대표적으로 다우존스 지속가능지수Dow Jones Sustainability Indices (DJSI)는 전세계 상위 2,500개 기업을 대상으로 기업의 경제적 성과, 환경, 사회적 성과를 종합적으로 고려해 지속경영 가능성을 평가하여 발표하고, 주요 투자기관들은 투자 시 DJSI 지수를 고려한다.

다른 한편으로 공급망 운영 리스크 점검 및 예방을 위해, 외부기관을 통한 감사Audit를 진행하기도 한다. 세계적인 감사 기관들은 주로 7가지 측면에서 노동 관련 점검을 실시하고 있다. 구체 내용은 RBAResponsible Business Alliance에서 공개한 다음의 내용을 참고하도록 한다.

법안		주요내용
미국 캘리포니아주	공급망 투명성 법률 (California Transparency in Supply Chains Act, CATSCA, 2010)	캘리포니아주에서 사업 활동을 하는 총 매출액 1억 달러 이상 제조업체는 제품 공급망에서의 강제 노동 및 인신매매 관련 기준 준수 여부와 이를 보장하기 위한 활동을 소비자에게 공개해야 한다는 법으로, 2012년 1월 발효되었다.
영국	현대 노예법 (공급망에서의 투명성 법률) (Modern Slavery Act Transparency in Supply Chains, 2015)	노예제, 강제 노동 및 인신매매 등을 방지하기 위한 규정과 피해자 보호 조항을 포함하는 법으로, 이를 위반한 개인에게는 최대 종신형, 기업에게는 무거운 벌금이 부과된다. 제조뿐만 아니라 서비스 영역이 포함되며, 총 매출액 기준이 낮아(2021년 현재 3,600만 파운드 이상) 적용 범위가 넓다.
프랑스	실사 의무법 (Loi de Vigilance, French Duty of Vigilance Law, 2017)	프랑스 내 5,000명 이상의 직원이 있거나 세계적으로 10,000명 이상의 직원을 고용한 프랑스 대기업이 자신의 기업 및 직·간접 공급업체에 대해 기업실사를 수행할 것을 의무화하는 법으로, 사업 활동과 관련한 기본권, 건강, 개인 안전 및 환경 등의 침해를 방지하는 것을 목적으로 입안되었다. 위반 시 기업에 민사상의 책임이 부과된다.
네덜란드	아동 노동 실사법 (Wet Zorgplicht Kinderarbeid, Dutch Due Diligence Act, 2019)	네덜란드 소비자에게 상품 혹은 서비스를 공급하는 모든 회사를 대상으로 실사의 일환으로 공급망에서 아동노동을 방지하기 위한 적절한 수준의 공급망 실사를 수행했음을 확인하는 보고서를 규제 기관에 제출해야 한다는 내용의 법이다. 위반 시 상당한 행정 벌금 혹은 형사 제재가 부과되며, 오는 2022년부터 시행 예정이다.
노르웨이	투명성 법률 (åpenhetsloven, Transparency Act, 2021)	공식 명칭은 '사업 투명성과 기본 인권 및 양질의 근로조건에 관한 법률'로, 매출액 및 종사자 등의 일정 조건을 충족하는 노르웨이 소재 대기업을 대상으로 하는 법이다. 이 법은 기업이 공급망에 대한 인권 및 적절한 업무 실사평가를 유행하도록 요구하며, 불이행 시 행정 처분 및 벌금이 부과될 수 있다.

2. ESG 실천을 위한 HR의 주요 관리 포인트

(1) 자율성이 확보된 고용(Freely Chosen Employment)

강제성, 부채 상환을 위한 노동 또는 계약에 묶인 비자발적 노동이나 착취적 징역

---

52 대신경제연구소 (2021) 독일의 공급망 실사법 제정과 대응방안 (P.3)

노동, 노예제 및 인신매매를 이용해서는 안 된다. 여기에는 노동이나 용역을 얻기 위해 위협, 폭력 강압, 납치 또는 사기의 방법으로 사람을 이용 또는 수용하는 것이 포함된다. 기업이 제공하는 시설물 출입을 불합리하게 제한하고 근로자의 이동의 자유를 제한해서는 안 된다. 근로자와 계약 체결 시에는 현지어로 된 계약을 체결해야 하며, 신분 및 이민 관련 문서를 강제 보관하거나 파기 압수할 수 없다. 고용단위는 인력 알선 및 고용 관련 모든 수수료를 근로자에게 지불하라고 요구해서는 안 되며, 이미 받았을 경우 반환해야 한다.

(2) 미성년자 근로에 관한 제한(Young Workers)

기업은 근로자의 연령을 확인하기 위한 프로세스를 구성해야 하며, 만 18세 미만 근로자의 야간근로 및 연장근로를 비롯해 건강이나 안전을 위협하는 업무를 수행하게 해서는 안 된다. 학생 근로자 사용 시 학생의 권리를 보장해야 하며, 적절한 지원과 교육 훈련을 제공해야 한다. 현지법이 없는 경우, 학생근로자, 인턴 및 견습생에 대한 급여 수준은 동종유사 업무를 수행하는 다른 신입사원과 동일한 수준이어야 한다. 아동 노동이 확인될 경우 개선해야 한다.

(3) 근로시간(Working Hours)

근로시간은 현지법에 규정된 최대 근로시간을 초과해서는 안 된다. 또한 근로시간은 초과근무를 포함하여 주당 60시간을 초과해서는 안 되지만, 응급 또는 비상 상황의 경우는 예외이다. 모든 초과 근무는 자발적이어야 한다. 근로자에게 7일마다 최소 하루의 휴일을 허용해야 한다.

(4) 급여 및 복리후생(Wages and Benefits)

근로자에게 지급되는 보상은 최저임금, 초과근무수당 및 법정수당 등의 모든 급여 관련 법률을 준수해야 한다. 현지법에 따라 근로자의 초과근무 수당은 정규 시급보다 높아야 한다. 징계 조치를 사유로 하는 급여 삭감은 허용되지 않는다. 급여가 지급될 때마다 알아보기 쉬운 급여 내역서를 적시에 제공하여 근로자가 근로에 대한 보상이 정확하게 이루어졌는지 확인할 수 있도록 해야 한다. 임시직, 파견직 및 외부 용역은 현지 법률이 허용하는 한도 내에서 사용해야 한다.

(5) 인도적 대우(Humans Treatment)

근로자에 대한 폭력, 성폭력, 성희롱이나 학대, 처벌, 정신적 또는 육체적 강압, 괴롭힘, 공개적 수치심, 폭언을 포함한 일체의 가혹하고 비인간적인 대우가 있어서는 안 된다. 이러한 지침의 위반 시 적용될 수 있는 징계 정책과 절차를 명확히 규정하고 근로자들에게 알려야 한다.

(6) 차별 금지/괴롭힘 금지(Non-Discrimination/Non-Harassment)

직장 내 괴롭힘과 불법적인 차별을 없애기 위해 노력해야 한다. 기업은 임금, 승진, 보상, 교육 기회 등 채용 및 고용 활동에서 인종, 피부색, 연령, 성별, 성적 지향, 성 정체성 및 표현, 민족 또는 출신 국가, 장애 유무, 임신 여부, 종교, 정치적 소속, 노동조합 가입 여부, 은퇴 군인 연금자격, 유전정보 또는 혼인 여부에 근거해 근로자를 처벌하거나 괴롭혀서는 안 된다. 근로자의 종교 활동을 위한 합리적 편의 시설이 제공되어야 한다. 또한 근로자나 예비근로자에게 차별적 수단으로 이용될 수 있는 임신 또는 순결 검사를 비롯한 의료 검진 및 신체 검사를 실시해서는 안 된다. 이는 ILO 고용 및 직업상 차별에 관한 협약(No. 111)을 고려한다.

(7) 결사의 자유(Freedom of Association)

현지법에 따라 기업은 근로자가 자신의 선택에 따라 노동조합을 결성하고 참여할 수 있는 권리와 집단 교섭권은 물론, 평화로운 집회에 참여할 수 있는 권리와 참여하지 않을 권리도 존중해야 한다. 근로자 및 근로자대표는 근무조건 및 경영 관행에 대한 차별, 보복, 위협 및 괴롭힘에 대해 두려움 없이 경영진과 공개적으로 의사소통하고, 생각 및 우려 사항을 공유할 수 있어야 한다.

3. 점검 항목 작성

전문 컨설팅 기관을 통해 기업 내부의 점검 항목을 만들 수 있다. 그러나 기업 내 여건이 뒷받침 되지 않거나 내부 역량을 강화하고자 할 경우에 아래의 내용을 정리하여 활용할 수 있다.

(1) 자율성이 확보된 근로의 점검 사항
1) 강제 노동을 금지하는 내용을 규장제도 내에 포함해야 함
2) 노동계약 체결 시, 근로자 소속 국적의 언어로 근무 시간, 급여, 퇴직 권한, 복리후생, 급여의 구성 요소, 노동 안전, 사회보험, 급여 공제 요건에 대한 정보를 제공하도록 함
3) 서면화 된 노동계약을 체결하고, 합법적인 절차에 따라 근로자 서명을 수취하도록 함
4) 취업 프로세스 내 신분증, 여권 등의 원본을 회사에서 보관하는 것을 금지함. 만약 근로자의 요구에 따라 기업이 관리할 경우, 언제든 서류에 접근할 수 있도록 권한을 부여하고, 서류 보관 비용을 수취해서는 안 됨
5) 근로자는 직업 선택의 자유를 보장받아야 함
 - 퇴직에 대한 자유를 보장
 - 근무 기간 약정 미이행에 따른 벌금 규정, 임금 공제, 폭력/폭언 행사 금지
6) 채무 변제를 위한 대리인의 채용 추천에 응하지 않도록 해야 함
7) 근로자의 근무 시간 외 이동에 대한 자유가 보장되어야 함
 - 무급 휴게 시간 내 사외 출입 가능

- 퇴근 후, 기숙사 출입에 대한 제한 불가_(통금 시간 등)

- 위생, 안전, 생리적 자율 보장_(의무실 출입, 화장실 출입, 식수대 이용에 대한 제한 금지)

8) 채용 절차 이행 시, 채용 수수료 및 채용 신체검사 비용을 회사에서 전액 부담하 도록 함

9) 위탁 채용 업체, 파견 및 도급 업체에 대한 정기적인 감사 시스템을 확립해야 함

- 기업 내 자체 운영 프로그램을 도입하여 점검하는 것이 효율적임

(2) 미성년자 근로에 관한 제한

1) 아동 근로자_(중국 만 16세 미만)에 대한 취업 금지

2) 미성년 근로자_(중국 만 16세 이상, 만 18세 미만)에 대한 연장근로 및 야간근로 제한

3) 미성년 근로자에 대한 갱내 작업, 유독/유해 작업, 국가가 정하는 육체 노동 강 도의 작업 및 미성년자에게 적합하지 않은 작업을 금지

4) 미성년 근로자에 대한 정기 건강진단 실시

5) 의무교육 기간 내에 교육을 받을 권리 보장_(일반적으로 중국은 9년 / 소학교5~6년, 중학교 3~4년)

6) 학생근로자_(실습생)의 직무는 학습 내용과 연관성을 갖는 직무로 배정

7) 학생근로자 사용 시, 학교 및 보호자의 동의가 필요

8) 학생근로자의 실습 기간의 임금은 최저임금보다 낮지 않게 지급

9) 학생근로자 관리 프로세스의 확립

(3) 근로시간

1) 1주의 총 근로시간이 60시간을 초과할 수 없음

2) 연속 6일을 초과하여 근로할 수 없음_(6일 근로 후 1일 휴무 보장)

3) 법정 휴일과 연휴가 사용 권리 보장

4) 체계적으로 근무 시간을 확인할 수 있는 시스템 구성

- 일간, 주간, 월간, 분기, 연간 기록을 구체적으로 확인할 수 있어야 함

(4) 급여 및 복리후생

1) 최저임금의 보장

2) 법률 기준에 따라 연장근로시간을 반영해야 함

3) 근무 시간의 계산 방식을 명확히 해야 하며, 근로자가 원할 경우 설명해 줘야 함

4) 급여 계산 기록을 정확하게 보관해야 함

5) 급여 명세서를 발급하도록 함

6) 사회보험 및 주방공적금은 법정 기준에 맞게 납부해야 함

7) 징계, 징벌적 급여 공제를 해서는 안 됨(지각, 조퇴 등 근로 불이행 사유는 공제 가능)

 - 전체 인원을 대상으로 지급하는 보너스에서 징계 이력자를 제외할 수 없음

8) 급여 지급을 연체해서는 안 됨

(5) 인도적 대우

1) 근로자에 대한 성희롱, 성적 학대, 체벌 등의 비인도적 행위 금지를 금지하도록
   징계 규정 내 반영

2) 비인도적 행위를 예방하기 위한 교육, 홍보 정기 진행

3) 근로자의 병가, 임신 휴가 등을 제한해서는 안 됨

(6) 차별 금지/괴롭힘 금지

1) 건강 검진 및 입사 신체 검사 시 임신여부, B형 간염 검사 등 차별적 항목을 포함
   해서는 안 됨

2) 근로자의 종교 활동이 이루어질 수 있도록 공간을 제공해야 함

3) 인종, 성별, 종교, 정치적 성향, 결혼 여부에 따라 승진급, 교육기회, 평가 등의
   차별을 해서는 안 됨

(7) 결사의 자유

1) 근로자의 법적인 결사의 자유 보장

2) 결사의 자유에 대한 교육 진행

3) 조합원과 비조합원의 차별 금지(급여, 승진급, 훈련, 해고 등)

4) 노동조합에 대한 영향력 행사 금지(통제, 회유, 해산 시도, 어용화 노력 등)

5) 노동조합 대표자의 민주적 선발(민주적인 후보자 등록, 선발, 자유로운 선거, 투표와 개표 공정성 등)

중장기적으로 각 기업의 고유한 감사표준(HR Audit Tool)을 설계하여 내부 점검역량을 강화해야 한다. 아울러, 기업이 추구하는 ESG 경영 철학을 반영하고 법률과 고객사 행동규범Code of Conduct을 준수할 수 있는 완결형 Global HR Audit Tool을 만들어 보는 것도 좋은 방법이라고 생각한다.

제2장

Global HR Audit

Intro

우리는 진단이라는 용어에 거부감을 느끼기 쉽지만, 기업 내부의 문제를 스스로 점검하여 잠재적 이슈를 파악하고 개선하는 일련의 과정은 우리가 정기 건강검진을 받는 것과 같다. 기업도 문제가 발생하기 전에 점검하고 예방하는 과정이 필요하다.

조직 내 전문성을 갖춘 구성원이 자체적으로 HR Audit Tool을 만들어 취업규칙의 제정, 근로시간 관리, 징계절차 운영, 평가제도 준수 등의 업무를 법률과 내부 기준에 맞게 수행하고 있는지 점검하여도 큰 무리는 없다.

필자는 2014년부터 해외 생산법인과 동반 진출 협력사에 대한 HR Audit를 진행하였다. 처음 HR Audit를 받는 협력사 대표들은 점검 결과가 향후 사업에 나쁜 영향을 미치지 않을까 노심초사하는 모습이 역력했다. 미흡한 부분을 숨기려고 했고, 잘못된 제도나 프로세스가 발견되면 즉각 방어적인 자세를 취하였다.

사실 고객사가 전문 HR Audit를 실시한 것은 처음이었기 때문에 기업 대표자들도 많이 생소했을 것이다. 특히 10년 이상 법인에서 근무하고 있던 HR 담당자들은 현지의 상황을 잘 모르는 외부 인원의 방문을 내심 불편해 했던 모습이 지금도 생생하다.

하지만 HR Audit의 목적은 발생 가능한 리스크의 사전점검과 예방활동에 한정되어 있음을 분명히 설명하였고, 점검 결과 미흡한 부분이 발견되면 해결방법을 자문해주었다. 결과적으로 두 번째 해부터는 생산법인과 협력사도 HR Audit의 목적을 명확하게 이해하고, 오히려 미흡한 부분의 정보를 먼저 공개하고 자문을 요청하기도 하였다.

본 장에서는 Global HR Audit의 설계방법 및 실제 이행 시 주의사항을 소개한다. 막막했던 HR Audit Framework 구축부터 현지에서 이행해야 하는 각 단계별(조사방법, 결과도출, 경영층과의 소통 등) 활동까지 구체적으로 살펴보도록 한다.

제1절　HR Audit 구조화

1. 점검 Framework 구성

HR Audit Framework 구성의 첫 단계는 Audit의 범위를 구체적으로 설정하고 세부 항목별 이행 업무를 작성하여 구조화 하는 것이다.

예를 들어 노사관계는 현장사원 간담회, 고충처리, 사건사고 대응, 동향보고, 노동조합 관리, 노동조합 비용지출, 구성원의 의견Voice of Employee (VOE) 청취 등 수많은 소단위 영역의 업무가 있다. 다음으로 소단위 업무 내용을 유사한 범주로 분류하여 중단위 영역을 만들고, 중단위 영역을 다시 대단위 항목으로 만든다. 이 과정을 거치면 HR Audit Framework가 완성된다. 다른 영역들도 위와 같이 반복하며 구조화 한다. 아래의 표를 참고하도록 한다.

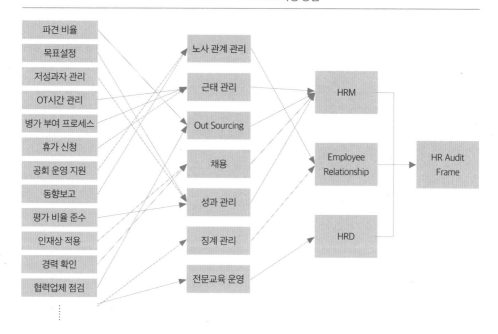

2. 점검 항목 작성

구조화가 완료되면 각 항목별 점검내용을 구체적으로 작성하도록 한다. 예를 들어 평가제도를 점검한다고 가정하면, 먼저 평가제도의 각 업무단위Task를 세분화하고 점검이 필요한 사항을 문항으로 작성한다. 구체적으로 '평가 시기에 맞춰 근로자들에게 본인평가를 작성하게 하는가', '평가 전 면담을 진행하고 있는가', '평가 일정에 따라 전체근로자 안내가 진행되고 있는가', '평가 TO는 정확하게 배분되고 있는가' 등의 문항들을 작성하여 점검에 활용할 수 있다.

3. 항목별 근거 작성

Global HR Audit Worksheet

No.	항목	구분	내용	준수 현황	관련 근거	시급도	중요도	개선순위	대응 일정
1	HRM	모집채용	사내 채용 광고 내에 성별, 신장, 민족, 질병, 호적에 대한 차별적 내용을 포함해서는 안 된다.	신장 제한 연령 제한	노동법 제12조, 제13조 노동보호 규정 제3조 부녀권익보호법 제22조, 제23조	상	상	1	2022.1.31
			채용 수수료, 신체검사 비용 등을 사원들에게 부담시켜서는 안 된다.	준수		하	상	3	2022.6.30
			근로자 총 수의 1.5%의 장애인을 고용해야 함	미고용	장애인 취업조례 제8조, 제9조, 제27조	하	상	3	TBD (의사 결정 사항)
...	...	...	...	...	...	...	...	...	...

점검자Auditor는 점검문항을 작성할 때 왜 준수해야 하는지에 대한 근거를 제시하여 수검자Auditee가 근거에 따라 업무를 수행할 수 있도록 지도해야 한다. 수검자가 준수의 필요성을 정확히 인지해야 점검자의 개선요청에 대한 수용과 실행을 기대할 수 있다.

4. 미준수 항목 개선순위 도출

미준수 항목은 단기 해결이 가능한 경우도 있으나, 중장기 의사결정이 반영되어야 할 사항들도 있다. 이에 대한 판단은 시급도와 중요도를 고려한다. 우선순위는 기업의 사업 특성, 고객의 요구사항, 개선 비용 등을 고려하여 결정할 수 있다.

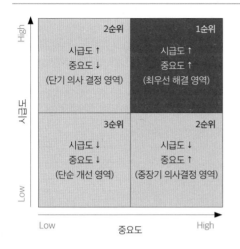

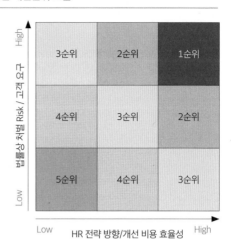

(1) 최우선 개선필요 영역

시급도와 중요도가 매우 높은 사항으로 준수하지 않을 경우 법률적 처벌로 이어진다. 동시에 기업 이미지가 훼손될 수도 있는 리스크가 높은 항목이다. 예를 들어 아동 근로자 사용, 여성보호법 미이행 등이 이에 해당된다.

(2) 중장기 의사결정 영역

시급도는 낮으나 중요도가 높은 사항으로 회사의 경영철학을 반영하지 못한 HR 제도, 정부가 암묵적으로 감시와 통제를 강화하지 않는 영역 등의 중장기적인 개선이 필요한 항목이다. 예를 들어 파견 및 실습생 비율 초과, HR 전략이 반영되지 않은 평가, 승진급 제도 운영 등이 이에 해당된다.

(3) 단기 의사결정 영역

시급도는 높으나 중요도는 낮은 사항으로 프로세스 강화, 제도 보완 등 단기 활동을 통한 개선이 가능한 항목이다. 예를 들어 노경 동향보고 주기 변경, 신입사원 교육

과정 추가 등이 이에 해당된다.

(4) 즉시 개선 가능 영역

시급도와 중요도 모두 낮은 사항으로 즉시 개선할 수 있는 항목으로 분류할 수 있다. 휴게 시간 준수를 위한 정기 모니터링, 지각 조퇴 등 근태 관리 강화에 대한 감독자 교육활동 등 단순 이슈 사항 등이 이에 해당된다.

제2절 HR Audit 실행

1. 사전 준비

HR Audit의 구조화 및 점검내용 확정 후 현지어 또는 영어(공용어)로 번역한다. 현지에서 근무하는 주재원이나 Global HR 업무를 수행하는 인원들은 해당 지역의 언어로 의사소통을 하는데에 큰 문제는 없을 것이다. 그러나, 다양한 국가에서 원활한 점검 활동이 진행되어야 하므로 점검 내용을 사전에 현지어로 번역하고 숙지해야 할 필요가 있다.

통역을 통해 업무를 진행할 경우 상당히 많은 시간이 소요되며, 정확한 규정이나 프로세스의 파악이 어려우므로 가능한 많은 내용을 직접 인터뷰하고 점검할 수 있도록 준비해야 한다.

또한 해외 협력사 점검 시 협력사의 본사를 통해 사전에 점검 필요 자료를 받아 검토하는 것이 좋다. 자사 Audit의 경우, 대부분의 규정과 프로세스가 비슷하여 담당자의 이해도가 높지만, 협력사의 경우 생소한 규정이나 프로세스가 있을 수 있기 때문에 미리 서면으로 파악해 두는 것이 좋다.

2. Onsite 점검 프로세스

점검은 다음의 프로세스를 따르고, 상황에 맞게 절차를 추가하거나 생략해도 좋으니, 유연하게 진행하도록 한다.

Global HR Audit Process

(1) 오프닝 미팅

점검 시작 전 반드시 최고 경영자Top Management와의 오프닝 미팅Opening Meeting을 진행해야 한다. 이때, 점검의 목적이 조직의 전체적인 운영 효율성 제고와 준법 경영을 위한 지도에 있음을 충분히 설명한다. 이 과정을 통해 경영층의 협조를 이끌어 낸다.

(2) 오리엔테이션

점검 대상 조직의 실무자와 오리엔테이션을 진행한다. 점검 일정과 각 일정별 점검항목을 구체적으로 공유하여 최대한 효율적인 점검이 이뤄지도록 한다. 실무자 입장에서는 자신의 업무 분야를 평가 받는다는 부담감으로 비협조적일 수 있으므로, 사전에 충분히 점검의 목적과 방향을 설명하도록 한다.

(3) 실사

점검 조직은 사전에 담당자별 업무를 배정하고, 현지인 수검자와 함께 짝Pair을 이루어 점검을 시작한다. 점검의 기본 원칙은 서면 자료 검토와 실무자 인터뷰를 통해 자료의 진실성과 합법성 여부를 판단하는 것이다. 이때, 구성원 인터뷰도 병행하여 회사의 제도가 제대로 이행되고 있는지를 확인하는 과정이 필요하다. 예를 들어 벌금 제도는 중국 기업들이 가장 많이 사용하는 징계처분이다. 이는 노동법을 명백히 위반하는 사항임에도 불구하고, 가장 효과적인 구성원 계도방법으로 사용되고 있다. 실제 점검 시, 규장제도의 서면 검토 및 HR 담당자 면담에서 이를 준수하는 것으로 확인되었으나, 근로자 샘플링 인터뷰Sampling Interview에서는 여전히 벌금제도를 시행하고 있는 것으로 드러난 사례도 있다.

(4) 점검결과 작성 및 클로징 미팅

수검조직 중간관리자와 점검 결과를 공유한다. Audit의 목적은 쌍방이 함께 문제점을 인식하고 개선하는 것이다. 최고경영자와 클로징 미팅Closing Meeting 전 중간관리자와 개선필요 항목Findings을 공유하는 과정은, 수검기업의 문제점에 대한 인식 수준과 위반 사유를 파악하고 어떻게 개선할 것인지 토론하는 과정이다. 점검자가 개선필요 사항을 중간관리자와 공유하지 않고 곧바로 최고경영자에게 보고한다면, 중간관리자는 개선의 의지가 상실되거나 향후 비협조적인 태도를 보일 가능성이 높다. 최고경영자에게 클로징 미팅을 통해 HR Audit 점검결과를 보고한다. 중간관리자와 사전 논의로 확정한 최종결과를 보고하고, 개선방향과 기대효과를 설명한다.

(5) 정기 모니터링

개선 필요 항목의 이행 현황을 정기적으로 모니터링하여 실행을 촉구하고, 개선과정에서 발생되는 어려움이나 의사결정이 필요한 사항을 지원한다.

점검조직의 리더Audit Leader는 현지에서 팀원들의 점검내용을 매일 확인Review하여 부족한 자료나 추가 조사가 필요한 사항을 피드백Feedback한다. 아울러 수검자가 납득할 수 있도록 구체적이고 합리적인 보고서를 작성해야 한다. 일련의 점검 과정에서 점검자는 충분한 논리와 전문성을 통해 다양한 사례를 분석하고 판단해야 한다. 실제 점검 중 개선필요 항목Finding을 조율하는 과정에서 점검자와 수검자는 서로의 합리성을 주장하게 된다. 만약 점검자의 논리와 전문성이 부족할 경우 점검의 신뢰도가 낮아지고 개선 수준도 현저히 떨어지게 된다.

점검 일정표 작성 예시

구분	시간	내용	Remark
1일차	08:30~09:30	Orientation (Audit의 목적, 기대효과, Process, 일정)	
	09:30~12:00	Section 1 : 취업 규칙 제정 관리	민주절차 이행에 대한 증빙 서류
	13:00~16:00	Section 2 : 인사 운영(평가, 보상, 승진급)	최근 3년 평가 이력(부서별, 직급별)
	16:00~17:00	근로자 Sampling Interview	조직별 구성원 List
2일차	08:00~12:00	Section 3 : 노사 관계 Risk 점검	
	......		
3일차	08:00~10:00	중간 관리자 Consensus Meeting	현지인 조직 책임자 참석
	10:00~14:00	개선 과제 수정 및 최종본 완성	
	14:00~15:00	Top Management 결과보고	
	15:00~16:00	HR Audit 만족도 및 보완점 조사	Tea Time /Survey

3. 점검항목 정기 Revision

기업의 인사전략HR Strategy, 현지의 노동 법률·법규는 끊임없이 수정·보완된다. HR audit 설계 시 빈틈없이 HR규정과 법률·법규를 반영했더라도 정기적으로 변경된 사항을 모니터링하고 새로운 규정과 법률을 학습하면서 Audit Tool을 보완Revision해야 한다.

제3장

최적교대제 및 다기능공 운영

Intro

　　Global 기업들의 노동 인권에 대한 관심도가 높아지고 있으며, 근로시간 관리 및 휴게시간 보장이 ESG경영의 중요한 판단 요소가 되었다. 중국 노동법에서는 일 3시간, 월 36시간 초과 연장근로를 금지하고 있으나, 여전히 근로자와 암묵적 합의, 정부의 낮은 관심 속에서 많은 기업들이 장시간 근로를 통한 생산성 향상에 집중하고 있다.

　　중국 내 24시간 교대제를 운영하는 기업에서 법정 상한선인 월 36시간 이내 연장근로시간을 준수하는 것은 쉽지 않다. 그러나 노동인권에 대한 관리가 강화되는 추세를 고려하여 장치산업(IT, 반도체, 디스플레이 등)에서는 반드시 산업특성에 적합하고, 노동법과 ESG 경영에도 부합하는 최적의 교대제를 도입해야 한다.

　　HR은 인력의 효율적 사용을 위해 인원 편성Table of Organization (TO) 정합성 검증, 지속적인 인력효율화, 최적교대제 수립, 잉여인력 최소화 등의 활동을 진행하고 있다. 중국기업 벤치마킹 시 C기업의 다기능공 활용 방법이 상당히 인상적이었다. 한국 근로자는 일시적 인력부족 및 대체 인력 필요 시, 본인의 업무가 아니더라도 다양한 업무를 수행함에 있어 큰 거부감이 없는 편이지만, 중국 근로자들은 본인의 업무 영역에 해당하지 않은 일을 배정할 경우, 작업을 거부하거나 수동적으로 대응하는 성향이 높다. 심지어 동등 수준의 직무 전환배치Job Rotation 를 커리어Career의 퇴보로 인식하기도 한다. 그러나 C기업은 '다기능 인력'을 육성하여 일시적 인력 부족을 대응하고 배치의 탄력성도 확보하여 생산안정화를 이루었다.

전 세계적으로 ESG 경영 및 노동인권, 근로자의 권익 향상을 위한 다양한 노력이 진행되고 있다. 글로벌 사업장이 소재한 국가의 경제력과 노동인권 수준이 높을수록 근로시간 준수에 대한 요구 또한 커진다. 기업 측면에서는 근로시간이 줄어들수록 생산 직접인원의 추가 투입이 불가피하고, 근로자 측면에서는 노동시간의 단축으로 임금소득이 하락한다. 따라서 중장기 로드맵Road map을 수립하고, 단계적 근로시간 준수를 위한 '교대제 임금보전 정책, 생산성향상 활동, 다기능공 육성을 통한 인력 운영의 탄력성 확보' 등의 다양한 준비가 필요하다.

제1절 최적교대제

1. 교대제 효과 산정을 위한 정의

1) 휴게 시간 및 근로 인정 시간에 대한 정의

근로자의 사업장 내 체류 시간, 식사 및 휴게시간, 실제 근로시간 및 근로인정 시간 등 시뮬레이션에 필요한 항목을 정의한다.

① 12시간 2교대 시, 식사 시간 1시간 30분, 휴게시간 15분씩 2회를 공제하여 10시간의 근로시간에 대한 임금을 지급(or 휴게시간은 유급 처리하고, 10.5시간 임금 지급)하는 것으로 가정한다.

② 8시간 3교대 시, 식사시간 40분, 휴게시간 10분씩 2회를 제공하나, 8시간의 근로시간에 대한 임금을 지급(휴게시간 공제 없음)하는 것으로 가정한다.

교대제별 근로시간 및 휴게시간 정의 예시

교대제		근로시간	식사시간		휴게시간		실 근로시간	급여 계산 시간	비고
2조 2교대	전근	08:00~20:00	12:00~12:50 (50분)	17:00~17:50 (50분)	10:00~10:10 (10분)	15:00~15:10 (10분)	10시간	8시간+OT2시간	식사 및 휴게시간 무급
	후근	20:00~08:00	00:00~00:50 (50분)	05:00~05:50 (50분)	22:00~22:10 (10분)	03:00~03:10 (10분)	10시간	8시간+OT2시간	
3조 3교대	조간	00:00~08:00	04:00~04:40 (40분)	-	02:00~02:10 (10분)	06:00~06:10 (10분)	7시간	8시간	식사 및 휴게시간 유급
	주간	08:00~16:00	12:00~12:40 (40분)	-	10:00~10:10 (10분)	14:00~14:10 (10분)	7시간	8시간	
	야간	16:00~24:00	20:00~20:40 (40분)	-	18:00~18:10 (10분)	22:00~22:10 (10분)	7시간	8시간	
3조 2교대	전근	08:00~20:00	11:30~12:00 (30분)	17:30~18:00 (30분)	10:00~10:10 (10분)	15:00~15:10 (10분)	10시간 40분	8시간+OT3시간	식사 시간 무급 휴게시간 유급
	후근	20:00~08:00	23:30~24:00 (30분)	05:30~06:00 (30분)	22:00~22:10 (10분)	03:00~03:10 (10분)	10시간 40분	8시간+OT3시간	

2) 생산 시설 가동률에 대한 정의

교대제별 효과 분석을 위해 기준이 되는 가동 시간을 정의하도록 한다. 이때 근로자의 필수 휴게시간을 고려한 생산시설 가동 시간을 다음과 같이 결정한다.(예시적)

예를 들면, 8시간 3교대 시, 식사시간 40분, 휴게시간 10분씩 2회를 부여하는 것으로 가정하면, 각 생산라인별 가동 시간 7hr×3Shift×21hr을 가동률 100%로 가정한다.

본 자료는 전자업계에서 일반적으로 사용하는 고객사 행동규범(CoC)에 따라 12시간 2조2교대 10시간 근로(2시간 무급), 주6일 근로(주 60시간), 생산 시설 가동률 120hr/주周를 가동률 100%로 가정하고 교대제별 효과를 분석하도록 한다.

2. 교대제별 특징

(1) 2조2교대(주기 14일) : 12시간 2교대

1) 근무 시간 : 10시간/일(휴게시간 2시간, 무급), 60시간/주, 260.7시간/월

2) 생산 가동 시간 : 120시간/주$^{(주6일×10시간×2개조)}$

3) 휴무일 : 1일/주, 52.1일/년

4) 효과

① 장점 : 고객의 행동규범을 위반하지 않는 최적 근로 형태로 주 60시간 초과 금지, 연속 6일 초과 금지에 대한 규정을 준수할 수 있다.

② 단점 : 식사 시간 및 휴게 시간을 최소화하여 운영하는 사업장의 경우, 휴게시간 증가, 근무 시간 단축$^{(10시간 근로)}$에 따른 연장근로 감소로 노무 리스크가 발생할 수 있다.

구분	1	2	3	4	5	6	7	8	9	10	11	12	13	14
A조	전	전	전	전	전	전	휴	후	후	후	후	후	후	휴
B조	후	후	후	후	후	후	휴	전	전	전	전	전	전	휴

(2) 3조2교대$^{(주기 12일)}$: 12시간 2교대

1) 근무 시간 : 10시간/일$^{(휴게시간 2시간, 무급)}$, 46.7시간/주, 202.8시간/월

2) 생산 가동 시간 : 140시간/주$^{(주7일×10시간×2개조)}$, 16.7% 향상

3) 휴무일 : 4일/12일, 121.7일/년

4) 효과

① 장점 : 연중 무휴 가동 가능, 고객사 행동규범에 부합, 근로자 휴게 시간을 확보할 수 있다.

② 단점 : 1개조 추가 투입에 따른 생산 직접인원이 50% 증가$^{(인건비 증가)}$하며, 2조2교대 대비 근로자 임금이 23% 하락하여 교대제 변경에 따른 임금 보전 정책 필요하다. 또한 주휴일$^{(토요일과 일요일)}$에 쉴 수 없어 기혼자들의 불만이 발생하기도 한다.

구분	1	2	3	4	5	6	7	8	9	10	11	12
A조	전	전	전	전	휴	휴	후	후	후	후	휴	휴
B조	휴	휴	후	후	후	후	휴	휴	전	전	전	전
C조	후	후	휴	휴	전	전	전	전	휴	휴	후	후

(3) 단축 3조2교대(주기 12일) : 10시간 2교대

1) 근무 시간 : 9시간/일(휴게시간 1시간, 무급), 42시간/주, 182.5시간/월

2) 생산 가동 시간 : 126시간/주(주7일×9시간×2개조), 5.0% 향상

3) 휴무일 : 4일/12일, 121.7일/년

4) 효과

① 장점 : 중국 노동법 준수, 고객사 행동규범 부합, 4일당 2일 휴무로 충분한 휴게 시간 보장이 가능하다.

② 단점 : 1개조 추가 투입에 따른 생산 직접인원이 50% 증가(인건비 증가)하며, 2조2 교대 대비 근로자 임금이 30.9% 하락하여 교대제 변경에 따른 임금 보전 정책이 필요하다. 또한 주휴일(토요일과 일요일)에 쉴 수 없어 기혼자들의 불만이 발생하기 도 하며, 4시간/일 조업 중지가 발생하여 생산량 증가 필요 시 별도의 교대제 검 토가 필요하다.

구분	1	2	3	4	5	6	7	8	9	10	11	12
A조	전	전	전	전	휴	휴	후	후	후	후	휴	휴
B조	휴	휴	후	후	후	후	휴	휴	전	전	전	전
C조	후	후	휴	휴	전	전	전	전	휴	휴	후	후

(3) 4조3교대(주기 24일) : 8시간 3교대

1) 근무 시간 : 7시간/일(휴게시간 1시간, 유급), 42.0시간/주, 182.5시간/월

2) 생산 가동 시간 : 147시간/주(주7일×7시간×3개조), 22.5% 향상

3) 휴무일 : 6일/24일, 91.3일/년

4) 효과

① 장점 : 중국 노동법 준수, 고객의 행동규범 부합, 주1회 최소 1일 휴무 보장이 가능하다.

② 단점 : 2조2교대 대비 생산 직접인원 100% 증가(인건비 증가)하며, 근로자 임금이 36.6% 하락하여, 교대제 변경에 따른 임금 보전 정책이 필요하다.

구분	1	2	3	4	5	6	7	8	9	10	11	12	13	14	15	16	17	18	19	20	21	22	23	24
A조	조	조	조	조	조	조	휴	휴	주	주	주	주	주	주	휴	휴	야	야	야	야	야	야	휴	휴
B조	휴	휴	주	주	주	주	주	주	휴	휴	야	야	야	야	야	야	휴	휴	조	조	조	조	조	조
C조	주	주	휴	휴	야	야	야	야	야	야	휴	휴	조	조	조	조	조	조	휴	휴	주	주	주	주
D조	야	야	야	야	휴	휴	조	조	조	조	조	조	휴	휴	주	주	주	주	주	주	휴	휴	야	야

위에서 기술한 형태 외에도 기업에서는 다양한 방법으로 교대제를 수립하여 운영할 수 있다. 3교대제를 구성하여 월~목요일 3교대, 금~일요일 2교대의 형태로 운영할 수도 있으며, 평일 3교대, 주말 2교대를 운영하는 방식으로도 구성할 수 있다. 교대제의 형태는 각 기업의 생산전략과 준법의지를 반영하여 상황에 맞게 운영하면 되므로, 다양한 연구를 통해서 최적화 교대제를 도출하도록 한다.

교대제별 데이터는 조건을 변경하면 각 지표가 변동하므로, 아래의 자료는 참고로 활용하도록 한다.

교대제 형태에 따른 효과 비교

구분	2조2교대	3조2교대		4조3교대
		12시간	10시간	
가정	12시간 근로, 2시간 휴게시간 (무급)	12시간 근로, 2시간 휴게시간 (무급)	10시간 근로, 1시간 휴게시간 (무급)	8시간 근로, 1시간 휴게시간 (유급)
교대주기	14일 (26.1회/년)	12일 (30.4회/년)		24일 (15.2회/년)
생산 직접 인원 (이론적 증감)	100%	150%		200%
근무 방식	2개조가 전근/후근 근무, 일요일 휴무	3개조 중 2개조가 전근/후근 근무, 1개조 휴무 년중 무휴		4개조 중 3개조가 조간/주간/야간 근무, 1개조 휴무, 년중 무휴
근무 시간	주 60시간 근무, 월 86.9시간 OT발생	주 46.7시간 근무, 월 40.6시간 OT발생	주 42시간 근무, 월 20.3시간 OT발생	주 42시간 근무, 월 8.7시간 OT발생
근로자 임금	100%	77% (-23%)	69.1% (-30.9%)	63.4% (-36.4%)
조업 시간	100% (120시간/주)	116.7% (140시간/주)	105.0% (126시간/주)	122.5% (147시간/주)
이슈 사항	조업 시간 짧음 (일요일 조업 불가)	인력 증가, 임금하락	좌동, 4시간/일 조업 중단	인력 증가, 임금하락
노동법 준수	불가	불가	가능	가능
RBA 기준 준수	가능	가능	가능	가능

연중무휴 조업이 필요한 산업, 생산정지가 가능한 산업 등 각 산업의 고유한 특성과 기업의 지불능력, 근로자 임금 및 근로시간의 증가와 하락을 고려하여 중장기적으로 최적화된 교대제를 검토해야 한다.

중국의 경우 노동법에서 월 36시간 이내로 연장근로 상한선을 설정하였다. 그러나, 장치산업 기반인 제조업에서는 현실적으로 준수가 어려우므로 처벌 강도, 사회적 요구 등 진출 국가의 노동환경을 고려해야 한다. 만약 고객사 행동규범(CoC) 내 근로시간 규정이 노동법 대비 완화되어 운영되고 있다면 먼저 해당 규정을 먼저 따르고, 점진적으로 노동법 준수를 목표로 하는 것도 방법이다.

주의할 사항은 교대제 변경 시 급격한 연장근로 감소 및 생산 직접인원 증가는 근로자의 근무만족도 하락, 파업 리스크, 채용능력 부족 등의 문제를 초래할 수 있으므로 주의해야 한다. 연장근로시간 관리는 중장기 로드맵을 수립하여 리스크 없이 관리되어야 한다.

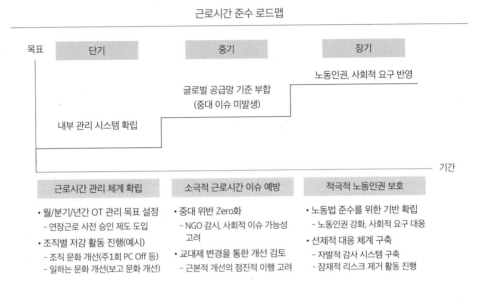

근로시간 준수 로드맵

3. 릴리프Relief 제도 운영

릴리프의 사전적 의미는 고통·불안 등의 경감 및 완화이다. 교대제의 릴리프는 야구의 원 포인트 릴리프One point relief 투수 운영에서 파생된 것으로, 특정 선수를 위한 맞춤형 투수 교체를 뜻한다. 보통 1이닝 또는 1명의 선수를 상대하고 빠지는 단기 전략으로 볼 수 있다.

즉, 릴리프 제도는 중·장기적으로 지속 유지하는 것이 아니라, 생산물량의 급증에 따른 단기 대응 전략으로 활용되는 점이 야구의 원 포인트 릴리프와 비슷하다.

보통 생산 라인Line 6개당 1개 라인의 릴리프 인력을 추가 투입하여 조업 중단일을 없애고 연중무휴의 근로형태를 만드는 임시적 방편이다. 예를 들어 기존 2조 2교대

일요일 조업정지 기업의 경우, 이론적으로 1/6$^{(16.7\%)}$의 릴리프 인력을 투입함으로써 휴무일을 '0'으로 만들 수 있는 단기적 방법이다.

릴리프 교대제 형태

구분	1	2	3	4	5	6	7	8	9	10	11	12	13	14
Line1	근	근	근	근	근	근	휴	근	근	근	근	근	근	휴
Line2	휴	근	근	근	근	근	근	휴	근	근	근	근	근	근
Line3	근	휴	근	근	근	근	근	근	휴	근	근	근	근	근
Line4	근	근	휴	근	근	근	근	근	근	휴	근	근	근	근
Line5	근	근	근	휴	근	근	근	근	근	근	휴	근	근	근
Line6	근	근	근	근	휴	근	근	근	근	근	근	휴	근	근
Relief	근	근	근	근	근	휴	근	근	근	근	근	근	휴	근

일반적으로 계절적 수요가 강한 산업분야에서 단기적으로 사용하는 방식이며, 종합계산 근로시간제를 대체하는 방식으로 운영되고 있다. 위에서 제시한 릴리프 제도는 근로자의 임금에 영향을 주지 않으나, 개인별 휴무일이 고정되어 근로자 합의가 필요하며, 1~6라인의 직무가 일치하지 않을 경우 릴리프 투입 인원이 다기능화 되어 있어야 한다는 전제조건이 있다.

릴리프 제도를 운영할 경우 기혼자들의 주휴일 휴식 불가, 휴무일 일괄 배정, 국경절 휴무 300% 임금 수령 불가 등의 불만이 나타날 수 있고, 생산 피크시즌$^{Peak Season}$ 내 추가인력 확보 부담, 릴리프 운영 기간 내 별도 보상 요구 등의 리스크가 발생할 수 있다.

일시적인 릴리프 제도의 운영이 불가피할 경우 반드시 근로자 및 공회와 충분히 소통한 후 진행한다. 실제로 릴리프 제도를 운영해 본 결과, 3개월을 초과할 경우 근로 피로도 증가, 불규칙한 휴무로 근로자의 불만이 높아지는 현상이 나타났으므로 장기간 도입을 권장하지는 않는다. 릴리프 제도의 실시 전, 고객에게 생산량 변동폭을 최소화할 수 있도록 요청하고, 경영층에게 구체적인 운영 리스크를 보고해야 한다.

다기능 근로자 육성

1. 직무 분류

제품의 생산공정별 직무를 나열하고, 다기능 인원이 필요한 직무와 불필요한 직무를 구분한다. 이때 고려해야 할 사항은 직무의 숙련(육성)기간 및 해당 직무 근로자의 퇴직률이다.

2. 다기능 직무 분류Grouping

다기능 인원이 서로 다른 조직 간 직무까지 수행할 수 있으면 가장 이상적이지만, 실제 조직을 이동시켜 직무를 배정했을 때 감독자의 업무 지휘권 약화, 근로자 소속감 저하 등의 문제가 발생한다. 이러한 문제가 나타나지 않도록 조직 내 유사 직무에 배정하는 것을 권장한다. 아울러 조직 내 유사 직무를 묶어 교육 훈련을 진행하면 숙련 시간을 단축할 수 있으며 대체 직무 투입에 대한 거부감도 줄일 수 있다.

3. 보상 및 육성

직무수당을 차별화하여 다기능 인증Certify에 적극적인 참여를 유도하고, 일회성 포상 및 승급 진급 가산점 부여도 고려할 수 있다. 생산 전문성을 갖춘 인력을 확보하여 필수 직무교육 자료를 작성하고 강사로 활용하여 다기능공을 육성한다. 이때 이론교육과 실무교육을 병행하여 언제든지 대체투입이 가능하도록 준비한다.

4. 활용 방안

① 이상 근태(지각, 조퇴, 사가, 병가, 무단 결근 등)에 따른 근로손실 대응

② 중요 직무의 육성 기간이 2주~1개월 이상일 경우, 다기능 근로자를 투입하여 대체 근무를 진행하고 신입사원의 직무 교육 종료 후, 다기능 근로자가 본래의 직무로 복귀하는 방식의 활용

③ 다양한 직무 능력을 보유한 우수 인력을 선발하여 향후 관리/감독자 선임에 활용

다기능공 직무 분류 및 활용

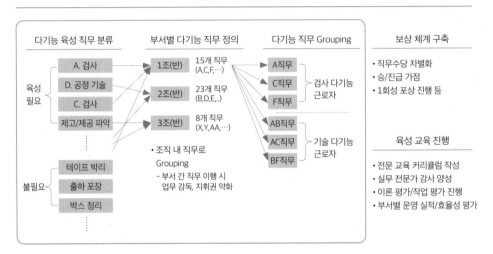

맺음말

지금까지 우리는 인사관리, 노사관리, 리스크 선행관리 측면의 운영 방법에 대해 함께 살펴보았다. 중국 법률의 실무 해석과 그동안의 다양한 경험을 바탕으로 깊이 있고 알기 쉽게 설명하고자 노력하였고, 이 글을 통해 독자 여러분들께 논리적 사고로 문제를 해결하는데에 있어 도움이 되었기를 간절히 바란다.

Global HR 업무를 수행하는 모든 분들께 전달하고 싶은 몇 가지 내용을 정리하였다. 우리는 많은 시행착오와 도전을 통해 올바른 Global HR의 이행 체계를 정립하고자 노력하고 있다. 여전히 해결해야 할 많은 문제들 앞에서 혼란을 겪기도 하지만 평소 미래를 준비하고 전체 관점에서 대비한다면 극복하지 못할 문제는 없다고 생각한다. 이론적 내용은 이미 앞에서 정리하였으므로 초심자의 마음으로 어떻게 Global HR 업무를 대해야 할지 제언하고자 한다.

제언1. 진출 국가의 사회·문화적 특징을 이해하자.

법인 설립 후 우리는 장기적인 사업 성과를 위한 목표설정 보다는 단기 목표에 집중하는 경향이 강하다. 물론 성과주의 시대를 살아가고 있는 모든 직장인이 느끼는 당연한 문제일 수도 있다. HR의 접점은 '사람(구성원)'이다. 인간은 사회적 동물이라는 말은 교육을 통해서 수없이 들어왔고, 실제로 사람들은 사회라는 틀 속에서 소통하고 문화의 영향을 받으며 인격체로 성장한다.

해외법인을 관리할 때 진출 국가의 사회·문화적 다양성을 인정하지 않고 생산 중심의 단기 목표 달성에 몰입되어 구성원의 사고방식까지 한국식으로 표준화하려는 오류를 범하기도 한다. 기술의 표준화, 프로세스의 표준화는 가능할 수 있으나, 사고방식과 행동방식의 표준화는 사실상 불가능한 일이다. 지금의 우리는 다양한 국가에서 다양한 민족과 함께 일하는 것이 특별하지 않은 시대를 살고 있다. 그러나 생각의 전환이 환경 변화의 속도를 따라가지 못해 진출 국가의 사회·문화적 특성에 배타적인 태도를 취하는 경우도 있다.

Global 사업 환경에서 생활하는 우리는 진출 국가의 사회·문화적 환경을 이해하고 때로는 적응해야 하며, 현지인의 입장에서 생각하는 역지사지易地思之의 자세가 필요하다. 구성원의 마음과 사고 방식을 헤아리지 못하고 한국식 방식과 제도를 강요할 경우, 여러 가지 노무관리 리스크를 겪을 수 있다. 반대로 사고의 유연성과 민족적 다양성을 인정하는 기업은 진출국가에서 안정적 사업운영을 통한 성공체험을 할 수 있을 것이다.

제언2. 진출 국가의 법률과 노동환경 대응 원칙을 수립하자.

전 세계적으로 노동인권 및 근로자 권익보호 조치가 강화되고 있다. 그러나 국가별 사회·문화적 특성과 법률적 통제 수준이 다르기 때문에 통일적인 규정을 적용하기 보다는 진출국가의 상황에 따른 원칙 수립이 효율성 측면에서 바람직하다. 현실적으로 수많은 국가의 상황을 어떻게 다 반영할 수 있을지 반문할 수 있다. 많은 기업들이 실제 현지 로펌에 발생된 문제를 '위탁'하여 처리하는 경우가 많다. 이를 통해 알수 있듯이, 우리 기업은 아직 국가별 노동환경에 대한 예방 조치가 미흡하며, 정기적인 리스크 점검 체계가 확립되어 있지 않다.

기업의 경영환경은 세계화가 가속되고 있고, 이로 인해 진출국가 또한 다양해지고 있다. 사회·문화적 특성과 경제발전의 방향에 따라 자유시장경제(Liberal Market Economies / 미국, 영국), 조정시장경제(Coordinated Market Economies / 독일, 일본), 신흥시장경제(Emerging Market Economies / 멕시코, 인도네시아)와 신흥시장경제 내 구사회주의 국가(Post-Socialist Countries / 중국, 베트남)로 권역을 나눌 수 있으며, 권역별 노사관계, 고용 환경, 국가 청렴도 등을 고려하여 유연하게 원칙을 수립할 수 있다.

예를 들면 구사회주의 국가는 법으로 정한 근로시간 및 연장근로 제한이 현실적이지 못하고 이상적인 수준으로 설정되었다. 중국의 경우 월 36시간(일 최대 3시간)의 연장근로 제한을 두었지만, 대부분 제조업 기업은 이를 준수하지 못하며, 정부의 노동감찰 또한 형식적으로 이루어지고 있다. 이러한 노동환경을 반영하여 기업이 노동법을 선행적/자율적으로 준수할 것인지, 점진적/수동적으로 준수할 것인지에 대한 원칙을 세워 유연하게 대응해야 한다.

제언3. '사업에 기여'하는 HR전문가가 되어야 한다.

　HR제도가 기업경영에서 갖는 영향력은 매우 크다. 경영자의 눈높이에서 HR제도가 수립되지 않을 경우 사업 관점에서 재검토를 요구받거나, 그렇지 않을 경우 사업과 시너지를 일으키지 못하고 '제도를 위한 제도'로 형식적으로 운영될 것이다. 우리가 설계하고 운영하는 HR제도가 사업에 어떻게 기여할 수 있을지 넓은 관점에서 생각해야 한다. Global HR은 국내와 달리 소수의 인원이 해외사업장의 HR관리와 운영을 처음부터 끝까지 지원하는 경우가 많으므로, Global HR 담당자는 경영자의 입장에서 사고하고 행동해야 한다. Global HR전문가가 되기 위해서는 체계적인 이론과 논리적 사고 능력을 갖추어야 하며, 과업별 프로세스를 자신만의 노하우로 체계화할 수 있어야 한다. 구체적으로 특정 프로젝트를 수행할 때에는 과업에 대한 데이터베이스를 정리하고 시사점을 도출하는 등 전체 프로세스를 시계열로 정리할 수 있어야 한다. 전문성 확보 여부를 스스로 확인해 볼 수 있는 방법은 '완성된 프로젝트의 시작과 끝을 다른 사람에게 설득력 있게 교육할 수 있는지'를 판단해 보면 된다. 앞서 언급한 바와 같이, 해외법인의 전체를 살펴야 하는 Global HR담당자는 사업관점에서 행동하는 전문가가 되어야 함을 강조하고자 한다.

제언4. 자유롭게 사고하고 새로운 시도를 두려워하지 말아야 한다.

Global HR은 여전히 미지의 영역이며 꾸준히 연구해야 할 가치가 있는 분야이다. 우리나라의 Global HR 관리 수준은 여전히 시작단계에 머물러 있다. 시대적 요구에 따라 기업은 국내뿐만 아니라 해외 진출국가 근로자의 노동권익을 보호해야 하고, ESG 이니셔티브Initiative를 통해 그 수준을 정량적으로 평가받고 있다. 이러한 환경적 요인으로 수요가 급증하고 있는 Global HR 인력은 과거 근시안적 사고로 인해 충분히 육성되지 못하였다.

Global HR 관리 역량 향상은 기업과 HR담당자 모두가 노력하지 않으면 전문성을 확보하기가 쉽지 않은 영역이다. 그 이유는 기업의 Global HR 전문가 육성에 도움을 줄 수 있는 '현장 경험을 갖춘 실무형 전문가'를 찾기가 매우 어렵기 때문이다. 실무형 전문가 양성은 기업의 장기 투자와 업무 경험이 뒷받침되어야 하는데, 기업은 단기 목표와 수익에 집중하는 경향이 높았다. 지금부터라도 기업은 준비된 인재보다는 준비하려는 인재를 찾아 장기 관점에서 육성하는 혜안을 가져야 한다.

그렇다면 Global HR담당자는 어떠한 준비를 해야 할까? 사고방식과 행동양식, 국가별 법률도 각기 다른 해외법인의 HR 이슈를 분석하고 해결하는 것은 결코 쉬운 일이 아니다. 문제 해결 과정에서 느끼는 지식의 한계와 불확실성에서 오는 두려움은 우리가 극복해야 할 과제이다. 노사관리 영역은 수많은 변수로 인해서 문제가 발생할 수 있고, 잘못된 의사결정으로 기업에 큰 손실을 끼칠 수도 있다.

국내와 달리 전문가에게 자문을 받거나, 참고 자료를 찾기도 어렵다. 그러나, 실패를 두려워할 필요는 없다고 생각한다. 진출 국가가 다양할수록 해결 방법도 다양하다. 우리는 유연하고 논리적인 사고를 통해 문제를 해결할 수 있다는 자신감을 갖도록 해야 하며, 눈앞의 문제보다는 근본적인 원인을 찾기 위한 노력을 지속해야 한다. 문제 발생을 예방할 수 있도록 다양한 방법을 통해 근로자 경험과 가치를 이해하고 연구해 봐야 한다. 다시 한번 강조하지만 Global HR은 아직 국가별 전문가를 육성하지 못한 분야이다. 이 글을 읽는 독자 여러분도 담당하고 있는 해당 국가의 HR관리에 발자취를 남길 수 있는 중요한 사람이 될 수 있다.

마지막으로 Global HR 업무 수행도 국내와 크게 다르지 않다. 그러나 본질적으로 가장 큰 차이가 나타나는 부분은 '사람'과 '환경'이다. 이 두가지 요소를 바탕으로 글로벌 사업 환경을 반영하여 진출 국가의 HR 운영 방향을 정립해야 한다. 만약 지금 우리 기업이 Global HR 패러다임Paradigm을 찾지 못하고 있다면, 사고의 전환과 장기적 안목으로 지향점을 도출해야 할 시점이라고 생각한다. Global HR 관리의 시작을 주저하는 이 순간에도 전 세계 각국의 사업장에서 잠재적 리스크가 쌓여가고 있다. 이제 독자 여러분이 한걸음 나아가 Global HR의 변화를 이끌어내는 주인공이 되었으면 한다.